2011
绵阳统计年鉴
Mianyang Statistical Yearbook

2011

绵阳统计年鉴

Mianyang Statistical Yearbook

绵 阳 市 统 计 局
国家统计局绵阳调查队 编

中国统计出版社
China Statistics Press

（京）新登字041号

图书在版编目（CIP）数据

绵阳统计年鉴. 2011 / 绵阳市统计局, 国家统计局
绵阳调查队编. -- 北京：中国统计出版社, 2011.9
ISBN 978-7-5037-6333-5/C.2551
Ⅰ. ①绵…
Ⅱ. ①绵… ②国…
Ⅲ. ①统计资料－绵阳市－2011－年鉴
Ⅳ. ①C832.713-54
中国版本图书馆CIP数据核字(2011)第169527号

绵阳统计年鉴-2011

作　　者/ 四川省绵阳市统计局　国家统计局绵阳调查队
责任编辑/ 陈越月　谢　玲

出版发行/ 中国统计出版社
通信地址/ 北京市西城区月坛南街57号
邮　　编/ 100826
办公地址/ 北京市丰台区西三环南路甲6号
电　　话/ (010)63376907
E-mail / yearbook@gj.stats.cn
印　　刷/ 成飞大雁企业公司印刷厂
经　　销/ 新华书店
开　　本/ 880×1230 毫米　1/16
字　　数/ 130万字
印　　张/ 29.75
印　　数/700册
版　　别/ 2011 年8月第 1 版
版　　次/ 2011 年8月第 1 次印刷
书　　号/ ISBN 978-7-5037-6333-5/C.2551
定　　价/ 258.00 元

《绵阳统计年鉴 2011》编委会

《绵阳统计年鉴 2011》编辑部

编 者 说 明

一、《绵阳统计年鉴 2011》是一部全面反映绵阳经济和社会发展情况的综合性年刊。本书收录了绵阳市和所辖各县市区 2011 年经济和社会发展方面的大量统计数据，同时收录了西部城市及省内各市州的主要统计数据。

二、全书内容分为 22 个部分，即 1、行政区划和气象情况；2、基本单位名录库；3、综合；4、国民经济核算；5、人口、就业和职工工资；6、固定资产投资；7、能源；8、财政和物价；9、人民生活；10、城市和社会经济；11、县市区概况；12、农业；13、乡镇主要经济指标；14、工业；15、建筑业；16、交通运输、邮电和通讯；17、国内贸易；18、对外经济贸易和旅游；19、金融和保险；20、教育、科技、文化、卫生、体育及其他事业；21、企业调查；22、附录。

三、本年鉴使用的度、量、衡单位均采用国际统一标准计量单位。

四、本年鉴各专业分县市区资料中，涪城区和游仙区均为辖区口径。

五、本年鉴中符号使用的说明，“空格”表示该项统计数据不详或无该项数据；“#”表示其中项。

六、安县、北川 2008 年及以后的数据均为重新划分行政区域调整后口径。

七、使用数据时请注意各篇有关说明。

目　录

四川省统计局、国家统计局四川调查总队关于2010年四川国民经济和社会发展的统计公报 …… 1
绵阳市统计局、国家统计局绵阳调查队关于2010年绵阳市国民经济和社会发展的统计公报 …… 11

1　行政区划和气象情况

1-1　行政区划一览表 …… 19
1-2　县市区行政区划和行政区域面积 …… 20
1-3　县市区平均气温 …… 20
1-4　县市区降水量 …… 21
1-5　县市区平均日照时数 …… 21

2　基本单位录库

2-1　按地区和国民经济行业分组的法人单位基本情况 …… 25
2-2　法人单位及产业活动单位按注册类型和机构类型分组 …… 29
2-3　县市区法人单位构成情况 …… 30
2-4　主要年份法人单位及产业活动单位县市区分布情况 …… 32
2-5　主要年份法人单位及产业活动单位构成情况 …… 33
2-6　主要年份法人单位行业分布情况 …… 34

3　综　合

3-1　绵阳市在全省的地位 …… 37
3-2　各时期国民经济主要指标 …… 38
3-3　国民经济和社会发展总量与速度指标 …… 40
3-4　平均每天主要社会经济活动 …… 48
3-5　国民经济和社会发展结构指标 …… 49
3-6　国民经济和社会发展比例和效益指标 …… 50
主要统计指标解释 …… 52

4　国民经济核算

4-1　按三次产业分的国内生产总值 …… 55
4-2　按三次产业分的国内生产总值指数 …… 56
4-3　国内生产总值构成 …… 57
4-4　按所有制分的国内生产总值 …… 58
4-5　按所有制分的国内生产总值指数 …… 58
4-6　县市区国内生产总值 …… 59

4-7 县市区国内生产总值指数 …… 59
4-8 支出法国内生产总值 …… 60
4-9 支出法国内生产总值指数 …… 61
4-10 居民消费水平 …… 62
4-11 居民消费水平指数 …… 63
4-12 按三次产业分的民营增加值 …… 64
4-13 各县市区民营经济增加值 …… 65
4-14 各县市区民营经济增加值指 …… 65
主要统计指标 …… 66

5 人口、就业人员和职工工资

5-1 人口数及构成 …… 71
5-2 人口出生率、死亡率和自然增长率 …… 72
5-3 主要年份按三次产业分的就业人员 …… 73
5-4 各县市区按三次产业分的就业人员 …… 74
5-5 主要年份按城乡分的就业人员 …… 75
5-6 分行业从业人员 …… 76
5-7 各县市区域城镇单位分行业从业人员 …… 78
5-8 各县市区乡村户数及分行业乡村从业人员 …… 80
5-9 各县市区城镇单位从业人员 …… 80
5-10 分行业国有经济单位从业人员 …… 81
5-11 分行业城镇集体经济单位从业人员 …… 82
5-12 分行业其他经济单位从业人员 …… 83
5-13 各县市区城镇单位其它从业人员 …… 84
5-14 分行业城镇单位女性从业人员 …… 85
5-15 各县市区城镇单位女性从业人员 …… 86
5-16 城镇登记失业人数及失业率 …… 87
5-17 分行业城镇单位在岗职工人数 …… 88
5-18 各县市区城镇单位分行业职工人数 …… 90
5-19 按经济类型分城镇单位从业人数 …… 92
5-20 分行业国有经济单位职工人数 …… 93
5-21 分行业城镇集体经济单位职工人数 …… 94
5-22 城镇单位在岗职工工资总额及指数 …… 95
5-23 各县市区职工工资总额及指数 …… 97
5-24 分行业职工工资总额 …… 98
5-25 各县市区分行业职工工资总额 …… 100
5-26 分行业国有经济单位职工工资总额 …… 102
5-27 各县市区分行业国有经济单位职工工资总额 …… 104
5-28 分行业城镇集体经济单位职工工资总额 …… 106
5-29 各地区分行业城镇集体经济单位职工工资总额 …… 108
5-30 分行业其他各种经济单位职工工资总额 …… 110
5-31 城镇单位职工在岗职工平均工资及指数 …… 112
5-32 各县（市区）城镇单位在岗职工平均工资及指数 …… 113

5-33 分行业城镇单位在岗职工平均工资……114
5-34 各县市区城镇单位分行业在岗职工平均工资……116
5-35 分行业国有经济单位职工平均工资……118
5-36 各县市区分行业国有经济单位职工平均工资……120
5-37 分行业城镇集体经济单位职工平均工资……122
5-38 各县市区分行业城镇集体经济单位职工平均工资……124
5-39 分行业其他各种经济单位职工平均工资……126
5-40 各县市区企业职工人数和平均工资……127
5-41 各县市区事业职工人数和平均工资……127
5-42 各县市区国有单位分隶属关系职工平均工资……128
5-43 各县市区国有企业职工人数和平均工资……128
5-44 各县市区国有事业单位职工人数和平均工资……129
5-45 各县市区国有机关单位职工人数和平均工资……129
5-46 绵阳市职工平均工资情况表……130
5-47 绵阳市分行业全部单位职工平均工资……131
主要统计指标解释……132

6 固定资产投资

6-1 主要年份按经济类型分的全社会固定资产投资……137
6-2 历年全社会固定资产投资完成情况……138
6-3 全社会资产投资及构成……139
6-4 按主要行业分的全社会固定资产投资……140
6-5 建设项目固定资产投资及构成……141
6-6 分行业按构成分的建设项目固定资产投资……142
6-7 按行业分的建设项目施工和投产项目个数……143
6-8 按行业分建设项目投资资金来源……144
6-9 城镇建设项目投资完成情况……145
6-10 分行业城镇建设项目投资完成情况……146
6-11 500万元及以上建设项目投资完成情况……147
6-12 按行业分500万元及以上建设项目投资完成情况……148
6-13 500万元及以上城镇建设项目投资完成情况……149
6-14 按行业分500万元及以上城镇建设项目投资完成情况……150
6-15 各地区全社会固定资产投资……151
6-16 各地区按构成分的建设项目固定资产投资……151
6-17 各地区施工、投产建设项目个数和新增固定资产……152
6-18 各地区建设项目施工和竣工房屋建筑面积……152
6-19 各地区建设项目投资资金来源……153
6-20 房地产开发主要指标……154
6-21 各地区按经济类型分的房地产开发企业个数……155
6-22 各地区按资质等级分的房地产开发企业个数……155
6-23 各地区房地产开发企业按经济类型分的从业人员数……156
6-24 各地区按资质等级分的房地产开发企业从业人员数……156
6-25 各地区按用途分的房地产开发投资完成额……157

6-26 各地区房地产开发建设房屋建筑面积和造价……157
6-27 各地区商品房销售情况……158
6-28 各地区商品房期房销售情况……158
6-29 各地区商品房现房销售情况……159
6-30 各地区商品房空置情况……159
6-31 各地区房地产开发企业主要财务状况……160
主要统计指标解释……161

7 能 源

7-1 县（市、区）规上工业能源消费量……167
7-2 绵阳市规上工业主要能源消费量……168
7-3 绵阳市工业企业能源购进、消费及库存……170
7-4 绵阳市规上工业分行业主要能源消费量……172
7-5 县（市、区）主要能源消费量……174
7-6 2010年县（市区）综合能源消费量……176
7-7 规模以上工业企业用水情况……178
7-8 各县市区规模以上工业企业用水情况……178
主要统计指标解释……179

8 财政和物价

8-1 主要年份财政收入与财政支出……183
8-2 主要年份财政收支构成情况……184
8-3 县市区财政收入情况……185
8-4 县市区财政支出情况……185
8-5 地方财政一般预算收入基本情况……186
8-6 地方财政一般预算支出基本情况……188
8-7 居民消费价格总指数……190
8-8 城市、农村居民消费价格指数……191
8-9 十一城市居民消费价格指数……192
8-10 工业品出厂价格指数……193
8-11 按行业分的工业品出厂价格指数……194
8-12 房地产价格指数……195
主要统计指标解释……196

9 人民生活

9-1 人民物质文化生活提高情况……201
9-2 城镇居民家庭基本情况……202
9-3 城镇居民家庭人口及主要收支情况……203
9-4 分地区城镇居民家庭人均可支配收入……204
9-5 分地区城镇居民家庭人均人消费性支出……205
9-6 城镇居民家庭平均每百户年末耐用消费品拥有量……206

9-7 城镇居民家庭平均每人全年收入 ······207
9-8 城镇居民家庭平均每人全年消费支出 ······208
9-9 城镇居民家庭生活设施情况 ······210
9-10 城镇居民家庭住房情况 ······211
9-11 农村居民家庭基本情况 ······212
9-12 主要年份农村居民家庭人均主要指标 ······213
9-13 农村居民家庭人均总收入、纯收入和总支出 ······214
9-14 农村居民家庭平均每人全年收入 ······215
9-15 各地区农村居民家庭人均纯收入及生活消费支出 ······216
9-16 农村居民家庭人均现金收、支、存情况 ······217
9-17 农村居民家庭消费品消费量、耐用消费品拥有量和生产性固定资产原值 ······218
主要统计指标解释 ······219

10 城市与社会经济

10-1 城市社会经济数据 ······223

11 县市区概况

11-1 各县市区国民经济和社会发展主要指标 ······236

12 农 业

12-1 农村基本情况 ······253
12-2 农林牧渔业总产值 ······254
12-3 主要年份农林牧渔业总产值价格指数 ······255
12-4 县市区农林牧渔业总产值 ······256
12-5 县市区农林牧渔业总产值价格指数 ······256
12-6 主要农业机械和农产品加工机械拥有量 ······257
12-7 县市区主要农业机械和农产品加工机械拥有量 ······258
12-8 主要年份年末水利工程、灌溉面积、化肥施用量及用电情况 ······260
12-9 县市区农机化作业、农村用电量、柴油使用量情况 ······261
12-10 县市区农用化肥施用量、农用柴油、农膜用量情况 ······261
12-11 主要年份作物播种面积和产量 ······262
12-12 县市区农作物播种面积和产量 ······266
12-13 主要年份耕地面积和农作物总播种面积 ······270
12-14 县市区耕地面积和有效灌溉面积 ······271
12-15 县市区主要农作物单位面积产量 ······272
12-16 主要年份林产品产量及造林面积 ······273
12-17 林业发展基本情况 ······274
12-18 林业重点工程建设情况 ······275
12-19 森林火灾情况 ······276
12-20 牲畜饲养情况 ······277
12-21 县市区牲畜饲养情况 ······278

12-22 县市区畜产品产量……280
12-23 主要年份畜产品产量……282
主要统计指标解释……283

13 乡镇主要经济指标

13-1 全市各乡镇主要经济指标……287

14 工　业

14-1 主要年份工业企业主要经济指标……297
14-2 规模以上工业企业主要产品产量……298
14-3 规模以上工业企业主要经济指标……302
14-4 按行业分规模以上工业企业主要经济指标……310
14-5 县市区规模以上工业经济指标……318
14-6 绵阳市分县市区工业总产值……322
14-7 绵阳市分县市区工业增加值……322
14-8 绵阳市分县市区工业经济效益综合指数……323
14-9 绵阳市分县市区总资产贡献率……323
14-10 绵阳市分县市区资本保值增值率……324
14-11 绵阳市分县市区资产负债率……324
14-12 绵阳市分县市区流动资产周转率……325
14-13 绵阳市分县市区成本费用利用率……325
14-14 绵阳市分县市区工业全员劳动生产率……326
14-15 绵阳市分县市区产品销售率……326
主要统计指标解释……327

15 建筑业

15-1 主要年份建筑业企业个数、产值、人数及竣工面积……333
15-2 建筑业企业基本情况……334
15-3 各地区建筑业企业个数……336
15-4 各地区建筑业企业就业人员……337
15-5 各地区建筑业企业施工、竣工房屋面积……338
15-6 各地区建筑业企业劳动生产率……339
15-7 各地区建筑业企业总产值……340
15-8 各地区建筑业企业主要财务指标……343
15-9 各地区总承包和专业承包建筑业企业资产和负债……344
15-10 各地区总承包和专业承包建筑业企业所有者权益和利税……345
主要统计指标解释……346

16 交通运输、邮电和通讯

16-1 交通运输业基本情况……351

16-2 各地区公路运输情况 ……352
16-3 邮电业务基本情况 ……352
主要统计指标解释 ……353

17 国内贸易

17-1 按销售单位所在地分的社会消费品零售总额……357
17-2 各地区社会消费品零售总额……358
17-3 限额以上批发零售贸易、住宿餐饮业基本情况……359
17-4 各地区限额以上批发零售贸易、住宿餐饮业基本情况……360
17-5 分行业限额以上批发零售贸易业商品购、销、存总额……361
17-6 分经济类型限额以上批发零售贸易业商品购、销、存总额……362
17-7 各地区限额以上批发零售贸易企业商品购、销、存总额……363
17-8 限额以上批发零售贸易企业主要财务指标……364
17-9 各地区限额以上批发零售贸易企业主要财务指标……366
17-10 限额以上住宿餐饮企业主要财务指标……368
17-11 各地区限额以上住宿餐饮企业主要财务指标……370
17-12 全市亿元市场情况……372
主要统计指标解释……373

18 对外经济贸易和旅游

18-1 对外经济贸易……377
18-2 绵阳市同主要国家（地区）海关进出口总额……378
18-3 主要年份旅游业情况……382
18-4 县市区旅游业情况……382
18-5 涉外饭店（宾馆）接待海外旅游者情况……383
18-6 主要涉外星级饭店一览……384
18-7 主要名胜景区一览……385
主要统计指标解释……386

19 金融和保险

19-1 金融机构人民币各项存贷款年末余额……389
19-2 各县市区金融机构人民币存贷款年末余额……390
19-3 金融机构外币存贷款余额……390
19-4 保险业务经济技术指标……391
19-5 各财产保险公司和人身保险公司绵阳市分公司保费收入……392
主要统计指标解释……393

20 教育、科技、文化、卫生、体育及其他事业

20-1 教育事业基本情况……397
20-2 卫生机构及人员情况……398

20-3 大中型工业企业科技活动情况……400
20-4 文化事业发展情况……402
20-5 广播电视发展情况……403
20-6 福利事业发展情况……404
20-7 工会组织工作基本情况……405
20-8 妇联组织工作基本情况……406
20-9 司法工作基本情况……407
20-10 社会治安、交通、火灾情况……408
20-11 环境保护情况……409

21 企业调查

21-1 企业家信心指数……413
21-2 企业景气指数……414
21-3 企业生产总量景气指数……415
21-4 企业税后利润景气指数……416
21-5 企业流动资金景气指数……417
21-6 企业货款拖欠景气指数……418
21-7 企业用工景气指数……419
21-8 企业固定资产投资景气指数……420
21-9 企业产品订货景气指数……421
21-10 企业融资景气指数……422
主要统计指标解释……423

22 附 录

22-1 四川省各市地州国民经济主要指标……427
22-2 2009年四川省县级经济综合评价排序……433
22-3 2009年四川省平原地区经济综合评价排序……434
22-4 2009年四川省丘陵地区经济综合评价排序……435
22-5 2009年四川省山区经济综合评价排序……435
22-6 2009年四川省少数民族地区经济综合评价排序……436
22-7 2009年四川省县域经济主要指标及排位……437
22-8 西部主要城市经济指标……452

绵阳市“十一五”主要经济指标目标完成情况

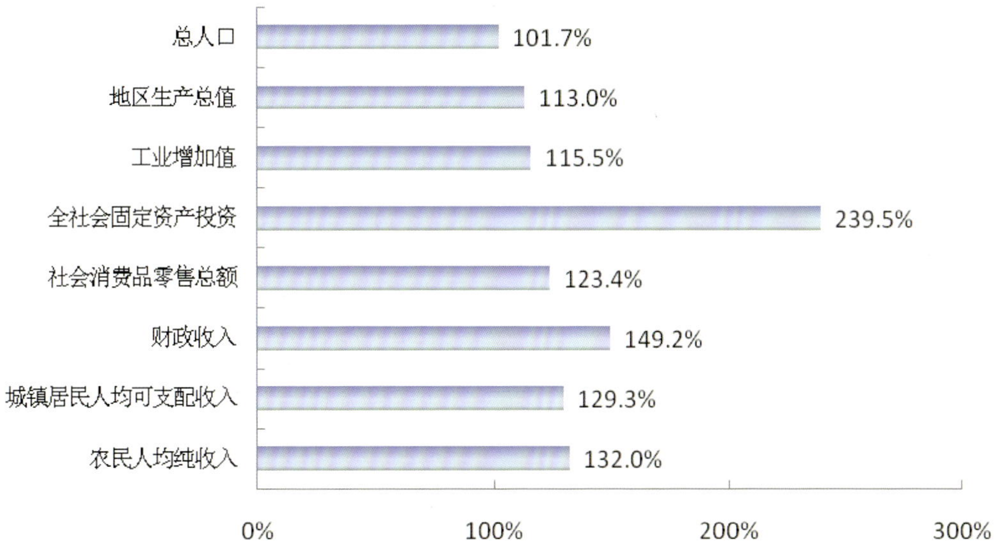

2010年绵阳主要指标占全省的比重

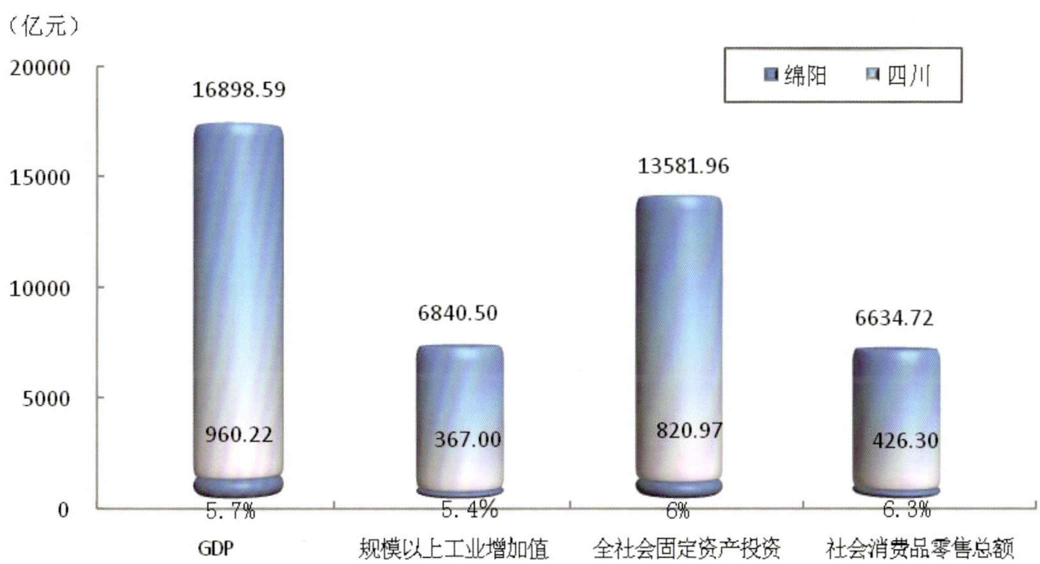

绵阳市"十一五"GDP总量及增速

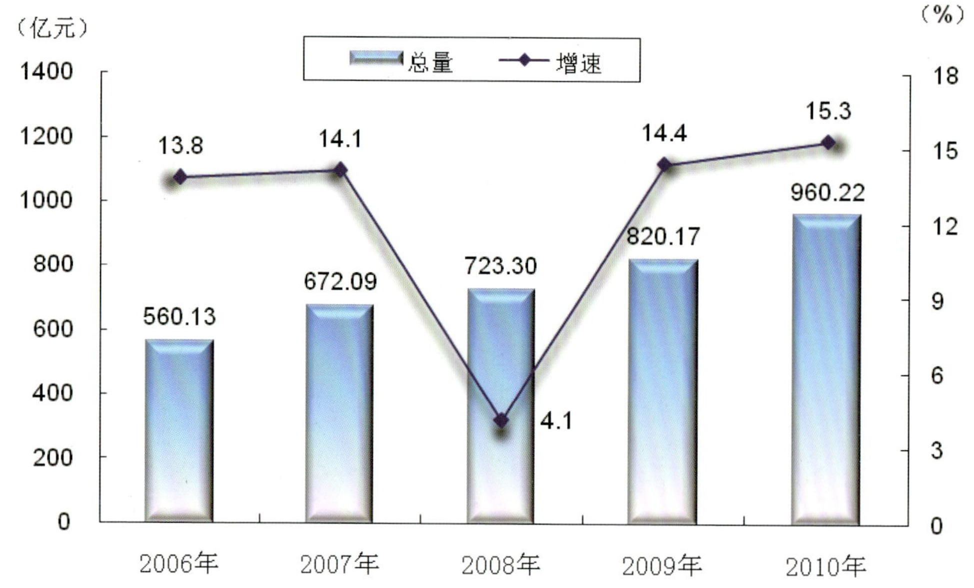

绵阳市2005年三次产业结构

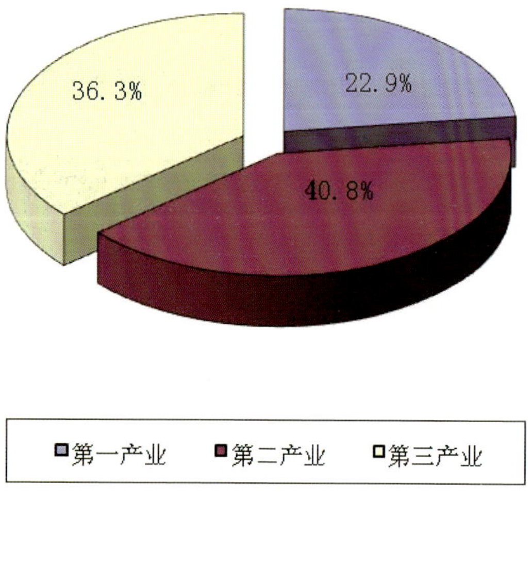

绵阳市2010年三次产业结构

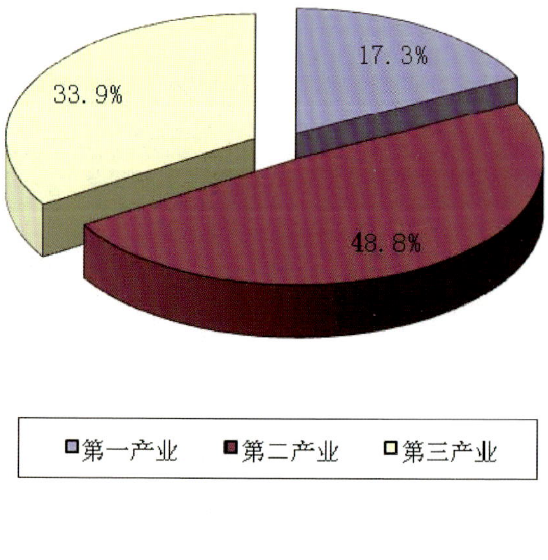

绵阳市“十一五”农业增加值及增速

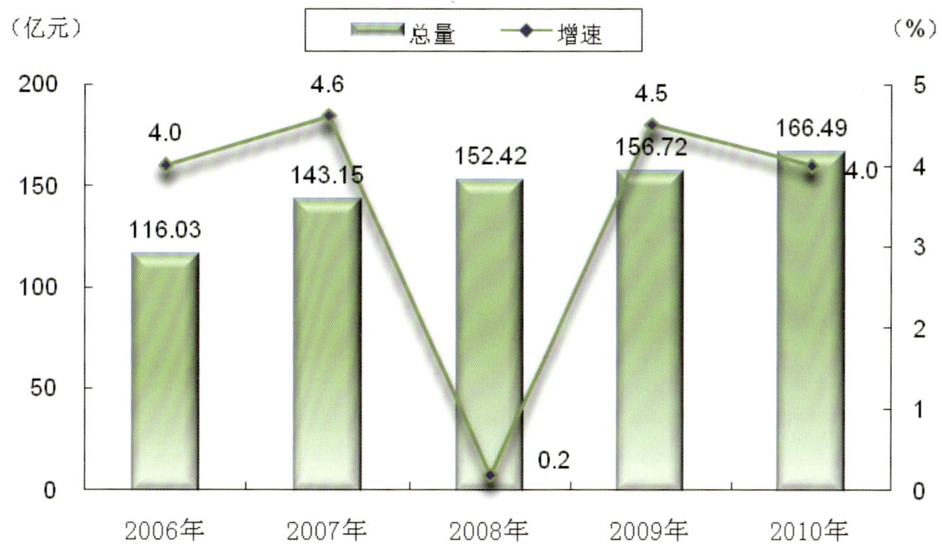

绵阳市2005年农业产值内部结构

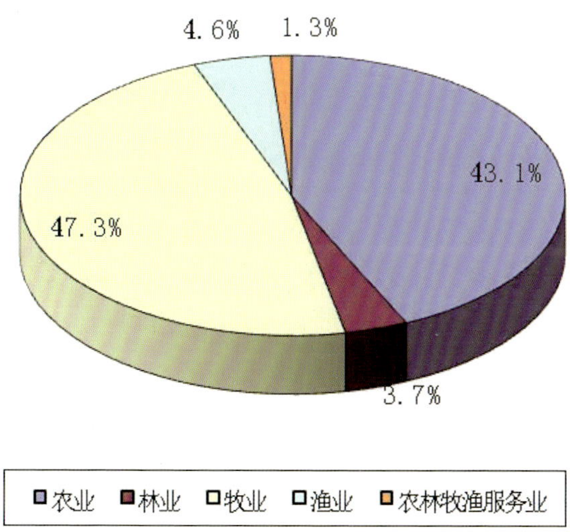

绵阳市2010年农业产值内部结构

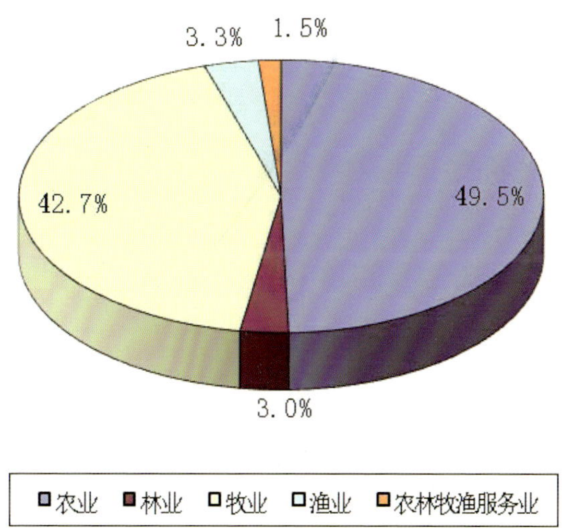

绵阳市“十一五”规上工业增加值及速度

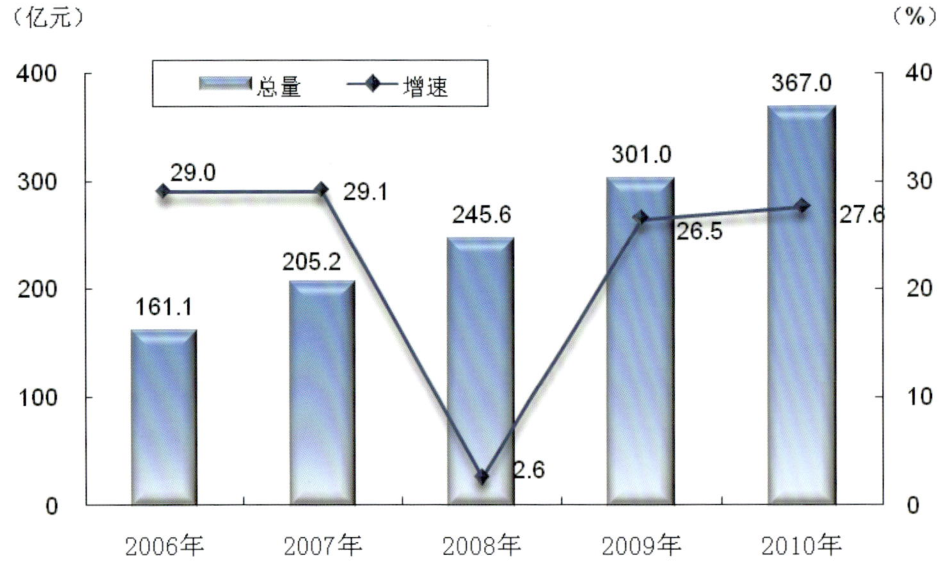

绵阳市2005年“2+4”产业产值结构

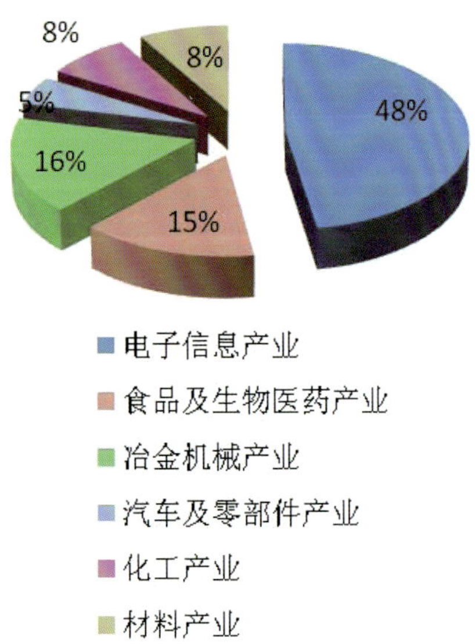

绵阳市2010年“2+4”产业产值结构

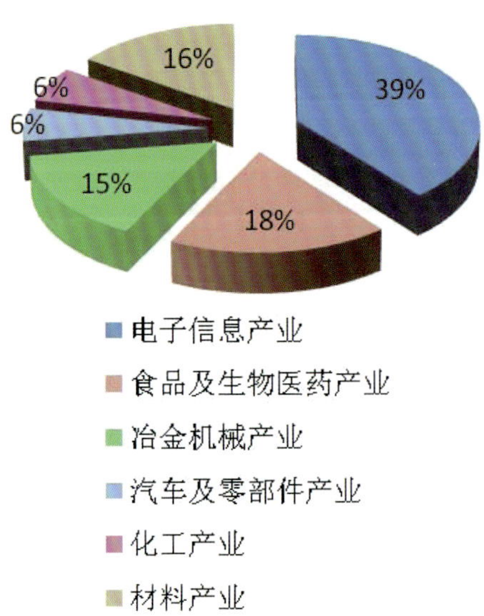

绵阳市“十一五”固定资产投资总量及增速

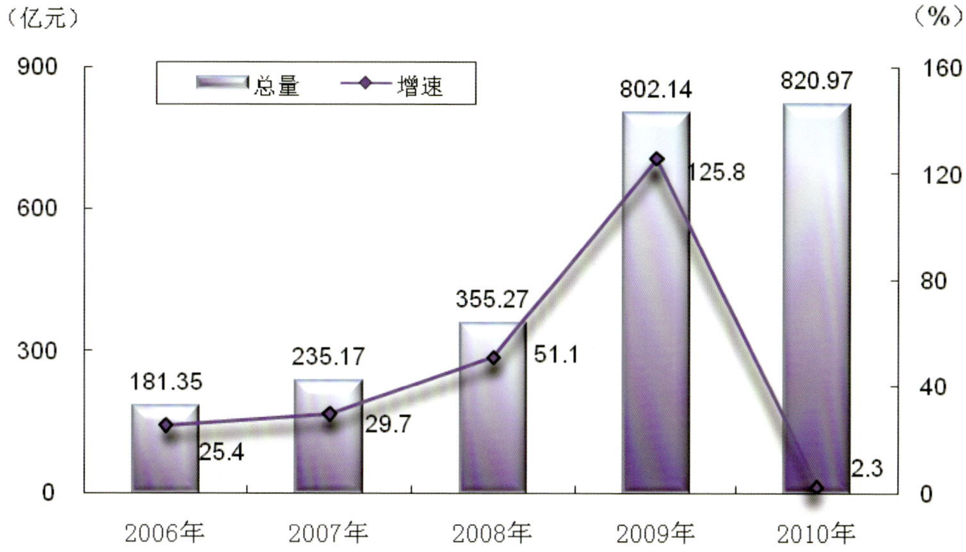

绵阳市“十一五”社消零总量及增速

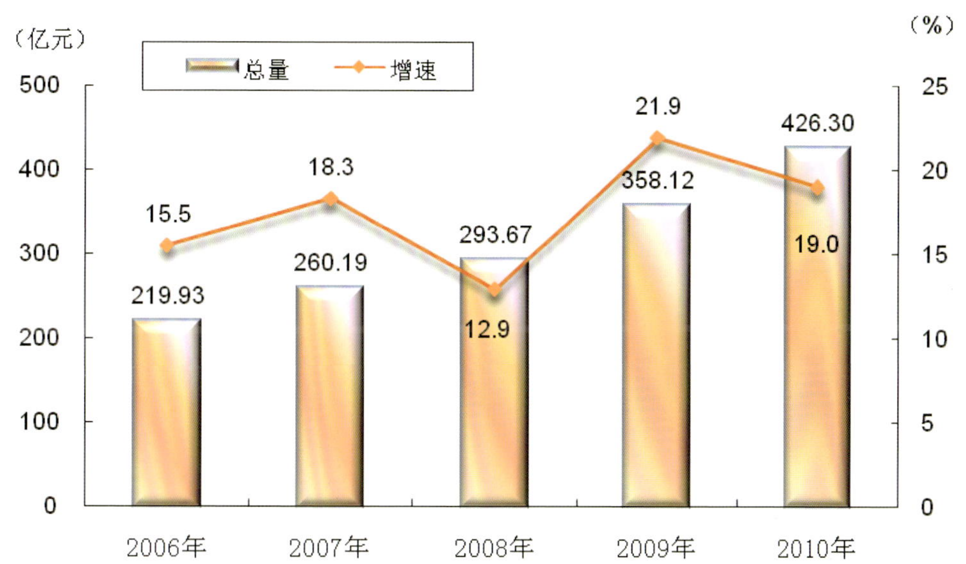

绵阳市“十一五”进出口总额

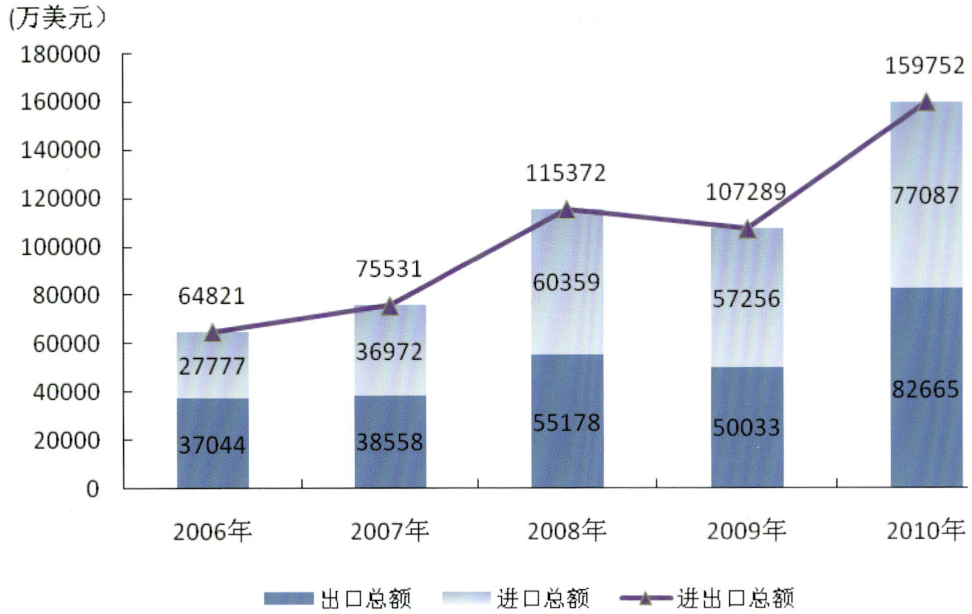

绵阳市“十一五”居民消费价格指数

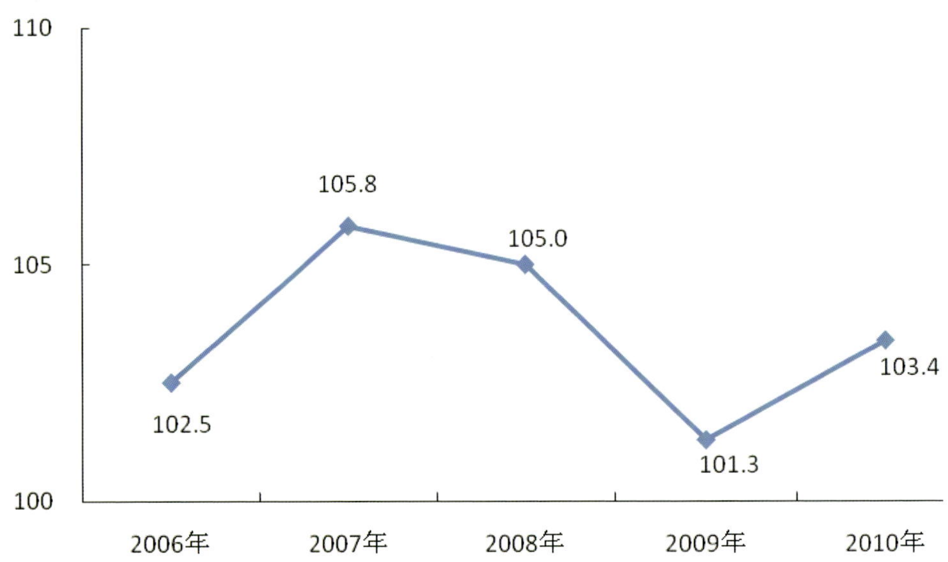

绵阳市“十一五”财政总收入及增速

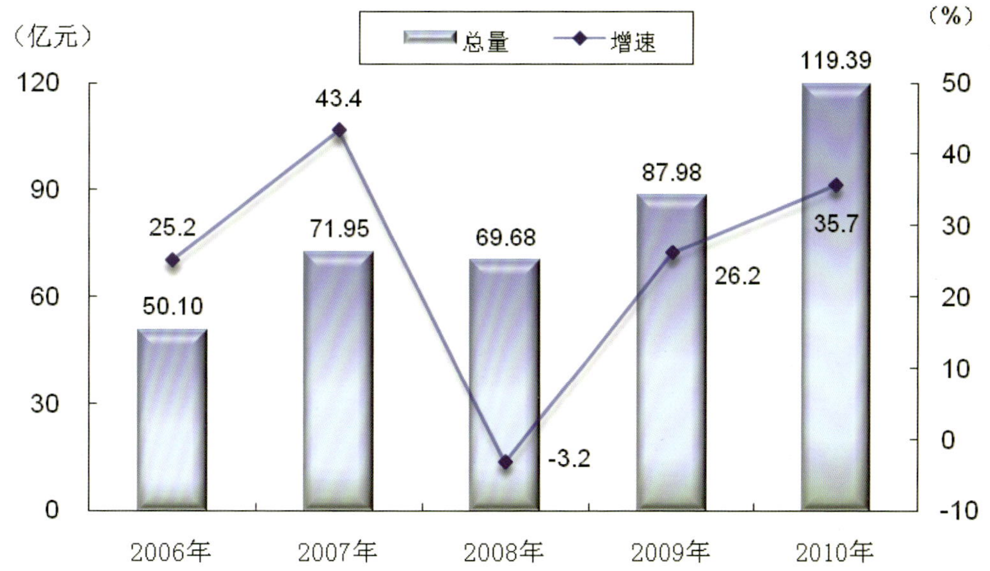

绵阳市“十一五”地方财政一般预算收入及增速

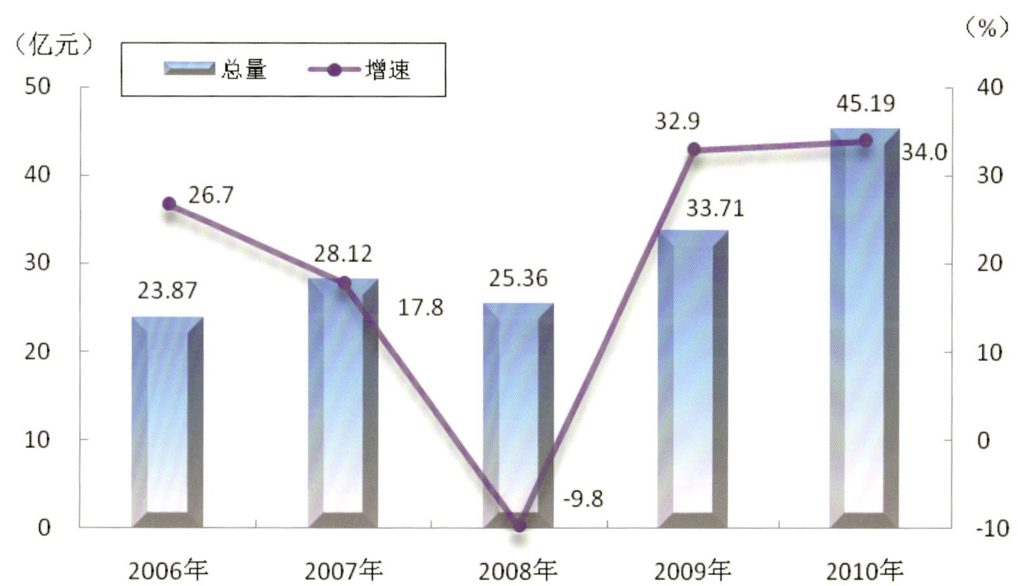

绵阳市“十一五”城镇居民人均可支配收入及增速

绵阳市“十一五”农民人均纯收入及增速

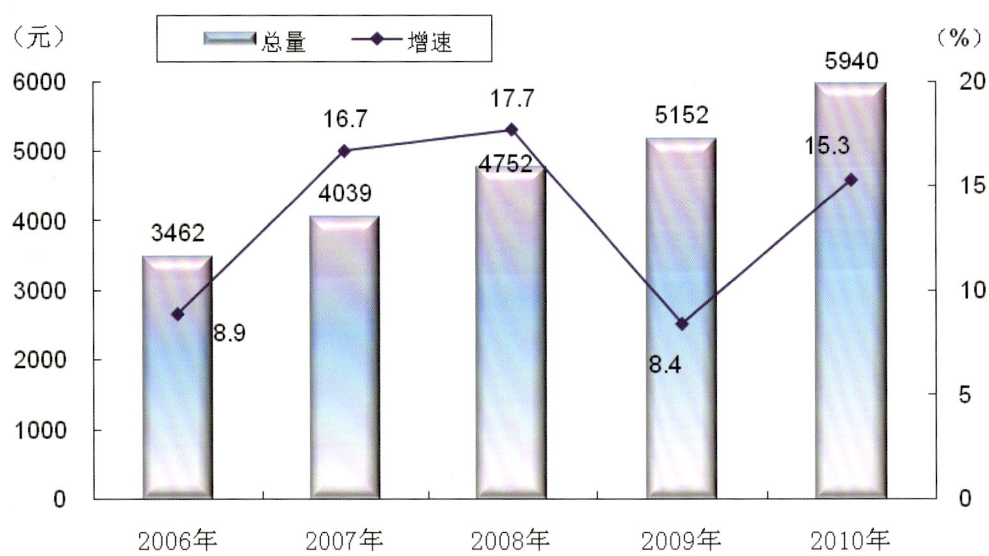

绵阳市“十一五”城乡居民恩格尔系数

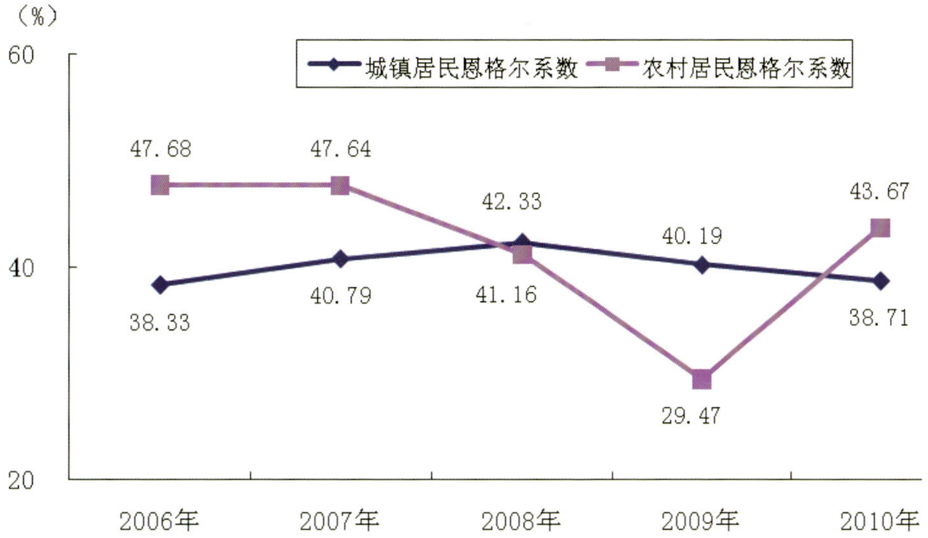

绵阳市“十一五”人均GDP及增速示意图

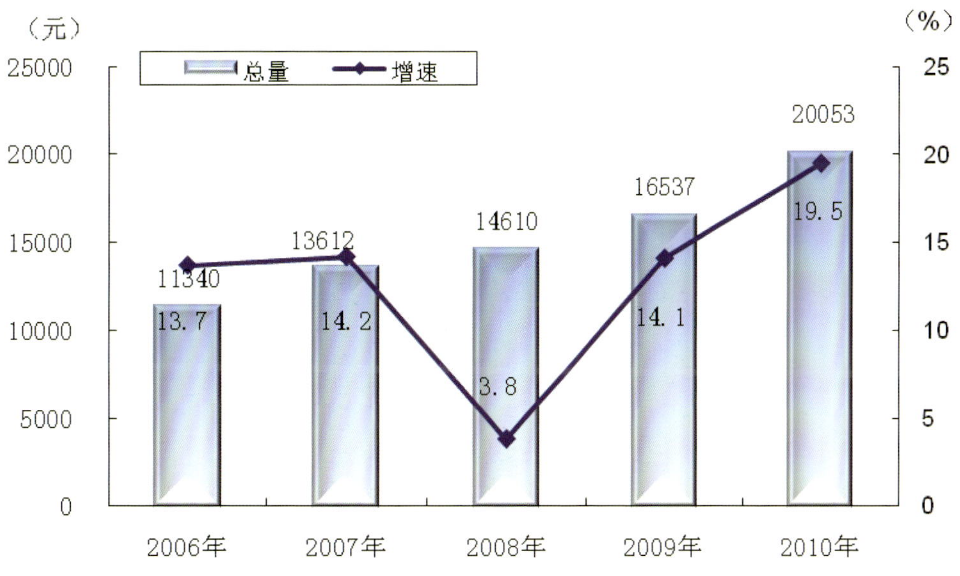

绵阳市“十一五”在岗职工平均工资

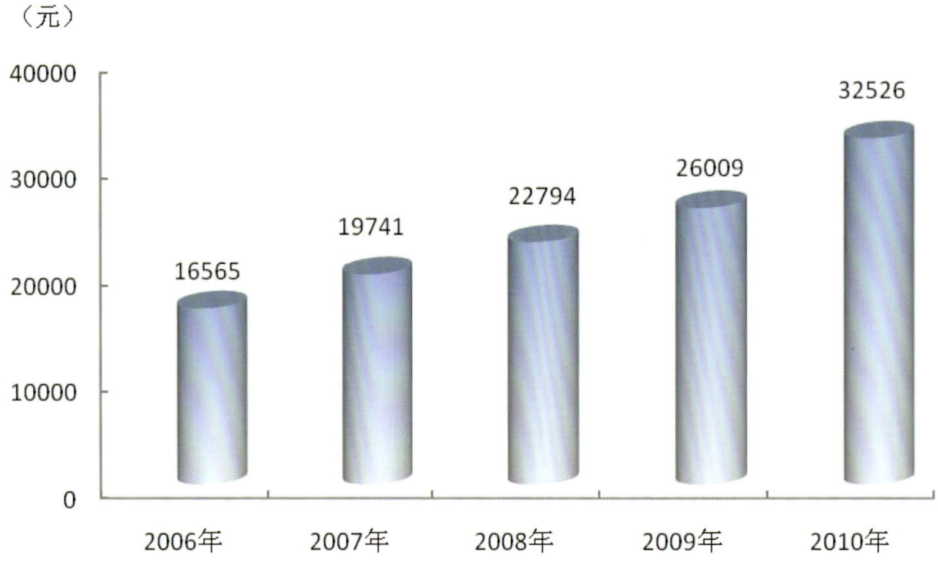

绵阳市“十一五”总人口和人口自然增长率

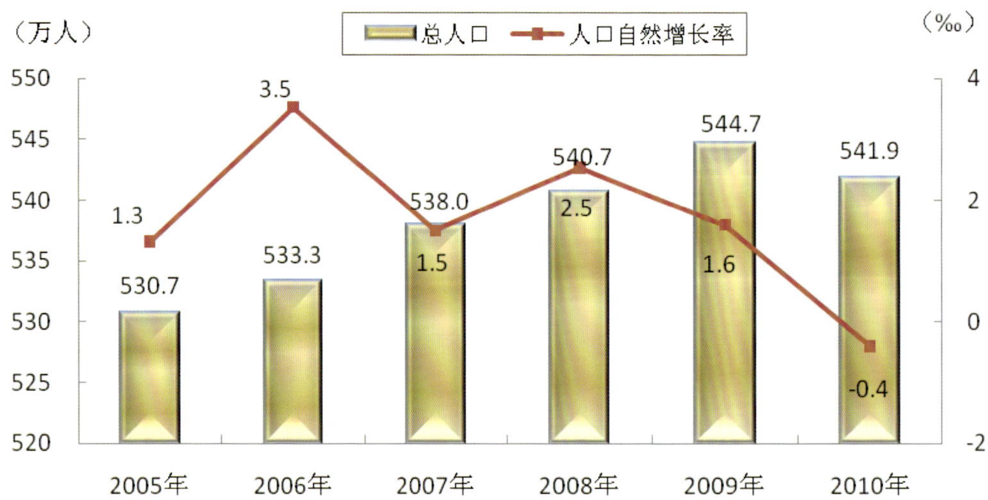

注：人口取自公安年报，自然增长率取自计生委。

四川省统计局、国家统计局四川调查总队关于2010年四川国民经济和社会发展的统计公报

2010年，在党中央、国务院的领导下，省委、省政府带领全省各族人民，坚持以邓小平理论和“三个代表”重要思想为指导，深入贯彻落实科学发展观，围绕“两个加快”，紧紧抓住扩大内需、灾后恢复重建和实施西部大开发的重大机遇，牢牢把握“巩固回升、加快发展”的工作基调，灾后恢复重建任务基本完成，全省经济发展加快，社会事业全面进步。

一、综　合

全省经济加快发展。经国家统计局审定，2010年全省实现地区生产总值（GDP）16898.6亿元，比上年增长15.1%，增速比上年提高0.6个百分点。其中，第一产业增加值2483亿元，增长4.4%；第二产业增加值8565.2亿元，增长22%；第三产业增加值5850.4亿元，增长10%。三次产业对经济增长的贡献率分别为4%、71%和25%。三次产业结构由上年的15.8：47.4：36.8调整为14.7：50.7：34.6。

民营经济持续快速发展。全年民营经济增加值9455亿元，比上年增长18.8%，占GDP的56%，对GDP增长的贡献率为65.7%。其中，第一产业增加值1027.5亿元，增长4.1%；第二产业增加值5590.4亿元，增长24.3%；第三产业增加值2837.1亿元，增长13.6%。

全年居民消费价格总水平同比上涨3.2%，其中食品类价格上涨6.1%。商品零售价格上涨3.0%，农业生产资料价格上涨3.6%。全部农产品生产价格上涨5.9%。全部工业品出厂价格同比上涨5.0%，其中生产资料价格上涨5.7%，生活资料价格上涨2.8%。全部原燃材料购进价格上涨6.1%。

表1：2010年居民消费价格涨幅　（%）

指　　标	全省	城市	农村
居民消费价格	3.2	3.3	3.1
食　品	6.1	6.6	5.9
其中：粮食	9.8	10.2	9.3
油脂	1.1	1.1	1.7
猪肉	2.9	2.1	4.1
鲜蛋	9.5	8.5	11.8
水产品	8	8.4	7.9
鲜菜	10.4	8.9	13.7
烟酒及用品	1.8	1.2	2.1
衣　着	-0.9	-2.7	1.5
家庭设备用品及服务	0.8	0.7	1.1
医疗保健及个人用品	4.3	5.2	3.6
交通和通信	0.7	0.2	1.5
娱乐教育文化用品及服务	0.6	0.7	0.6
居　住	3.1	5.0	1.8

企业家信心回升，企业生产状况持续好转。全年企业家信心指数为130.2，比上年提高11.5点；企业景气指数为128.8，比上年提高8.2点。其中，建筑业、社会服务业、工业企业的生产经营状况改善最为明显，企业景气指数分别较上年上升14.2点、10.7点、9.3点。

二、农 业

2010年，全省农业经济保持平稳发展态势，农村经济运行良好。全年粮食作物播种面积比上年下降0.3%。其中：玉米增长1.6%，马铃薯增长2.8%，小麦下降0.9%，水稻下降1.1%。油料作物播种面积121.9万公顷，增长1.1%；药材9.5万公顷，增长2.7%；蔬菜116.6万公顷，增长3.2%。

全年粮食产量比上年增产0.9%。经济作物中，油料产量268.5万吨，增长2.6%；棉花产量1.4万吨，减少4.8%；麻类产量6.4万吨，减少2.7%；烟叶产量24.5万吨，减少5.5%；蔬菜产量3408.3万吨，增长5.6%；茶叶产量16.9万吨，增长9.4%；水果产量722.9万吨，增长4.8%。

养殖业稳定发展。全年肉类总产量比上年增长3.8%。猪肉产量占肉类总产量比重为75.0%，比上年提高0.1个百分点。牛、羊肉产量增长1.0%。禽肉产量增长3.4%；禽蛋产量增长0.2%；牛奶产量增长2.4%；蚕茧产量11.1万吨，增长3.6%。

林业生产持续快速发展。沙化土地治理3.43万亩，实施森林管护3.16亿亩，完成营造林面积913.0万亩，其中：造林面积573.3万亩，建设公益林面积136.9万亩，实施配套荒山造林面积27.2万亩；省级湿地公园9个（其中：2010
年新批建6个），国家级湿地公园2个；年末森林覆盖率
34.8%，比上年提高0.4个百分点。

渔业稳定发展。2010年，水产养殖面积18.3万公顷，增长2.2%；水产品产量105.1万吨，增长4.9%。

农业生产条件继续改善。全年新增农田有效灌溉面积44.9万公顷，年末有效灌溉面积295.5万公顷。新增农业机械总动力202.5万千瓦，年末农业机械总动力3155.1万千瓦，增长6.9%。全年农村用电量141.7亿千瓦小时，增长5.9%。

三、工业和建筑业

工业经济增长较快。全年实现全部工业增加值7326.4亿元，增长22.9%，比上年提高3.9个百分点，对经济增长的贡献率为64.0%。新建投产规模以上工业企业1115户，规模以上工业企业户数达13806户；规模以上工业增加值增长23.5%。

规模以上工业中，重工业实现增加值增长24.2%，轻工业增加值增长22.3%，重轻工业的比为67.9:32.1，轻工业占全部工业的比重比上年下降0.1个百分点。“7+3”产业增加值占规模以上工业的85.2%，增长26.2%。其中，电子信息产业增长36.0%；装备制造产业增长24.7%；能源电力产业增长28.0%；油气化产业增长25.8%；钒钛钢铁产业增长21.8%；饮料产品产业增长26.3%；现代中药产业增长24.7%。全年规模以上工业企业实现出口交货值854.2亿元，增长45.1%；完成新产品产值4315.4亿元，增长30.4%。

规模以上工业39个行业大类中，除石油加工、炼焦及核燃料加工行业增加值同比下降1.4%外，其他行业均增长。其中，煤炭开采和洗选业增长20.5%，黑色金属冶炼及压延加工业增长9.0%，化学原料及化学制品制造业增长21.0%，通用设备制造业增长34.6%，专用设备制造业增长21.0%，交通运输设备制造业增长30.0%，电气机械及器材制造业增长19.0%，通信设备、计算机及其他电子设备制造业增长42.4%，电力热力的生产和供应业增长19.8%。

在纳入统计的 87 种重点产品中，有 74 种产品生产增长，增长面为 85.1%。其中，原煤增长 21.9%，原油加工量增长 2.2%，天然气增长 20.5%,发电量增长 15.3%，铁合金产量增长 29.9%，成品钢材增长 7.8%，水泥增长 49.5%，布增长 47.8%，纱增长 44.3%，化学农药增长 16.7%，食用植物油增长 22.7%，白酒增长 47.1%。

表 2：2010 年主要工业产品产量及其增长速度

产品名称	单 位	绝对数	比上年增长（%）
原煤	万吨	10836.2	21.9
汽油	万吨	57.8	0.7
天然气	亿立方米	234.2	20.5
发电量	亿千瓦小时	1683.8	15.3
生铁	万吨	1593.8	4.2
十种有色金属	万吨	93.3	32.6
钢	万吨	1581.0	5.0
成品钢材	万吨	1976.6	7.8
农用氮磷钾化学肥料	万吨	510.1	8.9
配混合饲料	万吨	701.2	22.4
食用植物油	万千升	117.7	22.7
卷烟	亿支	914.2	4.6
啤酒	万千升	158.3	0.0
白酒	万千升	229.8	47.1
布	亿米	14.9	47.8
纱	万吨	70.8	44.3
化学纤维	万吨	51.2	18.7
彩色电视机	万台	1208.9	6.8
家用电冰箱	万台	81.2	56.5
房间空气调节器	万台	119.5	65.5
水泥	万吨	13227.6	49.5
汽车	万辆	10.3	35.0

工业经济效益改善。全年规模以上实现盈利的工业企业 12545 户，占全部规模以上企业总数的 91.2%。规模以上工业企业实现主营业务收入 23230.2 亿元，增长 37.0%。实现利税总额 2734.6 亿元，增长 46.0%。实现净利润 1469.5 亿元，增长 51.6%。其中，国有及国有控股工业企业实现净利润 451.1 亿元，增长 78.4%；股份制企业 1021.5 亿元，增长 50.6%；外商及港澳台投资企业 166.4 亿元，增长 25.7%。工业经济效益综合指数 244.8，比上年提高 7.9 个点。

建筑业生产发展加快，效益提高。年末施工总承包和专业承包建筑企业 3905 个。全年实现利税总额 106.8 亿元，增长 12.4%；房屋建筑施工面积 29085.9 万平方米，增长 10.9%；房屋建筑竣工面积 11492.4 万平方米，增长 0.9%，其中，住宅竣工面积 8176.2 万平方米，增长 1.4%。

四、固定资产投资

全社会固定资产投资规模扩大。全年完成全社会固定资产投资 13582 亿元，比上年增长 13%。第一、二、三产业分别完成投资 500.9 亿元、5169.5 亿元、7911.6 亿元。其中，民营企业投资 6419.4 亿元，增长

24.2%，占全社会投资的比重为 47.3%；房地产开发投资 2194.6 亿元，增长 38.2%。

工业投资保持平稳增长，完成投资 5110.8 亿元，增长 14.2%，增速快于全社会投资 1.2 个百分点。投资结构不断完善，工业投资中“7+3”优势产业投资 3944.5 亿元，增长 16.4%，增速比工业投资快 2.2 个百分点。其中，钒钛钢铁业增长最快，完成投资 242.5 亿元，增长 45.9%；饮料食品业完成投资 464.1 亿元，增长 30.2%；装备制造业完成投资 873.6 亿元，增长 18.7%；能源电力业完成投资 1468.2 亿元，增长 16.6%。

服务业投资快速增长。全年完成服务业固定资产投资 4977.6 亿元，增长 14.6%，占全社会投资的比重为 58.3%，较上年提高 0.8 个百分点。其中，交通运输仓储和邮政业投资 1805.6 亿元 ，增长 31.1%；文化体育和娱乐业投资 162.4 亿元，增长 60.1%。

五、国内贸易及旅游

消费品市场较快增长。全年实现社会消费品零售总额 6634.7 亿元，比上年增长 18.7%。

分行业看，批发零售贸易业实现零售额 5646.8 亿元，增长 17.9%，占零售总额的 85.1%，拉动消费品市场增长 15.3 个百分点；住宿餐饮业零售额 998 亿元，增长 23.3%。限额以上批发和零售企业实现消费品零售额 1827 亿元，增长 23.4%。

分地域看，城镇市场消费品零售额 5318 亿元，增长 18.6%；乡村市场消费品零售额 1316.8 亿元，增长 18.9%。

在限额以上批发和零售业零售额中，汽车类零售额比上年增长 22.2%，石油及制品类增长 37.4%，粮油、食品、饮料、烟酒类增长 16.5%，服装、鞋帽、针纺织品类增长 20%，日用品类增长 19%，化妆品类增长 12.9%，家用电器和音像器材类增长 24.1%，家具类增长 15.1%，建筑及装潢材料类增长 20.7%，五金、电料类下降 2.8%。

2010 年，四川旅游业呈现良好的发展态势，国内旅游市场、入境旅游市场、出境旅游市场均保持较高增速。全省实现旅游总收入 1886.1 亿元，比上年增长 28.1%。全省接待国内旅游者 2.71 亿人次，增长 23.8%；实现国内旅游收入 1862.0 亿元，增长 28.2%。全省共接待入境旅游者 104.9 万人次，增长 26.5%；实现旅游外汇收入 3.5 亿美元，增长 21.5%。全省累计出境游客总人数为 47.5 万人，增长 74.1%。其中，前往香港旅游人数为 11.6 万人，增长 37.1%；前往澳门人数为 6.9 万人，增长 42.9%。

六、对外经济

全年实际利用外资 70.1 亿美元，比上年增长 69.8%。新批外商直接投资企业 379 家，累计批准 9293 家。外商投资实际到位资金 61.2 亿美元，比上年增长 69.6%。落户四川的境外世界 500 强企业达 160 家。年末驻川外国领事机构达到 9 家。

全年对外承包工程和劳务合作新签合同金额 69.0 亿美元，完成营业额 40.2 亿美元，增长 19.3%；外派劳务 40655 人次，增长 13.5%。新增境外投资企业 48 家，境外投资企业累计达 226 家。

招商引资全年新签并履约国内省外合作项目 3902 个，合同金额 4216.4 亿元，正在履约的项目共 9331 个（含往年结转，下同），实际到位国内省外资金 5336.4 亿元，增长 31.3%，全省招商引资系统履约中的国（境）外合作项目 553 个，实际到位 43.7 亿美元。

外贸进出口突破三百亿美元大关，实现进出口总额 327.8 亿美元，增长 35.6%。其中，出口额 188.5 亿美元，增长 33.0%；进口额 139.3 亿美元，增长 39.3%。一般贸易出口 97.7 亿美元，增长 25.9%；加工贸易出口 45.5 亿美元，增长 12.9%。国有企业出口 47.7 亿美元，增长 6.9%；私营企业出口 98.4 亿美元，增长71.3%，占外贸出口的52.2%；外商投资企业出口44.4亿美元，增长6.1%。

在有出口实绩的2885家企业中，上百万美元出口企业有1305家，增加266家，其中上千万美元以上出口企业412家，增加167家。

七、交通、通信和邮电

全年公路、铁路、航空和水路等运输方式完成货物周转量1710.0亿吨公里，增长12.3%；完成旅客周转量1234.8亿人公里，增长6.3%。铁路营运里程3546公里；高速公路通车里程2682公里；康定机场、双流机场二跑道建成投入使用；泸州港二期建成投运，宜宾港开港试营运，全省内河港口年集装箱吞吐能力达100万标箱。

表3：2010年公路、铁路、航空和水路运输方式完成运输量

指　　标	单　位	绝对数	比上年增长%
货物运输周转量	亿吨公里	1710.0	12.3
公路	亿吨公里	985.1	15.7
铁路	亿吨公里	642.2	5.5
民航	亿吨公里	7.6	11.3
水路	亿吨公里	75.1	32.8
旅客运输周转量	亿人公里	1234.8	6.3
公路	亿人公里	802.2	4.0
铁路	亿人公里	221.5	13.4
民航	亿人公里	208.8	4.6
水路	亿人公里	2.3	3.9

全年邮电业务总量1458.9亿元，增长16.7%。其中，邮政业务总量47.8亿元，增长21.3%；电信业务总量1411.1亿元，增长25.6%。年末拥有本地电话网固定交换机容量2108万门；移动电话交换机容量9624万户。年末电信公网电话用户5575万户，其中，固定电话用户1419万户，减少132万户；移动电话用户4156万户，增加747万户。电话普及率63.4%，其中，固定电话普及率16.1%，移动电话普及率47.2%。互联网注册上网用户526万户，光缆线路长度56.2万公里。

八、财政、金融、证券和保险

全年财政一般预算收入1561.0亿元，增长32.9%；其中税收收入1180.4亿元，增长33.1%。地方财政一般预算支出4242.5亿元，增长18.2%。

金融运行平稳。2010年末，金融机构本外币各项存款余额30504.1亿元，比年初增加5378.2亿元，增长21.4%。其中，企事业单位存款余额9489.9亿元，比年初增加1768.6亿元，增长16.3%。本外币各项贷款余额19485.7亿元，比年初增加3571.5亿元，增长22.4%，其中，中长期贷款余额14040.8亿元，增加3256.3亿元，增长41.6%。

全年金融机构现金收入40763.3亿元，现金支出40828.1亿元，累计净投放现金64.9亿元。

保险市场保持良好的发展势头。截止2010年底，共有保险公司54家，按业务性质分，有产险公司25家，寿险公司26家，养老险公司2家和健康险公司1家；按资本国别属性分，有中资公司43家，外资公司11家。全年原保险保费收入765.8亿元，比上年增长32.3%。其中，财产险原保险保费收入202.3亿元，增长27.9%；人身险原保险保费收入563.5亿元，增长33.9%。全年支付各种赔款和给付150.9亿元，增长15.6%。其中，财产险赔款支出90.4亿元，增长16.6%；人身

险赔付支出 60.5 亿元，比上年下降 14.1%。

截至 2010 年年底，共有境内外上市公司 90 家，其中 H 股公司 9 家、A 股 83 家；全年累计实现融资 216.8 亿元，其中 11 家公司实现首发融资，融资 148.6 亿元，7 家上市公司实现再融资、融资金额 68.2 亿元。

截至 2010 年年底，投资者证券账户开户数和证券交易额分别为 700.2 万户、3.7 万亿元；投资者期货帐户开户数、代理交易额分别为 3.2 万户和 5.0 万亿元。

九、教育和科学技术

2010 年，全省共有各级各类学校（含技工校、职业培训机构）2.9 万所，在校学生 1792.3 万人，教职工 92.0 万人，其中，专任教师 76.4 万人。

义务教育。2010 年新增基本普及九年义务教育县 1 个，全省 181 个县（市、区）全部完成了"普九"义务教育任务，"普九"人口覆盖率 100%。全省共有小学 9282 所，招生 96.5 万人，在校小学生 592.1 万人；普通中学 4738 所，招生 164.2 万人，在校学生 490.1 万人；特殊教育学校 100 所，招生 6684 人，在校生 4.2 万人。

高等教育。全省共有普通高校 93 所，普通本（专）科在校学生 108.6 万人，增长 4.9%；毕业生 27.9 万人，增加 2.6 万人。研究生培养单位 37 个，招生 2.6 万人，增长 7.0%；在校学生 7.8 万人，毕业生 1.9 万人。普通高等教育毛入学率提高到 25%。

职业教育。全省中等职业教育学校（含技工校）679 所，招生 57.6 万人，在校学生 140 万人，其中，普通中等专业学校 93 所，在校学生 27.4 万人；全省普通高中 747 所，在校学生 146.2 万人。普高和中职在校生比例达 1.04:1.00。全省职业培训机构 4902 个，注册 207.6 万人次。

成人教育。全省成人高等学校 22 所，成人本（专）科在校学生 30.1 万人；成人中学 28 所，注册学生 2.7 万人。全年参加自学考试 66.8 万人，本（专）科毕业 2.3 万人。

2010 年，高新技术产业实现工业总产值 4962.3 亿元，增长 28.1%。年末拥有在川国家级重点实验室 12 个、省部级重点实验室 126 个，国家级工程技术中心 14 家、国家级企业技术中心 33 家、省级工程技术中心 90 家。全省有两院院士 60 名，62 人次。

科技创新能力。年末全省高新技术企业达 1498 家，评选高新技术创新产品 30 个，产学研创新联盟 101 个，国家创新型企业（试点）21 家。全年共登记技术合同 7000 项，成交金额 62 亿元。完成省级科技成果登记 609 项；241 项获得四川省科技进步奖：其中一等奖 29 项，二等奖 53 项，三等奖 159 项。有 34 项成果获国家科技奖励。

全年共申请专利 40230 件，专利授权 32212 件，其中新增专利实施项目 4129 项，新增产值 735.67 亿元；行政机关立案处理专利案件 46 件，审理结案 45 件，结案率 97.8%。

十、文化、卫生和体育

全年文化系统文化产业实现营业收入 432.8 亿元，实现文化产业增加值 122.9 亿元。年末拥有艺术表演团体 82 个，艺术表演场所 54 个，文化馆 203 个，文化站 4446 个，公共图书馆 159 个。截止 2010 年底，全省拥有国家级文化产业示范基地 11 个，省级文化产业示范基地 22 个。藏羌彝文化走廊、观音文化产业园、羌族文化生态保护示范区、九寨沟文化产业群初具规模。

文艺创作。全年摄制电视剧 8 部，电影故事片 3 部。成功举办第六届全省少数民族艺术节，《未来组合》、《巴山秀才》等一批优秀剧（节）目获华表奖、国家舞台艺术精品奖等众多奖项，世博会四川文化活动周精彩纷呈。

文化遗产保护。2010年新增博物馆1家，全省共有博物馆90个，文物保护管理机构170个，国家级文物保护单位128处，省级文物保护单位576处，市、县级文物保护单位3260处。全省博物馆纪念馆免费开放工作进入常态，全年共接待观众1560万人次。截止2010年底，全省共有国家级非物质文化遗产保护名录105项，省级非物质文化遗产保护名录333项。

广播电视基础设施建设推行“两个加快”，广播、电视综合覆盖率进一步提高。年末拥有无线广播电台11座，中短波发射台和转播台37座。广播综合覆盖率96.2%，比上年提高0.03个百分点；拥有电视台11座，电视综合覆盖率97.3%，比上年提高0.06个百分点。有线电视用户达1237.4万户，比上年增加17.6万户。大力实施广播电视“村村通”、西新、农村电影放映等重点工程建设，完成了151443个20户以上已通电自然村“村村通”广播电视建设任务，广播影视基础设施条件大为改善，初步建立了广播影视公共服务体系。

新闻出版和档案工作。全年出版地方报纸135种，出版量15.7亿份；出版期刊340种，出版量9691万册；出版图书7108种，出版量19889万册；出版音像制310品种，电子出版物150种。年末有档案馆244个，其中专门档案馆20个。全年向社会开放各类档案762万卷。

医疗卫生资源。年末拥有全省卫生机构（含村卫生室）72468个，床位29.6万张；卫生技术人员32.5万人，其中，执业医师11.4万人，执业助理医师3.1万人，注册护士10.1万人。妇幼保健机构203个，执业医师和执业助理医师0.4万人，注册护士0.4万人。乡镇卫生院4719个，执业医师和执业助理医师3.5万人，注册护士1.4万人。

卫生环境和疾病控制。新增省级卫生城市1个；农村自来水普及率、卫生厕所普及率分别较上年提高4.1和7.9个百分点。全年甲、乙类传染病发病率204.1/10万，较上年减少13.1%。

农村医疗。新型农村合作医疗制度覆盖175个县（市、区），覆盖农业人口6614.4万人，实现涉农县（市、区）全覆盖；参加新型农村合作医疗比率达95.0%，较上年提高1.7个百分点。卫生服务能力提高，妇幼保健工作得到加强，孕产妇死亡率和婴儿死亡率持续下降，分别降至40.9/10万和12.0‰。建成功能基本完善的社区卫生服务机构918个，社区卫生服务人口覆盖率达95.3%；为62个妇幼保健机构配备急救设施。

体育事业。全年省优秀运动队获世界级比赛金牌9枚、银牌4枚、铜牌3枚；获亚洲级比赛金牌39枚、银牌24枚、铜牌15枚；获全国比赛金牌19枚、银牌17枚、铜牌30.5枚。体育彩票销售量继续攀升，全年体育彩票销售额29.2亿元，增长17%，共筹集公益金8.6亿元。全省建成国家级高水平后备人才基地15所、省级18所，市（县）级体校190所；国家级青少年体育俱乐部190个。继续实施健身基础设施建设，全年实施“雪炭工程”6个，全省共建设全民健身路径3640条，当年新建170条。投入专项资金0.9亿元实施体育“十项惠民行动”，新建农民体育健身工程1729个。

十一、环境保护和安全生产

2010年，安排工业节能专项资金8000万元，节能减排技术研发资金2300万元，全省382户企业完成了淘汰落后产能任务，其中，关停小火电机组27.65万千瓦、关闭整合小煤矿238万吨、淘汰落后炼铁产能26万吨、炼钢24.45万吨、工业硅5.3万吨、焦炭48万吨、铁合金10.1万吨、电石34万吨、水泥470.7万吨、平板玻璃230万重量箱、造纸18.4万吨、酒精2.1万吨、制革30万标张、印染布0.6亿米、化纤6万吨，促进了单位GDP能耗和单位工业增加值能耗的降低，完成全年国家下达的节能降耗目标任务。

环境保护。2010年，安排环保专项资金8600万元，180户重点工业污染企业按期完成治理任务，城市污水处理率、垃圾处理率分别达到70%和85%，32条重点小流域治理全面展开，依法划定了246个城市、3472个农村建制乡镇的集中式饮用水水源保护区。2010年末，全省环境保护系统人员7575人，其中，环境监测人员2592人；环境监察人员2369人。当年完成环境污染治理项目249个，完成投资14083万元。其中，工业污染治理项目183个，完成投资12378万元；规模化畜禽养殖场项目66个，完成投资1705万元。

生态建设。2010年末，全省自然保护区166个，面积88900平方公里，占全省土地面积的18.3%。国家级生态县2个，省级生态县8个。

安全生产全面完成“十一五”规划目标，表现出：“三个下降、一个稳定、一个较好”的发展态势。全省生产安全事故总量明显下降，全年发生各类伤亡事故20097起、死亡3872人，分别下降11.5%和4.5%。事故死亡人数首次控制在4000人以内。

全省开展隐患排查治理的生产经营单位达104846家(处)，共排查出一般隐患164694条，已整改160399条，整改率97.4%；排查治理重大隐患412项，已整改销号245项，整改率59.5%；累计落实治理资金55279.25万元。全年亿元国内生产总值生产安全事故死亡0.23人，下降20.7%；工矿商贸十万就业人员生产安全事故死亡3.01人，下降7.1%；道路交通万车死亡3.06人，下降17.7%；煤炭生产百万吨死亡3.877人，下降10.5%。全年共培训安全生产从业人员104.06万人次。

十二、人民生活和社会保障

城镇居民收入稳定增长。全年城镇居民人均可支配收入15461元，增长11.7%。其中，工薪性收入11311元，增长11.6%。人均消费性支出12105元，增长11.5%。城镇居民恩格尔系数为39.5%。

农村居民收入增长加快。全年农民人均纯收入5140元，增收677.5元，增长15.1%。其中，工资性收入2258.4元，增收437.0元，增长24.0%；家庭经营纯收入2292.4元，增收219.6元，增长10.6%；财产性纯收入146.5元，增收51.7元，增长54.6%；转移性纯收入442.2元，减收30.9元，下降6.5%。农村居民人均生活消费支出3896.7元，增长11.6%。其中，居住消费支出增长16.1%，家庭设备用品消费支出增长9.0%，交通和通讯支出增长11.3%，医疗保健消费支出增长6.9%。农村居民恩格尔系数为48.3%。

年末城乡居民储蓄存款余额13703.6亿元，增长17.8%。其中，活期储蓄存款余额5274.2亿元，增长26.6%；定期储蓄存款余额8429.4亿元，增长12.8%。

就业形势稳定。年末城乡就业人员达4773万人，比上年末增加16.4万人，增长0.3%。其中，城镇就业人员为1382万人，增加36.2万人，增长2.7%。2010年，全省高校毕业生30.9万人，签订就业协议25.8万人，就业签约率达85.7%。年末城镇登记失业人员34.6万人，登记失业率4.1%，比上年末下降0.2个百分点。

社会保险覆盖面进一步扩大。全年养老保险参保人数1301.1万人，失业保险参保（职工）人数464.7万人，基本医疗保险参保人数2065.9万人，参加工伤保险职工583.8万人，参加生育保险职工484.2万人。全省67个参加农村新型社会养老保险试点县参保人数669.6万人，比上年末增加430.5万人。

新型社会救助体系不断完善。全年纳入城市“低保”人员187.0万人；城市“低保”资金支出34.7亿元，全省累计月人均补助水平不低于150元；农村低保人数达到394.5万人，月人均补助水平不低于58元。城镇和农村最低生活保障人均补助水平分别比上年提高9元和6元，达到154元和62元。符合条件的五保供养对象全部纳入供养范围，全省五保供养对象集中供养率达到45.1%。按农村低保和五保人数计算，农村医疗年人均救助水平不低于196元；按城市低保人数计算，城市医疗年人均救助水平不低于202元。城市国办老年社会福利机构床位新增3155张；新建、改扩建农村中心敬老院152所，新增床位1.1万张。建立城镇各种社区服务设施8313个，社区服务中心781个。销售福利彩票36.8亿元，直接接受社会捐赠3.6

亿元。

十三、民族自治地区经济

民族自治地区经济持续发展，民族团结和睦，人民生活明显改善。阿坝藏族羌族自治州、甘孜藏族自治州、凉山彝族自治州和北川羌族自治县、峨边彝族自治县、马边彝族自治县辖区面积30.5万平方公里，占全省土地面积62.9%。全年民族自治地区实现地区生产总值1102.6亿元，增长17%，增速比全省平均水平高1.9个百分点。其中，第一产业增加值240.3亿元，增长4.5%；第二产业增加值504.1亿元，增长28.3%；第三产业增加值358.2亿元，增长10.7%。三次产业结构由上年24.5：40.1：35.4的调整为21.8：45.7：32.5，其中第一产业比重下降2.7个百分点，第二产业比重上升5.6个百分点。实现地方财政收入101.6亿元，增长39.2%，增幅比全省平均水平高6.3个百分点。

农业生产稳定增长。全年粮食产量增长2.8%。猪牛羊肉产量增长4.5%。年末大牲畜存栏增长0.8%；生猪存栏增长2.3%；羊存栏增长4%。

工业增长较快。全部工业实现增加值384.1亿元，增长 26.4%，规模以上工业增加值增长25.4%。

投资规模稳步扩大，邮电通讯业继续增长。全社会固定资产投资1373亿元，增长19.5%；实现邮电业务收入27.2亿元，增长13.4%；公网电话用户达66.1万户，下降6.3 %，移动电话用户348.2万户，增长21.9%；全年接待游客3140.9万人次，增长30.6%；实现旅游总收入168.3亿元，增长46.4%。

消费品零售市场保持增长势头，人民生活改善。全年社会消费品零售总额337亿元，增长20.7%；城乡居民储蓄存款余额587.8亿元，增长22%；农牧民人均纯收入4124 元，增长16.5%。

十四、扩权试点县（市）经济

2010年，59个扩权试点县（市）经济工业增长较快、投资和消费需求扩大、财政增收步伐加快、城乡居民收入水平明显提高，国民经济呈现发展加快、质量提升的良好运行态势。

经济增长加快，结构逐步优化。2010年，扩权试点县（市）地区生产总值5668.3亿元，增长15.7%，增速比全省平均水平高0.6个百分点。其中，第一产业增加值1343.2亿元，增长4.4%；第二产业增加值2806.2亿元，增长25.2%；第三产业增加值1518.9亿元，增长9.7%。三次产业结构由上年的25.7：45.8：28.5调整为23.7：49.5：26.8，产业结构逐步优化。

农业稳步发展。粮食总产量增长3.5%；肉类总产量增长6.8%。出栏肉猪头数增长5.9%；年末生猪存栏头数增长2.7%。工业发展较快。2010年，规模以上工业企业单位数4895户，比上年增加396户，规模以上工业增加值增长28.2%，增速比全省高4.7个百分点；实现利税794.4亿元，增长50.2%，实现利润415.4亿元，增长52.6%。服务业稳步发展。年末本地固定电话用户501.1万户，下降4.8%，移动电话用户1770万户，增长14.6%。全年接待游客8749.5万人，增长23.2%；实现旅游收入516.7亿元，增长17.8%。

投资规模扩大，市场需求稳步增长。2010年，扩权试点县(市)全社会固定资产投资4031亿元，比上年增长13.3%，增速比全省高0.3个百分点。社会消费品零售总额2082.6亿元，比上年增长18.6%。

经济运行质量提高，民营经济持续增长。2010年，扩权试点县（市）地方财政一般预算收入187.3亿元，比上年增长38.9%，增速比全省快6个百分点。地方财政一般预算支出1163.9亿元，增长16.7%。民营经济增加值3152.6亿元，增长19%，增幅比全省高0.2个百分点，占GDP比重由上年的 54.4%上升到55.6%，提高1.2个百分点。

居民收入增长加快，生活水平明显提高。2010年，扩权试点县（市）城镇居民可支配收入13780元，增长 14.4%，增速比全省高 2.7 个百分点。农民人均纯收入 5304 元，比全省平均水平高 164 元；同比增长 15.4%，增幅比全省高 0.3 个百分点。2010 年，扩权试点县（市）城乡居民储蓄存款余额 4210.3 亿元，增长 16%。

注：

1、公报中各项数据为初步统计数，正式数据以《四川统计年鉴-2011》为准。

2、公报中生产总值及增加值指标绝对数按当年价格计算，增长速度按可比价格计算。

3、公报中林业、渔业、农业机械化、交通运输、邮政、电信、金融、旅游、对外贸易、财政、保险、证券、教育、科技、文化、卫生、体育、环境保护、安全生产和社会保障数据来源于省林业厅、水产局、水利厅、农业厅、交通厅、邮政公司、电信管理部门、人民银行成都分行、旅游局、商务厅、成都海关、经信委、招商局、财政厅、保监局、证监局、教育厅、科技厅、文化厅、卫生厅、体育局、安监局和民政局等相关部门统计。

绵阳市统计局、国家统计局绵阳调查队
关于2010年国民经济和社会发展的统计公报

2010年是“十一五”收官之年，也是灾后重建决胜之年，全市紧紧抓住扩大内需、西部全面开发开放和科技城建设重大机遇，坚持“一主三化三加强”基本思路，大力实施“规划项目产业投资突破年”，奋力推进“三个加快”，灾后重建取得伟大胜利，经济社会实现跨越式发展。

一、综　　合

综合经济发展提速、结构向好。2010年，全市实现GDP960.2亿元，增长15.3%，比2009年提高0.9个百分点。其中，第一产业实现增加值166.49亿元，增长4.0%；第二产业实现增加值468.27亿元，增长23.2%；第三产业实现增加值325.46亿元，增长10.2%。三次产业构成比例为17.3：48.8：33.9，与2009年相比，第一产业下降1.8个百分点，第二产业提高3个百分点，第三产业下降1.2个百分点，产业结构进一步优化。2010年全市民营经济实现增加值510.7亿元，增长19.3%，民营经济占经济总量的比重达到53.2%，比上年提高1.7个百分点，对GDP增长的贡献率66.2%，拉动GDP增长10.1个百分点，民营经济已成为拉动经济增长的主导力量。

物价普遍上涨。全年居民消费价格指数（CPI）上涨3.4%，涨幅比上年提高2.1个百分点。上涨幅度较大的是，食品类上涨6.4%，居住类上涨5.0%。工业品出厂价格指数上涨0.1%。工业原材料、燃料、动力购进价格指数上涨5.0%。

企业家信心回升。2010年全市企业家信心指数为141.5点，比上年上升21.8点；企业景气指数为141.9点，比上年上升15.4点。

科技城建设稳步推进。2010年，科技城范围实现GDP604.9亿元，增长20%；规模以上工业企业实现工业增加值303.7亿元，增长24.1%；完成固定资产投资508.8亿元，增长3.3%；实现社会消费品零售总额160.5亿元，增长20%，新三城建设稳步推进。

二、农　　业

农业生产稳步增长。全年实现农业总产值273.2亿元，增长4.1%。其中：种植业实现135.3亿元，增长3.8%；林业8.3亿元，增长5%；畜牧业116.6亿元，增长4.4%；渔业9.1亿元，增长4.9%；农业服务业4亿元，增长3.5%。

种植业实现增产。全市农作物总播面66.95万公顷，其中粮食播面43.88万公顷，比上年增长0.2%。全年粮食总产量234万吨，增产1.4%。其中大春粮食产量170.4万吨，增长1.6%；小春粮食产量63.6万吨，增长0.9%。主要农产品中：稻谷产量96.6万吨，增产0.2%；小麦产量55.1万吨，增产0.8%；油料作物产量30.9万吨，增产2.7%；蔬菜产量179万吨，增产5.9%。

养殖业生产持续增长。2010年全市出栏肉猪头数593.5万头，比上年增长2.6%；肉类总产量62.4万吨，增长 4.5%；禽蛋产量 15 万吨，增长 4.2%；牛奶产量 2.5 万吨，下降 0.4%；水产品产量 9.45 万吨，增长 4.8%。

绿化造林稳步推进。全市森林覆盖率达 48.0%。全年国家无偿投入林业建设资金 13.2 亿元，完成造林面积 1.3 万公顷。全市有自然保护区 11 个，自然保护区面积 33 万公顷。全年收获大宗林产品 1.2 万吨，比上年增产 1630 吨，其中：油桐籽 177 吨、棕片 147 吨、核桃 11871 吨、生漆 10 吨。

农业生产条件进一步改善。年末实有水利工程 7.5 万处，水利工程蓄引能力 19.9 亿立方米，实际供水 10.7 亿立方米。年末耕地有效灌溉面积达到 21 万公顷。综合治理水土流失面积 54.3 万公顷。新增农机总动力 23.5 万千瓦，新建沼气池 8.4 万口。

三、工业和建筑业

工业经济加快发展。2010 年，全市全部工业实现增加值 398.4 亿元，增长 23.9%。其中：990 户规模以上工业企业实现工业总产值 1343.4 亿元，增长 34.2%，实现增加值 367 亿元，增长 27.6%，增速比上年提高 1.1 个百分点。

“2+4”重点产业保持较快增长。2010 年，“2+4”产业完成工业总产值 1229 亿元，占全市工业的 91.5%，增长 34.7%，增速比全市平均水平高 0.5 个百分点。其中工业总产值百亿元以上的产业达到 4 个，分别是：电子信息产业 482.7 亿元，增长 29.9%；食品及生物医药产业 222.3 亿元，增长 30.2%；冶金机械产业 188.6 亿元，增长 45.1%；材料产业 188.8 亿元，增长 43.3%。此外，化工产业产值 75 亿元，增长 18.2%、汽车及零部件产业产值 71.6 亿元，增长 60%。

亿元企业队伍不断壮大。2010 年，全市产值亿元以上的企业达到 178 户，比上年增加 30 户，178 户亿元企业完成工业总产值 1065.8 亿元，占全市工业的 79.3%，增长 33.1%。

主要工业产品产量普遍增长。2010 年，全市重点监测的 86 种工业产品中有 70 种产品产量增长。其中：水泥增长 44%，发电量增长 19.2%，钢材增长 25%，发动机增长 69.6%，彩电增长 9.7%，空调增长 65.5%，卷烟增长 21.7%。

工业效益稳步回升。2010 年，全市规模以上工业企业实现主营业务收入 1323.5 亿元，增长 37.4%；盈亏相抵后的利润总额 78.2 亿元，增长 51.9%；工业利税总额 141.8 亿元，增长 31.7%。全市规模以上企业工业经济效益综合指数达到 188 点，比上年上升 12.7 点。

建筑业快速增长。2010 年，全市有工作量的施工总承包和和专业承包建筑业企业 204 个，下降 8.9%。完成建筑业产值 177.61 亿元，增长 18.9%；房屋建筑施工面积 1663.79 万平方米，增长 16.2%；房屋建筑竣工面积 631 万平方米，增长 16.2%，其中，住宅竣工面积 347.48 万平方米，增长 7%。

四、固定资产投资

固定资产投资规模不减。2010 年，全社会固定资产投资完成 821 亿元，增长 2.3%。总量在 21 个市州居第 2 位。

投资结构持续改善。从投资类型看，农房建设投资大幅减少，产业投资大幅增加。2010 年，基本建设完成投资 493.48 亿元，增长 65.9%；更新改造完成投资 180.4 亿元，增长 23.4%；房地产开发完成投资 105.8 亿元，增长 55.6%;农户投资完成 40.4 亿元，下降 86.1%。与上年相比，基建投资占比提高 23 个百分点，技改投资占比提高 3.8 个百分点，房地产开发投资占比提高 4.4 个百分点，其他投资占比下降 31.2 个百分点。

"2+4"产业投资迅速发展。2010 年，投向"2+4"工业行业的投资达到 159.9 亿元，增长 18.9%，比全社会固定资产投资增速高 16.6 个百分点。其中：电子信息产业完成 32.8 亿元，增长 71.6%；汽车及零部件产业完成 13.5 亿元，增长 11.1%；化工产业完成 7.4 亿元，下降 45.6%；食品及生物医药产业完成 36 亿元，增长 179.2%；冶金机械产业完成 32.7 亿元，增长 48.4%；材料产业完成 37.6 亿元，下降 31.4%。

项目个数显著增加，重大项目支撑作用明显。2010 年，全市在建施工项目 5875 个，增加 1974 个，增长 50.6%。其中：500 万以上项目 1805 个，比上年增加 501 个。

房地产开发强劲。2010 年，全市房地产开发投资 105.8 亿元，增长 55.6%，商品房新开工面积 432.7 万平方米；2010 年，商品房销售面积 358.1 万平方米，增长 36.1%，增幅比上年回落 37.4 个百分点。

五、国内贸易和旅游

消费市场持续快速增长。2010 年，全市实现社会消费品零售总额 419.6 亿元，总量居全省第 2 位，增长 19.1%，增速居全省第 1 位。

分行业看，批发业实现零售额 19.1 亿元，增长 18.8%；零售业实现零售额 333 亿元，增长 18.7%；住宿业实现零售额 10.1 亿元，增长 33.6%；餐饮业实现零售额 57.3 亿元，增长 19.1%。

分地域看，城镇市场实现零售额 274.6 亿元，增长 19.2%；农村市场实现零售额 145 亿元，增长 18.8%，城乡市场的增幅差由 2009 年的 0.8 个百分点缩小到 2010 年的 0.4 个百分点。

分类质看，在限额以上批发和零售业零售额中，汽车类零售额增长 10.4%，石油及制品类增长 84.1%，粮油、食品、饮料、烟酒类增长 13.8%，服装、鞋帽、针纺织品类增长 17.2%，日用品类增长 18.7%，化妆品类增长 14.9%，家用电器和音像器材类增长 31%，家具类增长 12.2%，五金、电料类下降 11.1%。

旅游业恢复发展。2010 年，全市共接待游客 1194.3 万人次，增长 35.8%，其中：接待国内游客 1193 万人次，增长 35.9%；接待入境旅游游客 1.3 万人次，下降 5%。全市旅游总收入达到 65.2 亿元，增长 36.5%，其中：旅游外汇收入 578.6 美元，下降 15.7%。

六、招商引资和对外贸易

2010 年，全市引进内资项目 681 个，到位资金 383.2 亿元，增长 22.4%，其中：新签约 5000 万元以上的项目 135 个，到位资金 106.8 亿元；第二产业项目到位资金 219.34 亿元，占到位资金的 57.23%。

2010 年，全市引进外资 2.7 亿美元，增长 5.6%。其中外商直接投资 1.5 亿美元。

2010 年，全市实现外贸进出口总额 19 亿美元，增长 20.1%。其中：进口总额 7.7 亿美元，增长 34.6%；出口（含代理）总额 11.3 亿美元，增长 11.9%。

七、交通和邮电

交通运输大幅改善。2010 年末全市公路通车里程 15649.4 公里，其中等级公路 9208.4 公里。全年公路客运周转量 44.7 亿人公里，增长 23%；公路货运周转量 41.8 亿吨公里，增长 12.9%；水运客运周转量 358 万人公里，增长 39.8%；水运货运周转量 6 万吨公里，下降 45.5%；铁路客运量 819.7 万人，增长 1.3%；铁路货运量 849.2 万吨，增长 5.3%；民用航空客运量 57.5 万人次，增长 105.5%；民用航空货邮运量 7839 吨，增长 45.4%。

通讯业稳步发展。2010年末全市有邮政局（所）416所，全年实现邮政业务总量3.25亿元。全年实现通讯业主营业务收入23.8亿元，增长11.7%。年末全市固定电话机用户74.3万户，下降10.9%，其中住宅电话57.5万户，增长3%。年末移动电话用户384.1万户，增长14%；国际互联网用户33.95万户，增长30.7%。

八、财政、金融和保险业

财政收入快速增加，灾后重建保障有力。2010年，全市财政总收入119.4亿元，增长35.7%；其中：一般预算收入45.2亿元，增长34%。全市财政支出410.6亿元，增长28.7%，其中地震灾后重建支出197.8亿元，占财政支出的48.2%。

金融运行稳健。截至2010年末，全市金融机构本外币各项存款余额1792.3亿元，较年初增加262.7亿元，增长17.2%。本外币各项贷款余额877.3亿元，较年初增加175亿元，增长24.9%。

保险业较快发展。全市共有保险公司29家，其中：产险公司14家，寿险公司15家。全年各类保险保费收入44.4亿元，比上年增长27.1%，其中：人身险33.3亿元，增长28.7%；财产险11.1亿元，增长22.5%。各类保险赔款及期满给付支出9.5亿元，增长31.4%。

九、教育和科学技术

教育事业发展势头良好。2010年末全市共有各级各类学校1267所，在校学生86.1万人，专任教师4.6万人。

全市高校达到12所。2010年招生（含成教全日制生）3.2万人，在校本（专）科生9.8万人，毕业生2.4万人，专任教师5125人。

基础教育水平和质量稳步提高,高考连续十年全省双第一。年末全市有小学432所，在校小学生27.2万人，小学学龄儿童入学率达100%。普通中学267所，在校学生30.6万人。

职教体系日趋完善。全市中等职业教育学校34所，2010年招生2.9万人(不包含技工学校)，在校学生8.7万人，专任教师2158人。

科学创新不断扩大。全市共组织申报国家各类科技计划项目120项，立项97项，落实无偿资金8280万元。组织申报省级科技计划项目70项，立项51项，落实无偿资金1330万元。科技部同意绵阳组建并授牌“绵阳科技城（国家）军民两用技术交易中心”，中国第一家X射线数字化成像仪器中心在科创园区落成。全市已通过高新技术企业认定79家。全市全年共申请专利1858件，专利授权1133件。

十、文化、卫生和体育

文化事业平稳发展。全市有公共图书馆8个，公共图书馆藏书量127.7万册。文化馆10家，文化站271个，剧场6个，博物馆、展览馆6个。乡广播电视站264个，广播覆盖率达97.9%，电视覆盖率达97.4%，有线电视入户率达61.2%，城区数字电视转换率94.5%。全市公开发行报纸4种，报纸印数3185万份，公开刊物16种，印数174万份，地方性图书289种，印数34.2万份。

城乡医疗卫生条件得到改善。全市有卫生机构1135个，其中医院、卫生院342个，卫生技术人员1.9万人，执业医师8034人，注册护师、护士6648人，医院床位数1.9万张。

体育事业蓬勃发展。2010 年，全市举办各种运动会 2820 次，参加人次达 145 万。在参加省以上比赛中获奖牌 105 枚，其中：金牌 29 枚，银牌 30 枚。

十一、环境保护和安全生产

环保防治力度加大。2010 年共对 10 家工业企业和 5 家规模化畜禽养殖企业实施环境污染限期治理。各县市区均建设了污水处理厂和垃圾填埋场，全市共有污水处理厂 5 个，污水日处理能力为 26.7 万吨，城区污水处理率达到 91.48%。主要污染物排放总量得到有效控制和削减。

环境质量稳定。2010 年全市空气质量监测天数为 365 天，其中有 352 天的城市环境空气质量达到和优于国家二级标准，达标率为 96.44%，空气质量良好。主要流域涪江三台百顷出境断面水质每月监测 1 次，12 个月均达到和优于国家地表水Ⅲ类水质标准，涪江干流水质状况良好。城区共布设噪声监测点 213 个、道路交通噪声监测点 56 个，年度城区区域环境噪声统计平均值为 52.4dB（A）。

圆满完成“十一五”节能降耗目标。“十一五”期间，绵阳市节能降耗目标是：万元 GDP 综合能耗下降 20%，万元工业增加值综合能耗下降 31%。尽管抗震救灾过程中消耗了大量的非生产性能源，给全市完成以上两个目标造成巨大压力。但市委、市政府领导有力，通过细化分解节能目标、关停高耗能企业、严格控制用电量过快增长、制定问责办法、启动预警方案、及时对相关县市区和部门发布预警通报、严格督促检查、建立用电量实时监控预警制度等多种有效措施办法，圆满完成了绵阳“十一五”节能目标。万元 GDP 综合能耗累计下降 20.3%，万元工业增加值综合能耗累计下降 35.9%。

安全生产事故大幅下降。2010 全市共发生各类伤亡事故 1258 起，比上年减少 46.9%；死亡 256 人，比上年下降 2.3%。其中：道路交通事故 923 起，比上年下降 53.2%；死亡 192 人，比上年下降 5.9%。工矿商贸事故 50 起，死亡 53 人；火灾 275 起，死亡 1 人。

十二、人民生活和社会保障

城乡居民收入快速增长。2010 年，全市城镇居民人均可支配收入 15516 元，增长 13.3%；全年农村居民人均纯收入 5940 元，增长 15.3%。年末城乡居民储蓄存款余额 803.2 亿元，比年初增加 96 亿元，增长 13.6%。

就业压力仍然较大。2010 年，全市新增城镇就业人员 4.3 万人，失业保险参保职工累计达 21.2 万人，当年新增 0.5 万人。年末城镇登记失业人员 3 万人，城镇登记失业率为 3.73%。全市有 1.7 万人员实现再就业。

社会保障逐步深化。年末参加基本养老保险职工 70.5 万人，江油、安县列入国家新型农村社会养老保险试点地区，参保人数 40.7 万人；参加基本医疗保险职工 48.3 万人，参加城镇居民医疗保险 63.5 万人。9 个县（市、区）开展了新型农村合作医疗工作，新型农村合作医疗参合人数 389.9 万人，参合率 99.65%；全市最低生活保障标准为 210 元/月，享受最低生活保障补助的城镇居民 12.4 万人、农村居民 19.3 万人，分别下降 2.7%和 13.6%。失业保险金标准为 546 元/月。年末全市有社会福利收养性单位 230 个，床位数 2.1 万张。

注：

1、《公报》中使用数据为统计快报数据，正式数据以《绵阳统计年鉴 2011》为准。

2、GDP、工业增加值、农业产值绝对数按现行价格计算，增长速度按可比价格计算。

3、由于科学城数据涉秘，故 2008 年起社会保障方面数据不再包括科学城。

行政区划和气象情况 1

XING ZHENG QU HUA HE QI XIANG QING KUANG

1—1 行政区划一览表

（2010 年末）

县市区	乡、镇
涪城区	城郊乡 石洞乡 丰谷镇 关帝镇 塘汛镇 青义镇 龙门镇 石塘镇 吴家镇 杨家镇 金峰镇 玉皇镇 永兴镇 河边镇 新皂镇 磨家镇
游仙区	白蝉乡 观太乡 建华乡 云凤乡 松垭镇 太平乡 梓棉乡 东宣乡 东林乡 街子乡 凤凰乡 朝真乡 游仙镇 石马镇 新桥镇 小枧沟镇 魏城镇 沉抗镇 忠兴镇 柏林镇 徐家镇 石板镇 刘家镇 玉河镇
三台县	建中乡 乐加乡 断石乡 双胜乡 高堰乡 曙光乡 金鼓乡 玉林乡 宝泉乡 广利乡 协和乡 进都乡 上新乡 云同乡 老马乡 幸福乡 下新乡 争胜乡 双乐乡 忠孝乡 里程乡 菊河乡 黎曙镇 永新镇 新德镇 花园镇 永明镇 塔山镇 富顺镇 东塔镇 光辉镇 石安镇 三元镇 百倾镇 前锋镇 鲁班镇 观桥镇 秋林镇 新鲁镇 西平镇 中太镇 凯河镇 乐安镇 建设镇 龙树镇 新生镇 安居镇 柳池镇 立新镇 八洞镇 古井镇 万安镇 芦溪镇 金石镇 紫河镇 刘营镇 景福镇 建平镇 潼川镇 中新镇 灵兴镇 郪江镇 北坝镇
盐亭县	洗泽乡 龙泉乡 宗海乡 毛公乡 三元乡 冯河乡 金安乡 石牛庙乡 折弓乡 剑河乡 麻秧乡 五龙乡 来龙乡 茶亭乡 永泰乡 黄溪乡 榉溪乡 双碑乡 林山乡 新农乡 金孔镇 云溪镇 林农镇 两河镇 高灯镇 八角镇 金鸡镇 玉龙镇 黑坪镇 黄甸镇 富驿镇 柏梓镇 巨龙镇 安家镇 两岔河乡 大兴回族乡
安　县	兴仁乡 乐兴镇 高川乡 永河镇 千佛镇 界牌镇 迎新乡 沸水镇 清泉镇 塔水镇 宝林镇 桑枣镇 晓坝镇 秀水镇 睢水镇 黄土镇 河清镇 花荄镇
梓潼县	演武乡 仙峰乡 小垭乡 马鸣乡 建兴乡 东石乡 三泉乡 宏仁乡 双板乡 定远乡 大兴乡 宝石乡 金龙场乡 文兴乡 石台乡 马迎乡 交泰乡 双峰乡 仙鹅乡 豢龙乡 二洞乡 文昌镇 许州镇 石牛镇 白云镇 黎雅镇 观义镇 长卿镇 卧龙镇 玛瑙镇 仁和镇 自强镇
北川县	桂溪乡 香泉乡 陈家乡 开坪乡 坝底乡 片口乡 青片乡 白什乡 贯岭乡 禹里乡 漩坪乡 白坭乡 都坝乡 墩上乡 马槽乡 小坝乡 曲山镇 通口镇 擂鼓镇 永安镇 安昌镇 永昌镇 桃龙藏族乡
平武县	坝子乡 旧堡乡 水田乡 土城乡 平南乡 徐塘乡 水观乡 锁江乡 高村乡 阔达乡 平通镇 豆叩镇 大桥镇 古城镇 响岩镇 水晶镇 南坝镇 龙安镇 泗耳藏族乡 虎牙藏族乡 木座藏族乡 大印镇白马藏族乡 木皮藏族乡 黄羊关藏族乡
江油市	敬元乡 六合乡 枫顺乡 八一乡 云集乡 东兴乡 文胜乡 重兴乡 东安乡 新春乡 方水乡 贯山乡 新兴乡 义新乡 大埝乡 香水乡 西屏乡 铜星乡 石元乡 青莲镇 九岭镇 雁门镇 三合镇 永胜镇 马角镇 重华镇 大康镇 战旗镇 新安镇 彰明镇 二郎庙镇 双河镇 河口镇 龙凤镇 太平镇 含增镇 武都镇 中坝镇 厚坝镇 小溪坝镇

1—2 县市区行政区划和行政区域面积

（2010 年末）

单位：个、平方公里

地　区	县	县级市、区	乡		镇	村	居　民 委员会	村　民 委员会	行政区域 面积
				民族乡					
全　市	9	3	133	15	144	3297	458	3297	20249
涪城区		1	2		14	142	105	142	597
游仙区		1	11		13	258	57	258	973
三台县	1		22		41	935	103	935	2661
盐亭县	1		22	1	14	467	29	467	1645
安　县	1		3		15	234	23	234	1189
梓潼县	1		21		11	329	15	329	1442
北川县	1		17	1	6	319	26	319	3084
平武县	1		16	13	9	249	14	249	5974
江油市		1	19		21	364	86	364	2720

1—3 县市区平均气温

（2010 年）

单位：摄氏度

地　区	全　年	冬　季 （12～2 月）	春　季 （3～5 月）	夏　季 （6～8 月）	秋　季 （9～11 月）
绵　阳	16.7	7.9	16.2	25.0	17.7
三台县	17.2	8.3	16.6	25.6	18.1
盐亭县	16.8	7.8	16.1	25.5	17.7
安　县	16.4	7.6	15.9	24.7	17.3
梓潼县	16.7	7.7	16.2	25.2	17.6
北川县	15.2	6.8	14.7	23.4	16.0
平武县	14.8	6.4	14.7	22.9	15.3
江油市	16.8	7.9	16.3	25.2	17.6

1—4 县市区降水量

（2010 年）

单位：毫米

地 区	全 年	冬 季（12～2 月）	春 季（3～5 月）	夏 季（6～8 月）	秋 季（9～11 月）
绵 阳	879.0	6.0	185.7	581.3	106.0
三台县	747.0	9.7	154.2	472.4	110.7
盐亭县	756.8	10.1	143.3	482.3	121.1
安 县	933.0	7.2	152.6	650.9	122.3
梓潼县	1037.3	7.5	151.8	707.5	170.5
北川县	1792.9	15.2	198.3	1008.4	571.0
平武县	846.6	4.0	187.1	413.4	242.1
江油市	1047.1	7.5	187.3	639.3	213.0

1—5 县市区平均日照时数

（2010 年）

单位：小时

地 区	全 年	冬 季（12～2 月）	春 季（3～5 月）	夏 季（6～8 月）	秋 季（9～11 月）
绵 阳	953.1	134.5	246.7	310.6	261.3
三台县	1022.9	145.8	270.4	309.8	296.9
盐亭县	1067.7	117.0	302.9	339.5	308.3
安 县	807.8	170.6	226.0	219.1	192.1
梓潼县	1102.3	182.8	299.1	350.5	269.9
北川县	733.9	174.9	218.6	184.1	156.3
平武县	982.9	253.1	303.2	172.7	253.9
江油市	1089.7	234.4	287.7	316.4	251.2

基本单位名录库 2

JI BEN DAN WEI MING LU KU

2—1 按地区和国民经济行业分组的法人单位基本情况

(2010 年)

单位：个、人

指　　标	全部法人		企业法人	
	个数	从业人员	个数	从业人员
总　　计	21867	710600	12134	542927
一、按地区分				
涪城区	5629	285665	4544	244634
游仙区	2154	64951	1335	44458
三台县	3579	79373	1487	53268
盐亭县	1848	41208	814	28669
安　县	1541	31794	756	22245
梓潼县	1657	35376	557	19574
北川县	1128	18292	538	11104
平武县	1070	14845	333	7407
江油市	3261	139096	1770	111568
二、按国民经济行业大类分				
（一）农、林、牧、渔业	862	9314	544	7060
农业	147	2312	135	2190
林业	54	557	49	514
畜牧业	311	3924	272	3390
渔业	25	270	23	261
农林牧渔服务业	325	2251	65	705
（二）采矿业	261	7519	261	7519
煤炭开采和洗选业	4	465	4	465
石油和天然气开采业	3	519	3	519
黑色金属矿采选业	18	268	18	268
有色金属矿采选业	16	643	16	643
非金属矿采选业	208	5115	208	5115
其他采矿业	12	509	12	509
（三）制造业	4054	275209	4054	275209
农副食品加工业	330	17339	330	17339
食品制造业	162	4543	162	4543
饮料制造业	169	6783	169	6783
烟草制品业	1	897	1	897

续表 1

单位：个、人

指　　标	全部法人		企业法人	
	个数	从业人员	个数	从业人员
纺织业	72	12683	72	12683
纺织服装、鞋、帽制造业	27	5490	27	5490
皮革、毛皮、羽毛(绒)及其制品业	12	596	12	596
木材加工及木、竹、藤、棕、草制品业	114	8755	114	8755
家具制造业	70	1714	70	1714
造纸及纸制品业	90	4714	90	4714
印刷业和记录媒介的复制	139	4269	139	4269
文教体育用品制造业	6	142	6	142
石油加工、炼焦及核燃料加工业	13	838	13	838
化学原料及化学制品制造业	181	14594	181	14594
医药制造业	46	3403	46	3403
化学纤维制造业				
橡胶制品业	19	440	19	440
塑料制品业	129	4175	129	4175
非金属矿物制品业	1307	40679	1307	40679
黑色金属冶炼及压延加工业	73	20395	73	20395
有色金属冶炼及压延加工业	38	1705	38	1705
金属制品业	187	5984	187	5984
通用设备制造业	149	9165	149	9165
专用设备制造业	135	6451	135	6451
交通运输设备制造业	183	10460	183	10460
电气机械及器材制造业	125	5941	125	5941
通信设备、计算机及其他电子设备制造业	173	80537	173	80537
仪器仪表及文化、办公用机械制造业	22	810	22	810
工艺品及其他制造业	40	713	40	713
废弃资源和废旧材料回收加工业	42	994	42	994
（四）电力、燃气及水的生产和供应业	320	11474	319	11470
电力、热力的生产和供应业	118	7441	118	7441
燃气生产和供应业	59	2071	59	2071
水的生产和供应业	143	1962	142	1958

续表 2

单位：个、人

指　　标	全部法人		企业法人	
	个数	从业人员	个数	从业人员
（五）建筑业	578	113603	578	113603
房屋和土木工程建筑业	264	97935	264	97935
建筑安装业	72	7640	72	7640
建筑装饰业	169	5024	169	5024
其他建筑业	73	3004	73	3004
（六）交通运输、仓储和邮政业	244	12335	233	11914
铁路运输业				
道路运输业	152	5671	146	5536
城市公共交通业	19	3414	19	3414
水上运输业	7	29	6	22
航空运输业	4	290	4	290
装卸搬运和其他运输服务业	38	956	37	951
仓储业	15	475	12	201
邮政业	9	1500	9	1500
（七）信息传输、计算机服务和软件业	751	6502	728	6154
电信和其他信息传输服务业	105	3340	87	3030
计算机服务业	578	2478	574	2450
软件业	68	684	67	674
（八）批发和零售业	2597	36957	2597	36957
批发业	1347	16880	1347	16880
零售业	1250	20077	1250	20077
（九）住宿和餐饮业	407	16661	402	16316
住宿业	150	6987	148	6805
餐饮业	257	9674	254	9511
（十）金融业	128	13757	121	13538
银行业	32	7662	28	7473
证券业	5	91	5	91
保险业	33	4149	33	4149
其他金融活动	58	1855	55	1825
（十一）房地产业	733	15655	726	15578
房地产业	733	15655	726	15578

续表 3

基本单位名录库

单位：个、人

指标	全部法人		企业法人	
	个数	从业人员	个数	从业人员
（十二）租赁和商务服务业	874	13449	772	11528
租赁业	88	689	85	684
商务服务业	786	12760	687	10844
（十三）科学研究、技术服务和地质勘查业	435	10807	178	4089
研究与试验发展	28	3690	14	166
专业技术服务业	178	3376	97	2266
科技交流和推广服务业	219	1702	60	510
地质勘查业	10	2039	7	1147
（十四）水利、环境和公共设施管理业	350	6037	62	1526
水利管理业	217	1713	2	108
环境管理业	60	2138	17	421
公共设施管理业	73	2186	43	997
（十五）居民服务和其他服务业	278	5502	256	5207
居民服务业	152	2487	138	2241
其他服务业	126	3015	118	2966
（十六）教育	1181	56715	144	1963
教育	1181	56715	144	1963
（十七）卫生、社会保障和社会福利业	643	19367	35	1237
卫生	521	18348	32	1226
社会保障业	15	358	3	11
社会福利业	107	661		
（十八）文化、体育和娱乐业	255	4345	124	2059
新闻出版业	15	192	5	32
广播、电视、电影和音像业	40	1038	10	264
文化艺术业	91	1442	20	195
体育	21	137	7	69
娱乐业	88	1536	82	1499
（十九）公共管理和社会组织	6916	75392		
中国共产党机关	125	1648		
国家机构	1798	40572		
人民政协和民主党派	24	341		
群众团体、社会团体和宗教组织	1109	14779		
基层群众自治组织	3860	18052		

2—2 法人单位及产业活动单位按注册类型和机构类型分组

（2010 年）

单位：个、人

指标	法人单位个数	产业活动单位个数	法人单位从业人员	女性
总计	21867	27894	710600	225199
一、按登记注册类型分				
内资企业	21783	27750	689078	214153
国有企业	4429	6732	176883	62262
集体企业	691	1678	18574	6114
股份合作企业	165	560	7303	3025
联营企业	45	54	4077	811
国有联营企业	5	6	778	343
集体联营企业	23	27	686	218
国有与集体联营企业	3	4	269	127
其他联营企业	14	17	2344	123
有限责任公司	1340	1615	184836	49664
国有独资公司	51	56	12702	4596
其他有限责任公司	1289	1559	172134	45068
股份有限公司	468	920	27129	9047
私营企业	9046	10239	230880	72754
私营独资企业	4645	5208	64680	22118
私营合伙企业	674	702	13123	4555
私营有限责任公司	3276	3739	135104	41531
私营股份有限公司	451	590	17973	4550
其他企业	5599	5952	39396	10476
港、澳、台商投资企业	31	47	5511	2846
合资经营企业(港或澳、台资)	12	14	1835	708
合作经营企业(港或澳、台资)	2	3	63	21
港、澳、台商独资经营企业	14	27	2779	1900
港、澳、台商投资股份有限公司	3	3	834	217
外商投资企业	53	97	16011	8200
中外合资经营企业	26	28	6264	2090
中外合作经营企业	1	1	60	12
外资企业	23	65	9365	6053
外商投资股份有限公司	3	3	322	45
二、按机构类型分				
企业	12134	16715	542927	170370
事业单位	3182	3974	97913	37119
机关	988	1531	29375	6937
社会团体	1042	1101	14037	2924
民办非企业单位	353	350	5068	2618
其他组织机构	4168	4223	21280	5231

2—3 县市区法人单位

(2010 年)

指　　标	全市	涪城区	游仙区	三台县
法人单位	21867	5629	2154	3579
企业	12134	4544	1335	1487
事业单位	3182	360	233	609
机关	988	192	93	116
社会团体	1042	141	120	205
其他法人	4521	392	373	1162
民办非企业	353	108	45	70
基金会	3	1	0	1
居委会	449	104	42	99
村委会	3411	143	258	935
其他组织机构	305	36	28	57

构成情况

单位：个

盐亭县	安　县	梓潼县	北川县	平武县	江油市
1848	1541	1657	1128	1070	3261
814	756	557	538	333	1770
303	312	447	134	290	494
78	93	106	70	104	136
109	109	132	15	60	151
544	271	415	371	283	710
14	0	32	2	4	78
1	0	0	0	0	0
26	23	12	26	10	107
467	234	329	319	249	477
36	14	42	24	20	48

2—4 主要年份法人单位及产业活动单位县市区分布情况

(2005—2007)

单位：个

地区	2005		2006		2007	
	法人单位	产业活动单位	法人单位	产业活动单位	法人单位	产业活动单位
绵阳市	16085	20382	19368	24889	21243	26772
涪城区	4185	4931	6136	7786	7350	9187
游仙区	1227	1330	1313	1462	1360	1528
三台县	3135	4076	3420	4396	3622	4697
盐亭县	1419	1760	1597	2022	1671	2097
安　县	1161	1295	1263	1407	1303	1444
梓潼县	1127	1937	1165	2073	1224	2093
北川县	733	875	809	959	866	1015
平武县	824	986	877	1037	899	1042
江油市	2272	2954	2786	3507	2948	3669

2-4 续表

地区	2008		2009		2010	
	法人单位	产业活动单位	法人单位	产业活动单位	法人单位	产业活动单位
绵阳市	18639	24636	20833	27026	21867	27782
涪城区	4432	6379	4944	6180	5629	6792
游仙区	1904	2100	2064	2341	2154	2429
三台县	3117	4875	3570	5632	3579	5566
盐亭县	1599	2075	1769	2405	1848	2482
安　县	1448	1523	1788	1946	1541	1649
梓潼县	1473	2173	1610	2412	1657	2335
北川县	632	808	833	1041	1128	1375
平武县	1032	1111	1053	1173	1070	1190
江油市	3002	3592	3202	3896	3261	3964

2—5 主要年份法人单位及产业活动单位构成情况

单位：个

指 标	2005	2006	2007	2008	2009	2010
法人单位总计	16085	19368	21245	18639	20833	21867
一、按机构类型分						
企业法人	7415	10360	12114	9430	11352	12134
事业法人	2828	3132	3165	2904	3145	3182
机关法人	887	884	892	988	988	988
社团法人	754	769	835	954	961	1042
其他法人	4201	4223	4239	4363	4387	4521
二、按三次产业分						
第一产业	126	558	664		764	862
第二产业	2867	4052	4583	4427	4855	5213
第三产业	13092	14758	15998	14212	15214	15792
产业活动单位总计	20382	24889	27007	24636	27026	27894
第一产业	320	887	912		1003	1097
第二产业	3317	4295	4830	4655	5219	5475
第三产业	16745	19707	21265	19894	20804	21322

注：2008 年使用经济普查数据，不包括一产业单位数。

2—6 主要年份法人单位行业分布情况

(2005—2010)

单位：个

指　　标	2005	2006	2007	2008	2009	2010
总　　计	16085	19368	21245	18639	20833	21867
农业	126	558	664		764	862
采矿业	184	211	228	222	243	261
制造业	2525	3016	3466	3475	3762	4054
电力、燃气及水的生产和供应业	211	236	259	298	316	320
建筑业	425	589	630	432	534	578
交通运输、仓储和邮政业	140	202	232	201	230	244
信息传输、计算机服务和软件业	446	610	745	682	734	751
批发和零售业	1713	2572	3048	1892	2297	2597
住宿和餐饮业	248	297	352	364	386	407
金融业	108	146	169	91	112	128
房地产业	467	688	768	621	718	733
租赁和商务服务业	579	936	1059	618	795	874
科学研究、技术服务和地质勘查业	283	397	473	390	411	435
水利、环境和公共设施管理业	263	306	316	346	348	350
居民服务和其他服务业	201	262	322	203	245	278
教育	1036	1053	1063	1160	1171	1181
卫生、社会保障和社会福利业	664	668	676	631	639	643
文化、体育和娱乐业	232	301	343	213	237	255
公共管理和社会组织	6234	6320	6432	6800	6891	6916

注：2008 年使用经济普查数据，不包括一产业单位数。

综合 3

ZONG HE

3—1　绵阳市在全省的地位

（2010年）

指　　标		四 川 省	绵 阳 市	比重(%)
土地面积	（万平方公里）	48.5	2.02	4.2
年末总人口	（万人）	9001.27	541.87	6.0
国内生产总值	（亿元）	16898.59	960.22	5.7
第一产业	（亿元）	2483.00	166.49	6.7
第二产业	（亿元）	8565.18	468.27	5.5
第三产业	（亿元）	5850.41	325.46	5.6
工业增加值（500万元以上）	（亿元）	6840.50	367.00	5.4
工业利税总额	（亿元）	2992.87	169.33	5.7
农业总产值	（亿元）	4081.90	273.22	6.7
全社会固定资产投资	（亿元）	13581.96	820.97	6.0
社会消费品零售总额	（亿元）	6634.72	426.30	6.4
外贸出口总额	（亿美元）	1884504	82665	4.4
地方一般预算收入	（亿元）	1561.01	45.21	2.9
城镇居民人均可支配收入	（元）	15461	15516	-
农村居民人均纯收入	（元）	5140	5940	-
白酒	（万千升）	229.80	8.57	3.7
彩色电视机	（万部）	1208.94	815.44	67.5
钢	（万吨）	1580.99	19.77	1.3
成品钢材	（万吨）	1976.55	87.64	4.4
水泥	（万吨）	13227.55	679.41	5.1
化肥	（万吨）	510.12	16.27	3.2

3—2 各时期国民

年 份	年末总人口（万人）	年末从业人员（万人）	国内生产总值（亿元）	工业总产值（亿元）	农业总产值（亿元）
"一五"平均增长(%)	2.50	2.00	6.10	9.90	5.80
"二五"平均增长(%)	0.60	-0.60	2.70	6.40	-6.50
1965	351.02	150.20	5.60	1.29	5.87
"三五"平均增长(%)	2.80	3.40	4.90	8.40	5.90
1975	447.38	188.34	9.00	3.65	7.01
"四五"平均增长(%)	2.10	1.20	4.40	13.50	-1.70
1978	459.04	213.30	12.30	8.44	8.95
1980	461.24	223.70	14.90	11.25	10.12
"五五"平均增长(%)	0.60	3.50	8.90	25.20	7.60
1985	471.14	246.92	28.10	24.37	16.77
"六五"平均增长(%)	0.40	2.00	10.70	16.70	10.60
1986	475.97	255.48	28.82	28.93	16.70
1990	491.81	284.89	60.75	65.88	33.72
"七五"平均增长(%)	0.90	2.90	7.90	22.00	15.00
1995	506.65	306.74	186.59	208.62	87.63
"八五"平均增长(%)	0.60	1.50	13.00	25.90	21.00
1996	509.63	306.03	219.19	250.20	102.35
2000	518.36	304.83	269.09	241.01	109.26
"九五"平均增长(%)	0.50	-0.10	9.70	2.90	4.50
2001	520.16	302.98	287.16	236.78	111.20
2002	521.75	283.69	321.24	303.31	118.37
2003	527.52	271.72	355.68	339.92	126.06
2004	529.07	274.03	415.05	351.31	160.31
2005	530.71	270.91	482.53	435.08	179.54
"十五"平均增长(%)	0.50	-2.30	9.90	12.50	10.40
2006	533.30	267.65	560.13	553.96	194.44
2007	537.95	269.25	672.09	741.55	248.62
2008	540.71	272.81	723.30	808.08	254.04
2009	544.65	277.5	820.17	1071.03	257.40
2010	541.87	274.5	960.22	1267.50	273.22
"十一五"平均增长(%)	0.40	0.30	12.30	23.80	8.80

经济主要指标

粮食产量（万吨）	消费品零售额（亿元）	财政收入（亿元）	固定资产投资总额（亿元）	农民人均纯收入（元）	城镇居民人均可支配收入(元)
5.00	10.20	6.80	43.10		
-5.10	4.20	-0.10	3.10		
107.60	1.96	0.56	0.19		
0.90	6.20	-6.70	4.80		
125.70	3.21	0.78	0.33		
2.20	3.50	14.90	6.60		
160.00	3.99	1.16	0.69	174	
186.20	5.65	1.28	1.01	204	429
8.20	12.00	10.40	25.10		
201.30	10.57	2.57	7.29	333	711
1.60	13.60	14.90	48.50	10.3	13.2
196.10	12.25	3.15	7.28	343	847
239.00	23.90	6.68	14.81	575	1434
3.50	16.60	21.10	15.20	11.5	15.1
234.00	64.62	16.66	36.04	1227	4152
-0.40	22.00	20.10	19.50	16.4	23.7
235.70	76.25	19.80	39.97	1543	4438
238.80	107.19	25.67	87.20	2187	6223
0.40	10.70	9.00	19.30	12.3	8.4
181.50	117.48	26.62	83.98	2257	6543
201.00	130.05	27.04	88.50	2400	7042
197.40	146.57	30.75	103.44	2551	7179
212.80	166.65	34.34	124.19	2902	7708
217.90	190.47	36.18	150.32	3179	8201
-1.80	12.10	7.10	11.50	7.8	5.7
210.30	219.92	46.17	181.35	3462	9054
227.34	260.19	59.43	235.17	4039	10473
224.65	293.67	58.73	355.27	4752	12200
230.73	358.12	74.70	802.14	5152	13701
233.96	426.30	100.34	820.97	5940	15516
1.40	17.50	22.60	40.40	13.3	13.6

3—3 国民经济和社会发展

（2000--2010）

总量指标

指　　标		2000	2001	2002	2003	2004	2005
人口							
年末户籍总人口	（万人）	518.36	520.16	521.86	527.52	529.07	530.71
# 非农业人口	（万人）	102.10	105.23	105.57	117.19	120.36	126.30
农业人口	（万人）	416.26	414.93	416.28	410.33	407.81	404.41
# 男性人口	（万人）	269.18	270.18	271.11	274.28	275.67	275.73
女性人口	（万人）	249.19	249.97	250.75	253.23	253.40	254.98
劳动力							
劳动力资源总数	（万人）	356.81	358.59	340.1	332.96	333.38	334.1
就业人员数	（万人）	304.83	302.98	283.69	271.72	274.03	270.91
# 第一产业	（万人）	166.68	152.1	147.25	143.03	133.18	129.42
第二产业	（万人）	59.91	61.96	67.03	55.25	62.55	60.78
第三产业	（万人）	78.24	88.92	69.41	73.44	78.3	79.71
# 职工人数	（万人）	33.24	32.25	31.24	30.63	29.8	30.62
# 国有经济单位	（万人）	24.25	22.93	21.32	20.77	19.81	19.86
国民经济核算							
国内生产总值	（亿元）	269.09	287.16	321.24	355.68	415.05	482.53
第一产业	（亿元）	70.61	72.62	76.70	81.14	100.41	110.44
第二产业	（亿元）	102.54	104.61	121.51	136.27	158.52	196.97
#工业	（亿元）	85.59	84.10	98.09	111.47	133.66	168.50
建筑业	（亿元）	16.96	20.51	23.43	24.80	24.86	28.46
第三产业	（亿元）	95.94	109.93	123.03	138.27	156.12	175.12
人均国内生产总值	（元）	5199	5579	6354	7151	8398	9774
支出法国内生产总值	（亿元）	269.09	287.16	321.24	355.68	415.05	482.53
最终消费	（亿元）	148.80	158.22	180.33	204.52	245.98	278.76
居民消费	（亿元）	122.44	130.09	147.29	168.88	206.53	232.51
政府消费	（亿元）	26.36	28.12	33.04	35.64	39.45	46.25
资本形成总额	（亿元）	118.39	122.63	128.83	140.50	159.98	193.78
固定资本形成	（亿元）	93.18	91.28	95.58	115.18	134.13	162.35
存货增加	（亿元）	25.22	31.35	33.25	25.32	25.86	31.43
农业							
农林牧渔业总产值	（亿元）	109.26	111.20	118.38	126.06	160.30	179.54
耕地面积	（万公顷）	31.70	31.03	29.33	28.31	28.09	27.73
农作物总播种面积	（万公顷）	66.95	65.51	63.10	61.17	61.17	62.07

总量与速度指标

2006	2007	2008	2009	2010	速度指标(%) 2010年比2000年增长	2000年到2010年年均增长	2010年比2009年增长
533.30	539.75	540.71	544.65	541.87	4.5	0.4	-0.5
129.60	133.18	135.69	140.70	145.42	42.4	3.6	3.4
403.70	404.77	405.02	403.95	396.45	-4.8	-0.5	-1.9
277.01	278.92	279.61	281.49	279.41	3.8	0.4	-0.7
256.30	259.02	261.09	263.16	262.46	5.3	0.5	-0.3
332.9	334.6	338.5	345.2	345.8	-3.1	-0.3	0.2
267.65	269.25	272.81	277.5	274.5	-9.9	-1.0	-1.1
121.34	122.34	124.20	124.2	125.2	-24.9	-2.8	0.8
61.84	62.44	63.75	65.85	64.35	7.4	0.7	-2.3
84.47	84.47	84.86	87.45	84.92	8.5	0.8	-2.9
30.86	32.84	33.85	34.44	33.85	1.8	0.2	-1.7
18.9	19.58	19.43	15.67	16.45	-32.2	-3.8	5.0
560.13	672.09	723.30	820.17	960.22	185.9	11.1	15.3
116.03	143.15	152.42	156.72	166.49	50.5	4.2	4.0
242.84	299.42	316.47	375.64	468.27	295.9	14.8	23.2
209.79	262.54	274.45	318.51	398.39	322.8	15.5	23.9
33.05	36.88	42.02	57.13	69.88	166.2	10.3	18.5
201.26	229.52	254.41	287.81	325.46	176.5	10.7	10.2
11340	13612	14611	16537	20053	209.0	11.9	19.5
560.13	672.09	723.30	820.17	960.22	185.9	11.1	15.3
309.46	352.39	513.48	588.28	576.79	240.9	13.1	-2.4
255.60	287.45	356.27	436.49	414.38	196.6	11.5	-5.5
53.85	64.94	157.21	151.79	162.41	444.7	18.5	6.5
206.51	262.01	333.86	487.83	506.15	258.3	13.6	4.3
159.59	202.25	291.32	443.38	467.95	329.4	15.7	6.1
46.92	59.76	42.54	44.45	38.20	29.9	2.7	-13.6
194.44	248.62	254.04	257.40	273.22	150.1	1.1	4.1
28.14	28.37	28.08	27.99	28.06	-11.5	-1.2	0.2
65.62	65.68	66.05	66.56	66.95			0.6

3-3 续表 1

指　　标		总量指标					
		2000	2001	2002	2003	2004	2005
# 粮食作物	（万公顷）	45.21	43.25	41.46	39.20	40.50	41.36
农业机械总动力	（万千瓦）	120.80	122.45	124.96	128.25	129.55	140.63
农村用电量	（万千瓦时）	53947	57775	59015	61528	63527	64998
化肥施用量	（万吨）	17.93	16.92	17.01	16.92	17.20	17.67
主要农产品产量							
粮食	（万吨）	238.76	181.53	201.02	197.40	212.84	217.94
油料	（万吨）	25.12	22.03	24.49	25.81	26.84	27.38
茶叶	（吨）	2946	3254	3489	4054	4304	4123
蚕茧	（吨）	12700	13123	13326	13326	14292	15821
园林水果	（万吨）	12.37	12.06	13.20	14.34	16.20	16.09
大牲畜年末头数	（万头）	42.35	42.72	43.55	45.05	45.80	48.51
生猪存栏头数	（万头）	316.17	311.93	305.73	305.41	311.21	318.90
肉类总产量	（万吨）	41.52	43.83	46.08	48.56	51.50	54.67
# 猪肉	（万吨）	29.68	30.30	30.57	31.68	32.74	35.10
禽蛋	（万吨）	10.56	11.23	11.89	12.48	13.49	14.86
奶类	（吨）	8058	12528	14004	16466	17234	21943
水产品	（吨）	35743	39804	44270	51813	61524	74933
造林面积	（公顷）	29019	27320	31000	30987	16714	6833
全部国有及规模以上非国有工业企业							
资产总计	（亿元）	426.47	431.52	432.56	505.51	468.9	513.92
流动资产合计	（亿元）						
固定资产净值	（亿元）						
所有者权益合计	（亿元）	199.56	185.99	188.63	231.84	221.56	218.95
主营业务收入	（亿元）	233.04	239.94	270.09	318.56	348.06	424.71
利润总额	（亿元）	6.89	1.00	7.25	6.86	-32.53	12.61
主要产品产量							
布	（亿米）	0.48	0.51	0.5	0.57	0.64	0.66
丝织品	（万米）	417.00	536.00	461.55	366.00	393.47	419.55
乳制品	（吨）			1.54	1.82	2.05	2.88
白 酒(商品量)	（万千升）	2.78	2.77	2.54	2.60	2.84	3.11
啤酒	（万千升）	13.71	12.07	13.05	16.27	16.75	17.49

2006	2007	2008	2009	2010	速度指标(%) 2010年比2000年增长	2000年到2010年年均增长	2010年比2009年增长
43.16	43.38	43.48	43.78	43.88	-2.9	-0.3	0.2
152.71	163.99	179.49	205.51	229.13	89.7	6.6	11.5
70624	75680	81263	88979	92821	72.1	5.6	4.3
18.94	19.92	20.42	20.92	21.04	17.4	1.6	0.6
210.27	227.34	224.65	230.73	233.96	-2.0	-0.2	1.4
27.02	28.38	28.62	30.09	30.90	23.0	2.1	2.7
4256	4306	2079	2793	2913	-1.1	-0.1	4.3
15453	15590	13573	11415	11399	-10.2	-1.1	-0.1
14.98	17.38	17.89	18.64	19.09	54.3	4.4	2.4
49.00	48.88	43.98	46.20	46.65	10.2	1.0	1.0
327.62	326.89	325.00	338.33	341.71	8.1	0.7	1.0
64.22	56.32	56.61	59.70	62.41	50.3	4.1	4.5
39.78	36.07	36.44	38.14	39.65	33.6	3.0	4.0
16.13	13.28	13.56	14.42	15.02	42.2	3.6	4.2
23822	26003	24697	24916	24815	208.0	12.0	-0.4
81950	87707	84026	90167	94477	164.3	10.2	4.8
3000	4183	14693	14615	13024	-55.1	-7.7	-10.9
580.56	754.72	960.39	1180.29	1346.96	215.8	12.2	14.1
			631.10	744.34			17.9
			330.41	360.46			9.1
244.19	275.45	345.68	426.23	453.66	127.3	8.6	6.4
524.19	731.39	834.94	1029.24	1292.03	454.4	18.7	25.5
8.7	26.47	35.78	59.1	95.33	1283.6	30.0	61.3
0.82	0.93	0.71	0.90	1.08	125.0	8.4	20.0
741.42	673.08						
2.71	2.27	1.70	3.53	3.00			-15.0
3.23	3.54	4.45	5.35	8.57	208.3	11.9	60.2
23.32	25.67	18.48	20.66	17.37	26.7	2.4	-15.9

3-3 续 表 2

指 标		总量指标					
		2000	2001	2002	2003	2004	2005
电视机	（万台）	558.60	525.50	809.03	899.89	688.54	781.61
原煤	（万吨）	5.67	5.56	3.89	5.08	15.71	14.31
发电量	（亿千瓦时）	33.68	37.82	50.02	62.28	65.25	71.22
生铁	（万吨）	6.68	6.47	7.39	8.35	8.52	12.48
钢	（万吨）	44.38	50.28	48.58	45.09	55.15	34.63
成品钢材	（万吨）	44.85	49.34	47.32	45.31	63.09	57.31
水泥	（万吨）	338.38	344.47	458.72	526.39	450.09	374.95
农用化肥(折纯)	（万吨）	5.69	9.71	19.12	17.78	18.86	26.11
化学农药	（吨）			110	186	246	403
硫酸	（万吨）	7.80	7.88	13.87	7.56	6.93	15.14
氢氧化钠	（万吨）	0.93	0.62	0.49	0.55		
固定资产投资							
全社会固定资产投资总额	（亿元）	87.20	83.98	88.50	103.44	124.19	144.67
# 国有经济	（亿元）	46.73	39.67	37.16	39.96	41.01	47.01
集体经济	（亿元）	5.04	5.00	2.52	0.67	0.52	1.05
个体经济	（亿元）	10.32	14.26	8.19	13.85	17.50	12.34
房地产完成投资额	（亿元）	14.60	17.30	20.32	26.08	25.05	28.99
# 住宅	（亿元）	7.96	10.74	13.84	19.04	17.39	19.86
国内贸易							
社会消费品零售总额	（亿元）	107.19	117.48	130.05	146.57	166.65	190.47
#城镇	（亿元）						
乡村	（亿元）						
# 国有经济	（亿元）	10.04	10.19	10.27	10.36	10.93	10.89
集体经济	（亿元）	11.09	11.34	11.54	11.65	11.80	1.19
对外经济贸易							
进出口总额	（万美元）	32174	30419	135856	131700	92692	65571
出口总额	（万美元）	10370	13519	79778	75332	52428	44047
进口总额	（万美元）	21804	16900	56078	56350	40264	21540
实际利用外资额	（万美元）	5860	2300	1304	1234	8933	11166
财政							
地方财政一般预算收入	（亿元）	13.28	13.58	13.85	15.92	16.40	18.85
# 税收性收入	（亿元）	11.87	11.81	1.14	10.85	11.30	12.38

					速度指标(%)		
2006	2007	2008	2009	2010	2010 年比 2000 年增长	2000 年到 2010 年年均增长	2010 年比 2009 年增长
749.06	710.92	932.92	743.22	815.44	46.0	3.9	9.7
17.76	17.46	15.82	7.45	8.56	51.0	4.2	14.9
85.23	74.09	60.48	76.73	90.69	169.3	10.4	18.2
3.07	3.82	5.32	5.66	6.61	-1.0	-0.1	16.8
25.21	32.33	22.83	15.17	19.77	-55.5	-7.8	30.3
56.22	64.80	59.53	70.25	87.64	95.4	6.9	24.8
490.39	500.99	338.08	473.18	679.41	100.8	7.2	43.6
16.22	18.12	16.97	20.15	16.27	185.9	11.1	-19.3
757	1177	1639	13275	1464			-89.0
9.40	8.86	7.02	4.42	5.98	-23.3	-2.6	35.3
1.54	1.51	1.45	1.80	1.62	74.2	5.7	-10.0
181.35	235.17	355.27	802.14	820.97	841.5	25.1	2.3
66.82	70.70	103.27	277.61	455.78	875.3	25.6	64.2
0.64	1.78	2.11	2.67	2.80	-44.4	-5.7	4.9
13.51	15.75	121.78	318.03	92.68	798.1	24.5	-70.9
37.84	46.50	57.97	68.03	105.84	624.9	21.9	55.6
23.11	31.93	43.87	54.82	88.89	1016.7	27.3	62.1
219.93	260.19	293.67	358.12	426.30	297.7	14.8	19.0
				278.96			19.2
				147.34			18.8
12.13	13.62	15.60	18.23	18.73	86.6	6.4	2.7
12.48	13.43	13.74	15.66	20.51	84.9	6.3	31.0
64821	75531	115372	107289	159752	396.5	17.4	48.9
37044	38558	55178	50033	82665	697.2	23.1	65.2
27777	36972	60359	57256	77087	253.5	13.5	34.6
14502	21042	23314	25828	27280	365.5	16.6	5.6
23.86	28.12	25.36	33.71	45.21	240.4	13.0	34.1
15.01	18.54	16.22	23.73	34.28	188.8	11.2	44.5

3-3 续 表 3

指 标		总量指标					
		2000	2001	2002	2003	2004	2005
地方财政一般预算支出	（亿元）	24.83	27.77	34.07	38.24	44.55	51.04
# 教育事业费支出	（亿元）	3.27	4.26	5.08	5.23	5.65	5.84
人民生活							
居民人均消费水平	（元）	2365	2527	2913	3396	4179	4710
农村居民	（元）	1931	2035	2239	2574	3174	3236
城镇居民	（元）	3286	3535	4261	5002	6048	7317
城镇居民人均可支配收入	（元）	6223	6543	7042	7179	7708	8201
城镇居民人均消费支出	（元）	4844	5000	5494	5570	6047	6422
# 食品支出	（元）	1935	2032	2121	2123	2376	2549
农村居民人均纯收入	（元）	2187	2256	2400	2551	2902	3179
农村居民人均生活消费支出	（元）	1626	1621	1712	1863	2142	2456
# 食品支出	（元）	819	821	866	951	1104	1212
全部职工工资总额	（万元）	263365	322976	336867	350283	389258	437282
# 国有经济单位	（万元）	196486	239309	244142	253720	275286	301577
城镇集体经济单位	（万元）	22127	23517	22192	20451	18808	21002
全部职工平均货币工资	（元）	7702	8972	10710	11454	12956	14310
# 国有经济单位	（元）	8267	10167	11897	12403	14053	15537
城镇集体经济单位	（元）	5766	6016	8174	9758	10109	13067
金融机构储蓄存款	（亿元）	179.46	203.49	229.71	262.07	303.59	345.13
教育和文化							
专任教师数	（人）	38132	38871	39910	40343	40121	43434
小学	（人）	19836	19641	19448	18907	18197	17915
#普通高等学校	（人）	1304	1350	1926	2354	2424	3040
普通中等学校	（人）	16992	17880	18536	19082	19500	19762
# 普通中学	（人）	15044	15979	16678	17156	17229	17185
在校学生数	（人）	782758	779828	797490	803306	797637	926114
小学	（人）	457801	439842	424053	408607	394999	380853
#普通高等学校	（人）	32612	33000	45547	48305	40861	56788
普通中等学校	（人）	292345	306986	327890	346394	361777	385135
# 普通中学	（人）	258063	274897	293935	305311	312114	316926
图书出版总印数	（万册）		30	32.4	32	36	42
杂志出版总印数	（万册）	11.6	26	29.7	46	45	50
报纸出版总印数	（万份）		2612	2259	2653	2831	2960

2006	2007	2008	2009	2010	速度指标(%)		
					2010年比2000年增长	2000年到2010年年均增长	2010年比2009年增长
63.36	81.17	314.43	266.63	345.32	1290.7	30.1	29.5
7.61	13.78	16.23	21.43	23.56	620.5	21.8	9.9
5175	5822	7197	8801	8654	220.6	12.4	-5.6
3306	3748	4605	6714	5326	163.2	10.2	-23.9
8364	9241	11361	12029	6714	242.5	13.1	9.2
9054	10473	12200	13701	15516	149.3	9.6	13.2
6909	7804	9959	10664	12268	153.3	9.7	15.0
2648	3183	4216	4286	4749	145.4	9.4	10.8
3462	4039	4752	5152	5940	171.6	10.5	15.3
2609	3048	3924	6051	4607	183.3	11.0	-23.9
1244	1452	1615	1783	2012	145.7	9.4	12.8
505433	623692	760570	902758	1066424	304.9	15.0	18.1
346767	424089	496469	521233	619353	215.2	12.2	18.8
20613	30116	44930	53654	42150	90.5	6.7	-21.4
16565	19741	22794	26009	32526	322.3	15.5	25.1
18773	22554	26045	32273	39243	374.7	16.9	21.6
12995	17993	23809	25396	29832	417.4	17.9	17.5
394.45	435.74	588.62	707.18	803.22	347.6	16.2	13.6
43500	44227	44729	45754	46320	21.5	2.0	1.2
17552	17524	17482	17401	17218	-13.2	-1.4	-1.1
3415	4022	4458	5212	5179	297.2	14.8	3.7
19719	19666	19946	20155	21849	28.6	2.5	8.4
17172	17225	17519	17967	18449	22.6	2.1	2.7
929513	921452	895068	890421	846880	8.2	0.8	-2.8
367099	347927	314742	289935	271531	-40.7	-5.1	-6.3
71160	74897	89200	103301	83971	157.5	9.9	0.1
395111	404537	406291	405928	414011	41.6	3.5	2.0
320210	318518	318858	314735	305188	18.3	1.7	-3.0
44	46.2	27	34	34.2			0.6
51	51.6	52.1	172	174	1400.0	31.1	1.2
3108	3418	3510	3135	3185			1.6

3—4 平均每天主要社会经济活动

(2006--2010)

指 标		2006	2007	2008	2009	2010
每天创造的财富						
国内生产总值	（万元）	15346	18413	19817	22470	26307
第一产业	（万元）	3179	3922	4176	4294	4561
第二产业	（万元）	6653	8203	8671	10291	12829
工业	（万元）	5748	7193	7519	8726	10915
建筑业	（万元）	906	1010	1151	1565	1915
第三产业	（万元）	5514	6288	6970	7885	8917
粮食	（万吨）	0.58	0.62	0.62	0.64	0.66
油料	（万吨）	0.07	0.08	0.08	0.08	0.09
肉类总产量	（万吨）	0.18	0.19	0.16	0.17	0.18
天然气	（万立方米）	29.04	4.93			
发电量	（亿千瓦小时）	0.23	0.20	0.17	0.21	0.25
钢	（万吨）	0.07	0.09	0.06	0.04	0.05
成品钢材	（万吨）	0.15	0.18	0.16	0.19	0.24
水泥	（万吨）	1.34	1.37	0.93	1.30	1.86
每天消费量						
最终消费	（万元）	8478	9655	14068	16117	15802
居民消费	（万元）	7003	7875	9761	11959	11353
农民	（万元）	2821	3156	3850	5539	4204
城镇居民	（万元）	4182	4719	5911	6419	7149
政府消费	（万元）	1475	1779	4307	4159	4450
社会消费品零售总额	（万元）	6025	7129	8046	9655	11842
每天其他经济活动						
资本形成总额	（万元）	5658	7178	9147	13365	13867
固定资本形成	（万元）	4372	5541	7981	12147	12821
存货增加	（万元）	1286	1637	1165	1218	1047
金融机构储蓄存款	（万元）	8478	9655	14068	16117	22006
每天人口和婚姻变动						
出生	（人）	113.7	137.2	148.3	126.5	141.9
死亡	（人）	62.2	85.6	110.7	71.6	195.2
内地居民登记结婚	（对）	89.6	97.5	103.7	129.1	128.2
内地居民离婚数	（对）	3.7	21.9	24.4	30.7	35.7

3—5 国民经济和社会发展结构指标

(2005--2010)

单位：%

指 标	2005	2006	2007	2008	2009	2010
人口结构	100.0	100.0	100.0	100.0	100.0	100.0
农业人口	76.2	75.7	75.2	74.9	74.2	73.2
非农业人口	23.8	24.3	24.8	25.1	25.8	26.8
就业结构	100.0	100.0	100.0	100.0	100.0	100.0
第一产业	47.8	45.3	45.4	45.5	44.8	46
第二产业	22.3	23.1	23.2	23.4	23.7	23
第三产业	29.9	31.6	31.4	31.1	31.5	31
国内生产总值产业结构	100.0	100.0	100.0	100.0	100.0	100.0
第一产业	22.9	20.7	21.3	21.1	19.1	17.3
第二产业	40.8	43.4	44.5	43.7	45.8	48.8
第三产业	36.3	35.9	34.2	35.2	35.1	33.9
全社会固定资产投资结构	100.0	100.0	100.0	100.0	100.0	100.0
国有经济	32.5	36.8	30.1	29.1	34.6	55.5
集体经济	0.7	0.4	0.8	0.6	0.3	0.3
个体经济	8.5	7.5	6.7	34.3	39.6	11.3
其他经济	58.3	55.4	62.5	36.1	25.4	32.9
社会消费品零售总额构成	100.0	100.0	100.0	100.0	100.0	100.0
城镇						65.4
乡村						34.6
进出口总额构成	100.0	100.0	100.0	100.0	100.0	100.0
出口	73.6	57.1	65.5	62.4	63.8	40.6
进口	26.4	42.9	34.5	37.6	36.2	59.4
全部职工工资总额构成	100.0	100.0	100.0	100.0	100.0	100.0
国有经济单位	69.0	68.6	68.0	65.3	57.8	58.1
城镇集体经济单位	4.8	4.1	4.8	5.9	5.9	4.0
其他各种经济单位	26.2	27.3	27.2	28.8	36.3	37.9

3—6 国民经济和社会发展比例和效益指标

(2005--2010)

指 标		2005	2006	2007	2008	2009	2010
人口							
出生率	(‰)	6.7	7.8	9.3	10.0	8.5	9.6
死亡率	(‰)	5.4	4.3	5.8	7.5	4.8	13.2
自然增长率	(‰)	1.3	3.5	3.5	2.5	3.7	-3.6
就业							
就业者负担人口	(人)	1.96	2	2	1.98	1.95	1.95
城镇登记失业率	(%)	3.87	3.78	3.65	4.07	3.76	3.73
国民核算							
人均国内生产总值	(元)	9774	11340	13612	14611	16537	20053
农业							
人均耕地面积	(公顷)	0.05	0.05	0.05	0.05	0.05	0.05
第一产业就业人员人均耕地面积	(公顷)	0.22	0.23	0.24	0.24	0.25	0.25
每公顷耕地农业机械总动力	(千瓦)	5.07	5.43	5.78	6.39	7.34	8.17
每公顷用电量	(千瓦小时)	2344	2510	2668	2894	3179	3308
每公顷化肥施用量	(公斤)	637	673	702	727	747	750
每公顷耕地生产的农业产值	(元)	64746	69097	87635	96506	91951	97377
第一产业就业人员人均农产品产量							
粮食	(公斤)	1726	1687	1911	1948	2028	2082
油料	(公斤)	217	217	239	248	265	275
肉类	(公斤)	433	515	588	491	525	556
水产品	(公斤)	59	66	74	73	79	84
每公顷播种面积农产品产量							
粮食	(公斤)	5269	4872	5152	5167	5270	5332
油料	(公斤)	2345	2317	2425	2227	2281	2309
工业							
工业增加值率	(%)	27.89	28.82	30.84	31.19	29.69	27.3
资产负债率	(%)	57.40	57.94	63.50	65.97	63.73	66.0

3-6 续 表

指 标		2005	2006	2007	2008	2009	2010
流动资产周转次数	（次/年）	1.58	1.86	1.97	1.59	1.60	1.7
全员劳动生产率	（元/人年）	79008	97955	117707	125416	146354	138285
固定资产投资							
全社会固定资产投资相当于国内生产总值比例	（%）	30.0	32.3	34.9	47.8	97.8	85.5
全社会房屋建筑面积竣工率	（%）	36.1	38.8	37.5	37.9	22.5	34.3
财政							
地方财政一般预算收入相当于国内生产总值比例	（%）	3.9	4.3	4.2	3.5	4.1	4.7
地方财政一般预算支出相当于国内生产总值比例	（%）	10.6	11.3	12.1	43.5	32.5	36.0
国内贸易							
人均社会消费品零售总额	（元）	3858	4452	5270	5932	7106	9240
金融保险							
金融机构存款相当于国内生产总值比例	（%）	112.9	112.4	105.8	159.7	185.9	185.8
金融机构贷款相当于国内生产总值比例	（%）	63.3	61.5	56.0	63.0	82.9	91.4
金融机构现金支出相当于收入比例	（%）	100.6	104.0	99.4	101.6	100.0	-
教育							
学校每一专任教师负担学生数							
普通高等学校	（人）	19	21	19	20	20	20
中等专业学校	（人）	19	20	21	20	20	20
普通中学	（人）	18	19	18	18	18	19
小学学校	（人）	21	21	20	18	17	18
文化							
每百万人有艺术表演团体	（个）	1.01	0.81	0.81	0.81	0.81	0.87
每百万人有公共图书册数	（册）	1.62	1.62	1.62	1.62	1.61	2.77
每百万人有文化馆、文化站	（个）	46.99	46.16	46.38	47.27	50.41	60.90
人均年出版报纸	（份）	6.00	6.29	6.92	7.09	6.32	6.90
人均年出版图书、杂志	（册）	0.19	0.19	0.20	0.16	0.42	0.45

注：全社会房屋建筑面积竣工率扣除了板房施工竣工面积。

主要统计指标解释

可比价格 指计算各种总量指标所采用的扣除了价格变动因素的价格，可进行不同时期总量指标的对比。按可比价格计算总量指标有两种方法：一种是直接用产品产量乘某一年的不变价格计算；另一种是用价格指数进行缩减。

不变价格 指以同类产品某年的平均价格作为固定价格，用于计算各年的产品价值。按不变价格计算的产品价值消除了价格变动因素，不同时期对比可以反映生产的发展速度。新中国成立后，随着工农业产品价格水平的变化，国家统计局先后五次制定了全国统一的工业产品不变价格和农业产品不变价格。从1952年到1957年使用1952年工(农)业产品不变价格，从1957年到1970年使用1957年不变价格，从1971年到1980年使用1970年不变价格，从1981年到1990年使用1980年不变价格，从1991年开始使用1990年不变价格。

平均增长速度 我国计算平均增长速度有两种方法：一种是习惯上经常使用的“水平法”，又称几何平均法，是以间隔期最后一年的水平同基期水平对比来计算平均每年增长(或下降)速度；另一种是“累计法”，又称代数平均法或方程法，是以间隔期内各年水平的总和同基期水平对比来计算平均每年增长(或下降)速度。在一般正常情况下，两种方法计算的平均每年增长速度比较接近；但在经济发展不平衡、出现大起大落时，两种方法计算的结果差别较大。

本《年鉴》内所列的平均增长速度，均用“水平法”计算。从某年到某年平均增长速度的年份，均不包括基期年在内。

国民经济行业分类 自2003年定期报表开始使用新的《国民经济行业分类》（GB/T4754-2002），该分类是由国家统计局组织修订，经国家质量监督检验检疫总局批准，于2002年5月10日发布实施。这次修订是在1994年分类标准的基础上，参照联合国《全部经济活动的国际标准产业分类》（ISIC/Rev.3）进行的。修订后的《国民经济行业分类》（GB/T4754-2002）共有门类20个，大类95个，中类396个，小类913个。新增门类4个，大类增加3个，中类增加28个，小类增加67个。

国民经济核算 4

GUO MIN JING JI HE SUAN

4—1 按三次产业分的国内生产总值

（1978--2010）

单位：亿元

年 份	国 内 生产总值	第一产业	第二产业	工业	建筑业	第三产业	人均国内生产总值(元)
1978	12.26	6.17	3.06	2.59	0.47	3.03	268
1980	14.83	7.36	4.07	3.51	0.56	3.40	322
1981	15.63	7.66	4.33	3.70	0.63	3.64	338
1982	17.91	8.96	4.88	4.13	0.75	4.07	386
1983	20.65	10.31	5.70	4.78	0.92	4.64	443
1984	23.82	11.52	7.08	5.80	1.28	5.22	509
1985	28.06	12.10	9.63	7.91	1.72	6.33	597
1986	28.82	11.07	10.32	8.68	1.64	7.43	609
1987	34.03	12.46	12.51	10.76	1.75	9.06	712
1988	45.06	14.95	17.83	15.75	2.08	12.28	933
1989	52.60	16.38	21.63	19.03	2.60	14.59	1081
1990	60.75	21.22	23.24	19.96	3.28	16.29	1239
1991	72.64	24.44	27.46	23.67	3.79	20.74	1474
1992	86.38	26.18	34.72	29.04	5.68	25.48	1748
1993	118.35	34.57	51.58	44.65	6.93	32.20	2384
1994	154.67	47.00	66.60	57.06	9.54	41.07	3098
1995	186.59	55.31	81.50	72.11	9.39	49.78	3714
1996	219.19	63.45	98.03	87.12	10.91	57.71	4335
1997	248.99	68.37	113.71	100.51	13.20	66.91	4889
1998	273.91	69.63	127.19	110.39	16.80	77.09	5335
1999	267.51	70.14	110.59	93.71	16.88	86.78	5174
2000	269.09	70.61	102.54	85.59	16.95	95.94	5199
2001	287.16	72.62	104.61	84.10	20.51	109.93	5579
2002	321.24	76.70	121.51	98.09	23.42	123.03	6354
2003	355.68	81.14	136.27	111.47	24.80	138.27	7151
2004	415.05	100.41	158.52	133.66	24.86	156.12	8398
2005	482.53	110.44	196.97	168.50	28.46	175.12	9774
2006	560.13	116.03	242.84	209.79	33.05	201,26	11340
2007	672.09	143.15	299.42	262.54	36.88	229.52	13612
2008	723.30	152.42	316.47	274.45	42.02	254.41	14610
2009	820.17	156.72	375.64	318.51	57.13	287.81	16537
2010	960.22	166.49	468.27	398.39	69.88	325.46	20053

注：本表按当年价格计算。

4—2 按三次产业分的国内生产总值指数

（1978--2010）

（1978 年=100）

年 份	国内生产总值	第一产业	第二产业			第三产业	人均国内生产总值(元)
				工业	建筑业		
1978	100.0	100.0	100.0	100.0	100.0	100.0	100.0
1980	112.4	105.6	131.6	136.4	107.9	108.8	112.2
1981	111.3	98.6	137.7	144.4	104.4	113.8	110.8
1982	127.4	117.5	152.5	157.7	126.7	124.6	126.1
1983	146.7	135.2	179.6	182.4	166.1	139.8	144.6
1984	166.2	144.1	229.1	235.7	196.8	153.1	163.4
1985	187.1	147.4	293.4	299.8	261.6	170.6	183.3
1986	191.6	137.5	316.1	332.2	236.5	188.9	186.1
1987	210.0	143.0	356.0	374.1	266.7	214.9	201.7
1988	244.7	152.4	451.5	482.8	297.1	245.7	232.8
1989	255.8	153.5	482.4	519.7	298.5	259.4	241.5
1990	274.3	161.9	523.4	555.1	367.2	278.1	257.1
1991	310.7	182.6	593.3	626.7	429.6	316.8	289.9
1992	356.0	190.5	748.6	790.9	541.3	365.2	331.0
1993	401.5	201.3	886.7	937.3	638.7	417.9	371.8
1994	445.5	198.7	1102.4	1180.0	715.3	448.9	410.1
1995	504.7	217.8	1282.2	1370.0	844.8	505.3	461.7
1996	574.2	228.0	1544.4	1668.7	918.3	569.2	522.0
1997	659.7	241.5	1857.5	2009.1	1093.7	651.1	595.1
1998	743.4	249.2	2178.9	2342.6	1358.4	735.6	665.5
1999	757.1	258.9	2097.3	2230.1	1439.9	814.1	672.8
2000	802.1	269.0	2206.5	2352.8	1480.2	885.3	712.2
2001	832.1	270.4	2222.0	2335.2	1598.6	968.5	742.9
2002	932.5	283.9	2610.8	2765.5	1809.7	1079.8	847.7
2003	1025.7	300.7	2924.1	3143.0	1882.1	1193.2	947.7
2004	1138.3	320.8	3289.6	3605.8	1895.2	1336.4	1058.5
2005	1286.0	341.8	3941.6	4386.9	2060.1	1463.3	1197.2
2006	1463.5	355.5	4773.3	5378.3	2313.5	1633.0	1361.2
2007	1669.9	371.9	5799.6	6658.3	2475.4	1807.7	1554.5
2008	1738.4	372.6	5909.8	6744.9	2636.3	1974.0	1613.6
2009	1988.7	389.4	7085.9	8033.2	3321.7	2218.8	1841.1
2010	2293.0	404.9	8729.8	9953.1	3936.2	2445.1	2200.1

注：本表按可比价格计算。

4—3 国内生产总值构成

（1978--2010）

单位：%

年 份	国内生产总值	第一产业	第二产业	工业	建筑业	第三产业	民营经济
1978	100.0	50.3	24.9	21.1	3.8	24.8	6.8
1980	100.0	49.6	27.4	23.7	3.8	22.8	13.8
1981	100.0	49.0	27.7	23.7	4.1	23.3	
1982	100.0	50.0	27.3	23.1	4.2	22.7	
1983	100.0	49.9	27.6	23.1	4.5	22.4	
1984	100.0	48.4	29.7	24.4	5.4	21.9	
1985	100.0	43.1	34.3	28.2	6.2	22.6	16.2
1986	100.0	38.4	35.8	30.1	5.7	25.8	
1987	100.0	36.6	36.8	31.6	5.1	26.6	
1988	100.0	33.2	39.6	34.9	4.6	27.3	
1989	100.0	31.1	41.1	36.2	5.0	27.7	
1990	100.0	34.9	38.3	32.9	5.4	26.8	19.7
1991	100.0	33.7	37.8	32.6	5.2	28.5	
1992	100.0	30.3	40.2	33.6	6.6	29.5	
1993	100.0	29.2	43.6	37.7	5.9	27.2	
1994	100.0	30.4	43.1	36.9	6.2	26.6	
1995	100.0	29.6	43.7	38.6	5.0	26.7	25.0
1996	100.0	28.9	44.7	39.7	5.0	26.3	
1997	100.0	27.5	45.7	40.4	5.3	26.9	
1998	100.0	25.4	46.4	40.3	6.1	28.1	
1999	100.0	26.2	41.3	35.0	6.3	32.4	
2000	100.0	26.2	38.1	31.8	6.3	35.7	35.0
2001	100.0	25.3	36.4	29.3	7.1	38.3	37.1
2002	100.0	23.9	37.8	30.5	7.3	38.3	38.9
2003	100.0	22.8	38.3	31.3	7.0	38.9	40.6
2004	100.0	24.2	38.2	32.2	6.0	37.6	42.0
2005	100.0	22.9	40.8	34.9	5.9	36.3	43.4
2006	100.0	20.7	43.4	37.5	5.9	35.9	45.3
2007	100.0	21.3	44.5	39.1	5.5	34.2	47.0
2008	100.0	21.1	43.7	37.9	5.8	35.2	49.4
2009	100.0	19.1	45.8	38.8	7.0	35.1	51.2
2010	100.0	17.3	48.8	41.5	7.3	33.9	53.2

注：本表按当年价格计算。

4—4 按所有制分的国内生产总值

（1978--2010）

单位：亿元

年 份	国内生产总值	公有制经济	民营经济	个体私营经济	外商经济	港澳台经济
1978	12.26	11.43	0.84	0.84		
1985	28.06	23.52	4.54	4.52	0.01	0.01
1990	60.75	48.79	11.96	11.82	0.06	0.08
1995	186.59	139.89	40.69	45.13	0.52	1.04
2000	269.09	175.02	94.07	91.28	0.67	2.12
2002	321.24	196.15	125.09	121.39	2.77	0.93
2003	355.68	211.34	144.33	139.90	3.37	1.06
2004	415.05	240.91	174.14	168.59	4.28	1.27
2005	482.53	274.05	208.48	201.75	5.21	1.52
2006	560.13	305.50	254.63	245.94	6.93	1.76
2007	672.09	350.95	321.13	309.8	9.17	2.17
2008	723.3	360.57	362.73	349.89	10.3	2.55
2009	820.17	401.19	418.97	403.79	12.16	3.03
2010	960.22	449.55	510.67	491.2	15.57	3.89

4—5 按所有制分的国内生产总值指数

（1978--2010）

（1978 年=100）

年 份	国内生产总值	公有制经济	民营经济	个体私营经济	外商经济	港澳台经济
1978	100.0	100.0	100.0	100.0		
1985	187.1	100.0	100.0	100.0		
1990	274.3	141.6	173.2	171.3	100	100
1995	504.6	246.0	387.6	373.9	883.4	596.4
2000	802.0	339.1	847.8	813.2	2582.2	1057.9
2002	932.5	370.9	1094.3	1048.1	3561.0	1340.6
2003	1025.6	397.0	1254.5	1119.9	4328.0	1513.0
2004	1138.3	427.8	1452.1	1386.2	5390.5	1735.8
2005	1286.0	469.3	1704.8	1628.8	6204.5	2039.6
2006	1463.5	516.2	2027.0	1931.8	7966.6	2580.1
2007	1669.9	566.8	2428.3	2306.6	10412.3	3276.7
2008	1738.4	564.0	2671.1	2537.3	11370.2	3584.7
2009	1988.7	621.5	3162.6	3001.6	13894.4	4398.4
2010	2293.0	689.2	3773	3571.9	17854.3	5581.6

4—6 县市区国内生产总值

（2010 年）

单位：亿元

地 区	国内生产总值	第一产业	第二产业	工业	第三产业	人均国内生产总值（元）
涪城区	358.27	13.82	215.55	196.26	128.90	42567
游仙区	98.43	17.35	50.39	42.67	30.69	20158
三台县	131.49	42.90	44.65	32.83	43.94	12072
盐亭县	56.84	23.58	17.41	11.12	15.85	11686
安 县	55.90	17.19	24.02	19.75	14.69	14306
梓潼县	47.47	15.63	19.40	17.44	12.44	14557
北川县	23.44	6.05	9.71	5.58	7.68	11316
平武县	19.07	4.78	9.24	5.47	5.05	11352
江油市	178.00	25.18	86.20	75.37	66.62	22055

4—7 县市区国内生产总值指数

（2010 年）

（上年=100）

地 区	国内生产总值	第一产业	第二产业	工业	第三产业	人均国内生产总值
涪城区	116.2	102.5	120.7	121.4	110.0	106.7
游仙区	115.3	103.1	124.3	125.7	109.6	115.9
三台县	114.3	104.5	127.2	128.4	111.5	119.1
盐亭县	113.3	104.1	128.4	128.3	111.6	129.4
安 县	114.7	103.4	126.7	128.6	110.4	121.4
梓潼县	114.1	104.1	129.4	131.3	109.8	123.0
北川县	122.5	105.1	144.5	148.3	114.1	127.2
平武县	114.7	105.8	123.0	126.8	110.4	112.3
江油市	116.0	104.5	124.0	125.0	110.2	122.4

4—8 支出法国内生产总值

（1978--2010）

单位：亿元

年份	国内支出总额	最终消费	居民消费			政府消费	资本形成总额	固定资本形成总额	存货增加
				农村居民	城镇居民				
1978	12.26	9.32	7.92	5.78	2.14	1.40	2.94	1.97	0.97
1980	14.91	11.18	9.51	6.94	2.57	1.67	3.73	2.50	1.23
1981	1.5.63	11.71	9.95	7.26	2.69	1.76	3.92	2.67	1.25
1982	17.91	13.36	11.36	8.29	3.07	2.00	4.55	3.09	1.46
1983	20.65	15.28	12.91	9.43	3.48	2.37	5.37	3.65	1.72
1984	23.82	17.58	14.85	10.84	4.01	2.72	6.24	4.24	2.00
1985	28.06	20.48	17.31	12.64	4.67	3.17	7.58	5.19	2.39
1986	28.82	21.00	17.75	13.01	4.74	3.25	7.82	5.36	2.46
1987	34.04	24.85	20.95	15.61	5.34	3.90	9.19	6.29	2.90
1988	45.06	32.44	27.25	18.73	8.52	5.19	11.34	7.77	3.57
1989	52.60	38.13	32.18	22.53	9.66	5.94	13.16	9.42	3.74
1990	60.75	43.01	36.48	25.54	10.94	6.53	16.31	11.25	5.06
1991	72.64	51.33	42.79	30.17	12.62	8.54	19.77	13.50	6.27
1992	86.38	58.47	48.45	33.43	15.02	10.02	26.25	18.61	7.64
1993	118.35	76.46	64.23	44.32	19.91	12.23	38.36	28.77	9.59
1994	154.67	89.80	75.89	47.73	28.17	13.91	53.16	32.56	20.60
1995	186.59	105.73	88.63	53.01	35.62	17.10	68.63	43.74	24.88
1996	219.19	118.31	98.03	57.45	40.58	20.28	91.24	58.67	32.57
1997	248.99	130.18	105.75	60.09	45.65	24.43	109.06	71.34	37.72
1998	273.91	136.65	110.98	63.90	47.08	25.67	126.66	81.15	45.51
1999	267.51	141.84	115.76	65.67	50.08	26.08	126.94	85.58	41.36
2000	269.09	148.80	122.44	67.90	54.54	26.36	118.39	93.17	25.22
2001	287.16	158.22	130.09	70.33	59.77	28.12	122.63	91.28	31.35
2002	321.24	180.33	147.29	75.46	71.83	33.04	128.83	95.58	33.25
2003	355.68	204.52	168.88	84.67	84.21	35.64	140.50	115.18	25.32
2004	415.05	245.98	206.53	92.06	114.47	39.45	159.98	134.12	25.86
2005	482.53	270.01	225.10	93.28	131.82	44.91	176.85	140.11	36.74
2006	560.13	309.46	255.60	102.95	152.65	53.85	206.51	159.59	46.92
2007	672.09	352.39	287.45	115.20	172.25	64.94	262.01	202.25	59.76
2008	723.30	513.48	356.27	140.52	215.75	157.21	333.86	291.32	42.54
2009	820.17	588.28	436.49	202.19	234.30	151.79	487.83	443.38	44.45
2010	960.22	576.79	414.38	153.43	260.95	162.41	506.15	467.95	38.20

注：本表按当年价格计算。

4—9 支出法国内生产总值指数

（1978--2010）

（1978=100）

年份	国内支出总额	最终消费	居民消费	农村居民	城镇居民	政府消费	资本形成总额	固定资本形成总额	存货增加
1978	100.0	100.0	100.0	100.0	100.0	100.0	100.0	100.0	100.0
1980	112.4	110.9	111.0	111.0	110.8	110.5	117.4	117.3	117.6
1981	111.3	109.8	109.9	110.8	107.4	109.6	116.2	117.6	113.2
1982	127.4	125.5	127.0	123.7	136.1	116.7	133.4	134.1	132.1
1983	146.7	146.0	145.8	146.5	143.8	147.1	149.1	149.1	149.3
1984	166.2	162.4	161.8	162.3	160.4	166.1	177.9	178.1	177.6
1985	187.1	179.7	178.7	178.9	178.3	185.0	210.9	214.5	203.7
1986	191.6	184.8	183.9	185.1	180.6	190.1	213.2	216.5	206.7
1987	210.0	202.8	202.3	207.5	188.1	205.9	233.0	234.1	230.8
1988	244.7	236.8	235.9	223.5	269.4	241.7	242.1	247.0	232.1
1989	255.8	240.4	238.6	230.9	259.3	250.4	276.8	294.7	240.2
1990	274.3	250.4	250.2	244.5	265.6	251.6	321.4	359.1	244.3
1991	310.8	287.6	285.1	272.6	318.6	301.5	356.3	362.5	343.9
1992	356.0	319.4	312.5	287.0	381.1	358.7	446.4	484.0	369.5
1993	401.5	339.8	335.8	316.9	386.8	362.3	551.8	637.3	377.0
1994	445.5	330.3	327.2	287.0	435.5	348.1	670.7	628.7	756.6
1995	504.7	373.0	363.3	299.0	536.6	428.1	785.7	763.3	831.3
1996	574.3	396.0	385.2	316.4	570.8	456.6	1026.8	980.0	1122.3
1997	659.7	444.1	425.1	331.9	676.2	551.7	1226.0	1221.3	1235.7
1998	743.5	484.5	462.5	360.6	737.5	608.2	1454.7	1440.0	1484.8
1999	757.1	520.7	494.8	380.3	803.6	667.0	1522.8	1558.2	1450.5
2000	802.0	581.8	563.8	437.7	903.9	683.0	1478.9	1723.9	978.3
2001	832.1	604.7	585.4	433.8	994.2	713.2	1477.9	1633.6	1159.9
2002	932.5	688.6	662.8	465.9	1193.7	833.8	1559.4	1714.1	1243.4
2003	1025.6	787.6	765.9	526.9	1410.5	910.1	1652.8	2007.3	928.6
2004	1138.3	897.7	886.1	600.3	1657.0	962.9	1797.3	2220.8	932.1
2005	1286.0	974.9	959.6	614.7	1874.1	1062.1	1986.0	2409.6	1120.4
2006	1463.5	1095.8	1068.0	665.1	2127.1	1249.0	2272.0	2689.1	1401.6
2007	1669.9	1187.8	1142.8	708.3	2284.5	1432.6	2740.0	3240.4	1697.3
2008	1738.4	1687.9	1381.6	842.9	2791.7	3383.8	3378.4	4517.1	1169.4
2009	1988.7	1905.6	1669.0	1195.2	2987.1	3221.4	4888.5	6807.3	1210.3
2010	2293.0	1859.9	1577.2	903.6	3312.7	3430.8	5098.7	7222.5	1045.7

注：本表按可比价格价格计算。

4—10 居民消费水平

（1978--2010）

单位：元/人

年份	居民人均消费水平	农村居民消费水平	城镇居民消费水平	城镇与农村对比（以农居民消费=1）	平均人口（百人）		
						农村居民	城镇居民
1978	173	152	269	1.8	45904	37963	7941
1980	206	184	310	1.7	46086	37813	8273
1981	215	193	315	1.6	46246	37713	8533
1982	245	220	348	1.6	46436	37613	8823
1983	277	252	381	1.5	46613	37453	9160
1984	318	291	422	1.5	46769	37275	9494
1985	369	340	475	1.4	46965	37125	9840
1986	375	351	462	1.3	47356	37078	10277
1987	438	421	497	1.2	47834	37094	10740
1988	564	505	761	1.5	48288	37084	11204
1989	661	610	825	1.4	48662	36958	11704
1990	744	694	895	1.3	49034	36799	12235
1991	868	824	997	1.2	49278	36625	12652
1992	980	917	1158	1.3	49426	36456	12970
1993	1294	1220	1496	1.2	49635	36325	13310
1994	1520	1317	2060	1.6	49919	36246	13673
1995	1764	1465	2534	1.7	50240	36185	14055
1996	1939	1591	2810	1.8	50564	36120	14444
1997	2076	1669	3059	1.8	50931	36007	14924
1998	2161	1782	3039	1.7	51345	35855	15489
1999	2239	1843	3118	1.7	51706	35643	16063
2000	2365	1931	3286	1.7	51761	35162	16599
2001	2527	2035	3535	1.7	51473	34565	16908
2002	2913	2239	4261	1.9	50558	33698	16859
2003	3396	2574	5002	1.9	49735	32900	16835
2004	4179	3174	6048	1.9	49425	32152	17273
2005	4710	3237	7317	2.3	49370	31547	17823
2006	5238	3563	8096	2.3	49396	31144	18251
2007	5807	3825	9077	2.4	49376	30737	18640
2008	7197	4605	11361	2.5	49505	30515	18990
2009	8801	6714	12029	1.8	49595	30116	19478
2010	8654	5326	13679	2.6	47885	28808	19077

注：本表按当年价格计算；人均水平按常住人口计算。

4—11 居民消费水平指数

（1978--2010）

年份	上年=100			1978年=100		
	居民人均消费水平	农村居民消费水平	城镇居民消费水平	居民人均消费水平	农村居民消费水平	城镇居民消费水平
1978	100.0	100.0	100.0	100.0	100.0	100.0
1980	104.8	105.3	102.3	110.5	111.5	106.3
1981	98.7	100.0	94.0	109.1	111.5	100.0
1982	115.1	111.9	122.6	125.6	124.8	122.5
1983	114.3	119.0	101.7	143.5	148.5	124.6
1984	110.6	111.3	107.6	158.8	165.3	134.1
1985	110.0	110.6	107.2	174.7	182.9	143.9
1986	102.0	103.6	97.0	178.2	189.5	139.5
1987	108.9	112.1	99.7	194.1	212.4	139.1
1988	115.5	107.7	137.3	224.2	228.8	190.9
1989	100.4	103.7	92.1	225.1	237.2	175.9
1990	104.1	106.3	98.0	234.2	252.2	172.4
1991	108.6	109.1	107.1	253.2	276.5	178.5
1992	109.1	105.7	116.5	276.3	292.1	208.0
1993	106.9	110.6	98.8	295.2	323.2	205.5
1994	96.8	90.7	109.5	285.8	293.2	225.1
1995	110.3	104.4	119.9	315.3	306.0	269.9
1996	105.3	106.2	103.0	332.0	324.9	277.9
1997	109.4	105.3	114.1	363.4	342.2	317.2
1998	108.1	109.3	105.2	392.6	374.0	333.6
1999	106.9	106.9	105.4	419.6	399.8	351.8
2000	114.6	117.1	110.4	480.8	468.2	388.4
2001	105.4	103.5	107.1	515.6	497.1	417.0
2002	113.9	109.9	117.0	587.5	546.3	488.0
2003	115.7	115.3	114.5	679.6	629.6	558.8
2004	115.6	115.4	114.7	785.9	726.6	641.1
2005	112.7	103.7	119.3	885.7	753.5	764.8
2006	110.7	109.6	110.9	980.5	825.8	848.2
2007	104.5	105.9	103.4	1024.6	874.5	877.0
2008	120.7	119.9	119.9	1236.7	1048.5	1051.5
2009	114.7	142.4	103.4	1418.5	1493.1	1087.3
2010	94.4	76.2	109.2	1339.1	1137.7	1187.3

注：本表按可比价格计算；人均水平按常住人口计算。

4—12 按三次产业分的民营增加值

单位：万元

年 份	民营经济增加值	第一产业	第二产业			第三产业	人均民营增加值(元)
				工业	建筑业		
1978	8370	2036	433	0	433	5901	193
1980	20497	13219	633	104	529	6645	445
1985	45372	26129	3432	1740	1692	15811	819
1990	119559	51995	19290	14771	4519	48274	1359
1995	466921	146557	150221	124034	26187	170143	5404
2000	940693	205540	349052	270454	78598	386101	11472
2001	1064678	215303	392613	289972	102641	456762	20044
2002	1250932	231546	492321	366450	125871	527065	24016
2003	1443342	249349	590943	448570	142373	603050	27985
2004	1741365	314654	727815	575920	151895	698896	32600
2005	2084832	360212	904134	719796	184338	820486	37828
2006	2546307	393342	1159540	937757	221783	993425	50455
2007	3211344	499583	1489184	1236556	252628	1222577	61004
2008	3627320	535880	1697233	1404237	292996	1394207	65862
2009	4189747	532027	2021872	1659707	362165	1635848	79133
2010	5106690	519554	2636032	2132048	503984	1951104	10664

4—13 各县市区民营经济增加值

（2010 年）

单位：万元

地　区	民营经济增加值	第一产业	第二产业	工业	第三产业	人均民营经济增加值（元）
绵阳市	5106690	519554	2636032	2132048	1951104	10664
涪城区	2098710	42663	1181770	1000232	874277	26146
游仙区	430220	54114	282436	248961	93670	8811
三台县	730589	132821	292262	240787	305506	6708
盐亭县	285027	73880	129676	87954	81471	5860
安　县	314519	53675	179865	146113	80979	8050
梓潼县	223829	48110	120062	102797	55657	6864
北川县	124144	20325	79878	42517	23941	5994
平武县	101733	14190	64372	34876	23171	6056
江油市	805415	78405	325413	267755	401597	9979

注：本表按当年价格计算，人均民营经济增加值年平均人口数按常住人口计算。

4—14 各县市区民营经济增加值指数

(2010 年)

上年=100

地　区	民营经济增加值	第一产业	第二产业	工业	第三产业	人均民营经济增加值
绵阳市	119.3	104.4	127.1	128.6	113.9	126.2
涪城区	118.7	101.0	124.1	125.3	113.0	114.5
游仙区	120.2	104.1	126.7	128.6	112.6	120.0
三台县	118.4	104.2	129.5	132.1	114.8	125.7
盐亭县	118.1	106.1	129.8	134.4	114.2	131.6
安　县	119.1	104.7	126.4	129.1	113.5	125.6
梓潼县	118.7	104.3	127.3	129.5	113.6	124.2
北川县	127.9	103.8	139.9	148.3	117.6	137.0
平武县	118.7	105.4	124.5	130.1	112.7	125.4
江油市	118.6	104.9	127.5	129.6	151.1	124.0

注：本表按可比价格计算。

主要统计指标解释

国民总收入（GNI） 即国民生产总值，指一个国家(或地区)所有常住单位在一定时期内收入初次分配的最终结果。一国常住单位从事生产活动所创造的增加值在初次分配中主要分配给该国的常住单位，但也有一部分以生产税及进口税(扣除生产和进口补贴)、劳动者报酬和财产收入等形式分配给非常住单位；同时，国外生产所创造的增加值也有一部分以生产税及进口税(扣除生产和进口补贴)、劳动者报酬和财产收入等形式分配给该国的常住单位，从而产生了国民总收入的概念。它等于国内生产总值加上来自国外的净要素收入。与国内生产总值不同，国民总收入是个收入概念，而国内生产总值是个生产概念。

国内生产总值(GDP) 指按市场价格计算的一个国家(或地区)所有常住单位在一定时期内生产活动的最终成果。国内生产总值有三种表现形态，即价值形态、收入形态和产品形态。从价值形态看，它是所有常住单位在一定时期内生产的全部货物和服务价值超过同期投入的全部非固定资产货物和服务价值的差额，即所有常住单位的增加值之和；从收入形态看，它是所有常住单位在一定时期内创造并分配给常住单位和非常住单位的初次收入分配之和；从产品形态看，它是所有常住单位在一定时期内最终使用的货物和服务价值减去货物和服务进口价值。在实际核算中，国内生产总值有三种计算方法，即生产法、收入法和支出法。三种方法分别从不同的方面反映国内生产总值及其构成。

三次产业 我国的三次产业划分是：

第一产业：是指农、林、牧、渔业。

第二产业：是指采矿业，制造业，电力、煤气及水的生产和供应业，建筑业。

第三产业：是指除第一、第二产业以外的其他各业。

支出法国内生产总值 指从最终使用的角度反映一个国家(或地区)在一定时期内生产活动最终成果的一种方法，包括最终消费、资本形成总额及货物和服务净出口三部分。

最终消费 指常住单位为满足物质、文化和精神生活的需要，从本国经济领土和国外购买的货物和服务的支出。它不包括非常住单位在本国经济领土内的消费支出。最终消费分为居民消费和政府消费。

居民消费 指常住住户在一定时期内对于货物和服务的全部最终消费支出。居民消费除了直接以货币形式购买的货物和服务的消费之外，还包括以其他方式获得的货物和服务的消费支出，即所谓的虚拟消费支出。居民虚拟消费支出包括以下几种类型：单位以实物报酬及实物转移的形式提供给劳动者的货物和服务；住户生产并由本住户消费了的货物和服务，其中的服务仅指住户的自有住房服务和付酬的家庭雇员提供的家庭和个人服务；金融机构提供的金融媒介服务；保险公司提供的保险服务。

政府消费 指政府部门为全社会提供公共服务的消费支出和免费或以较低价格向居民住户提供的货物和服务的净支出，前者等于政府服务的产出价值减去政府单位所获得的经营收入的价值，后者等于政府部门免费或以较低价格向居民住户提供的货物和服务的市场价值减去向住户收取的价值。

资本形成总额 指常住单位在一定时期内获得的减去处置的固定资产和存货的净额，包括固定资本形成总额和存货增加两部分。

固定资本形成总额 指生产者在一定时期内获得的固定资产减处置的固定资产的价值总额。固定资产是通过生产活动生产出来的，且其使用年限在一年以上、单位价值在规定标准以上的资产，不包括自然资产。可分为有形固定资本形成总额和无形固定资本形成总额。有形固定资本形成总额包括一定时期内完成的建筑工程、安装工程和设备工器具购置(减处置)价值，以及土地改良、新增役、种、奶、毛、娱乐用牲畜和新增经济林木价值。无形固定资本形成总额包括矿藏的勘探、计算机软件等获得减处置。

存货增加 指常住单位在一定时期内存货实物量变动的市场价值，即期末价值减期初价值的差额，再扣除当期由于价格变动而产生的持有收益。存货增加可以是正值，也可以是负值，正值表示存货上升，负值表示存货下降。存货包括生产单位购进的原材料、燃料和储备物资等存货，以及生产单位生产的产成品、在制品和半成品等存货。

货物和服务净出 指货物和服务出口减货物和服务进口的差额。出口包括常住单位向非常住单位出售或无偿转让的各种货物和服务的价值；进口包括常住单位从非常住单位购买或无偿得到的各种货物和服务的价值。由于服务活动的提供与使用同时发生，一般把常住单位从国外得到的服务作为进口，非常住单位从常住单位得到的服务作为出口。货物的出口和进口都按离岸价格计算。

人口、就业人员和职工工资 5

RENKOU JIUYE RENYUAN HE ZHIGONG GONGZI

>>>

5—1 人口数及构成

单位：万人

年 份	总人口	按性别分		按城乡分		按农业非农业分	
		男	女	城镇	乡村	农业人口	非农业人口
1952	293.11	150.67	142.44	18.00	275.11	272.90	20.21
1957	330.82	170.41	160.41	20.60	310.22	298.99	31.83
1965	351.02	179.74	171.29	25.80	325.22	311.04	39.98
1970	403.40	206.18	197.21	28.40	375.00	359.82	43.58
1975	447.38	229.18	218.21	31.00	416.38	404.98	42.40
1978	459.04	236.19	222.85	33.61	425.43	413.33	45.71
1980	461.24	237.29	223.95	31.47	429.77	411.72	49.52
1985	471.14	244.71	226.43	53.22	417.92	410.36	60.78
1990	491.81	256.56	235.25	362.96	128.85	425.86	65.95
1993	499.24	260.95	238.29	133.86	365.38	422.92	76.32
1995	506.65	264.78	241.87	141.00	365.65	419.14	87.51
1996	509.63	265.76	243.87	154.09	355.54	418.73	90.90
1997	511.99	266.84	245.15	164.60	347.39	417.52	94.47
1998	517.27	269.31	247.96	162.59	354.68	419.71	97.56
1999	520.21	270.78	249.43	163.51	356.70	419.28	100.93
2000	518.36	269.18	249.19	168.67	349.69	416.26	102.10
2001	520.16	270.18	249.97	169.26	350.90	414.93	105.23
2002	521.86	271.11	250.75	169.81	352.05	416.28	105.57
2003	527.52	274.28	253.23	179.95	347.57	410.33	117.19
2004	529.07	275.67	253.40	189.41	339.66	407.81	120.36
2005	530.71	275.73	254.98	192.12	338.59	404.41	126.30
2006	533.30	277.01	256.30	199.99	333.31	403.70	129.60
2007	537.95	278.92	259.02	204.42	333.53	404.77	133.18
2008	540.71	279.61	261.09	209.36	331.35	405.02	135.69
2009	544.65	281.49	263.16	216.93	327.72	403.95	140.70
2010	541.87	279.42	262.45	215.95	325.92	396.46	145.41

5—2 人口出生率、死亡率和自然增长率

单位：人、‰

年份	出生		死亡		自然增长	
	人数	出生率	人数	死亡率	人数	增长率
1957	95920	29.33	37342	11.42	58578	17.91
1965	127961	37.26	37421	10.90	90540	26.37
1970	153969	38.73	34466	8.67	119503	30.06
1975	132344	29.88	42885	9.68	89459	20.20
1978	87461	19.10	38046	8.31	49415	10.79
1980	52272	11.34	34638	7.52	17634	3.83
1985	60575	12.90	32991	7.02	27584	5.88
1986	79907	16.79	31696	6.66	48211	10.13
1987	76577	15.93	33505	6.97	43072	8.96
1988	63881	13.17	33614	6.93	30267	6.24
1989	66246	13.57	33929	6.95	32317	6.62
1990	67230	13.67	35017	7.12	32213	6.55
1995	59481	11.74	36124	7.13	23357	4.61
1996	55397	10.87	34553	6.78	20844	4.09
1997	50226	9.81	33944	6.63	16282	3.18
1998	49604	9.59	34919	6.75	14685	2.84
1999	45931	8083	31968	6.71	14685	2.82
2000	45776	8.83	35232	6.79	10544	2.04
2001	36480	4.04	29639	5.72	6841	1.32
2002	33700	6.50	30100	5.80	3600	1.30
2003	49240	9.30	27050	5.10	22190	1.40
2004	53473	10.10	51533	9.70	1940	1.20
2005	35362	6.66	28384	5.35	6978	1.31
2006	41500	7.80	22700	4.30	18300	3.50
2007	50093	9.30	31194	5.80	18899	1.50
2008	54127	10.01	40406	7.47	13721	2.54
2009	41081	7.63	32743	6.08	8338	1.55
2010	51803	0.96	71259	1.32	-20176	-0.36

备注：2008 年数据来自公安年报。

5—3　主要年份按三次产业分的就业人员

(年末数)　　　　单位：万人

年 份	劳动力资源总数	就业人员	第一产业	第二产业	第三产业	构成(合计=100) 第一产业	第二产业	第三产业
1952	167.95	134.84	132.20	2.10	0.54	98.00	1.60	0.40
1957	189.56	149.07	144.10	4.20	0.77	96.70	2.80	0.50
1962	180.31	144.60	137.80	5.60	1.20	95.30	3.90	0.80
1965	196.92	150.20	142.70	6.20	1.30	95.00	4.10	0.90
1970	224.69	177.60	167.60	8.10	1.90	94.40	4.60	1.00
1975	253.22	188.34	171.45	10.54	6.35	91.00	5.60	3.40
1978	266.24	213.25	171.91	22.50	18.85	80.60	10.60	8.80
1980	268.90	223.72	179.20	23.82	20.70	80.10	10.60	9.30
1985	275.90	246.92	195.80	30.70	20.42	79.30	12.40	8.30
1986	290.60	255.48	198.20	29.36	27.92	77.60	11.50	10.90
1987	303.47	261.41	199.30	33.25	28.86	76.20	12.70	11.10
1988	329.70	274.70	202.50	38.95	33.25	73.70	14.20	12.10
1989	329.90	280.30	208.20	38.90	33.20	74.30	13.90	11.80
1990	334.38	284.89	210.80	39.10	34.99	74.00	13.70	12.30
1993	327.11	294.06	200.92	43.39	49.75	68.30	14.80	16.90
1995	354.23	306.74	214.07	49.02	43.65	69.80	16.00	14.20
1996	356.29	306.03	213.10	48.52	44.41	69.60	15.90	14.50
1997	358.00	307.12	195.63	57.42	54.79	63.50	18.70	17.80
1998	356.93	304.12	170.86	58.27	74.99	56.20	19.20	24.60
1999	362.35	310.54	167.25	60.27	83.02	53.90	19.40	26.70
2000	356.81	304.83	166.68	59.91	78.24	54.70	19.70	25.60
2001	358.59	302.98	152.10	61.96	88.92	50.20	20.50	29.30
2002	340.10	283.69	147.25	67.03	69.41	51.91	23.63	24.46
2003	332.96	271.72	143.03	55.25	73.44	52.63	20.35	27.02
2004	333.38	274.03	133.18	62.55	78.30	48.60	22.83	28.57
2005	334.10	270.91	129.42	60.78	79.71	47.77	22.81	29.42
2006	332.90	267.65	121.34	61.84	84.47	45.34	23.10	31.56
2007	334.60	269.25	122.34	62.44	84.47	45.43	23.19	31.37
2008	338.50	272.81	124.20	63.75	84.86	45.53	23.36	31.11
2009	345.20	277.5	124.2	65.85	87.45	44.76	23.73	31.51
2010	340.12	274.5	125.2	64.35	84.92	45.62	23.45	30.94

5—4 各县市区按三次产业分的就业人员

(2010 年末)

单位：万人

地 区	就业人员				(合计=100)		
		第一产业	第二产业	第三产业	第一产业	第二产业	第三产业
绵阳市	274.47	125.20	64.35	84.92	46	23	31
涪城区	43.45	3.98	15.76	23.71	9.16	36.27	54.57
游仙区	32.82	9.25	10.18	13.39	28.18	31.02	40.80
三台县	91.47	36.56	33.82	21.09	39.97	36.97	23.06
盐亭县	18.80	14.9	0.9	3.00	79.26	4.79	15.95
安 县	28.52	11.53	5.11	11.88	40.43	17.92	41.65
梓潼县	19.18	8.42	4.49	6.27	43.90	23.41	32.69
北川县	16.66	5.74	4.84	29.85	34.45	29.05	36.50
平武县	12.83	9.59	1.42	1.82	74.74	11.07	14.19
江油市	61.20	16.72	20.58	23.90	27.32	33.63	39.05

注:全市就业人员数包括直综单位就业人员和灵活形式就业人员,地区数字中未包括或不完全包括。（后同）

5—5 主要年份按城乡分的就业人员

(年末数)

单位：万人

年份	总计	城镇	城镇单位从业人员				城镇个体私营企业就业人员	乡村就业人员
				国有经济单位	城镇集体经济单位	其他各种经济单位		
1952	134.84	2.64	2.64	2.64				132.20
1957	149.07	4.97	4.97	4.97				144.10
1962	144.60	6.80	6.80	6.40				137.80
1965	150.20	7.50	7.50	7.50				142.70
1970	177.60	10.00	10.00	9.00	1.00			167.60
1975	188.34	16.89	16.82	11.74	5.08		0.07	171.45
1978	213.25	41.35	19.32	14.06	5.26		0.05	171.90
1980	223.72	44.52	26.47	20.76	5.71		0.16	179.20
1985	246.92	37.34	30.59	22.79	7.80		1.13	209.58
1986	255.48	36.70	31.62	23.51	8.11		1.31	218.78
1987	261.41	38.54	32.81	24.70	8.10		1.59	222.87
1988	274.70	41.30	35.02	26.69	8.33		2.00	233.46
1989	280.30	40.80	34.86	26.74	8.12		1.70	239.50
1990	284.89	42.00	35.79	27.56	8.23		1.85	242.89
1995	306.74	64.46	41.07	31.03	8.51	1.53	3.94	242.28
1997	307.84	80.76	45.09	30.19	8.74	6.16	5.35	227.08
1998	304.12	80.99	39.35	24.97	5.74	8.64	7.06	223.13
1999	310.54	89.63	40.47	24.26	4.89	7.36	4.72	220.91
2000	304.83	87.98	40.92	24.57	4.41	11.94	3.97	216.00
2001	302.98	88.74	33.00	22.93	3.69	6.38	10.88	214.24
2002	283.69	105.89	32.06	21.32	2.58	8.16	15.91	206.82
2003	271.72	78.43	31.51	20.77	2.25	8.49	13.27	193.29
2004	274.03	82.91	30.73	19.81	1.96	8.95	16.03	191.12
2005	270.91	83.71	31.35	19.86	1.91	9.58	28.03	187.20
2006	267.65	88.55	31.56	18.90	1.71	10.95	30.49	179.90
2007	269.25	89.25	33.48	19.58	2.06	11.84	28.43	180.00
2008	272.81	90.43	34.55	19.43	2.05	13.07	30.91	182.38
2009	277.50	94.5	35.82	16.40	2.14	17.28	35.27	183.00
2010	274.47	93.8	34.56	16.45	1.51	16.60	45.2	180.67

注：1999 年起职工人数为在岗职工数。(以下各表同)

5—6 分行业

(1952--2010)

（年末数）

年 份	合计	农林牧渔业	采矿业	制造业	电力煤气及水的生产和供应业	建筑业	交通运输仓储和邮电通信业	信息传输计算机服务软件业	批发和零售业
1952	134.89	132.20	0.50	1.20	0.10	0.30	0.01		0.13
1957	149.07	144.10	1.10	2.30	0.20	0.60	0.01		0.15
1962	144.60	137.80	1.30	3.20	0.20	0.90	0.01		0.21
1965	150.20	142.70	1.50	3.50	0.20	1.00	0.01		0.21
1970	177.60	167.60	2.00	4.30	0.30	1.50	0.02		0.38
1975	188.52	171.45	2.50	5.19	0.35	2.50	0.20		0.80
1978	213.55	171.91	3.00	16.20	0.40	2.90	1.30		5.25
1980	223.72	179.20	3.30	17.12	0.40	3.00	1.50		5.80
1985	246.92	195.80	4.00	21.10	0.60	5.00	1.10		5.23
1986	255.48	198.20	4.20	20.08	0.80	4.28	3.37		8.60
1987	261.41	199.30	4.30	23.10	1.00	4.85	3.44		8.43
1988	274.70	202.50	5.35	26.20	1.00	6.40	3.60		10.14
1989	280.30	208.20	5.77	26.00	1.03	6.10	3.60		9.89
1990	288.62	210.80	9.30	19.77	1.03	11.00	4.00	0.05	12.39
1995	306.76	213.67	10.82	23.44	1.25	13.51	5.72	0.14	15.72
1997	307.12	194.91	10.72	29.54	1.45	15.71	7.02	0.16	17.68
1998	304.12	170.86	9.72	26.39	1.95	20.21	9.65	0.18	21.68
1999	310.54	167.25	9.72	27.39	1.95	21.21	10.80	0.20	25.01
2000	304.83	157.32	9.54	34.20	1.91	23.80	10.60	0.20	19.55
2001	292.98	152.10	9.53	29.40	1.12	21.91	11.98	0.22	19.52
2002	284.59	147.25	6.49	27.70	1.12	24.72	12.13	0.22	19.82
2003	271.72	141.44	1.59	27.68	1.16	26.13	6.35	0.24	12.80
2004	274.03	133.18	1.68	30.98	1.15	28.74	7.02	0.34	12.82
2005	272.24	129.42	1.65	30.98	1.08	26.74	7.09	4.00	11.52
2006	267.65	121.34	1.65	31.04	1.05	28.10	7.15	0.38	12.50
2007	269.25	122.34	1.65	31.64	1.05	28.10	7.15	0.38	12.50
2008	272.81	124.20	1.55	30.75	0.95	30.50	8.30	0.35	12.92
2009	277.50	124.20	1.60	31.75	0.95	31.55	8.30	0.35	13.52
2010	274.58	125.20	1.55	31.35	0.95	30.50	8.31	0.35	12.98

从业人员

单位：万人

住宿和餐饮业	金融业	房地产业	租赁和商务服务业	科学研究技术服务地质勘查业	水利环境公共设备管理业	居民服务其他服务业	教育	卫生社会保障社会福利	文化体育和娱乐业	公共管理社会组织
0.05				0.10			0.14	0.10	0.01	0.05
0.06				0.10			0.18	0.14	0.03	0.10
0.07	0.01			0.18			0.31	0.19	0.05	0.17
0.07	0.01			0.20			0.35	0.18	0.07	0.20
0.08	0.02			0.30			0.40	0.27	0.13	0.30
0.45	0.10			1.25	0.15	0.08	1.35	0.95	0.20	1.00
1.60	0.40			2.35	0.35	0.09	3.60	1.35	0.45	2.40
1.80	0.50			2.50	0.40	0.10	3.60	1.40	0.60	2.50
1.50	0.55			2.64	0.40	0.20	3.90	1.60	0.70	2.60
2.50	0.55			2.78	0.50	0.49	3.95	1.60	0.73	2.85
2.50	0.56			2.75	0.50	0.77	4.10	1.70	0.85	3.26
3.00	0.70	0.11		3.10	0.50	2.30	4.10	1.70	0.90	3.10
2.90	0.70	0.11		3.20	0.50	2.30	4.15	1.70	0.95	3.20
3.50	0.64	0.11	0.10	3.05	0.50	3.17	3.20	1.19	0.93	3.89
4.50	0.83	0.31	0.40	3.03	0.50	3.04	4.00	1.27	0.79	3.82
6.00	0.89	2.55	0.60	3.85	0.50	4.83	4.30	1.27	1.19	3.95
7.50	2.39	2.50	0.70	5.10	0.50	10.85	5.20	2.59	1.89	4.26
7.50	2.89	2.75	0.80	5.60	0.50	12.23	5.80	2.69	1.89	4.36
6.50	2.84	2.70	0.90	5.50	0.50	13.90	5.70	2.78	2.09	4.30
6.50	2.31	2.16	0.95	3.22	0.50	17.43	5.80	1.71	2.15	4.47
6.50	1.60	0.77	1.00	3.04	0.51	17.80	5.50	1.72	2.30	4.40
11.08	1.19	0.82	1.06	1.96	0.51	23.43	5.05	1.77	2.86	4.60
11.45	1.20	0.95	1.21	1.97	0.56	25.70	5.15	1.77	3.58	4.58
12.45	1.20	0.95	1.41	1.97	0.56	26.89	5.30	1.77	3.58	3.68
13.70	1.31	0.80	1.8	2.73	0.72	28.00	5.81	2.21	3.70	3.66
13.70	1.31	0.80	1.8	2.73	0.72	28.00	5.81	2.21	3.7	3.66
13.80	1.80	1.50	1.90	1.98	0.76	29.30	4.81	1.84	1.27	4.33
14.3	1.80	2.10	2.20	1.98	0.76	29.80	4.81	1.85	1.35	4.33
13.80	1.80	1.50	1.90	1.98	0.86	29.30	4.81	1.84	1.27	4.33

5—7 各县市区城镇单

(2010年末)

地 区	合 计	农林牧渔业	采矿业	制造业	电力煤气及水的生产和供应业	建筑业	交通运输仓储和邮电通信业	信息传输计算机服务软件业	批发和零售业
绵阳市	34.56	0.16	0.01	12.11	0.87	3.32	0.94	0.29	0.65
涪城区	14.87	0.01		8.08	0.34	0.54	0.67	0.16	0.36
游仙区	4.21	0.01		0.67	0.02	0.39			0.02
三台县	5.47	0.02	0.01	0.93	0.18	1.87	0.08	0.05	0.02
盐亭县	1.09	0.01			0.05		0.04	0.03	0.02
安 县	1.47			0.49	0.04		0.02	0.01	0.01
梓潼县	1.12	0.02		0.21	0.01	0.06	0.01	0.01	0.02
北川县	1.13	0.02	0.01	0.18	0.05	0.08	0.01		0.01
平武县	0.68	0.03			0.05		0.01		0.01
江油市	4.52	0.04		1.54	0.14	0.37	0.11	0.03	0.19

位分行业从业人员

单位：万人

住宿和餐饮业	金融业	房地产业	租赁和商务服务业	科学研究技术服务地质勘查业	水利环境公共设备管理业	居民服务其他服务业	教育	卫生社会保障福利	文化体育和娱乐业	公共管理社会组织
0.22	1.54	0.27	0.15	1.99	0.77	0.02	5.03	1.94	0.16	4.10
0.12	0.89	0.06	0.03	0.21	0.36	0.01	1.24	0.63	0.12	1.03
0.04	0.04	0.01		1.72	0.08		0.62	0.20		0.39
0.01	0.17	0.13	0.01	0.01	0.07	0.01	0.91	0.34	0.01	0.63
	0.06			0.02			0.39	0.12		0.34
	0.08				0.01		0.31	0.14		0.36
0.02	0.06				0.02		0.27	0.08		0.32
0.02	0.03	0.01			0.03		0.38	0.05		0.26
0.01	0.03				0.04		0.18	0.04		0.28
0.01	0.18	0.06	0.09	0.03	0.15	0.01	0.73	0.36	0.01	0.48

5—8 各县市区乡村户数及分行业乡村从业人员

(2010年)

单位：万人

地 区	乡村户数（万户）	乡村从业人员合计	农林牧渔业	工业	建筑业	交通运输仓储和邮政业	信息传输、计算机服务和软件业	批发和零售业	住宿和餐饮业	其他非农行业
绵阳市	132.99	244.56	113.76	26.71	32.91	6.66	1.03	11.11	8.99	43.39
涪城区	8.49	14.33	3.92	1.83	1.65	0.52	0.05	1.02	0.49	4.85
游仙区	14.52	23.48	8.26	0.84	1.92	0.57	0.09	1.00	1.12	9.68
三台县	39.66	78.78	37.39	12.52	15.05	1.71	0.51	3.70	3.02	4.88
盐亭县	16.32	28.07	15.55	1.66	1.7	0.88	0.04	0.87	1.62	5.74
安 县	12.54	24.08	11.5	2.29	1.64	0.56	0.09	1.11	0.54	6.35
梓潼县	9.85	15.86	8.25	1.56	1.93	0.33	0.07	0.74	0.31	2.67
北川县	6.38	11.63	5.49	1.21	1.67	0.38	0.05	0.63	0.49	1.71
平武县	4.87	9.37	6.53	0.47	0.38	0.26	0.01	0.37	0.22	1.13
江油市	20.36	38.96	16.87	4.33	6.95	1.44	0.14	1.69	1.16	6.38

5—9 各县市区城镇单位从业人员

（2010年末）

单位：万人

地 区	从业人员	国有经济单位	城镇集体经济单位	其他各种经济单位	内 资	港澳台投资	外商投资
绵阳市	34.56	16.45	1.51	16.60	15.41	0.27	0.92
涪城区	14.87	5.08	0.18	9.61	8.84	0.06	0.71
游仙区	4.21	3.42	0.04	0.76	0.70		0.05
三台县	5.47	1.97	0.92	2.58	2.49		0.09
盐亭县	1.09	1.00	0.03	0.05	0.05		
安 县	1.47	0.86	0.10	0.51	0.43	0.08	
梓潼县	1.12	0.75	0.03	0.34	0.34		
北川县	1.13	0.74	0.05	0.34	0.33		0.01
平武县	0.68	0.56	0.02	0.10	0.10		
江油市	4.52	2.07	0.15	2.30	2.13	0.12	

5—10 分行业国有经济单位从业人员

(2005--2010)

（年末数） 单位：万人

行 业	2005	2006	2007	2008	2009	2010
总 计	19.86	18.9	19.58	19.43	16.40	16.45
农、林、牧、渔业	0.24	0.21	0.18	0.13	0.07	0.10
采掘业						
制造业	3.98	3.44	3.99	3.85	0.39	0.19
电力、煤气及水的生产和供应业	0.54	0.53	0.45	0.44	0.42	0.39
建筑业	0.75	0.58	0.59	0.55	0.62	0.59
交通运输、仓储和邮政业	0.81	0.71	0.71	0.68	0.74	0.70
信息传输、计算机服务和软件业	0.22	0.21	0.30	0.26	0.21	0.20
批发和零售业	0.34	0.31	0.29	0.28	0.29	0.26
住宿和餐饮业	0.15	0.19	0.18	0.16	0.17	0.15
金融业	0.54	0.52	0.55	0.57	0.65	0.56
房地产业	0.11	0.10	0.10	0.10	0.04	0.04
租赁和商务服务业	0.04	0.04	0.03	0.03	0.03	0.03
科学研究、技术服务和地质勘查业	1.95	1.95	1.96	1.95	1.95	1.98
水利、环境和公共设备管理业	0.56	0.58	0.56	0.62	0.65	0.70
居民服务和其他服务业	0.02	0.01	0.02	0.02	0.02	0.02
教 育	4.74	4.65	4.63	4.65	4.71	4.85
卫生、社会保障和社会福利业	1.12	1.14	1.22	1.22	1.36	1.44
文化、体育和娱乐业	0.18	0.18	0.17	0.16	0.16	0.16
公共管理和社会组织	3.57	3.55	3.65	3.73	3.93	4.10

5—11 分行业城镇集体经济单位从业人员

(2005--2010)

（年末数） 单位：万人

行业	2005	2006	2007	2008	2009	2010
总计	**1.91**	**1.70**	**2.06**	**2.05**	**2.14**	**1.51**
农、林、牧、渔业	0.09	0.09	0.07	0.06	0.02	0.04
采掘业						
制造业	0.13	0.44	0.47	0.37	0.32	0.20
电力、煤气及水的生产和供应业	0.03	0.03	0.03	0.02	0.02	
建筑业	0.82	0.46	0.68	0.78	0.88	0.49
交通运输、仓储和邮政业	0.03	0.03	0.01	0.01	0.04	0.01
信息传输、计算机服务和软件业						
批发和零售业	0.02	0.01	0.03	0.04	0.04	
住宿和餐饮业	0.01	0.01	0.01	0.01	0.01	0.01
金融业	0.33	0.30	0.30	0.29	0.29	0.24
房地产业						
租赁和商务服务业	0.02	0.02	0.03	0.02	0.02	
科学研究、技术服务和地质勘查业						
水利、环境和公共设备管理业						
居民服务和其他服务业						
教育	0.02	0.03	0.03	0.03		
卫生、社会保障和社会福利业	0.4	0.27	0.39	0.41	0.48	
文化、体育和娱乐业						
公共管理和社会组织						

5—12 分行业其他经济单位从业人员

(2005--2010)

（年末数） 单位:万人

登记注册类型及行业	2005	2006	2007	2008	2009	2010
总 计	**9.57**	**10.95**	**11.84**	**13.08**	**17.28**	**16.60**
按登记注册类型分组						
内资	9.18	10.49	11.30	11.99	16.02	15.41
股份合作单位	0.43	0.23	0.40	0.38	0.49	0.38
联营单位	0.44	0.49	0.50	0.39	0.34	0.31
有限责任公司	5.23	5.81	6.33	7.21	10.99	12.30
股份有限公司	3.06	3.15	3.44	3.35	3.55	1.80
其他	0.01	0.81	0.63	0.66	0.65	0.62
港澳台商投资单位	0.13	0.21	0.14	0.21	0.22	0.27
外商投资单位	0.27	0.25	0.40	0.87	0.99	0.92
按国民经济行业分组						
农、林、牧、渔业				0.01	0.01	
采掘业	0.13	0.15	0.17	0.09	0.02	0.01
制造业	6.11	6.94	7.00	8.02	11.96	11.73
电力、煤气及水的生产和供应业	0.52	0.49	0.53	0.49	0.53	0.48
建筑业	1.56	1.80	2.42	2.44	2.37	2.24
交通运输、仓储和邮政业	0.22	0.28	0.23	0.28	0.28	0.24
信息传输、计算机服务和软件业	0.06	0.07	0.07	0.09	0.13	0.09
批发和零售业	0.28	0.33	0.43	0.47	0.45	0.39
住宿和餐饮业	0.07	0.14	0.16	0.13	0.11	0.06
金融业	0.24	0.29	0.31	0.51	0.74	0.74
房地产业	0.19	0.21	0.26	0.29	0.26	0.23
租赁和商务服务业	0.02	0.02	0.02	0.02	0.11	0.11
科学研究、技术服务和地质勘查业	0.01	0.02	0.02	0.02	0.04	0.02
水利、环境和公共设备管理业		0.04	0.04	0.04	0.02	0.07
居民服务和其他服务业	0.03	0.04	0.03	0.03	0.03	
教育	0.13	0.13	0.15	0.13	0.17	0.17
卫生、社会保障和社会福利业					0.03	0.01
文化、体育和娱乐业					0.03	
公共管理和社会组织						

5—13 各县市区城镇单位其它从业人员

(2010 年)

单位：人

地 区	合 计	国有单位	城镇集体单位	其他单位
绵阳市	12777	5456	304	7017
涪城区	6541	1113	94	5334
游仙区	191	191		
三台县	310	115	90	105
盐亭县	68	68	0	
安 县	1133	1051	51	31
梓潼县	482	317	1	164
北川县	1728	1284	7	437
平武县	736	466	7	263
江油市	1588	851	54	683

5—14 分行业城镇单位女性从业人员

（2005--2010）

（年末数） 单位:万人

行　　业	2005	2006	2007	2008	2009	2010
总　　计	**11.56**	**11.79**	**12.43**	**13.23**	**13.33**	**13.05**
按经济类型分						
国有经济单位	7.70	7.23	7.56	7.71	6.21	5.97
城镇集体经济单位	0.56	0.67	0.72	0.70	0.70	0.60
其他各种经济单位	3.30	3.89	4.15	4.82	6.42	6.48
按行业分						
农、林、牧、渔业	0.06	0.06	0.05	0.05	0.02	0.03
采掘业	0.01	0.02	0.03	0.02	0.01	0.01
制造业	4.34	4.50	4.88	5.31	5.26	5.36
电力、煤气及水的生产和供应业	0.34	0.37	0.32	0.30	0.26	0.17
建筑业	0.49	0.39	0.52	0.53	0.43	0.40
交通运输、仓储和邮政业	0.44	0.44	0.42	0.42	0.45	0.41
信息传输、计算机服务和软件业	0.10	0.10	0.11	0.11	0.10	0.10
批发和零售业	0.26	0.27	0.33	0.36	0.37	0.29
住宿和餐饮业	0.12	0.18	0.20	0.18	0.16	0.14
金融业	0.52	0.55	0.59	0.73	0.86	0.77
房地产业	0.07	0.07	0.08	0.09	0.08	0.1
租赁和商务服务业	0.03	0.02	0.02	0.02	0.06	0.06
科学研究、技术服务和地质勘查业	0.67	0.67	0.68	0.64	0.67	0.16
水利、环境和公共设备管理业	0.29	0.32	0.32	0.35	0.33	0.36
居民服务和其他服务业	0.02	0.02	0.02	0.02	0.01	
教育	1.98	2.03	1.95	2.20	2.08	2.26
卫生、社会保障和社会福利业	0.82	0.77	0.90	0.92	1.08	1.13
文化、体育和娱乐业	0.08	0.09	0.08	0.08	0.09	0.08
公共管理和社会组织	0.92	0.92	0.93	0.93	1.01	1.11

5—15 各县市区城镇单位女性从业人员

(2005--2010)

(年末数) 单位:万人

地　区	2005	2006	2007	2008	2009	2010
绵阳市	11.56	11.79	12.43	13.23	13.33	13.05
涪城区	5.38	5.27	5.62	6.23	6.41	6.75
游仙区	1.51	1.63	1.65	1.63	1.65	1.16
三台县	1.33	1.60	1.54	1.79	1.62	1.59
盐亭县	0.31	0.30	0.30	0.34	0.30	0.29
安　县	0.53	0.56	0.58	0.53	0.55	0.56
梓潼县	0.48	0.49	0.46	0.47	0.49	0.41
北川县	0.21	0.26	0.29	0.22	0.27	0.45
平武县	0.27	0.29	0.28	0.30	0.31	0.26
江油市	1.54	1.39	1.71	1.69	1.74	1.58

5—16　城镇登记失业人数及失业率

（1995--2010）

单位：人、万人

项　目	城镇登记失业人数	登记失业率(%)
按年份		
1995	38533	4.9
1997	34932	4.9
1998	54645	4.9
1999	56476	5.16
2000	47543	5.16
2001	46521	3.7
2002	56904	3.6
2003	60109	3.9
2004	65684	4.12
2005	67418	3.87
2006	79361	3.78
2007	68685	3.65
2008	31817	4.07
2009	2912	3.76
2010	30359	3.73
分县市区		
绵阳市	30359	3.73
涪城区	10973	3.73
游仙区	7332	3.8
三台县	1919	3.56
盐亭县	1369	3.70
安　县	1115	3.97
梓潼县	816	3.62
北川县	513	3.39
平武县	664	3.67
江油市	5658	3.85

5—17 分行业城镇单位

(1978--2010)

(年末数)

年 份	合计	农林牧渔业	采矿业	制造业	电力煤气及水的生产和供应业	建筑业	交通运输仓储和邮电通信业	信息传输计算机服务软件业	批发和零售业
1978	19.33	0.83		5.91			1.64		4.57
1980	26.47	0.92		8.73			2.03		4.77
1981	28.08	0.93		9.11			2.23		4.99
1982	28.99	0.86		9.38			2.45		5.21
1983	29.34	0.81		9.68			2.44		5.30
1984	29.77	0.79		10.03			2.30		5.25
1985	30.59	0.76		10.64		2.30	2.25		4.99
1986	31.62	0.81		11.56		2.37	1.95		5.07
1987	32.81	0.81		12.29		2.29	1.89		5.14
1988	35.02	0.81		13.25		2.45	1.90		5.52
1989	34.86	0.78		13.18		2.19	1.89		5.49
1990	35.79	0.79		13.47		2.16	2.01		5.42
1991	37.14	0.86		14.10		2.29	2.09		5.41
1992	38.52	0.86		14.49		2.50	2.10		5.65
1993	39.18	0.63	0.58	14.60	0.94	2.87	1.59		5.05
1994	39.49	0.45	0.53	13.35	0.90	3.47	1.70		5.56
1995	41.07	0.55	0.63	14.18	1.14	3.53	1.65		5.76
1997	45.09	0.63	0.61	17.50	1.19	3.56	1.62		5.20
1998	43.50	0.64	0.53	16.92	1.17	3.47	1.56		4.48
1999	40.47	0.62	0.25	15.76	1.12	2.87	1.64		3.53
2000	33.24	0.52	0.12	11.53	1.01	2.52	1.31		1.53
2001	32.25	0.17	0.04	5.71	0.74	0.75	1.13		0.67
2002	31.24	0.43	0.09	10.9	1.12	2.48	1.18		1.09
2003	30.63	0.37	0.12	10.33	1.16	2.66	1.28	0.21	0.74
2004	29.8	0.34	0.13	10.34	1.11	2.38	1.13	0.27	0.62
2005	30.62	0.33	0.13	10.17	1.08	3.07	1.05	0.28	0.63
2006	30.86	0.31	0.15	10.76	1.05	2.80	1.02	0.28	0.65
2007	32.84	0.26	0.16	11.39	1.00	3.65	0.95	0.32	0.75
2008	33.85	0.20	0.09	12.19	0.95	3.73	0.96	0.33	0.79
2009	34.44	0.09	0.03	12.60	0.96	3.77	1.04	0.33	0.76
2010	33.28	0.15	0.01	12.04	0.86	3.14	0.92	0.29	0.64

在岗职工人数

单位：万人

住宿和餐饮业	金融业	房地产业	租赁和商务服务业	科学研究技术服务地质勘查业	水利环境公共设备管理业	居民服务其他服务业	教育	卫生社会保障社会福利	文化体育和娱乐业	公共管理社会组织
	0.25			0.07	0.97	0.07	3.46			1.56
	0.32			1.80	2.46	0.09	3.73			0.00
	0.34			2.13	2.39	0.11	4.13			1.73
	0.35			2.23	2.50	0.13	4.08			1.78
	0.37			2.30	2.46	0.14	4.02			1.82
	0.42			2.32	2.35	0.14	4.10			2.07
	0.44			2.42	0.03	0.40	3.09	1.14		2.14
	0.48			2.32	0.03	0.43	3.19	1.14		2.28
	0.55			2.32	0.03	0.55	3.42	1.17		2.35
	0.60			2.74	0.03	0.55	3.49	1.19		2.49
	0.59			2.74	0.03	0.58	3.55	1.21		2.64
	0.64			2.50	0.04	0.60	3.74	1.23		3.19
	0.69			2.52	0.04	0.66	3.84	1.30		3.34
	0.75			2.55	0.05	0.75	3.98	1.34		3.49
	0.75	0.12		2.57	0.28	0.61	3.90	1.24		3.46
	0.83	0.14		2.89	0.25	0.60	4.05	1.36		3.40
	0.88	0.14		2.63	0.25	0.69	4.13	1.43		3.45
	0.92	0.21		2.53	0.38	0.77	4.90	1.48		3.38
	0.93	0.17		2.45	0.35	0.85	4.87	1.59		3.37
	0.90	0.21		2.36	0.35	0.93	4.87	1.60		3.44
	0.99	0.17		2.15	0.30	0.95	5.07	1.60		3.43
	0.58	0.08		2.11	0.17	0.84	5.04	1.17		3.34
	0.89	0.17		1.89	0.14	0.88	5.06	1.51		3.41
0.19	0.87	0.22	0.07	1.95	0.50	0.03	4.74	1.44	0.28	3.47
0.16	0.82	0.25	0.06	1.96	0.46	0.03	4.66	1.42	0.26	3.40
0.21	0.84	0.24	0.08	1.96	0.49	0.05	4.82	1.47	0.18	3.53
0.32	0.83	0.29	0.07	1.96	0.54	0.05	4.76	1.35	0.18	3.49
0.34	0.91	0.34	0.07	1.97	0.60	0.04	4.77	1.58	0.16	3.57
0.30	1.00	0.36	0.07	1.97	0.65	0.05	4.76	1.60	0.16	3.67
0.29	0.99	0.30	0.16	1.96	0.61	0.04	4.72	1.79	0.18	3.81
0.22	1.08	0.26	0.14	1.98	0.72	0.02	4.85	1.86	0.16	3.93

5—18 各县市区城镇

(2010 年末)

地 区	合 计	农林牧渔业	采矿业	制造业	电力煤气及水的生产和供应业	建筑业	交通运输仓储和邮电通信业	信息传输计算机服务软件业	批发和零售业
绵阳市	33.28	0.16	0.01	12.04	0.86	3.14	0.92	0.29	0.65
涪城区	14.21	0.01		8.05	0.32	0.39	0.67	0.16	0.36
游仙区	4.19	0.01		0.67	0.02	0.39			0.02
三台县	5.44	0.02	0.01	0.93	0.18	1.87	0.08	0.05	0.02
盐亭县	1.08	0.01			0.05		0.04	0.03	0.02
安 县	1.36			0.49	0.04		0.01	0.01	0.01
梓潼县	1.07	0.02		0.21	0.01	0.06	0.01	0.01	0.02
北川县	0.96	0.02	0.01	0.16	0.05	0.06			0.01
平武县	0.61	0.03			0.05		0.01		0.01
江油市	4.36	0.04		1.54	0.14	0.37	0.11	0.03	0.18

单位分行业职工人数

单位：万人

住宿和餐饮业	金融业	房地产业	租赁和商务服务业	科学研究技术服务地质勘查业	水利环境公共设备管理业	居民服务其他服务业	教育	卫生社会保障福利	文化体育和娱乐业	公共管理社会组织
0.22	1.08	0.26	0.14	1.98	0.72	0.02	4.85	1.86	0.16	3.93
0.12	0.55	0.06	0.03	0.20	0.36	0.01	1.20	0.60	0.12	1.01
0.04	0.04	0.01		1.72	0.08		0.61	0.19		0.39
0.01	0.17	0.13	0.01	0.01	0.07	0.01	0.91	0.33	0.01	0.62
	0.06			0.01			0.39	0.12		0.34
	0.05				0.01		0.30	0.13		0.31
0.02	0.04						0.26	0.08		0.32
0.02	0.03				0.03		0.30	0.04		0.22
0.01	0.03				0.02		0.18	0.03		0.25
0.01	0.11	0.06	0.09	0.03	0.15	0.01	0.69	0.33	0.01	0.47

5—19 按经济类型分城镇单位从业人数

(1978--2010)

(年末数) 单位: 万人

年 份	从业人员合计	国有经济单位	城镇集体经济单位	其他各种经济单位	内 资	港澳台投资	外商投资
1978	19.40	14.10	5.30				
1980	26.50	20.80	5.70				
1981	28.10	22.00	6.10				
1982	29.00	23.20	5.80				
1983	29.40	23.60	5.80				
1984	29.70	22.40	7.30				
1985	30.60	22.80	7.80				
1986	31.60	23.50	8.10				
1987	32.80	24.70	8.10				
1988	35.00	26.70	8.30				
1989	34.80	26.70	8.10				
1990	35.70	27.50	8.20				
1991	37.20	28.60	8.60				
1992	38.50	29.70	8.80				
1993	39.18	27.75	9.25	2.18			
1994	39.49	29.28	8.54	1.67			
1995	41.07	31.03	8.51	1.53			
1997	45.09	30.19	8.74	6.16			
1998	39.35	24.97	5.74	8.64			
1999	40.47	24.26	4.89	7.36			
2000	40.92	24.57	4.41	11.94			
2001	33.00	22.93	3.69	6.38	6.10	0.09	0.18
2002	32.06	21.32	2.58	8.16	7.86	0.04	0.26
2003	31.51	20.77	2.25	8.49	8.19	0.04	0.26
2004	30.73	19.81	19.57	8.95	8.52	0.12	0.31
2005	31.35	19.86	1.91	9.58	9.18	0.13	0.27
2006	31.56	18.90	1.71	10.95	10.49	0.02	0.03
2007	33.48	19.58	2.06	11.84	11.30	0.14	0.40
2008	34.55	19.43	2.05	13.08	11.99	0.21	0.87
2009	35.82	16.40	2.14	17.28	16.02	0.27	0.99
2010	34.56	16.45	1.51	16.60	15.41	0.27	0.92

5—20 分行业国有经济单位职工人数

(2005--2010)

(年末数) 单位: 万人

行业	2005	2006	2007	2008	2009	2010
总 计	19.39	18.47	19.18	19.09	15.67	15.91
农、林、牧、渔业	0.24	0.21	0.18	0.13	0.06	0.10
采掘业						
制造业	3.97	3.42	3.98	3.84	0.37	0.17
电力、煤气及水的生产和供应业	0.54	0.53	0.45	0.44	0.42	0.39
建筑业	0.72	0.55	0.56	0.53	0.57	0.59
交通运输、仓储和邮政业	0.80	0.71	0.70	0.67	0.72	0.68
信息传输、计算机服务和软件业	0.22	0.21	0.25	0.24	0.21	0.20
批发和零售业	0.33	0.30	0.29	0.28	0.27	0.26
住宿和餐饮业	0.13	0.17	0.17	0.16	0.17	0.15
金融业	0.40	0.40	0.42	0.44	0.43	0.51
房地产业	0.10	0.10	0.10	0.10	0.04	0.04
租赁和商务服务业	0.04	0.04	0.03	0.03	0.03	0.03
科学研究、技术服务和地质勘查业	1.95	1.95	1.95	1.95	1.95	1.97
水利、环境和公共设备管理业	0.49	0.50	0.56	0.61	0.57	0.68
居民服务和其他服务业	0.02	0.01	0.02	0.02	0.01	0.02
教育	4.67	4.60	4.60	4.61	4.57	4.66
卫生、社会保障和社会福利业	1.08	1.10	1.19	1.20	1.31	1.38
文化、体育和娱乐业	0.17	0.18	0.16	0.16	0.16	0.15
公共管理和社会组织	3.52	3.49	3.57	3.67	3.81	3.92

5—21 分行业城镇集体经济单位职工人数

(2005--2010)

(年末数) 单位: 万人

行业	2005	2006	2007	2008	2009	2010
总计	1.88	1.68	2.04	2.02	2.10	1.48
农、林、牧、渔业	0.09	0.09	0.07	0.06	0.02	0.05
采掘业						
制造业	0.13	0.44	0.47	0.37	0.32	0.19
电力、煤气及水的生产和供应业	0.03	0.03	0.03	0.02	0.02	
建筑业	0.81	0.46	0.68	0.78	0.88	0.49
交通运输、仓储和邮政业	0.03	0.03	0.01	0.01	0.04	
信息传输、计算机服务和软件业						
批发和零售业	0.02	0.01	0.03	0.04	0.04	
住宿和餐饮业	0.01	0.01	0.01	0.01	0.01	0.01
金融业	0.33	0.30	0.30	0.28	0.28	0.24
房地产业						
租赁和商务服务业	0.02	0.02	0.03	0.02	0.02	
科学研究、技术服务和地质勘查业						
水利、环境和公共设备管理业						
居民服务和其他服务业						
教育	0.03	0.03	0.03	0.03	0.01	0.01
卫生、社会保障和社会福利业	0.37	0.26	0.38	0.40	0.45	0.47
文化、体育和娱乐业						
公共管理和社会组织						

5—22 城镇单位在岗职工工资总额及指数

(1952--2010)

年份	工资总额（万元）				指数（上年=100）			
	合计	国有经济单位	城镇集体经济单位	其他各种经济单位	合计	国有经济单位	城镇集体经济单位	其他各种经济单位
1952	643	643						
1957	1881	1881				116		
1962	3392	3392				73		
1965	3303	3303				104		
1970	4323	4323				106		
1975	8270	6051	2219			104		
1978	9933	7535	2398			120	101	
1980	18845	15631	3214			187	113	
1981	20087	16393	3695		106	105	115	
1982	20785	17368	3417		103	106	92	
1983	22364	18911	3453		108	109	101	
1984	26030	20993	5026		116	110	146	
1985	30802	24749	6044		118	118	120	
1986	36507	29473	7034		118	119	116	
1987	41250	33216	8032		113	113	114	
1988	53895	44407	9483		131	134	118	
1989	60268	49828	10431		112	112	110	
1990	69128	57790	11328		145	116	109	

5-22 续表

年 份	工资总额 (万元)				指数 (上年=100)			
	合 计	国有经济单位	城镇集体经济单位	其他各种经济单位	合 计	国有经济单位	城镇集体经济单位	其他各种经济单位
1992	92761.4	77522.9	15238.5		116	116	118	
1993	115405.8	85001.4	21213.3	9191.1	124	110	139	
1994	153112.0	125509.5	20919.9	6682.6	133	148	97	73
1995	179586.7	146519.2	26448.3	6619.2	117	117	126	99
1997	240140.6	169634.4	33600.4	36905.8	123	107	120	400
1998	244605.7	161810.6	27318.9	55476.2	102	95	81	150
1999	248814.0	170409.8	25465.7	52938.5	102	105	93	95.4
2000	263365.1	193563.9	22720.3	47080.9	106	114	89	89
2001	322971.3	245398.7	24330.3	53242.3	127	127	107	113
2002	336866.9	247141.1	22192.1	67403.7	104	101	91	127
2003	350283.2	253719.9	20450.9	76112.4	105	103	92	113
2004	389257.5	275286.6	18807.9	95163.0	111	109	92	125
2005	437282.0	301577.0	21002.0	114702.0	112	110	112	121
2006	505433.1	346766.8	20613.0	138053.3	116	115	98	120
2007	623691.7	424088.7	30116.2	169486.8	123	122	146	123
2008	760569.8	496468.7	44930.2	219170.9	122	117	149	129
2009	902757.9	521233.0	53654.4	327870.5	119	103	119	150
2010	1066424	619352.6	42149.8	404921.6	118	119	79	124

注：1999 年起工资总额为在岗职工工资总额，指数按可比口径计算。(以下各表同)

5—23　各县市区职工工资总额及指数

(2010 年)

地　区	工资总额　(万元)				指数　(上年=100)			
	合 计	国有经济单位	城镇集体经济单位	其他各种经济单位	合 计	国有经济单位	城镇集体经济单位	其他各种经济单位
绵阳市	1066424	619352.6	42149.8	404921.6	118	119	79	124
涪城区	454306.8	198333.8	7382.8	248590.2	122	112	101	132
游仙区	197948.1	177192.8	1625.5	19129.8	129	129	135	122
三台县	138215.2	64897.7	22530.2	50787.3	121	130	100	121
盐亭县	30962.1	28208.3	1107.4	1646.4	76	114	16	19
安　县	43206.4	25089.7	3697.8	14418.9	140	121	136	193
梓潼县	29820.6	23531	582.7	5706.9	97	122	139	52
北川县	25359.5	17315.2	1562.2	6482.1	126	125	147	126
平武县	17267.4	14888.5	585.1	1793.8	103	121	29	72
江油市	129337.9	69895.6	3076.1	56366.2	105	105	33	119

5—24 分行业

(1978--2010)

年 份	合 计	农林牧渔业	采矿业	制造业	电力煤气及水的生产和供应业	建筑业	交通运输仓储和邮电通信业	信息传输计算机服务软件业	批发和零售业
1978	9933	402		3120		528	1003		2182
1980	18845	512		6266		1966	1541		2958
1985	30802	632		10966		2468	2216		4217
1986	36507	870		13154		2871	2364		4763
1987	41250	943		15238		3483	2500		5421
1988	53895	1133		20636		4250	3049		7286
1989	60268	1246		32101		3881	3451		8226
1990	69128	1532		26355		4275	4042		8386
1991	80219	1849		31089		4868	4662		10067
1992	92761	2114		35724		5587	5415		10362
1993	115406	1862	1765	43475	3801	7127	4597		11424
1994	153112	1661	2001	45841	5171	10779	7172		14378
1995	179587	2342	2561	60036	7068	13455	8085		17214
1996	195397	2624	3104	61009	8564	16225	8967		18291
1997	240141	2835	2940	92403	9855	16446	10231		19112
1998	244606	3015	2824	88674	10919	16939	10205		16130
1999	248814	3475	1183	88170	10796	14798	11090		13755
2000	263365	3430	642	81892	10999	15684	11491		9877
2001	322971	3032	526	85880	14127	18188	14497		10108
2002	333867	3742	623	80822	14955	17638	15266		8904
2003	350283	2957	906	83884	17721	19588	16448	5319	7567
2004	389258	3137	1282	97395	19786	20736	15312	6921	7353
2005	437282	3255	1147	105814	24481	27931	14544	9018	8072
2006	505433	3186	1667	140307	27011	30976	14138	8936	8678
2007	623692	3285	2097	162093	29828	38256	16014	10267	10698
2008	760570	3321	1214	205534	34326	58487	19323	13084	13837
2009	902758	2066	465	238084	36949	69890	24029	13605	15783
2010	1066424	3893	423	302484	37452	78121	23499	13241	16518

职工工资总额

单位:万元

住宿和餐饮业	金融业	房地产业	租赁和商务服务业	科学研究技术服务地质勘查业	水利环境公共设备管理业	居民服务其他服务业	教育	卫生社会保障福利	文化体育和娱乐业	公共管理社会组织
	134			45		30	1562			926
	211			1806		63	2329			1192
	400	318		3444	45		3007	1064		2032
	592	386		3741	53		3564	1419		2732
	648	570		3929	59		3766.	1533		3161
	799	684		5397	69.		4808.	1909		3874
	891	798		6233	75		5466	2101		4801
	1137	983		6727	84		6534	2515		6558
	1310	1194		7640	97		7286	2890		7268
	1673	1452		8897	123		8815	3394		9206
	2102	392		11181	920	12101	10450	3785		11060
	3935	773		17920	1131	19051	17428	6692		16339
	4842	695		16531	1147	17679	18728	7361		16808
	5660	945		17914	2019	19933	21062	8241		17672
	5841	1086		20035	2286	22322	24633	8814		19173
	7099	1171		20588	2077	22664	27001	10895		21858
	7877	1285		20998	2352	23350	31836	11843		24326
	10408	1346		30437	2327	32763	36930	13655		28011
	12133	1393		54030	2392	56422	48122	17675		34699
	13460	1754		51124	1779	52903	55952	20112		37644
1465	14886	2031	710	49065	4131	711	55979	21597	3428	41891
1494	15037	2344	813	53000	4038	851	63319	22622	4287	49532
1915	18812	2962	963	57781	4543	1073	70357	26668	2568	55378
3237	23545	3526	1097	68248	5628	1251	73910	26919	2981	60193
3733	33211	4596	1320	79120	7458	1278	101999	36891	3519	78029
3914	44845	5934	1549	99709	8954	1513	108454	41635	3600	91336
4690	50287	5350	4282	102685	10105	1564	144452	54990	4765	118715
4128	57747	5290	5015	124050	12158	807	168608	66077	5094	141821

5—25 各县市区分行业

(2010 年)

地 区	合 计	农林牧渔业	采矿业	制造业	电力煤气及水的生产和供应业	建筑业	交通运输仓储和邮电通信业	信息传输计算机服务软件业	批发和零售业	住宿和餐饮业
绵阳市	1066424	3893	423	302484	37452	78121	23499	13241	16518	4128
涪城区	454307	310		213856	16157	12181	17503	9752	10586	2236
游仙区	197948	318		15919	412	17209			421	838
三台县	138215	847	136	17958	6374	33625	1625	1296	439	114
盐亭县	30962	378			1377		919	788	455	
安 县	43206	35		12784	2014		184	175	217	
梓潼县	29821	451		3236	294	1319	102	159	407	253
北川县	25360	264	286	3554	1546	1521	127	77	150	356
平武县	17267	337		29	1409		247		131	138
江油市	129338	952		35149	7871	12266	2793	994	3713	192

职工工资总额

单位：万元

金融业	房地产业	租赁和商务服务业	科研技术服务地质勘查业	水利环境公共设备管理业	居民服务其他服务业	教育	卫生社会保障福利	文化体育和娱乐业	公共管理社会组织
57747	5290	5015	124050	12158	807	168608	66077	5094	141821
33819	1746	1143	8312	6303	352	46936	25115	4060	43939
1808	286	81	112817	1392		23500	9034		13914
6957	2098	448	394	1461	231	32524	10564	329	20796
2339	36	63	620			10629	3123	52	10184
3182			131	318	7	9419	4743	80	9918
1325	56	105	42	66		9538	2748	15	9707
1111	62	31	53	258		6623	1163	78	8099
885	27	20	35	235		5231	569	75	7901
6322	979	3124	1647	2125	217	24209	9018	406	17364

5—26 分行业国有经济

(1978--2010)

年份	合 计	农林牧渔业	采矿业	制造业	电力煤气及水的生产和供应业	建筑业	交通运输仓储和邮电通信业	信息传输计算机服务软件业	批发和零售业
1978	7535	294		2228		364	669		1603
1980	15631	402		4975		1678	1228		
1981	16393	410		5214		1690	1303		
1982	17368	394		5581		1730	1390		
1983	18911	427		5797		1747	1604		
1984	20993	438		7711		1844	1638		
1985	24749	499		9034		1846	1684		
1986	29473	662		10787		2141	2569		
1987	33216	719		12513		2569	2010		
1988	44407	865		17094		3294	2492		
1989	49828	981		19004		3029	2889		
1990	57790	1266		21696		3377	3429		
1991	66577	1488		25601		3709	3957		
1992	77523	1661		29202		4188	4688		
1993	85001	1549	1667	23777	3473	4213	3906		
1994	125510	1237	2001	33462	4216	6402	6525		
1995	146519	1634	2558	48290	5726	6831	7389		
1997	169634	1787	1655	49932	7249	7979	9347		
1998	161811	1958	1138	37617	7422	7366	9266		
1999	193564	1768	491	39434	7647	57392	10576		
2000	196486	1775	544	42119	8119	6267	10690		
2001	239309	1457	247	36124	9772	5972	12570		
2002	244142	2459		29364	9240	5028	11429		
2003	253720	1903		31013	10893	5364	13607	3853	4917
2004	275287	2378		29403	12323	5442	12828	5326	4985
2005	301577	2407		29071	15024	7728	12239	6719	4879
2006	346767	2300		46660	18417	9801	11105	6228	4544
2007	424089	2456		52780	18594	8484	12863	6928	5156
2008	496469	2381		65592	20447	8729	14802	8698	6356
2009	521233	1444	30	11479	19551	11401	18037	8396	6553
2010	619353	2300		8818	21625	22392	18533	8114	7130

单位职工工资总额

单位:万元

住宿和餐饮业	金融业	房地产业	租赁和商务服务业	科研技术服务地质勘查业	水利环境公共设备管理业	居民服务其他服务业	教育	卫生社会保障福利	文化体育和娱乐业	公共管理社会组织
	69			45		29	1309			
2156	126			1806		56	2014			
2211	151			2000		63	2110			
2297	160			2042		73	2443			
2397	165			2446		91	2742			
1779	237			2446	45	98	2426			
2014	287			3444	45	213	2955			
2369	410			3740	53	282	3507			
2736	450			3928	59	380	3706			
4189	569	500		5395	69	380	4750			
4695	601	625		6231	75	380	5401			
4787	799	787		6727	84	635	6463			
5660	885	979		7640	97	748	7201			
5907	1209	1184		8897	123	845	8729			
6703	1589	384		11181	896	1226	10366			
8329	2851	759		17920	1114	1719	17395			
8874	3372	679		16523	1138	2173	18687			
9757	3916	962		20010	2286	3263	24501			
6546	4823	912		20564	2052	3962	26837			
5246	7465	973		30392	2299	5459	36803			
5589	6407	964		30585	2458	5388	36461			
5442	8420	732		53729	2210	5598	47672	15078		34287
5674	8222	750		51079	1761	9548	54912	17368		37307
1211	8505	1122	410	49028	4113	273	54528	17750	3406	41823
1217	8283	1030	555	52896	4027	299	61833	18762	4255	49447
1300	10793	1277	613	57643	4532	352	67677	21429	2550	55343
1735	12942	1339	708	68016	5347	390	70676	23431	2969	60158
1855	17363	1500	790	78889	7012	487	97905	29508	3508	78011
2289	23102	1784	1038	99428	8499	671	104208	33567	3570	91310
2965	23642	1036	1048	102404	9537	659	137779	42238	4360	118677
2848	29048	1263	1252	123687	11680	807	161126	51947	5007	141778

5—27 各县市区分行业国有

(2010 年)

地 区	合 计	农林牧渔业	采矿业	制造业	电力煤气及水的生产和供应业	建筑业	交通运输仓储和邮电通信业	信息传输计算机服务软件业	批发和零售业
绵阳市	619353	2300		8818	21625	22392	18533	8114	7130
涪城区	198334	51		6748	13208	3458	13277	4626	4563
游仙区	177193	318			158	17162			421
三台县	64898	740			460	1530	1126	1296	303
盐亭县	28208	378					919	788	376
安 县	25090	35			146		184	175	217
梓潼县	23531	16			195	35	102	159	293
北川县	17315	136		1114			127	77	150
平武县	14889	337					247		10
江油市	69896	289		957	7458	207	2552	994	797

经济单位职工工资总额

单位:万元

住宿和餐饮业	金融业	房地产业	租赁和商务服务业	科学研究技术服务地质勘查业	水利环境公共设备管理业	居民服务其他服务业	教育	卫生社会保障福利	文化体育和娱乐业	公共管理社会组织
2848	29048	1263	1252	123687	11680	807	161126	51947	5007	141778
1784	20337	729	1008	7948	6303	352	41945	24056	4002	43939
838		75	55	112817	1392		21009	9034		13914
	1513	307	118	394	1448	231	32524	1783	329	20796
	1084	36	20	620			10629	3123	52	10184
	1212			131	318	7	9419	3248	80	9918
	618			42	66		9538	2748	15	9707
88	443		31	53	28		6623	269	78	8099
138	387	27	20	35			5231	526	75	7857
	3455	90		1647	2125	217	24209	7161	376	17364

5—28 分行业城镇集体经济

(1980--2010)

年 份	合 计	农林牧渔业	采矿业	制造业	电力煤气及水的生产和供应业	建筑业	交通运输仓储和邮电通信业	信息传输计算机服务软件业	批发和零售业
1980	3214	110		1290			313		802
1984	5026	1587		1587			378		2003
1985	6044	133		1923		622	532		2203
1986	7034	208		2367		730	465		2393
1987	8032	224		2723		914	490		2684
1988	9482	268		3537		955	558		3096
1989	10431	265		4088		852	562		3532
1990	11328	267		4649		898	612		3599
1991	13642	361		5488		1158	705		4407
1992	15239	454		6523		1399	727		4454
1993	21213	312	99	10511	328	2914	691		4703
1994	20920	423		7129	392	4294	653		5310
1995	26448	708	4	8389	667	5661	657		6772
1996	27925	854		7574	957	6909	684		6833
1997	33600	1031	29	12051	1139	6867	816		7407
1998	27319	1057	20	8820	1047	6045	645		5028
1999	2430	1245		8021	552	6317	194		3197
2000	22127	1357		6155	586	6671	152		1741
2001	23517	1360		5350	579	7888	331		1240
2002	22192	1068		3766	889	7340	618		573
2003	20451	1015		1348	915	6246	632		362
2004	18808	711		1267	697	6282	323		220
2005	21002	734		1372	794	6367	283		192
2006	20613	768		3843	771	3662	258		149
2007	30116	729		5143	1021	5206	189		307
2008	44930	796		4846	939	15143	199		490
2009	53654	480		4686	359	16982	865		709
2010	42150	1358		3209		10238	24		69

单位职工工资总额

单位:万元

住宿和餐饮业	金融业	房地产业	租赁和商务服务业	科学研究技术服务地质勘查业	水利环境公共设备管理业	居民服务其他服务业	教育	卫生社会保障福利	文化体育和娱乐业	公共管理社会组织
	85	8		288				315		3
	103	11		43				327		51
	112	104					48	308		59
	182	104					57	455		73
	198	190		6			60	464		83
	230	184		2			58	501		93
	291	173		2			65	496		107
	338	196					70	585		113
	426	215					85	671		127
	464	268					86	725		140
	514	9			24	207	84	642		152
	1084	8			17	175	33	1167		199
	1470	16		8	9	243	41	1595		170
	1695	32		10	9	145	59	1909		220
	1925	16		25		106	132	1763		208
	1983	11		24	24	248	121	2065		134
	2357	86		16	23	124	134	2040		102
	2244	9		20	27	395	124	2520		101
	3262	2		24	32	430	143	2563		292
	4320	7				318	232		2726	316
100	5464	3	176		13	4	286	3818	15	54
39	4945	8	145		6	4	192	3860	23	85
70	5408	7	178		6	5	295	5239	18	4
82	6998	15	210		5	5	312	3488	11	35
99	9349		331		5		326	7383	12	18
111	13637		263		7		394	8068	12	27
206	16168	6	410		12		248	12454	30	39
200	12556	13	128		13		332	13936	30	44

5—29 各地区分行业城镇集体

(2010 年)

地 区	合 计	农林牧渔业	采矿业	制造业	电力煤气及水的生产和供应业	建筑业	交通运输仓储和邮电通信业	信息传输计算机服务软件业	批发和零售业
绵阳市	42150	1358		3209		10238	24		69
涪城区	7383	260		245		2660			39
游仙区	1626								
三台县	22530			2383		7401	24		
盐亭县	1107								
安 县	3698			233					
梓潼县	583	435							30
北川县	1562								
平武县	585								
江油市	3076	663		349		177			

经济单位职工工资总额

单位:万元

住宿和餐饮业	金融业	房地产业	租赁和商务服务业	科学研究技术服务地质勘查业	水利环境公共设备管理业	居民服务其他服务业	教育	卫生社会保障及福利	文化体育和娱乐业	公共管理社会组织
200	12556	13	128		13		332	13936	30	44
9	2973						332	866		
	1626									
92	3757		80		13			8781		
	1064		43							
	1970							1495		
99		13	5							
	668							894		
	498							44		44
	0							1857	30	

5—30 分行业其他各种

(1998--2010)

行　　业	1998	1999	2000	2001
总 计	**55476**	**47779**	**22127**	**48163**
农、林、牧、渔业			290	190
采掘业	1666	152	151	222
制造业	42237	37482	36084	36375
电力、煤气及水的　生产和供应业	2449	2559	2735	2942
建筑业	3527	2315	30	3771
交通运输、仓储和邮政业	294	694	696	997
信息传输、计算机服务和软件业				
批发和零售业	4556	4035	2765	2490
住宿和餐饮业				
金融业	293	66	52	125
房地产业	248	371	351	622
租赁和商务服务业				
科学研究、技术服务和地质勘查业		11	22	16
水利、环境和公共设备管理业				
居民服务和其他服务业	129	19	21	26
教育	43	14		146
卫生、社会保障和社会福利业		25	18	
文化、体育和娱乐业				
公共管理和社会组织				

经济单位职工工资总额

单位:万元

2002	2003	2004	2005	2006	2007	2008	2009	2010
67404	**76112**	**95163**	**114702**	**138053**	**169487**	**219171**	**327871**	**404922**
214	39	48	114	117	100	145	142	235
623	906	1282	1147	1667	2097	1214	436	423
47557	51523	66726	75371	89803	104171	135097	221919	290457
4826	5913	6765	8662	7823	10213	12940	17039	15828
5271	7977	9012	13837	17513	24566	34615	41507	45491
3219	2208	2161	2022	2775	2962	4322	5128	4942
	1466	1595	2300	2709	3339	4387	5209	5127
2657	2288	2148	3001	3985	5235	6990	8522	9319
	154	238	545	1419	1779	1514	1520	1080
918	918	1809	2610	3605	6499	8106	10476	16143
997	906	1306	1678	2172	3096	4150	4308	4014
	125	113	172	179	198	248	2823	3635
45	36	104	138	232	232	281	281	363
	5	5	6	276	442	448	556	465
226	433	548	716	857	791	843	906	
814	1164	1295	2385	2922	3768	3852	6425	7151
18	29						298	193
	6	9				18	375	58
20	14							

5—31 城镇单位在岗职工平均工资及指数

(1980--2010)

年份	平均货币工资 (元)				指数 (上年为 100)			
	全部职工合计	国有经济单位	城镇集体经济单位	其他各种经济单位	全部职工合计	国有经济单位	城镇集体经济单位	其他各种经济单位
1980	726	769	570					
1981	734	767	618		101	100	108	
1982	737	772	599		100	101	97	
1983	766	802	616		104	104	103	
1984	891	949	711		116	118	115	
1985	1022	1098	796		115	116	112	
1986	1183	1273	913		116	116	115	
1987	1288	1372	1028		109	108	113	
1988	1589	1736	1131		124	251	110	
1989	1750	1882	1311		110	108	116	
1990	1964	2132	1403		112	113	107	
1991	2209	2376	1645		112	111	117	
1992	2481	2651	1862		112	116	113	
1993	3026	3111	2424		122	117	130	
1994	3949	4332	2546	4199	131	139	105	
1995	4518	4857	3260	4507	114	112	128	107
1996	5019	5365	3696	4902	111	110	113	109
1997	5500	5729	3950	6099	110	107	107	124
1998	5622	6132	3989	5402	102	107	101	89
1999	6054	6558	4209	5841	108	107	105	108
2000	7702	8267	5766	6886	127	126	137	118
2001	8972	10167	6016	6811	116	123	104	99
2002	10710	11897	174	8516	119	117	136	125
2003	11454	12403	9758	9479	107	104	119	111
2004	12956	14053	10109	11205	121	113	104	118
2005	14310	15537	13067	12374	110	111	129	110
2006	16565	18773	12995	13205	116	121	97	107
2007	19741	22554	17993	15247	119	120	138	115
2008	22794	26045	23809	17650	115	115	132	116
2009	26009	32273	25396	19936	114	124	107	113
2010	32526	39243	29832	25971	125	122	117	130

5—32 各县（市区）城镇单位在岗职工平均工资及指数

(2010 年)

地 区	平均货币工资 (元)				指数 (上年=100) 平均实际工资			
	全部职工合计	国有经济单位	城镇集体经济单位	其他各种经济单位	全部职工合计	国有经济单位	城镇集体经济单位	其他各种经济单位
绵阳市	32526	39243	29832	25971	125	122	117	130
涪城区	32627	40131	44421	28198	126	123	119	132
游仙区	47410	52158	45789	25764	125	123	136	128
三台县	26065	33387	26647	20206	117	126	100	117
盐亭县	28883	28650	33865	30099	125	110	202	129
安 县	31772	33587	38680	27873	138	122	143	183
梓潼县	27581	32837	21581	16904	134	123	121	115
北川县	28143	30981	32958	21988	115	106	169	125
平武县	28522	29000	27995	25229	129	123	132	145
江油市	29634	35324	21647	25122	119	117	79	129

5—33 分行业城镇单位

(1980--2010)

年 份	合 计	农林牧渔业	采矿业	制造业	电力煤气及水的生产和供应业	建筑业	交通运输仓储和邮电通信业	信息传输计算机服务软件业	批发和零售业	住宿和餐饮业
1980	726	568		739		809	771		628	
1981	734	619		761		843	784		637	
1982	737	609		737		822	769		622	
1983	766	674		753		834	689		628	
1984	865	712		945		905	888		730	
1985	1033	817		1050		1119	1002		847	
1986	1183	1074		1084		1280	1164		963	
1987	1288	1154		1281		1551	1311		1079	
1988	1589	1397		1397		1785	1622		1311	
1989	1750	1536		1536		1757	1844		1506	
1990	1964	1746		2010		1939	2037		1570	
1991	2209	1958		2283		2185	2297		1874	
1992	2481	2214		2556		2425	2582		1914	
1993	3027	2969	3079	3086	4219	2794	2828		2271	
1994	3949	3631	3601	3528	5510	3240	4244		2645	
1995	4518	4052	4334	4438	6326	4039	4910		3099	
1996	5019	4354	4855	4865	7110	4542	5660		3503	
1997	5500	4404	4659	5440	8289	4808	6173		3763	
1998	5622	4640	4704	5202	9296	5054	6643		3577	
1999	6054	5488	4725	5455	9505	5065	6750		3652	
2000	7267	6013	4079	6245	10413	5753	7443		4655	
2001	9566	6996	6524	6879	11942	7092	10672		6683	
2002	10710	8124	6918	7464	13265	6945	12561		7755	
2003	11454	7630	8166	8072	16033	7744	12369	25340	9594	7275
2004	12956	8865	9950	9307	17619	8442	13105	26497	11625	8807
2005	14438	9304	8925	10406	22013	10382	14048	32711	12349	9688
2006	16565	9882	10877	13218	25554	11667	13935	32579	13423	10214
2007	19741	11804	12863	14789	29206	13329	17037	33012	14735	11255
2008	22794	15077	13154	16870	35782	17306	20149	39011	18036	13300
2009	26009	20094	17696	15212	35932	18426	23165	38674	20963	16207
2010	32526	23379	29347	25570	43173	25661	25815	48096	25092	18695

在岗职工平均工资

单位:元

金融业	房地产业	租赁和商务服务业	科研技术服务地质勘查业	水利环境公共设备管理业	居民服务其他服务业	教育	卫生社会保障社会福利	文化体育和娱乐业	公共管理社会组织
681	682		1006			645			732
704	689		945			622			743
859	734		935			720			739
599	693		1098			777			855
890	763		1269	1014		782	760		823
950	841		1415	1365		999	935		961
1269	960		1622	1655		1140	1246		1232
1257	1040		1698	1856		1160	1321		1362
1410	1265		1974	2109		1415	1627		1604
1536	1395		2280	2307		1575	1749		1821
1829	1692		2730	2485		1811	2069		2084
1907	1869		3028	2547		1897	2223		2174
2352	2062		3512	2919		2281	2631		2628
2877	3233		4373	3261	2492	2739	3084		3227
4881	5562		6208	4521	3400	4352	4953		3346
5523	5014		6340	4497	3879	4650	5209		4919
6190	6019		6907	5796	4304	5065	5690		5443
6377	6326		7825	5993	4900	5101	6050		5728
7648	6787		8227	5572	5160	5668	6901		6561
8780	6345		8873	6667	5356	6598	7459		7109
10306	7728		13714	7016	6313	7491	8513		8133
12826	9066		25520	9506	6601	9581	11378		9872
14856	10166		27532	11922	12012	11216	13244		11324
16838	9684	9613	25145	8148	22426	11915	15014	12168	12317
17980	9339	13128	27117	9151	33117	13660	15886	16932	14554
22331	10357	12860	29433	9729	25492	14507	18357	14598	15721
27596	11554	15874	34819	10465	24291	15813	19975	17012	17178
37033	13314	17855	40181	29284	26453	21437	23558	21645	21807
45746	15833	23467	50639	14429	31070	22960	26211	22570	25057
61291	21130	25214	56131	14461	41000	29488	27389	26828	34168
54071	23241	35020	62585	17366	43366	35359	36054	32611	36345

5—34 各县市区城镇单位

(2010 年)

地 区	合 计	农林牧渔业	采矿业	制造业	电力煤气及水的生产和供应业	建筑业	交通运输仓储和邮电通信业	信息传输计算机服务软件业	批发和零售业	住宿和餐饮业
绵阳市	32526	23379	29347	25570	43173	25661	25815	48096	25092	18695
涪城区	32627	32674		27451	48288	31114	26455	61258	29762	18872
游仙区	47410	28945		24297	27086	43292			18795	21118
三台县	26065	27757	19457	19278	35117	18920	20751	30423	25074	14844
盐亭县	28883	25714			28219		25317	23807	22304	
安 县	31772	14080		25461	57531		24184	28689	19514	
梓潼县	27581	26869		15489	30916	17800	17807	26016	16728	13386
北川县	28143	16385	38703	22296	31805	23879	31800	25733	26750	19685
平武县	28522	12528		13273	29049		31718		21113	17654
江油市	29634	24722		22246	53983	36033	25622	39429	19033	18990

分行业在岗职工平均工资

单位:元

金融业	房地产业	租赁和商务服务业	科学研究技术服务地质勘查业	水利环境公共设备管理业	居民服务其他服务业	教育	卫生社会保障社会福利	文化体育和娱乐业	公共管理社会组织
54071	23241	35020	62585	17366	43366	35359	36054	32611	36345
62977	31297	39833	41725	18008	58633	39837	41914	33610	42730
45087	34083	40250	65671	16685		38499	48055		36233
40590	19476	41519	27166	20936	33420	35456	33054	31019	34637
40751	27615	19656	46970			27579	27320	22609	29811
63254			36472	32814	17250	32402	37525	29630	31819
29700	19310	24512	19810	25423		36570	34006	30600	30496
38062	20129	24000	35333	9692		25599	26606	45706	38679
35259	29444	17727	27000	15058		28914	17410	16932	32381
55995	20600	34027	57177	14924	41000	35285	27494	30720	37390

5—35 分行业国有经济

(1978--2010)

年 份	合 计	农林牧渔业	采矿业	制造业	电力煤气及水的生产和供应业	建筑业	交通运输仓储和邮电通信业	信息传输计算机服务软件业	批发和零售业	住宿和餐饮业
1978	579	502		585		730	642		560	
1980	769			788		861	818		672	
1981	767	643		780		886	827		673	
1982	772	636		774		885	798		655	
1983	802	622		785		896	690		674	
1984	829	730		1006		985	930		788	
1985	971	880		1116		1259	1078		917	
1986	1273	1106		1270		1446	1269		1055	
1987	1372	1185		1372		1728	1429		1148	
1988	1736	1447		1819		2019	1795		1616	
1989	1882	1648		1935		1906	2020		1735	
1990	2132	1917		2186		2132	2267		1836	
1991	2376	2060		2478		2422	2535		2164	
1992	2651	2335	2714	2584		2664	2866		2161	
1993	3111	3285	3020	2932	4354	2969	3209		2485	
1994	4332	4116	3601	3710	5767	3690	4762		3141	
1995	4857	4187	4346	4711	6452	4423	5381		3455	
1996	5365	4426	4902	5138	7191	4928	6102		3872	
1997	5729	4598	4170	5412	8769	5484	6920		4467	
1998	6132	5367	3831	5162	10864	5411	7264		4466	
1999	6558	6029	4668	5115	10674	4937	7397		5237	
2000	7979	6117	3898	6324	11636	5763	8025		6758	
2001	10167	6976	5901	6179	12742	6532	9707		7794	
2002	11897	8489		6264	14316	6988	13446		8965	
2003	12403	7842		6551	17684	7628	13773	25114	11262	7940
2004	14053	9168		6692	20649	9323	14472	26056	13520	9346
2005	15537	9436		7257	27277	11488	15574	31483	13823	10151
2006	18773	10062		13737	34329	14319	15760	29530	15412	10504
2007	22554	12229		14626	40812	15334	18465	28497	17766	11142
2008	26045	15682		16789	45907	16452	21971	36195	22717	14664
2009	32273	18899	26909	22989	46308	20025	25145	42642	23088	18066
2010	39243	21352		50678	53421	37432	27637	41869	27402	19441

单位职工平均工资

单位:元

金融业	房地产业	租赁和商务服务业	科学研究技术服务地质勘查业	水利环境公共设备管理业	居民服务其他服务业	教育	卫生社会保障社会福利	文化体育和娱乐业	公共管理社会组织
591			628		528	512			655
686			1006		718	662			733
725			945		703	665			744
741			935		700	754			740
741			1098		748	794			856
1010			1269	1086	764		772		819
1110			1415	1365	971	1003	1082		959
1391			1622	1655	1093	1142	1346		1230
1398			1699	1856	1158	1161	1409		1362
1577			1975	2109	1428	1418	1784		1606
1640			2281	2307	1611	1579	1948		1821
1961			2730	2485	1947	1814	2267		2085
2086			3059	2547	2078	1953	2438		2207
2585	2210		3512	2919	2585	2284	2808		2630
3009	3237		4373	3271	2719	2737	3297		3230
5098	5623		6208	4577	3500	4356	5531		4869
5880	5027		6342	4559	4021	4653	5596		4918
6571	6122		6907	5841	4408	5065	6290		5442
7032	6574		7826	6056	5173	5300	6504		5770
8736	6991		8228	5552	5308	5677	7450		6560
9756	7173		8875	6658	5496	6611	8246		7109
11442	8720		13722	6997	6351	7499	9378		8131
14027	9193		25295	8117	6555	9541	12764		9884
17233	13790		27575	11987	12341	11162	14689		11339
19959	10005	10981	25150	8142	21864	11821	16855	12257	12143
21615	9053	17453	27173	9145	25793	13593	17957	17054	14565
26936	12102	16268	29509	9733	23651	14371	20113	14689	15724
32372	12940	19609	34995	10757	26510	15627	21751	17064	17282
39781	24431	16281	24539	11432	19491	21519	26295	14508	23489
53046	17772	31455	51036	14686	40398	22796	28146	22694	25060
59287	31745	13000	56131	14461	41000	29488	29525	26659	34168
57148	33759	40374	62890	17748	43366	35102	38126	32701	36347

5—36 各县市区分行业国有

(2010年)

地区	合计	农林牧渔业	采矿业	制造业	电力煤气及水的生产和供应业	建筑业	交通运输仓储和邮电通信业	信息传输计算机服务软件业	批发和零售业	住宿和餐饮业
绵阳市	39243	21352		50678	53421	37432	27637	41869	27402	19441
涪城区	40131	50800		68573	55335	32052	28087	59534	30082	19038
游仙区	52158	28945			23265	43316			18795	21118
三台县	33387	26715			34879	18000	26002	30423	32245	
盐亭县	28650	25714					25317	23807	21621	
安　县	33587	14080			39351		24184	28689	19514	
梓潼县	32837	16000			31387	7689	17807	26016	19638	
北川县	30981	11292		36881			31800	25733	26750	16623
平武县	29000	12528					31718		7214	17654
江油市	35324	26486		21068	54756	45087	27379	39429	30308	

经济单位职工平均工资

单位:元

金融业	房地产业	租赁和商务服务业	科学研究技术服务地质勘查业	水利环境公共设备管理业	居民服务其他服务业	教育	卫生社会保障社会福利	文化体育和娱乐业	公共管理社会组织
57148	33759	40374	62890	17748	43366	35102	38126	32701	36347
59569	30498	45197	43244	18008	58633	39385	42880	33719	42730
	57538	46167	65671	16685		38527	48055		36233
49127	38861	35667	27166	20895	33420	35456	28948	31019	34637
46733	27615	11056	46970			27579	27320	22609	29811
46957			36472	32814	17250	32402	45496	29630	31819
47160			19810	25423		36570	34006	30600	30496
38207		24000	35333	40000		25599	19331	45706	38679
46614	29444	17727	27000			28914	17527	16932	32388
63858	42619		57177	14924	41000	35285	29651	30803	37390

5—37 分行业城镇集体

(1980--2010)

年 份	合 计	农林牧渔业	采矿业	制造业	电力煤气及水的生产和供应业	建筑业	交通运输仓储和邮电通信业	信息传输计算机服务软件业	批发和零售业	住宿和餐饮业
1980	570	397		595			631		634	
1984	771	660		741			741		684	
1985	796	643		824		840	817		791	
1986	913	984		895		958	871		887	
1987	1028	1065		983		1205	979		1017	
1988	1131	1257		1167		1276	1133		1044	
1989	1131	1225		1347		1376	1271		1282	
1990	1403	1225		1465		1448	1299		1317	
1991	1646	1626		1671		1663	1504		1598	
1992	1862	1859		2027		1913	1575		1662	
1993	2424	2010	4595	2684	3179	2574	1693		2023	
1994	2546	2700		2592	4197	2738	2051		2065	
1995	3260	3770	1458	3271	6246	3654	2550		2589	
1996	3696	4213		3662	7394	4018	3097		2913	
1997	3950	4117	4516	4000	7979	4099	3052		3181	
1998	3989	3709	1686	3721	7626	4566	3128		3018	
1999	4209	4734		3962	7513	5004	18291		2739	
2000	5009	5543		4646	12331	5550	1918		2587	
2001	6016	6308		4894	12297	6662	3332		3250	
2002	8174	7219		6422	21840	7615	9207		4968	
2003	9758	7286		6410	31215	8468	8669		6115	4343
2004	10109	8020		9001	23880	8144	10274		7730	5493
2005	13067	8218		10291	30205	12036	10851		9515	5675
2006	12995	8690		8725	28556	11138	7887		11059	7246
2007	17993	10272		11068	35807	16209	15874		10642	8303
2008	23809	12831		12175	44705	24459	17000		12447	9911
2009	25396	22739		14401	21491	19658	22013		17896	14493
2010	29832	26168		16160		23737	14235		16927	13396

经济单位职工平均工资

单位:元

金融业	房地产业	租赁和商务服务业	科学研究技术服务地质勘查业	水利环境公共设备管理业	居民服务其他服务业	教育	卫生社会保障社会福利	文化体育和娱乐业	公共管理社会组织
674	503		599				554	541	
698	748		741				675	959	
695	660		824			815	702	1030	695
1060	722		667			1016	1077		1296
1024	865		429			1137	1156		1361
1116	965		1118			1224	1305		1520
1358	940		1176			1270	1315		1800
1578	1108					1557	1607		1995
1834	1281					1903	1854		2218
1904	1592					1975	2137		2513
2533	3100					2948	2344		3042
4389	4100					3075	3152		4018
4849	4528		4316	1691	3143	3557	4169		4928
5451	4051		6375	2095	3224	5232	4321		5515
5866	4444		7441		3072	4150	4886		4927
6406	3281		7438	8100	3169	4209	5248		6710
7284	4846		7571	7700	2857	4956	5115		7028
8052	2742		8080	8563	5940	5698	6256		8860
10172	2313		10348	9808	6190	6155	6716		7592
12200	6000			7783	5719	10527	8166	10527	10076
14169	5800	8215		8375	4400	12034	9991	6080	9345
14646	5063	8382		8000	4400	12695	10180	8630	10378
16294	5143	8493		8143	4800	13233	13527	7739	11533
21591	6609	11709		8167	4800	13346	12899	9417	11667
31637		11141		9000		13571	19252	9750	13000
48687		12681		13800		15831	20380	9833	18929
52206	7111	22533		24400		25327	27615	29700	27500
54097	16625	31220		26600		30981	30309	29700	31071

5—38 各县市区分行业城镇

(2010 年)

地区	合计	农林牧渔业	采矿业	制造业	电力煤气及水的生产和供应业	建筑业	交通运输仓储和邮电通信业	信息传输计算机服务软件业	批发和零售业	住宿和餐饮业
绵阳市	29832	26168		16160		23737	14235		16927	13396
涪城区	44421	30541		14298		47758			19600	7154
游仙区	45789									
三台县	26647			15948		20298	14235			16393
盐亭县	33865									
安　县	38680			14466						
梓潼县	21581	27557							14381	12313
北川县	32958									
平武县	27995									
江油市	21647	24025		21831		16073				

集体经济单位职工平均工资

单位:元

金融业	房地产业	租赁和商务服务业	科学研究技术服务地质勘查业	水利环境公共设备管理业	居民服务其他服务业	教育	卫生社会保障社会福利	文化体育和娱乐业	公共管理社会组织
54097	16625	31220		26600		30981	30309	29700	31071
68968						30981	31155		
45789									
59352		33208		26600			34034		
34006		30714							
80416							27176		
	16625	17667							
37966							30000		
29649							16111		
							21471	29700	

5—39 分行业其他各种经济单位职工平均工资

（2005--2010）

单位：元

行 业	2005	2006	2007	2008	2009	2010
总 计	**12374**	**13205**	**15247**	**17650**	**19936**	25971
农、林、牧、渔业	21019	21741	15415	22354	26792	34043
采掘业	8925	10877	12863	13154	17294	29347
制造业	12502	13250	15125	17148	19161	25351
电力、煤气及水的生产和供应业	16190	15851	19012	26252	28909	34207
建筑业	9295	10667	12309	15523	17589	22577
交通运输、仓储和邮政业	9054	10010	12799	15796	18268	20764
信息传输、计算机服务和软件业	36915	42721	49175	46127	33629	62902
批发和零售业	10698	11784	12863	15604	19841	23652
住宿和餐饮业	9515	10113	11607	11921	13680	18184
金融业	23773	27879	36208	30623	37903	49277
房地产业	9369	10891	12656	15123	17365	21192
租赁和商务服务业	10577	11881	14689	20187	26262	33628
科学研究、技术服务和地质勘查业	14206	14055	12861	13529	19226	23597
水利、环境和公共设备管理业	8429	6885	11503	10847	12896	11198
居民服务和其他服务业	27328	23925	25019	26246	29495	
教育	20176	22862	26646	30261	45795	42665
卫生、社会保障和社会福利业					12020	18558
文化、体育和娱乐业				18300	16461	27476
公共管理和社会组织						34043

5—40 各县市区企业职工人数和平均工资

(2010 年)

单位:人、元

地区	职工年末人数				平均工资			
	合计	国有单位	城镇集体单位	其他单位	合计	国有单位	城镇集体单位	其他单位
绵阳市	194588	27837	9363	157388	28066	40179	29776	25291
涪城区	106061	14947	1205	89909	30372	42821	49711	27161
游仙区	11611	4355	355	6901	31547	41066	45789	24110
三台县	33995	1952	6384	25659	21208	28088	23360	19793
盐亭县	1835	965	323	547	30336	29302	34006	30099
安县	5985	546	345	5094	30272	35209	54264	28306
梓潼县	3815	456	111	3248	17968	26996	13144	17571
北川县	3801	625	192	2984	24572	33640	37966	21723
平武县	1337	460	167	710	23995	20039	29649	25265
江油市	26148	3531	281	22336	27572	43309	19485	25236

5—41 各县市区事业职工人数和平均工资

(2010 年)

单位:人、元

地区	职工年末人数				平均工资			
	合计	国有单位	城镇集体单位	其他单位	合计	国有单位	城镇集体单位	其他单位
绵阳市	99864	92908	5404	1552	39686	40161	29923	44317
涪城区	25840	24469	470	901	37436	37113	31004	48687
游仙区	25866	25215		651	57209	57700		38269
三台县	13819	11121	2698		33816	33771	34012	
盐亭县	5612	5612			27979	27979		
安县	4862	4305	557		33262	34054	27176	
梓潼县	4314	4155	159		33741	33981	27472	
北川县	3677	3379	298		25363	24891	30000	
平武县	2513	2472	41		26595	26686	21220	
江油市	13361	12180	1181		31117	31974	22155	

5—42 各县市区国有单位分隶属关系职工平均工资

(2010 年)

单位:元

地 区	合 计	中央属单位	省属单位	市(州)属单位	县及县以下单位	其 他
绵阳市	39243	57307	47172	35526	33194	30152
涪城区	40131	37213	51857	36994	41616	16849
游仙区	52158	62523	43173	19666	37014	
三台县	33387	38120	34880	40808	32600	36182
盐亭县	28650	45429	33940	29789	27737	
安 县	33587	42432	40109	31815	33130	
梓潼县	32837	34612	27818	33707	32767	
北川县	30981	34423	37748	29522	30266	36881
平武县	29000	42154	19111	60289	28371	
江油市	35324	54046	46713	21824	32821	

5—43 各县市区国有企业职工人数和平均工资

(2010 年)

单位：人、元

地 区	职工年末人数			平均工资		
	合 计	中央单位	地方单位	合 计	中央单位	地方单位
绵阳市	27837	5774	22063	40179	51631	37119
涪城区	14947	1254	13693	42821	60623	41185
游仙区	4355	3191	1164	41066	47064	23660
三台县	1952	184	1768	28088	61904	24474
盐亭县	965	175	790	29302	52251	24350
安 县	546	74	472	35209	42432	34062
梓潼县	456	178	278	26996	34688	22178
北川县	625	55	570	33640	28080	34164
平武县	460	68	392	20039	43179	16114
江油市	3531	595	2936	43309	63834	39280

5—44 各县市区国有事业单位职工人数和平均工资

(2010年)

单位:人、元

地 区	职工年末人数			平均工资		
	合 计	中央单位	地方单位	合 计	中央单位	地方单位
绵阳市	92908	18081	74827	40161	63510	34434
涪城区	24469	736	23733	37113	20438	37644
游仙区	25215	17158	8057	57700	65712	40448
三台县	11121		11121	33771		33771
盐亭县	5612		5612	27979		27979
安 县	4305		4305	34054		34054
梓潼县	4155	6	4149	33981	33833	33981
北川县	3379	15	3364	24891	38133	24823
平武县	2472		2472	26686		26686
江油市	12180	166	12014	31974	32778	31962

5—45 各县市区国有机关单位职工人数和平均工资

(2010年)

单位：人、元

地 区	职工年末人数			平均工资		
	合 计	中央单位	地方单位	合 计	中央单位	地方单位
绵阳市	38346	2631	35715	36348	29446	36902
涪城区	10237	1629	8608	43280	27988	46554
游仙区	4430	97	4333	31735	24639	31895
三台县	6549	481	6068	34236	29386	34634
盐亭县	3347	107	3240	29569	34271	29413
安 县	2711		2711	32535		32535
梓潼县	2567	73	2494	32016	34493	31943
北川县	2143	41	2102	38828	41128	38784
平武县	2231	70	2161	33403	41159	33154
江油市	4131	133	3998	38085	37015	38121

5—46 绵阳市职工平均工资情况表

（2009--2010）

单位：元。%

市县区	2009年			2010年			增长		
	全部单位	城镇单位	私营单位	全部单位	城镇单位	私营单位	全部单位	城镇单位	私营单位
绵阳市	22537	26009	14339	26347	32526	17898	16.9	25.1	24.8
涪城	23388	25865	14600	25769	32627	18656	10.2	26.1	27.8
游仙	31064	38055	13614	37863	47410	14331	21.9	24.6	5.3
三台	19393	22213	13119	23797	26065	18903	22.7	17.3	44.1
盐亭	19873	23190	15904	25493	28883	14839	28.3	24.5	-6.7
安县	19551	23024	14860	23415	31772	16532	19.8	38.0	11.3
梓潼	17421	20603	11204	21040	27581	14009	20.8	33.9	25.0
北川	21884	24477	16205	25372	28143	19208	15.9	15.0	18.5
平武	18874	22163	10087	26573	28522	19077	40.8	28.7	89.1
江油	21408	24821	15413	24988	29634	17863	16.7	19.4	15.9

5—47 绵阳市分行业全部单位职工平均工资

（2010 年）

单位：元

指　　标	全部单位平均工资	城镇单位在岗职工平均工资	私营单位在岗职工平均工资
总　　计	26347	32526	17898
(一)农、林、牧、渔业	21234	23379	19140
(二)采矿业	21903	29347	21532
(三)制造业	21802	25570	16505
(四)电力、燃气及水的生产和供应	40645	43173	18134
(五)建筑业	20769	25661	19007
(六)交通运输、仓储和邮政业	21460	25815	19123
(七)信息传输、计算机服务和软件	36405	48096	21939
(八)批发和零售业	19211	25092	17736
(九)住宿和餐饮业	17121	18695	16440
(十)金融业	53052	54071	13630
(十一)房地产业	17814	23241	15862
(十二)租赁和商务服务业	23989	35020	18252
(十三)科学研究、技术服务和地质	62101	62585	29758
(十四)水利、环境和公共设施管理	16930	17366	13727
(十五)居民服务和其他服务业	22562	43366	19790
(十六)教育	34756	35359	19886
(十七)卫生、社会保障和社会福利	35431	36054	18108
(十八)文化、体育和娱乐业	29258	32611	16576
(十九)公共管理和社会组织	36345	36345	17898

主要统计指标解释

经济活动人口 指在 16 岁以上，有劳动能力，参加或要求参加社会经济活动的人口。包括就业人员和失业人员。

就业人员 指从事一定社会劳动并取得劳动报酬或经营收入的人员，包括在岗职工、再就业的离退休人员、私营业主、个体户主、私营和个体就业人员、乡镇企业就业人员、农村就业人员、其他就业人员(包括民办教师、宗教职业者、现役军人等)。这一指标反映了一定时期内全部劳动力资源的实际利用情况，是研究我国基本国情国力的重要指标。

各单位就业人员 指在各级国家机关、政党机关、社会团体及企业、事业单位中工作，取得工资或其他形式的劳动报酬的全部人员。包括在岗职工、再就业的离退休人员、民办教师以及在各单位中工作的外方人员和港澳台方人员、兼职人员、借用的外单位人员和第二职业者。不包括离开本单位仍保留劳动关系的职工。各单位的就业人员反映了各单位实际参加生产或工作的全部劳动力。

城镇私营和个体就业人员 城镇私营就业人员指在工商管理部门注册登记，其经营地址设在县城关镇(含城关镇)以上的私营企业就业人员，包括私营企业投资者和雇工。城镇个体就业人员指在工商管理部门注册登记，并持有城镇户口或在城镇长期居住，经批准从事个体工商经营的就业人员，包括个体经营者和在个体工商户劳动的家庭帮工和雇工。

城镇登记失业人员 指有非农业户口，在一定的劳动年龄内(16 岁以上及男 50 岁以下、女 45 岁以下)，有劳动能力，无业而要求就业，并在当地就业服务机构进行求职登记的人员。

城镇登记失业率 指城镇登记失业人员与城镇单位就业人员(扣除使用的农村劳动力、聘用的离退休人员、港澳台及外方人员)、城镇单位中的不在岗职工、城镇私营业主、个体户主、城镇私营企业和个体就业人员、城镇登记失业人员之和的比。

职　工 指在国有、城镇集体、联营、股份制、外商和港、澳、台投资、其他单位及其附属机构工作，并由其支付工资的各类人员。不包括下列人员：(1)乡镇企业就业人员；(2)私营企业就业人员；(3)城镇个体劳动者；(4)离休、退休、退职人员；(5)再就业的离、退休人员；(6)民办教师；(7)在城镇单位中工作的外方及港、澳、台人员；(8)其他按有关规定不列入职工统计范围的人员。(1998 年以后的数据均为在岗职工数据，其他相关指标如职工工资总额，职工平均工资等指标也从1998年按此口径进行了相应调整)。

国有单位 指资产归国家所有的经济组织。包括按《中华人民共和国企业法人登记管理条例》规定登记注册的非公司制的经济组织，以及中央、地方各级国家机关、事业单位和社会团体。

集体单位 指生产资料归集体所有，并按《中华人民共和国企业法人登记管理条例》规定登记注册的经济组织。

其他单位 包括股份合作单位、联营单位、有限责任公司、股份有限公司、港澳台商投资单位以及外商投资单位等其他登记注册类型单位。

在岗职工 指在本单位工作并由单位支付工资的人员，以及有工作岗位，但由于学习、病伤产假等原因暂未工作，仍由单位支付工资的人员。

职工工资总额 指各单位在一定时期内直接支付给本单位全部职工的劳动报酬总额。工资总额的计算原则应以直接支付给职工的全部劳动报酬为根据。各单位支付给职工的劳动报酬以及其他根据有关规定支付的工资，不论是计入成本的还是不计入成本的，不论是按国家规定列入计征奖金税项目的，还是未列入计征奖金税项目的，不论是以货币形式支付的还是以实物形式支付的，均包括在工资总额内。

职工平均工资 指企业、事业、机关单位的职工在一定时期内平均每人所得的货币工资额。它表明一定时期职工工资收入的高低程度，是反映职工工资水平的主要指标。计算公式为：

职工平均工资＝报告期实际支付的全部职工工资总额/报告期全部职工平均人数

固定资产投资 6

GU DING ZI CHAN TOU ZI

6—1 主要年份按经济类型分的全社会固定资产投资

单位：万元

年 份	全社会固定资产投资				
	总 计	国有经济	集体经济	个体经济	其他经济
1952	91	91			
1957	597	597			
1962	741	741			
1970	2439	2439			
1975	3309	3309			
1980	10051	9012	1039		
1985	72874	44248	12168	16458	
1986	72753	49614	9758	13381	
1987	93290	63724	13572	15994	
1988	119857	82933	14004	22920	
1989	151709	111120	11174	29415	
1990	148097	104716	11564	31817	
1991	159811	112962	17836	29013	
1992	184877	126086	28884	29907	
1993	265444	161994	62110	31174	10166
1994	341445	199422	78268	36798	26957
1995	360351	174668	84247	67940	33490
1996	399721	236335	59352	54613	49421
1997	530711	346864	48536	49229	86082
1998	729457	437006	69221	94320	128910
1999	788755	444841	67164	91863	184887
2000	871998	467253	50444	103197	251104
2001	839804	396665	49988	142619	250532
2002	885022	371587	25225	81862	406348
2003	1034385	399551	6717	138535	489582
2004	1241906	410056	5170	174960	651720
2005	1446734	470112	10521	123377	842724
2006	1813487	668208	6376	135108	1003795
2007	2351724	706969	17798	157515	1469442
2008	3552704	1032747	21071	1217786	1281100
2009	8021356	2776113	26671	3180265	2038307
2010	8209702	4557758	28016	926810	2697118

6—2 历年全社会固定资产投资完成情况

单位：万元

年 份	投资总额	基本建设	更新改造	房地产开发	其他投资
1952	91	91			
1957	597	597			
1962	741	741			
1970	2439	2439			
1975	3309	3309			
1980	10051	8089	923		1039
1985	72874	29616	13228		30030
1990	148097	72414	23846	4079	47758
1991	159811	79766	24472	4231	51342
1992	184877	73736	45019	5673	60449
1993	265444	85499	60307	22122	97516
1994	341445	124142	74278	30323	112702
1995	360351	106258	68051	42188	143854
1996	399721	150854	95325	43715	109827
1997	530711	224985	133177	72666	99883
1998	729457	284212	188329	101989	154927
1999	788755	358925	156897	115815	157118
2000	871998	378814	201377	146036	145771
2001	839804	379702	119506	173024	167572
2002	885022	354235	155985	203185	171617
2003	1034385	372940	221819	260823	178803
2004	1241906	491978	347953	250546	151429
2005	1446734	564242	448691	289881	143920
2006	1813487	734355	536018	378389	164725
2007	2351724	934465	790795	465006	161458
2008	3552704	1154471	888500	579685	930048
2009	8021356	2973854	1462099	680321	2905082
2010	8209702	4934832	1804242	1058418	412210

6—3 全社会固定资产投资及构成

(2008--2010)

指　　标	2008	2009	2010	2010 年比上年增长(%)
投资总额　(万元)	3552704	8021356	8209702	2.3
# 国有经济控股	1452885	3161351	4903821	55.1
# 住宅投资	593036	813293	1790687	120.2
按城乡分组分				
城镇投资	2528012	4640390	6980507	50.4
# 房地产开发投资	579685	680321	1058418	55.6
农村投资	1024692	3380966	1229195	-63.6
# 农户投资	901542	2901896	403740	-86.1
按登记注册类型分				
内资	2249265	4895612	7375401	50.7
港澳台投资	6538	11785	40334	242.2
外商投资	392317	211323	386757	83.0
个体经营	904584	2902636	407210	-86.0
按构成分				
建筑工程	2297722	5610157	5960004	6.2
安装工程	161827	406988	441479	8.5
设备工器具购置	792941	1537232	1056786	-31.3
# 用于更新的设备	74576	149422	498683	233.7
其他费用	300214	466979	751433	60.9
本年新增固定资产　(万元)	2461585	5116896	5232297	2.3
施工项目个数　(个)	1003	3901	5875	50.6
# 本年新开工	676	3573	3808	6.6
本年投产项目个数	533	1675	2765	65.1
本年施工房屋面积　(万平方米)	978.18	2094.63	2743.37	31.0
# 住宅	716.39	1196.49	1721.32	43.9
本年竣工房屋面积　(万平方米)	232.69	472.00	941.29	99.4
# 住宅	144.31	206.30	483.78	134.5
本年资金来源　(万元)	3600292	8505843	9288850	9.2
国家预算内资金	173593	1305356	2365956	81.2
国内贷款	348377	725629	849713	17.1
债券				
利用外资	42086	40548	106591	162.9
自筹资金	2483479	5179418	4054973	-21.7
其他资金来源	552757	1254892	1911617	52.3

注：2008 年房屋面积情况中扣除了板房面积

6—4 按主要行业分的全社会固定资产投资

(2008--2010)

单位：万元

指 标	2008	2009	2010	2010年比上年增速(%)
全社会投资总额	3552704	8021356	8209702	2.3
1、农、林、牧、渔业	184828	469352	611421	30.3
2、采矿业	19664	23926	110749	362.9
3、制造业	883170	1381552	1643675	19.0
4、电力、燃气及水的生产和供应业	166641	312450	464180	48.6
5、建筑业	2431	700		
6、交通运输、仓储和邮政业	152136	787620	1099473	39.6
7、信息传输、计算机服务和软件业	45334	42270	100470	137.7
8、批发和零售业	25000	66661	39049	-41.4
9、住宿和餐饮业	36800	30450	56497	85.5
10、金融业		1480	8613	482.0
11、房地产业	1650898	3338666	2137758	-36.0
12、租赁和商务服务业	25130	17600	11966	-32.0
13、科学研究、技术服务和地质勘查	28417	18831	11435	-39.3
14、水利、环境和公共设施管理业	176962	653866	969767	48.3
15、居民服务和其他服务业	60329	146096	25009	-82.9
16、教育	47045	466441	403532	-13.5
17、卫生、社会保障和社会福利业	9028	181028	215230	18.9
18、文化、体育和娱乐业	16065	58154	98740	69.8
19、公共管理和社会组织	22826	24213	202138	734.8
20、国际组织				

6—5 建设项目固定资产投资及构成

(2008--2010)

单位：万元

指 标	2008	2009	2010
本年完成投资	2071477	4439139	6747544
其中：国有经济控股	1387114	3161351	4784801
其中：住宅投资	154367	265095	553030
按登记注册类型分			
内资企业	1779469	4264012	6427018
港、澳、台商投资企业	5188	7285	15917
外商投资企业	283778	167102	301139
个体经营	3042	740	3470
按构成分			
建筑工程	1273678	3055001	4899956
安装工程	102344	234754	332772
设备工器具购置	565737	806964	951530
其他费用	129718	342420	563286
本年新增固定资产	1412040	2021128	4499073
本年在建施工项目个数（个）	1003	3901	5875
其中：本年新开工项目个数	676	3573	3808
本年投产项目个数	533	1675	2765
本年资金来源小计	2058227	4655676	7478079
国家预算内资金	38360	870070	2305395
国内贷款	215781	441600	538088
债券			
利用外资	11886	40548	106221
自筹资金	1421121	2436445	3281991
其他资金来源	371079	867013	1246384

6—6 分行业按构成分的建设项目固定资产投资

(2010 年)

单位：万元

指　　标	合　计	建筑工程	安装工程	设备工具器具购置	其他费用
投资总额	6747544	4899956	332772	951530	563286
1、农、林、牧、渔业	567009	434180	7687	30817	94325
2、采矿业	110749	68728	5129	16992	19900
3、制造业	1643675	650778	137012	678660	177225
4、电力、燃气及水的生产和供应业	464180	246123	61311	129774	26972
5、建筑业					
6、交通运输、仓储和邮政业	1087361	1019258	900	1071	66132
7、信息传输、计算机服务和软件业	100470	17014	52241	26708	4507
8、批发和零售业	39049	30167	2490	2853	3539
9、住宿和餐饮业	56497	49875			6622
10、金融业	8613	8175	25		413
11、房地产业	756347	715332	6889	2705	31421
12、租赁和商务服务业	11966	11866	100		
13、科学研究、技术服务和地质勘查业	11435	6638	887	2360	1550
14、水利、环境和公共设施管理业	969767	854215	32594	14704	68254
15、居民服务和其他服务业	4821	3916			905
16、教育	403532	349757	16268	10833	26674
17、卫生、社会保障和社会福利业	215230	181763	4892	15873	12702
18、文化、体育和娱乐业	94705	70639	3784	12819	7463
19、公共管理和社会组织	202138	181532	563	5361	14682
20、国际组织					

6—7 按行业分的建设项目施工和投产项目个数

(2010 年)

单位: 个、%

行业	施工项目	新开工项目个数	全部建成投产项目	项目建成投产率
总计	5875	3808	2765	47.1
1、农、林、牧、渔业	523	411	408	78.0
2、采矿业	16	9	11	68.8
3、制造业	473	286	301	63.6
4、电力、燃气及水的生产和供应业	280	185	126	45.0
5、建筑业				
6、交通运输、仓储和邮政业	688	586	199	28.9
7、信息传输、计算机服务和软件业	115	105	12	10.4
8、批发和零售业	39	29	22	56.4
9、住宿和餐饮业	9	6	4	44.4
10、金融业	45	41	16	35.6
11、房地产业	336	161	241	71.7
12、租赁和商务服务业	4	3	4	100.0
13、科学研究、技术服务和地质勘查业	9	5	2	22.2
14、水利、环境和公共设施管理业	913	525	400	43.8
15、居民服务和其他服务业	8	7	5	62.5
16、教育	520	148	345	66.3
17、卫生、社会保障和社会福利业	518	131	347	67.0
18、文化、体育和娱乐业	148	83	47	31.8
19、公共管理和社会组织	1231	1087	275	22.3
20、国际组织				

6—8 按行业分建设项目投资资金来源

(2010年)

单位: 万元

行业	资金来源	国家预算内资金	国内贷款	债券	利用外资	自筹资金	其他资金
总计	7478079	2305395	538088		106221	3281991	1246384
1、农、林、牧、渔业	621679	229353	6097		8591	227306	150332
2、采矿业	139871	40	1060			80787	57984
3、制造业	1945369	126014	292771		52000	1459908	14676
4、电力、燃气及水的生产和供应业	508869	190020	105118		4400	192053	17278
5、建筑业							
6、交通运输、仓储和邮政业	1203083	459643	91094		4804	434755	212787
7、信息传输、计算机服务和软件业	98045	22844				73901	1300
8、批发和零售业	41156	3395	2520			35241	
9、住宿和餐饮业	57797	986				40311	16500
10、金融业	9914	4312				5294	308
11、房地产业	851432	282478	13325			404494	151135
12、租赁和商务服务业	11776	50	240			5675	5811
13、科学研究、技术服务和地质勘查业	10350	8148				2202	
14、水利、环境和公共设施管理业	997733	476091	18658		13700	207491	281793
15、居民服务和其他服务业	5385	4085				1000	300
16、教育	439109	175525	4205		21816	75829	161734
17、卫生、社会保障和社会福利业	224777	98264	3000		910	18338	104265
18、文化、体育和娱乐业	102479	53057				15008	34414
19、公共管理和社会组织	209255	171090				2398	35767
20、国际组织							

6—9 城镇建设项目投资完成情况

(2008--2010)

单位：万元

指　　标	2008	2009	2010
本年完成投资	1948327	3960069	5922089
其中：国有经济控股	1339186	2817400	4138199
其中：住宅投资	124249	202509	446999
按登记注册类型分			
内资企业	1657114	3785082	5602043
港、澳、台商投资企业	5188	7285	15917
外商投资企业	283778	167102	301139
个体经营	2247	600	2990
按构成分			
建筑工程	1189699	2642407	4189711
安装工程	99087	223421	309517
设备工器具购置	540206	780215	913228
其他费用	119335	314026	509633
本年新增固定资产	1318914	1709573	3731874
本年在建施工项目个数（个）	801	2805	4510
其中：本年新开工项目个数	500	2513	2960
本年投产项目个数	413	1093	1794
本年资金来源小计	1936320	4153547	6602128
国家预算内资金	36630	774540	1990321
国内贷款	208351	424601	523280
债券			
利用外资	11886	38330	100119
自筹资金	1336328	2207550	2893714
其他资金来源	343125	708526	1094694

6—10 分行业城镇建设项目投资完成情况

(2008--2010)

单位: 万元

指　标	2008	2009	2010
总　计	1948327	3960069	5922089
1、农、林、牧、渔业	76777	110117	411030
2、采矿业	12960	21411	102884
3、制造业	839497	1353901	1614671
4、电力、燃气及水的生产和供应业	160970	299796	431567
5、建筑业	2431	700	
6、交通运输、仓储和邮政业	122763	655282	984924
7、信息传输、计算机服务和软件业	45334	42270	99620
8、批发和零售业	24650	64474	36904
9、住宿和餐饮业	35880	28970	56497
10、金融业		1480	5231
11、房地产业	319152	236371	573093
12、租赁和商务服务业	25130	11600	11366
13、科学研究、技术服务和地质勘查业	27617	15018	11368
14、水利、环境和公共设施管理业	161526	538372	816643
15、居民服务和其他服务业	15250	1000	4524
16、教育	45516	386515	330425
17、卫生、社会保障和社会福利业	9002	147761	182986
18、文化、体育和娱乐业	6255	27258	89672
19、公共管理和社会组织	17617	17773	158684
20、国际组织			

6—11　500万元及以上建设项目投资完成情况

(2008--2010)

单位：万元

指　标	2008	2009	2010
本年完成投资	2009369	4039206	6211870
其中：国有经济控股	1357836	2810897	4281970
其中：住宅投资	151708	236286	515133
按登记注册类型分			
内资企业	1719226	3864819	5907741
港、澳、台商投资企业	5188	7285	
外商投资企业	283778	167102	301139
个体经营	1177		2990
按构成分			
建筑工程	1228792	2711649	4449005
安装工程	100901	229315	309922
设备工器具购置	552409	781883	914876
其他费用	127267	316359	538067
本年新增固定资产	1354672	1787122	4070514
本年在建施工项目个数（个）	723	1304	1805
其中：本年新开工项目个数	426	1048	1065
本年投产项目个数	311	548	1014
本年资金来源小计	2004066	4201506	6918708
国家预算内资金	36807	617578	1974139
国内贷款	215090	430595	536222
债券			
利用外资	11806	39748	104746
自筹资金	1375394	2314236	3127516
其他资金来源	364969	799349	1176085

6—12　按行业分500万元及以上建设项目投资完成情况

(2008--2010)

单位: 万元

指　标	2008	2009	2010
总　计	2009369	4039206	6211870
1、农、林、牧、渔业	78420	132236	503571
2、采矿业	17830	23866	110749
3、制造业	855856	1339847	1626535
4、电力、燃气及水的生产和供应业	164622	300345	438035
5、建筑业	2431	700	
6、交通运输、仓储和邮政业	115999	645641	1024358
7、信息传输、计算机服务和软件业	45334	41920	76600
8、批发和零售业	24370	63650	34743
9、住宿和餐饮业	36500	29670	56497
10、金融业			1120
11、房地产业	348703	318718	709300
12、租赁和商务服务业	23800	14545	11966
13、科学研究、技术服务和地质勘查业	28417	14838	10816
14、水利、环境和公共设施管理业	171149	611716	880594
15、居民服务和其他服务业	15250	1000	4524
16、教育	44624	345621	358793
17、卫生、社会保障和社会福利业	7597	117123	168075
18、文化、体育和娱乐业	6805	24898	86082
19、公共管理和社会组织	21662	12872	109512
20、国际组织			

6—13 500万元及以上城镇建设项目投资完成情况

(2008--2010)

单位：万元

指 标	2008	2009	2010
本年完成投资	1904593	3650494	5559870
其中：国有经济控股	1316275	2549660	3790101
其中：住宅投资	123321	190503	445404
按登记注册类型分			
内资企业	1614450	3476107	5255741
港、澳、台商投资企业	5188	7285	
外商投资企业	283778	167102	301139
个体经营	1177		2990
按构成分			
建筑工程	1157213	2374861	3896564
安装工程	98168	220049	292792
设备工器具购置	531716	760337	880334
其他费用	117496	295247	490180
本年新增固定资产	1277115	1541996	3463404
本年在建施工项目个数（个）	629	1068	1400
其中：本年新开工项目个数	344	836	817
本年投产项目个数	271	435	743
本年资金来源小计	1898770	3795710	6225664
国家预算内资金	35257	551571	1751059
国内贷款	207965	414150	523050
债券			
利用外资	11806	37530	99044
自筹资金	1304843	2120801	2802223
其他资金来源	338899	671658	1050288

6—14 按行业分500万元及以上城镇建设项目投资完成情况

(2008--2010)

单位: 万元

指　　标	2008	2009	2010
总　计	1904593	3650494	5559870
1、农、林、牧、渔业	71457	94881	364492
2、采矿业	12760	21351	102884
3、制造业	819773	1317138	1602436
4、电力、燃气及水的生产和供应业	160064	290686	410560
5、建筑业	2431	700	
6、交通运输、仓储和邮政业	115219	628188	942658
7、信息传输、计算机服务和软件业	45334	41920	75750
8、批发和零售业	24370	63650	33063
9、住宿和餐饮业	35800	28490	56497
10、金融业			1120
11、房地产业	318978	236371	570482
12、租赁和商务服务业	23800	8545	11366
13、科学研究、技术服务和地质勘查业	27617	12038	10816
14、水利、环境和公共设施管理业	157735	510122	752779
15、居民服务和其他服务业	15250	1000	4524
16、教育	43841	268726	295408
17、卫生、社会保障和社会福利业	7597	90620	144090
18、文化、体育和娱乐业	6005	23768	81840
19、公共管理和社会组织	16562	12300	99105
20、国际组织			

6—15 各地区全社会固定资产投资

(2008--2010)

单位：万元

地 区	2008		2009		2010		2010年比上年增速(%)	
	投资总额	房地产开发	投资总额	房地产开发	投资总额	房地产开发	投资总额	房地产开发
绵阳市	3552704	579685	8021356	680321	8209702	1058418	2.3	55.6
涪城区	1329685	428334	1957008	424992	2357634	758686	20.5	78.5
游仙区	415540	24686	914734	64159	907406	107810	-0.8	68.0
三台县	322922	60692	756286	93550	651384	94401	-13.9	0.9
盐亭县	222314	6438	437187	10010	400556	12880	-8.4	28.7
安 县	230755	3404	953378	23514	701140	26958	-26.5	14.6
梓潼县	161427	10087	481916	11732	501151	17202	4.0	46.6
北川县	212866	1373	951392		1060280		11.4	
平武县	112219	1470	466879	2909	508316	910	8.9	-68.7
江油市	544976	43201	1102576	49455	1121835	39571	1.7	-20.0

6—16 各地区按构成分的建设项目固定资产投资

(2010年)

单位：万元

地 区	合 计	建筑工程	安装工程	设备工具器具购置	其他费用
绵阳市	6747544	4899956	332772	951530	563286
涪城区	1590648	935543	179022	384583	91500
游仙区	795260	572679	28498	121533	72550
三台县	496851	385576	9520	58047	43708
盐亭县	380486	301218	6371	23592	49305
安 县	674182	529674	8198	93697	42613
梓潼县	440553	337648	15204	43236	44465
北川县	948640	851243	5428	68884	23085
平武县	507406	366560	32953	60214	47679
江油市	913518	619815	47578	97744	148381

6—17 各地区施工、投产建设项目个数和新增固定资产

(2010 年)

单位：个、万元

地 区	施工项目	新开工项目个数	全部建成投产项目	新增固定资产
绵阳市	5875	3812	2765	4499073
涪城区	675	471	330	696622
游仙区	371	236	154	363032
三台县	1783	1467	271	214952
盐亭县	730	357	507	318939
安 县	364	252	220	466158
梓潼县	426	278	392	425025
北川县	128	71	108	924521
平武县	394	258	325	456795
江油市	1004	422	458	633029

6—18 各地区建设项目施工和竣工房屋建筑面积

(2010 年)

单位：万平方米

地 区	施工面积		竣工面积		竣工率（%）	
		住宅		住宅		住宅
绵阳市	1606.89	747.07	777.38	339.68	48.4	45.5
涪城区	364.13	100.30	79.47	4.01	21.8	4.0
游仙区	150.00	48.02	35.10		23.4	
三台县	69.54	8.50	26.15	3.08	37.6	36.2
盐亭县	151.18	68.69	112.94	62.57	74.7	91.1
安 县	90.93	42.60	45.86	23.89	50.4	56.1
梓潼县	195.02	105.87	184.96	103.30	94.8	97.6
北川县	318.13	245.86	186.49	118.26	58.6	48.1
平武县	43.69	2.77	35.42	2.77	81.1	100.0
江油市	224.27	124.47	71.00	21.80	31.7	17.5

注：本表地区数不包括房地产投资。

6—19　各地区建设项目投资资金来源

（2010年）

单位：万元

地　区	资金来源	国家预算内资金	国内贷款	债券	利用外资	自筹资金	其他资金
绵阳市	7478079	2305395	538088		106221	3281991	1246384
涪城区	1769534	335374	116641		19154	1260884	37481
游仙区	841924	223461	56446		17033	449568	95416
三台县	639572	200233	116700		22213	264375	36051
盐亭县	444085	202199	10160		575	205009	26142
安　县	824894	273550	71061		40000	194290	245993
梓潼县	409833	139512	17145		5766	189640	57770
北川县	954330	216668	14150			295526	427986
平武县	583866	231035	73356		1480	132453	145542
江油市	1010041	483363	62429			290246	174003

6—20 房地产开发主要指标

(2008--2010)

指　　标		2008	2009	2010
企业个数	(个)	272	258	261
国有	(个)	9	8	8
集体	(个)	1	2	2
私营个体	(个)	116	71	73
其他	(个)	146	177	178
从业人员数	(人)	5832	6307	6771
国有	(人)	295	237	170
集体	(人)	3	13	13
私营个体	(人)	2724	2085	1847
其他	(人)	2810	3972	4741
土地开发及购置	(万平方米)			
本年土地开发面积	(万平方米)	92.23	105.49	48.50
本年土地购置面积	(万平方米)	48.01	48.84	15.39
本年完成投资额	(万元)	579685	680321	1058418
# 住宅	(万元)	438669	548198	888890
本年新增固定资产	(万元)	184065	309950	345634
本年资金来源	(万元)	640523	948271	1407031
国内贷款	(万元)	87521	138937	291439
利用外资	(万元)	30200		370
自筹资金	(万元)	341124	421455	449989
# 自有资金	(万元)	298695	310958	365008
其他资金	(万元)	181678	387879	665233
# 定金及预收款	(万元)	111747	259673	478568
房屋建筑面积	(万平方米)			
施工面积	(万平方米)	688.26	944.26	1136.48
# 住宅	(万平方米)	614.19	817.37	974.24
竣工面积	(万平方米)	122.79	169.29	166.91
# 住宅	(万平方米)	109.62	149.74	144.11
本年新开工面积	(万平方米)	228.00	400.85	432.68
# 住宅	(万平方米)	207.85	340.53	360.60
商品房屋销售面积	(万平方米)	148.17	263.06	358.06
# 住宅	(万平方米)	142.87	249.67	340.17
商品房销售额	(万元)	343802	745582	1274046
# 住宅	(万元)	325183	691203	1167537

6—21 各地区按经济类型分的房地产开发企业个数

(2010年)

单位：个

地 区	合 计	国有经济	集体经济	私营经济	其他经济
绵阳市	261	8	2	73	178
涪城区	139	2	1	30	106
游仙区	34	2		15	17
三台县	27	2	1	10	14
盐亭县	3			1	2
安 县	5			3	2
梓潼县	9				9
北川县	3			1	2
平武县	4			1	3
江油市	37	2		12	23

6—22 各地区按资质等级分的房地产开发企业个数

(2010年)

单位：个

地 区	合 计	一级	二级	三级	四级	其他
绵阳市	261		39	176	14	32
涪城区	139		24	91	5	19
游仙区	34		5	24		5
三台县	27		4	22	1	
盐亭县	3		1	2		
安 县	5		1	4		
梓潼县	9			6		3
北川县	3			2		1
平武县	4			2	1	1
江油市	37		4	23	7	3

6—23 各地区房地产开发企业按经济类型分的从业人员数

(2010 年)

单位：人

地 区	合 计	国有经济	集体经济	私营经济	其他经济
绵阳市	6771	170	13	1847	4741
涪城区	3753	50	12	854	2837
游仙区	723	31		265	427
三台县	856	48	1	418	389
盐亭县	97			15	82
安 县	176			126	50
梓潼县	133				133
北川县					
平武县	44			23	21
江油市	989	41		146	802

6—24 各地区按资质等级分的房地产开发企业从业人员数

(2010 年)

单位：人

地 区	合 计	一级	二级	三级	四级	其他
绵阳市	6771		2243	3769	128	631
涪城区	3753		1106	2120	33	494
游仙区	723		180	469		74
三台县	856		327	492	37	
盐亭县	97		10	87		
安 县	176		58	118		
梓潼县	133			107		26
北川县						
平武县	44			33		11
江油市	989		562	343	58	26

6—25 各地区按用途分的房地产开发投资完成额

(2010年)

单位：万元

地 区	本年完成投资额	住宅	办公楼	商业营业用房	其他
绵阳市	1058418	888890	2492	76765	90271
涪城区	758686	643008	1832	44299	69547
游仙区	107810	88139	420	7771	11480
三台县	94401	82378	70	7512	4441
盐亭县	12880	12134		551	195
安 县	26958	19668		4884	2406
梓潼县	17202	14983	118	1887	214
北川县					
平武县	910	790	50	70	
江油市	39571	27790	2	9791	1988

6—26 各地区房地产开发建设房屋建筑面积和造价

(2010年)

单位：万平方米、万元

地 区	施工房屋面积	竣工房屋面积	房屋建筑面积竣工率（%）	竣工房屋价值	竣工房屋造价
绵阳市	1136.48	166.91	14.7	255974	1534
涪城区	724.32	44.43	6.1	78835	1774
游仙区	111.89	12.12	10.8	23795	1963
三台县	157.52	54.10	34.3	70589	1305
盐亭县	12.28	9.42	76.7	12239	1299
安 县	25.91				
梓潼县	35.56	4.03	11.3	6440	1598
北川县					
平武县	1.80	0.78	43.3	1119	1435
江油市	67.20	42.03	62.5	62957	1498

6—27　各地区商品房销售情况

(2010 年)

单位：万平方米、万元

地　区	房屋销售面积	住宅	办公楼	商业营业用房	房屋销售额	住宅	办公楼	商业营业用房
绵阳市	358.06	340.17	0.15	14.54	1274046	1167537	581	99747
涪城区	196.18	190.86		4.16	827565	774660		50554
游仙区	32.24	30.35		0.88	123062	113059		7191
三台县	47.80	45.37	0.15	1.39	117114	109786	581	6090
盐亭县	9.59	8.75		0.77	18729	15993		2609
安　县	15.23	13.63		1.60	47893	36698		11195
梓潼县	16.07	15.33		0.74	33027	30237		2790
北川县								
平武县	0.75	0.72		0.03	1382	1219		163
江油市	40.20	35.16		4.97	105274	85885		19155

6—28　各地区商品房期房销售情况

(2010 年)

单位：万平方米、万元

地　区	房屋销售面积	住宅	办公楼	商业营业用房	房屋销售额	住宅	办公楼	商业营业用房
绵阳市	315.97	304.62	0.15	9.19	1167772	1084024	581	78288
涪城区	187.53	183.36		3.33	795197	748592		44950
游仙区	31.74	29.90		0.82	121010	111491		6707
三台县	42.92	41.49	0.15	1.19	107977	101729	581	5490
盐亭县	4.93	4.89		0.02	9660	9554		70
安　县	13.65	12.05		1.60	43693	32498		11195
梓潼县	15.29	14.73		0.56	30819	29096		1723
北川县								
平武县								
江油市	19.91	18.20		1.67	59416	51064		8153

6—29 各地区商品房现房销售情况

(2010 年)

单位：万平方米、万元

地　区	房屋销售面积	住宅	办公楼	商业营业用房	房屋销售额	住宅	办公楼	商业营业用房
绵阳市	42.10	35.55		5.35	106274	83513		21459
涪城区	8.65	7.50		0.83	32368	26068		5604
游仙区	0.51	0.45		0.06	2052	1568		484
三台县	4.87	3.87		0.20	9137	8057		600
盐亭县	4.67	3.86		0.75	9069	6439		2539
安　县	1.58	1.58			4200	4200		
梓潼县	0.78	0.60		0.18	2208	1141		1067
北川县								
平武县	0.75	0.72		0.03	1382	1219		163
江油市	20.29	16.97		3.30	45858	34821		11002

6—30 各地区商品房空置情况

(2010 年)

单位：万平方米

地　区	商品房空置面积	住宅	办公楼	商业营业用房	其中：空置1-3 年的面积	住宅	办公楼	商业营业用房
绵阳市	14.79	4.62		7.45	10.43	2.32		5.42
涪城区	5.41	0.94		2.65	4.81	0.39		2.60
游仙区	0.07	0.06			0.07	0.07		
三台县	1.02	0.78		0.24				
盐亭县	0.14	0.07		0.07				
安　县	1.33	0.43		0.90				
梓潼县	0.50	0.30		0.21				
北川县								
平武县								
江油市	6.32	2.04		3.38	5.55	1.86		2.82

6—31 各地区房地产开发企业主要财务状况

（2010 年）

单位：个、万元

地　区	企业个数	资产总计	负债合计	所有者权益合计	主营业务收入	商品房屋销售收入	主营业务成本
绵阳市	261	3259016	2288254	970762	1147534	967131	846023
涪城区	139	2385846	1684405	701442	660267	522931	522390
游仙区	34	283712	191920	91791	158592	157730	78605
三台县	27	300742	217992	82750	174125	140120	126558
盐亭县	3	8210	4043	4167	8097	8097	6197
安　县	5	45888	35152	10737	31111	31111	26072
梓潼县	9	38807	26041	12766	14182	14025	10600
北川县	3						
平武县	4	3770	1175	2595	658	630	445
江油市	37	192041	127526	64514	100502	92487	75156

6—32 各地区房地产开发企业主要财务状况（续）

（2010 年）

单位：万元

地　区	主营业务税金及附加	主营业务利润	营业利润	利润总额	本年应付工资总额	本年应付福利费总额
绵阳市	82647	152913	75759	77238	23060	2590
涪城区	53610	85460	33977	35118	14041	1561
游仙区	8463	13613	3433	2692	3372	345
三台县	11207	28216	23956	26922	2272	302
盐亭县	684	1537	636	637	182	20
安　县	1624	3386	1571	1570	507	208
梓潼县	857	2212	1596	1632	601	7
北川县						
平武县	79	100	38	45	49	5
江油市	6123	18389	10552	8622	2036	142

主要统计指标解释

全社会固定资产投资 以货币形式表现的在一定时期内全社会建造和购置固定资产的工作量以及与此有关的费用的总称。它是反映固定资产投资规模、结构和发展速度的综合性指标，又是观察工程进度和考核投资效果的重要依据。全社会固定资产投资按登记注册类型可分为国有、集体、个体、联营、股份制、外商、港澳台商、其他等。按管理渠道，可分为基本建设、更新改造、房地产开发投资和其他固定资产投资四个部分。

城镇固定资产投资 指城镇各种登记注册类型的企业、事业、行政单位及个体户进行的计划总投资 50 万元及 50 万元以上的建设项目投资。县城及以上区域内发生的投资，县及县以上各级政府及主管部门直接领导、管理的建设项目和企事业单位的投资均为城镇固定资产投资。

农村固定资产投资 指发生在农村区域范围内的非农户固定资产投资项目完成的投资。不包括县及县以上各级政府及主管部门直接领导、管理的建设项目和企事业单位的投资。

基本建设投资 基本建设指企业、事业、行政单位以扩大生产能力(或新增工程效益)为主要目的的新建、扩建工程及有关工作。其综合范围为总投资 50 万元以上(含 50 万元，下同)的基本建设项目。具体包括(1)列入中央和各级地方本年基本建设计划的建设项目，以及虽未列入本年基本建设计划，但使用以前年度基建计划内结转投资(包括利用基建库存设备材料)在本年继续施工的建设项目；(2)本年基本建设计划内投资与更新改造计划内投资结合安排的新建项目和新增生产能力(或工程效益)达到大中型项目标准的扩建项目，以及为改变生产力布局而进行的全厂性迁建项目；(3)国有经济中既未列入基建计划，也未列入更新改造计划的总投资在 50 万元以上的新建、扩建、恢复项目和为改变生产力布局而进行的全厂性迁建项目，以及行政、事业单位增建业务用房和行政单位增建生活福利设施的项目。

更新改造投资 更新改造一般指企业、事业单位对原有设施进行技术改造(包括固定资产更新)，以及相应配套的辅助性生产、生活福利设施等工程和有关工作。其综合范围为总投资 50 万元以上的更新改造单位(或项目)。具体包括：(1)列入中央和各级地方本年更新改造计划的投资单位(或项目)以及虽未列入本年更新改造计划，但使用上年更新改造计划内结转的投资在本年继续施工的单位(或项目)；(2)本年更新改造计划内投资与基本建设计划内投资结合安排的对企、事业单位原有设施进行技术改造或更新的项目和增建主要生产车间、分厂等其新增生产能力(或工程效益)未达到大中型项目标准的项目，以及由于城市环境保护和安全生产的需要而进行的迁建工程；(3)国有经济中既未列入基建计划也未列入更新改造计划，总投资在 50 万元以上的属于改建或更新改造性质的项目，以及由于城市环境保护和安全生产的需要而进行的迁建工程。

房地产开发投资 指各种登记注册类型的房地产开发公司、商品房建设公司及其他房地产开发法人单位和附属于其他法人单位实际从事房地产开发或经营活动的单位统一开发的包括统代建、拆迁还建的住宅、厂房、仓库、饭店、宾馆、度假村、写字楼、办公楼等房屋建筑物和配套的服务设施，土地开发工程（如道路、给水、排水、供电、供热、通讯、平整场地等基础设施工程）的投资；不包括单纯的土地交易活动。

其他固定资产投资 指全社会固定资产投资中未列入基本建设、更新改造和房地产开发投资的总投资在 50 万元以上的城镇范围内建造和购置固定资产的活动，以及城镇私人建房和农村企业、事业、行政单位和农村个人固定资产投资活动。具体包括:

(1)国有单位未纳入基本建设计划和更新改造计划管理，计划总投资(或实际需要总投资)在 50 万元以上的下列工程：①用油田维护费和石油开发基金进行的油田维护和开发工程；②煤炭、铁矿、森工等采掘采伐业用维简费进行的开拓延伸工程；③交通部门用公路养路费对原有公路、桥梁进行改建的工程；④商业部门用简易建筑费建造的仓库工程。

(2)城镇集体固定资产投资：指所有隶属直辖市、省辖市、县级市和县城所在地(城关镇)区域范围内的集体经济单位(乡镇企业局管理的除外)建造和购置固定资产其计划总投资(或实际需要总投资)在 50 万元以上未列入基本建设和更新改造计划的单位(项目)投资。

(3)除上述以外的其他各种登记注册类型的企、事业单位(包括城镇私营企、事业单位和个体户)建造和购置固定资产总投资在 50 万元以上的、未列入基本建设计划和更新改造计划的单位(项目)。其中个体经营户只统计 50 万元以上非建房投资。

(4)城镇和工矿区私人建房投资:包括市、县城、城关镇、工矿区所辖范围内的全部私人建房，不论其房主是否系本地的常住户口均应包括。

(5)农村投资:包括农村区域范围内进行固定资产投资活动的企业、事业、行政单位及农村个人投资。

施工项目 指报告期内进行过建筑或安装工程施工活动的项目。凡是报告期内施过工的建设项目，不论施工时间长短，均作为施工项目统计。施工项目个数可以反映一定时期固定资产投资的实际规模，与同期建成投产的建设项目个数相比，可以从建设速度的角度反映固定资产投资的效果。根据建设项目施工活动的不同性质，施工项目又分为: 本年正式施工项目、本年收尾项目和以前年度全部停缓建项目。

全部建成投产项目 工业项目是指设计文件规定形成生产能力的主体工程及其相应配套的辅助设施全部建成，经负荷试运转，证明具备生产设计规定合格产品的条件，并经过验收鉴定合格或达到竣工验收标准，与生产性工程配套的生活福利设施可以满足近期正常生产的需要，正式移交生产的建设项目。非工业项目是指设计文件规定的主体工程和相应的配套工程全部建成，能够发挥设计规定的全部效益，经验收鉴定合格或达到竣工验收标准，正式移交使用的建设项目。

新增生产能力(或工程效益) 指通过固定资产投资活动而增加的设计能力或工程效益，它是以实物形态表现的反映固定资产投资成果指标，也是考核投资经济效果的重要依据之一。

新增固定资产 指报告期内已经完成建造和购置过程，并已交付生产或使用单位的固定资产价值。该指标是表示固定资产投资成果的价值指标，也是反映建设进度，计算固定资产投资效果的重要指标。

房屋建筑面积 指从房屋建筑物勒脚以上外墙外围的水平截面面积，包括房屋建筑物的有效面积和结构面积。

施工面积 指报告期内施工的全部房屋建筑面积。包括本期新开工的面积和上期开工跨入本期继续施工的房屋面积，以及上期已停建在本期恢复施工的房屋面积。本期竣工和本期施工后又停缓建的房屋，其建筑面积仍计入本期房屋施工面积中。

竣工面积 指在报告期内房屋建筑按照设计要求已全部完工，达到住人和使用条件，经验收鉴定合格(或达到竣工验收标准)，正式移交使用单位的各栋房屋建筑面积的总和。

房屋建筑面积竣工率 指一定时期内房屋竣工面积占同期房屋施工面积的比率。它是从房屋建筑施工速度的角度反映投资效果的指标。

固定资产交付使用率 指一定时期新增固定资产与同期完成投资额的比率。它是反映固定资产动用速度，衡量建设过程中宏观投资效果的综合指标。

能源 7

NENG YUAN

7—1 县（市、区）规上工业能源消费量

（2003--2010）

单位:吨标准煤

	2003	2004	2005	2006	2007	2008	2009	2010
绵阳市	5175348	6170219	5116209	5764051	5288317	3095400	3687195	4021793
涪城	777932	1122096	890734	888036	354990	557339	563194	502530
游仙	101996	95949	62777	94915	123363	81238	100134	104306
三台	141607	176970	110219	107591	128802	150807	230757	206926
盐亭	25690	32107	31147	33800	40112	52024	48175	49833
安县	437606	448020	393773	454121	518162	348105	395029	507449
梓潼	26765	58542	19999	42748	63735	40855	50574	54333
北川	56000	58662	58705	61959	84572	19668	34459	118039
平武	29211	73161	53874	92044	98664	32922	22255	26895
江油	3578541	4104712	3494981	3988837	3875917	1812442	2242615	2451482

7—2 绵阳市规上工业

（2001--2010）

能源名称		2001	2002	2003	2004	2005
原煤	（吨）	2551169	3843251	4540699	4563723	4574421
洗精煤	（吨）	158285	286217	370985	360500	303598
其他洗煤	（吨）	25237	33789	30342	207860	26728
煤制品	（吨）	62	9330	6440	352	
型煤	（吨）	62	9330	6440	352	
水煤浆	（吨）					
煤粉	（吨）					
焦炭	（吨）	30498	49380	133464	165475	177564
其他焦化产品	（吨）			49	1117	1111
焦炉煤气	（万立方米）	111				
高炉煤气	（万立方米）					
其他煤气	（万立方米）	48				
天然气	（万立方米）	28096	36738	39777	45115	70462
液化天然气	（吨）				3	7
原油	（吨）	9	16	1222	1260	937
汽油	（吨）	3870	59713	4874	5464	13793
煤油	（吨）	54	683	601	1041	603
柴油	（吨）	4509	5472	6331	10406	11551
燃料油	（吨）		5	15	35	8
液化石油气	（吨）	13	32	71	41	11
炼厂干气	（吨）			85		
其他石油制品	（吨）	82	1555	1034	826	66
热力	（百万千焦）	394992	406207	575888	404050	419701
电力	（万千瓦时）	189986	276812	397546	445237	393060
其他燃料	（吨标准煤）	1009	1071	93	38	
煤矸石	（吨）					
生物质能	（吨标准煤）					
工业废料	（吨标准煤）					
城市固体垃圾	（吨标准煤）					
能源合计	（吨标准煤）	3148163	4799185	5181858	6170219	5109422

注：能源合计是指能源使用单位在报告期内实际消费的一次能源或二次能源的数量。

综合能源消费量扣除了非工业生产消费和能源加工转换产出合计。

主要能源消费量

2006	2007	2008	2009	2010
5514808	5657262	2976869	3844052	4565731
255334	165511	134852	146267	171707
11666	30806	24790	26417	17533
57		62	67	22
57		62	67	
127079	82941	64925	40711	32504
		87	145	29
68548	36368	37407	42258	38700
4	1	647	722	43
788	669	500	1229	2035
8067	6742	4671	5808	4789
481	537	341	552	1569
18859	13430	9760	8998	12129
68	69	25	30	8
105	25		50	8
105	44	243	251	106
705295	568698	528201	887384	398659
414213	421479	343108	421403	432136
9133	25170	61257	20133	6718
50318	98291	90121	63595	47771
146	423	181	809	
5737305	5288317	3095400	3687195	4021793

7—3 绵阳市工业企业能源

(2010年)

能源名称		年初库存量	购进量	
			实物量	金额（千元）
原煤	（吨）	256764	4924943	2494003
其中：1.无烟煤	（吨）			
2.炼焦烟煤	（吨）			
3.一般烟煤	（吨）	256764	4924943	2494003
4.褐煤	（吨）			
洗精煤	（吨）	4273	173145	180574
其它洗煤	（吨）	1359	18370	11016
煤制品	（吨）	5	17	10
焦炭	（吨）	3018	36955	53631
其它焦化产品	（吨）	29		
焦炉煤气	（万立方米）			
高炉煤气	（万立方米）			
转炉煤气	（万立方米）			
发生炉煤气	（万立方米）			
天然气（气态）	（万立方米）		39734	583366
液化天然气（液态）	（吨）		45	191
煤层气（煤田）	（万立方米）			
原油	（吨）	64	2017	14448
汽油	（吨）	95	7275	51610
煤油	（吨）	83	1532	9323
柴油	（吨）	454	15662	107032
燃料油	（吨）		8	62
液化石油气	（吨）		11	83
炼厂干气	（吨）			
石脑油	（吨）			
润滑油	（吨）			
石蜡	（吨）			
溶剂油	（吨）			
石油焦	（吨）			
石油沥青	（吨）			
其它石油制品	（吨）	1	107	967
热力	（百万千焦）		400686	23994
电力	（万千瓦时）		407508	2394418
煤矸石用于燃料	（吨）		47771	5513
城市垃圾用于燃料	（吨）			
生物质废料用于燃料	（吨）			
其他燃料	（吨标准煤）	15	7883	3526
能源合计	（吨标准煤）			

购进、消费及库存

消费量					年末库存量
合计	工业生产消费	用于原材料	非工业生产消费	合计中：运输工具消费	
4605141	4565731	223700	39410		569575
4605141	4565731	223700	39410		569562
171720	171707	1506	13	345	5698
17533	17533				2196
22	22				
34470	32504	7972	1966		5503
29	29				
38964	38700	17258	264	29	
45	43	5	2	2	
2035	2035	2029			46
7229	4789	1480	2440	2709	142
1572	1569	1511	3	2	43
15845	12129	54	3716	5810	271
8	8				
11	8		3	3	
106	106	6			1
400686	398659		2027		
447673	432136		15536	7	
47771	47771	30330			
6968	6718		250		915
4078259	4021793		56466		

7—4 绵阳市规上工业分行业

(2010 年)

行业名称	原煤(吨)	一般烟煤(吨)	洗精煤(吨)	其它洗煤(吨)	煤制品(吨)	焦炭(吨)	其它焦化产品(吨)	天然气(气态)(万立方米)
煤炭开采和洗选业								
黑色金属矿采选业								
有色金属矿采选业								
非金属矿采选业	15554	15554						
其他采矿业								
农副食品加工业	68627	68627				111		82
食品制造业	6856	6856						287
饮料制造业	52882	52882						25
烟草制品业								32
纺织业	116737	116737						150
纺织服装、鞋、帽制造业								103
皮革、毛皮、羽毛(绒)等	1213	1213						1
木材加工及木、竹、藤等	17077	17077						0
家具制造业								0
造纸及纸制品业	116347	116347						0
印刷业和记录媒介的复制	4140	4140						2
文教体育用品制造业								0
石油加工炼焦及核燃料加工	13703	13703						0
化学原料及化学制品制造业	100779	100779	404			9847		19703
医药制造业	7749	7749						332
化学纤维制造业								
橡胶制品业	45	45						
塑料制品业	1050	1050						6
非金属矿物制品业	1010839	101083	92833	17533		16		2268
黑色金属冶炼及压延加工业	38105	38105	69534			7210		10708
有色金属冶炼及压延加工业	151	151				4401		
金属制品业	3492	3492			17	2910		406
通用设备制造业	683	683				8758		1007
专用设备制造业	98	98				976		244
交通运输设备制造业	1089	1089				139		453
电气机械及器材制造业	14849	14849	8950					3
通信设备、计算机及其他	2	2						1729
仪器仪表及文化、办公用								
工艺品及其他制造业	235	235						
废弃资源和废旧材料回收	17563	17563			5	102	29	153
电力、热力的生产和供应业	2873746	287374						1101
燃气生产和供应业	121530	121530						168
水的生产和供应业								

主要能源消费量

液化天然气（液态）(吨)	原油(吨)	汽油(吨)	煤油(吨)	柴油(吨)	液化石油气(吨)	其它石油制品(吨)	热力(百万千焦)	电力(万千瓦时)	煤矸石用于燃料(吨)	其他燃料(吨标准煤)
		1		1				288		
								27		
		57		164				1619		
		10		482				4888		
2		234		620			3960	14224		2750
		111		22				2768		
		88		50			176691	3143		
		72		5			50076	710		
		63	1	22				14158		2385
		18						630		
		0		1				458		
		56		180				10670		866
31		45		12				1046		232
		638	2	138				8389		450
		211		62				1320		
								485		
	2029	1641	1511	592		74		73981		30
2		131	2	74				1723		
	6	30		6				387		
		168		15				4396		
		304		9410				87312	47771	23
		910		1632		3		58161		145
		2						5599		
		318		455	11			4504		
		163	40	93		6		8433		
5		103		85				4082		
		600	9	480		10		9979		
		212	7	221				13148		
		269		795		6	169959	41434		87
6		121						267		
								125		
		25		91				1545		
		540		110		6		58354		
		42		17				2967		
		48		14				6452		

7—5 县（市、区）主要

(2010 年)

能源名称		绵阳	涪城	游仙	三台
原煤	（吨）	4565731	195763	57997	222976
其中：1.无烟煤	（吨）				
2.炼焦烟煤	（吨）				
3.一般烟煤	（吨）	4565731	195763	57997	222976
4.褐煤	（吨）				
洗精煤	（吨）	171707		8954	1443
其它洗煤	（吨）	17533			
煤制品	（吨）	22	17		
焦炭	（吨）	32504	6441	150	2286
其它焦化产品	（吨）	29			
焦炉煤气	（万立方米）				
高炉煤气	（万立方米）				
转炉煤气	（万立方米）				
发生炉煤气	（万立方米）				
天然气（气态）	（万立方米）	38700	17874	710	1527
液化天然气（液态）	（吨）	43	10		
煤层气（煤田）	（万立方米）				
原油	（吨）	2035	6		
汽油	（吨）	4789	2461	710	276
煤油	（吨）	1569	1148		2
柴油	（吨）	12129	2327	2201	718
燃料油	（吨）	8			
液化石油气	（吨）	8	8		
其它石油制品	（吨）	106	91	6	
热力	（百万千焦）	398659	398659		
电力	（万千瓦时）	432136	94190	32438	30541
煤矸石用于燃料	（吨）	47771	30330	17441	
城市垃圾用于燃料	（吨）				
生物质废料用于燃料	（吨）				
余热余压	（百万千焦）				
其它工业废料用于燃料	（吨）				
其他燃料	（吨标准煤）	6718		87	1121
能源合计	（吨标准煤）	4021793	502530	104306	206926

能源消费量

盐亭	安县	梓潼	北川	平武	江油
41265	502623	37118	156396	12457	3339135
41265	502623	37118	156396	12457	3339135
	71954				89357
					17533
	5				0
	8053	8077		4251	3247
	29				
945	1763	311	4		15565
	2				31
					2029
163	35	43	41		1060
					419
414	1907	256	344	146	3816
	8				
					9
5652	61378	8998	18717	11110	169113
		5365			145
49833	507449	54333	118039	26895	2451482

7—6 2010年县(市区)综合

(2010年)

指 标	绵阳	涪城	游仙	三台
全部工业企业	3285161	461408	104306	206571
煤炭开采和洗选业	354			
黑色金属矿采选业	33			
有色金属矿采选业	2217			
非金属矿采选业	17804		245	4113
农副食品加工业	68949	22226	3224	12184
食品制造业	11696	1780	357	5511
饮料制造业	42111	21168		13647
烟草制品业	2835	2835		
纺织业	95608	1731	7713	64658
纺织服装、鞋、帽制造业	1865	1694		138
皮革、毛皮、羽毛(绒)等	1418	53	27	55
木材加工及木、竹、藤等	26450		112	13819
家具制造业	1550		63	1260
造纸及纸制品业	76592	6672	5557	6240
印刷业和记录媒介的复制	4723	4470	65	66
石油加工炼焦及核燃料加工业	10385			10385
化学原料及化学制品制造业	416485	228281	4423	24120
医药制造业	11719	2042	2187	2972
橡胶制品业	552	242	274	0
塑料制品业	6018	4040	296	532
非金属矿物制品业	900978	17153	35147	32567
黑色金属冶炼及压延加工业	251742	2045		
有色金属冶炼及压延加工业	11266	70	416	
金属制品业	15945	3046	5843	4183
通用设备制造业	30811	8456	670	2281
专用设备制造业	9097	1318	26	
交通运输设备制造业	19302	10714	3406	3939
电气机械及器材制造业	35221	898	27230	52
通信设备、计算机及其他	74592	72474	921	187
仪器仪表及文化、办公用	340	94	247	
工艺品及其他制造业	318		96	222
废弃资源和废旧材料回收	16411	189	1836	55
电力、热力的生产和供应业	1064359	2	52	1195
燃气生产和供应业	47461	45350		1907
水的生产和供应业	7954	2365	3873	284

能源消费量

单位：吨标煤

盐亭	安县	梓潼	北川	平武	江油
	507449	54333	118039	26895	1756328
			247		107
				33	
				1944	273
7803	66	516	501		4560
5676	9205	11991	21	451	3971
947	228	496	438		1938
352	235	831	2940	1396	1544
3150		6861	54	3411	8030
33					
	160				1123
2183	760	3513	1962	1723	2379
43					185
	44818	11588	1716		
27			94		
13298	94456	1800			50107
37	3286	271			924
					35
404	122				624
13729	350938	7795	108898	4607	330143
	563	6731			242402
		30		6389	4360
1650	126				1097
		1488			17917
	452	5			7297
	713	45			484
	1057			5744	240
		1	655		353
					0
					0
	197	150			13983
171	64		513	1179	1061183
148		1		16	39
183		220			1030

7—7 规模以上工业企业用水情况

(2010 年)

单位：万立方米

指标名称	取水量	
	2009 年	2010 年
合 计	18919	21223
1.地表水	16178	17004
2.地下水	1451	2649
3.自来水	1247	1562
4.雨水收集利用	5	8
5.其他水	38	8

补充资料：1.重复用水量： 50537 万立方米

2.废水排放量： 4093.8 万立方米

7—8 各县市区规模以上工业企业用水情况

(2010 年)

单位：万立方米

区县名称	取水量	
	2009 年	2010 年
绵阳市	18919	21223
涪城辖区	5409	6261
游仙辖区	941	1133
三台县	990	1178
盐亭县	452	769
安 县	372	722
梓潼县	489	559
北川县	50	133
平武县	25	52
江油市	10191	10416

主要统计指标解释

能源购进量：指能源使用单位在报告期内外购的、用于本企业消费的各种一次能源和二次能源。

购进量金额：指能源使用单位在报告期实际购进的、已办理验收入库手续的各种一次能源和二次能源的金额。其金额以购货发票上的总金额(含增值税)计算，统计原则、范围与购进量相同。

能源消费量：指能源使用单位在报告期内实际消费的一次能源或二次能源的数量。

工业生产能源消费：指工业企业为进行工业生产活动所消费的能源。

非工业生产能源消费：指在工业企业能源消费中，除"工业生产能源消费"以外的能源消费，即非工业生产用能和工业企业附属的不从事工业生产活动的非独立核算单位用能。

交通运输工具用能：指在厂区内、外进行交通运输活动的交通运输工具所消费的能源。

用作原材料的能源消费：指能源产品不作能源使用，即不作燃料、动力使用，而作为生产另外一种产品(非能源产品)的原料或作为辅助材料使用，作原料使用时通常构成这种产品的实体。

综合能源消费量：指报告期内工业企业在工业生产活动中实际消费的各种能源的总和。计算综合能源消费量时，需要先将使用的各种能源折算成标准燃料后再进行计算。

非能源加工转换企业，综合能源消费量=工业生产消费的能源合计

能源加工转换企业，综合能源消费量=工业生产消费的能源合计-能源加工转换产出合计

能源库存量：指企业能源库存量，它是企业在报告期的某时间点所拥有的各种能源数量。

8 财政和物价

CAI ZHENG HE WU JIA

8—1 主要年份财政收入与财政支出

单位：万元

年份	财政收入	财政支出	收支差额	发展速度（%）（上年=100）		占国内生产总值（%）	
				财政收入	财政支出	财政收入	财政支出
1952	2351	737	1613	140.7	169.8	6.52	2.04
1957	3184	1395	1789	97.8	106.2	6.53	2.86
1962	3011	2223	788	58.9	54.4	7.41	5.47
1965	5639	5119	520	100.5	139.9	10.02	9.10
1970	3868	5751	-1883	128.0	97.1	5.38	7.99
1975	7841	7936	-95	147.1	97.7	8.69	8.80
1978	11637	14060	-2539	146.7	144.0	9.39	11.47
1980	12719	14332	-1530	100.6	88.8	8.59	9.61
1985	25673	22487	3186	134.1	152.5	9.15	8.01
1990	66847	52289	14558	107.2	126.8	10.93	8.55
1991	80013	65522	14491	110.0	112.9	10.24	8.22
1992	81841	71156	10685	111.3	120.6	9.65	8.39
1993	119240	99815	19425	145.7	140.3	10.08	8.44
1994	139677	139245	36401	121.6	108.8	9.21	6.89
1995	166753	139245	25601	114.9	129.9	8.33	7.05
1996	197985	159744	38241	118.8	113.3	8.30	6.70
1997	230161	189031	41130	116.3	118.3	8.37	6.87
1998	274381	237074	37307	119.2	125.4	8.88	7.67
1999	285433	244561	40872	104.0	103.2	9.19	7.88
2000	256747	256572	175	104.3	107.9	8.08	8.07
2001	266196	290841	-24645	103.7	113.3	8.06	8.81
2002	270354	341321	-70967	101.6	117.4	7.31	9.23
2003	307493	400376	-92883	113.7	117.3	7.74	10.09
2004	343445	480777	-137332	111.7	120.1	7.55	10.57
2005	361817	557673	-195856	105.3	116.0	7.50	11.56
2006	461663	710672	-249009	127.6	127.4	8.23	12.67
2007	594314	957323	-363009	128.7	134.7	8.82	14.21
2008	587326	3416401	-2829075	98.8	356.9	7.90	46.0
2009	747007	3167386	-2420379	127.2	92.7	9.11	38.62
2010	1003412	4110524	-3107112	134.3	129.8	10.45	42.81

注：2000 年财政收入中 8 个税种上划省级财政。

8—2 主要年份财政收支构成情况

单位：万元

年 份	财政收入	地方财政收入	一般预算收入	基金收入	上划中央两税收入	财政支出	一般预算支出	基金支出
1952	2351	2351	2351			737	737	
1957	3184	3184	3184			1395	1395	
1962	3011	3011	3011			2223	2223	
1965	5639	5639	5639			5119	5119	
1970	3868	3868	3868			5751	5751	
1975	7841	7841	7841			7936	7936	
1978	11637	11637	11637			14060	14060	
1980	13305	13305	13305			14404	14404	
1981	12220	12220	12220			12424	12424	
1982	15248	15248	15248			11885	11885	
1983	17916	17916	17916			12770	12770	
1984	18856	18856	18856			14750	14750	
1985	25673	25673	25673			21884	21884	
1990	66847	66847	66847			52289	52289	
1991	80013	80013	80013			65522	65522	
1992	81841	81841	81841			71156	71156	
1993	119240	119240	119240			99815	99815	
1994	139677	73078	73078		74622	108599	108599	
1995	166753	91528	91528		75111	139245	139245	
1996	197985	114427	114427		83558	159744	159744	
1997	230161	140526	140526		89635	189031	189031	
1998	274381	175444	175444		98937	237074	237074	
1999	285433	182557	182557		102876	244561	244561	
2000	256747	143323	132789	10534	113424	256572	256572	
2001	266196	148294	135820	12474	117902	290841	277671	13170
2002	270354	153729	138474	15255	116625	341321	324503	16818
2003	307493	184718	159193	25525	122775	400376	382415	17961
2004	343445	207035	163966	10657	136410	480777	445457	35320
2005	361817	237267	188478	48794	124545	557673	510354	47319
2006	461663	315835	238620	77215	145828	710672	633560	77112
2007	594314	428355	281173	147182	165959	957323	811716	145607
2008	587326	253615	253615	183335	150376	3416401	3144255	272146
2009	747007	558390	337148	221242	188617	3167386	2666275	501111
2010	1003142	781849	452057	329792	221563	4110524	3453220	657304

注：从1994年1月起实行分税制，将消费税全部、增值税的75%作为上划中央两税收入，其余部分作为地方财政收入。

8—3 县市区财政收入情况

（2010 年）

单位：万元

地 区	财政总收入	地方财政收入	一般预算收入	基金收入	上划中央两税收入
全 市	1003412	781849	452057	329792	221563
市本级	412151	337660	149186	188476	74491
涪城区	66489	49052	47953	1099	17437
游仙区	37050	22163	21764	399	14887
三台县	72334	60171	32817	27354	12163
盐亭县	20413	18095	9258	8837	2318
安县	61390	50424	21062	29362	10966
梓潼县	26686	24266	10957	13309	2420
北川县	36150	30534	18207	12327	5616
平武县	21417	14131	13412	719	7286
江油市	151120	111691	64492	47199	39429
高新区	98212	63662	62951	711	34550

8—4 县市区财政支出情况

（2010 年）

单位：万元

地 区	财政总支出	一般预算支出	基金支出
全 市	4110524	3453220	657304
市本级	912259	621782	290477
涪城区	208745	193711	15034
游仙区	197016	181031	15985
三台县	455800	416590	39210
盐亭县	266016	235794	30222
安县	351086	291970	59116
梓潼县	226340	188386	37954
北川县	483420	459063	24357
平武县	310812	252054	58758
江油市	580784	496813	83971
高新区	118246	116026	2220

8—5 地方财政一般预

（2010 年）

地　区	地方财政一般预算收入	税收性收入	增值税	营业税	企业所得税	个人所得税	资源税	城市维护建设税	耕地占用税
全　市	452057	342777	42557	155636	22285	13102	1655	30563	5506
市本级	149184	91938	10518	42134	4295	4410	17	9521	
涪城区	47953	42474	3112	17717	2492	1395	77	3545	
游仙区	21764	19772	2729	8397	1607	314	17	2118	222
三台县	32817	20436	2593	9832	1105	605	140	1399	450
盐亭县	9258	6468	501	4105	280	400	89	417	15
安　县	21062	16369	2370	8825	1079	246	219	1513	48
梓潼县	10957	8327	509	3639	224	209	41	404	1890
北川县	18207	14344	1870	10463	292	309	177	785	
平武县	13412	12100	2428	7767	295	342	74	505	69
江油市	64492	51837	8446	22617	1501	2667	738	5578	616
高新区	62951	58712	7481	20140	9115	2205	66	4778	2196

算收入基本情况

单位：万元

契税	其他各项税收收入	非税收入	专项收入	行政事业性收费收入	罚没收入	国有资本经营收入	国有资源(资产)有偿使用收入	其他收入
21848	49625	109280	23806	30543	7588	14285	21468	11590
6168	14875	57246	11081	18095	2979	10932	7400	6759
3648	10488	5479	1567	964	406	1345	195	1002
1416	2952	1992	990	519	149		327	7
1293	3019	12381	1026	3314	457		6309	1275
146	515	2790	299	922	904	89	238	338
715	1354	4693	1131	1226	409	79	1788	60
504	907	2630	293	1157	401		392	387
57	391	3863	1301	195	214		1722	431
127	493	1312	559	91	202		460	
3148	6526	12655	3480	3456	1302	1739	2099	579
4626	8105	4239	2079	604	165	101	538	752

8—6 地方财政一般预

（2010 年）

地　区	地方财政一般预算支出	一般公共服务	国防	公共安全	教育	科学技术	文化体育与传媒	社会保障和就业	医疗卫生
全　市	3453220	181885	4335	91828	235635	19084	18531	236490	118604
市本级	621782	36945	2105	29665	33384	8942	7404	37586	12298
涪城区	193711	20555	183	7871	25006	1052	779	25186	10535
游仙区	181031	10424	139	5050	18117	1403	991	12282	8878
三台县	416590	22557	433	9527	45725	1651	1563	37185	26596
盐亭县	235794	11014	107	5109	20564	792	937	25838	12034
安　县	291970	14350	149	5537	15756	842	1123	17169	10155
梓潼县	188386	11249	101	5391	13700	295	1317	14328	7589
北川县	459063	10810	821	4984	15969	492	1417	12703	8196
平武县	252054	13132	46	4001	9941	295	1028	9473	4810
江油市	496813	20832	205	11505	27977	1242	1873	38661	15439
高新区	116026	10017	46	3188	9496	2078	99	6079	2074

算支出基本情况

单位：万元

环境保护	城乡社区事务	农林水事务	交通运输	采掘电力信息等事务	粮油物资储备管理等事务	金融监管支出	地震灾后恢复重建支出	其他支出
75530	80109	150064	52669	42715	6067	1801	1997085	35950
38208	24812	20600	23941	28611	2925	165	282322	4910
1977	3335	9043	2591	3001	38	55	76374	2037
1561	1204	11338	559	957		2	98827	4494
2810	5921	25706	6424	2184	1724	4	211609	640
3821	941	15171	2251	590	162		128911	2143
4990	5639	13337	3044	926	376	5	191102	845
2046	1911	12826	1721	272	188	72	107872	616
10099	1461	9693	3823	448	93	40	365106	906
3997	793	8136	1814	465	99	1419	184378	3940
3492	8909	22710	6386	1550	462	39	319280	1859
2529	25183	1504	115	3711			31304	13560

8—7 居民消费价格总指数

(2010 年)

上年=100

类　　别	居民消费价格指数		
	全　　市	城　　市	农　　村
居民消费价格指数	**103.4**	**103.5**	**103.3**
食品	106.4	106.5	106.5
粮食	109.4	110.2	108.2
# 大米	110.7	110.4	111.4
油脂	100.4	100.6	100.3
肉禽及制品	104.6	103.9	106.1
# 猪肉	103.0	101.9	104.2
蛋	106.7	107.5	104.9
水产品	104.6	105.2	103.6
菜	112.0	112.5	111.8
# 鲜菜	111.0	111.1	111.6
烟酒及用品	101.3	101.4	101.3
衣着	99.5	100.3	97.9
服装	100.5	101.6	98.6
衣着材料	103.4	104.0	102.3
衣着加工服务费	100.5	100.7	100.2
家庭设备用品及维修服务	100.9	100.3	102.0
耐用消费品	98.8	98.9	98.4
室内装饰品	100.9	100.0	103.3
家庭服务及加工维修服务	107.0	108.9	100.3
医疗保健和个人用品	102.0	102.1	102.0
医疗保健	101.6	101.9	101.1
个人用品及服务	103.1	102.8	103.7
交通和通信	100.2	100.2	100.3
交通	102.7	103.3	101.8
通信	97.7	97.4	98.3
娱乐教育文化用品及服务	102.1	102.6	101.6
文娱用耐用消费品及服务	99.1	98.8	99.4
教育	103.3	103.5	102.8
文化娱乐类	101.4	101.8	100.6
旅游	104.0	105.2	102.2
居住	105.0	104.3	106.2
建房及装修材料	103.7	100.8	106.7
租房	114.0	114.2	113.8
自有住房	103.6	104.0	102.3
水、电、燃料	104.3	103.7	105.8

8—8 城市、农村居民消费价格指数

（2010 年）

(上年=100)

类　　别	市 区	江油市	三台县	梓潼县
居民消费价格指数	103.5	103.4	103.4	103.1
食　品	106.4	107.7	107.3	104.5
粮食	109.8	112.3	109.2	106.0
油脂	100.3	102.7	99.9	102.2
肉禽及其制品	103.9	104.0	108.0	101.2
# 猪肉	102.5	98.7	105.6	99.9
蛋	107.8	105.5	105.2	103.8
水产品	106.0	100.3	103.7	103.1
鲜菜	109.3	123.0	111.2	111.7
鲜果	127.0	134.2	125.3	115.6
烟酒及用品	101.2	102.8	101.3	101.5
衣　着	100.3	100.1	95.1	103.2
家庭设备用品及维修服务	100.2	101.0	101.1	103.8
医疗保健和个人用品	102.0	102.4	101.5	103.8
交通和通信	100.2	100.5	100.0	101.1
娱乐教育文化用品及服务	102.7	101.4	102.2	100.0
居　住	104.9	100.4	106.6	104.8

8—9 十一城市居民消费价格指数

(2010 年)

上年=100

城市	1-12月	
	指数	上涨%
全 省	103.2	3.2
绵 阳	103.4	3.4
成 都	103.0	3.0
自 贡	103.9	3.9
攀枝花	103.3	3.3
泸 州	102.7	2.7
德 阳	105.8	5.8
广 元	104.1	4.1
内 江	103.2	3.2
乐 山	103.2	3.2
南 充	104.0	4.0
西 昌	102.8	2.8

8—12 房地产价格指数

(2005--2010)

上年=100

类 别	2005	2006	2007	2008	2009	2010
房屋销售价格指数	**104.6**	**106.5**	**106.1**	**100.6**	**98.1**	**107.6**
# 新建房	104.4	106.5	105.7	101.4	99.1	107.5
# 住宅	104.7	106.9	105.9	101.3	99.0	107.6
# 经济适用房	101.8	104.2				
普通住宅	105.4	107.0	107.0	101.6	97.9	108.0
高档住宅	105.2	103.9	104.7	100.5	103.9	105.6
非住宅	103.8	105.2	104.5	101.7	99.7	107.3
二手房	104.9	106.2	107.2	98.4	94.1	107.7
土地交易价格指数	106.2	108.4	113.0	102.2	105.2	114.1
居住用地	106.8	108.4	113.5	103.0	111.4	132.8
工业用地		106.5	113.3	101.8	101.7	101.7
商业营业用地	107.9	108.0	111.1	100.5	102.6	121.4
其他用地	105.3	106.9	114.2	101.0	100.5	100.9
房屋租赁价格指数	101.5	100.5	100.8	100.2	100.0	100.2
# 住宅	101.0	100.3	99.9	99.8	100.0	100.0
办公楼	100.8	100.7	101.1	102.0	100.0	100.0
商业营业用房	102.1	100.6	101.0	100.1	99.9	100.5
物业管理价格指数	102.4	100.2	99.8	100.0	100.1	100.2
# 住宅	102.6	100.2	99.8	100.0	100.2	100.4
办公楼	100.1	100.0	100.0	100.0	100.0	100.0
商业营业用房	100.7	100.2		100.1	100.0	100.0

主要统计指标解释

财政总收入 包含上划中央两税和地方财政收入（本书不包括上级返还款部分）。

上划中央两税 指增值税的75%和消费税。

地方财政收入 包括地方财政一般预算收入和基金收入。

地方财政一般预算收入 税收收入和非税收入。

税收收入 包括营业税，地方企业所得税，个人所得税，固定资产投资方向调节税，城市维护建设税，房产税，城镇土地使用税，土地增值税，车船使用和牌照税，耕地占用税，契税，烟叶税，增值税的25%，印花税和除海洋石油资源税以外的其他资源税。

非税收入 包括专项收入，行政性收费收入，罚没收入，国有资本经营收入，国有资源（资产）有偿使用收益和其他收入。

财政总支出 包括地方财政一般预算支出和基金支出。

地方财政一般预算支出 主要包括一般公共服务，外交支出，国防支出，公共安全支出，教育支出，科学技术支出，文化体育与传媒支出，医疗卫生支出，环境保护支出，城乡社区事务支出，农林水事务支出，工业商业金融等事务支出和其他支出等。

商品零售价格指数 是反映一定时期内城乡商品零售价格变动趋势和程度的相对数。商品零售物价的变动直接影响到城乡居民的生活支出和国家的财政收入，影响居民购买力和市场供需平衡，影响到消费与积累的比例关系。因此，该指数可以从一个侧面对上述经济活动进行观察和分析。

居民消费价格指数 是反映一定时期内城乡居民所购买的生活消费品价格和服务项目价格变动趋势和程度的相对数，是对城市居民消费价格指数和农村居民消费价格指数进行综合汇总计算的结果。该指数可以观察和分析消费品的零售价格和服务价格变动对城乡居民实际生活费支出的影响程度。

工业品出厂价格指数 是反映一定时期内全部工业产品出厂价格总水平的变动趋势和程度的相对数，包括工业企业售给本企业以外所有单位的各种产品和直接售给居民用于生活消费的产品。该指数可以观察出厂价格变动对工业总产值及增加值的影响。

【居民消费价格总水平(CPI)比上年同期上涨3.4%】2010年居民消费价格总水平(CPI)比上年同期上涨3.4%,高于上年同期涨幅2.1个百分点。

【八大类商品及服务中，呈现“七涨一降”的格局】“七涨”依次为：食品类价格比上年同期上涨 6.4%，烟酒及用品类价格比上年同期上涨 1.3%，家庭设备用品及服务类价格比上年同期上涨 0.9%，医疗保健和个人用品类价格比上年同期上涨 2.0%,交通和通信类价格比上年同期上涨 0.2%，娱乐教育文化用品及服务类价格比上年同期上涨 2.1%,居住类价格比上年同期上涨 5.0%。“一降”为：衣着类价格比上年同期下降 0.5%。

【居民消费价格总水平(CPI)比上年同期上涨 3.4%】2010 年居民消费价格总水平(CPI)比上年同期上涨 3.4%,高于上年同期涨幅 2.1 个百分点。

【八大类商品及服务中，呈现“七涨一降”的格局】“七涨”依次为：食品类价格比上年同期上涨 6.4%，烟酒及用品类价格比上年同期上涨 1.3%，家庭设备用品及服务类价格比上年同期上涨 0.9%，医疗保健和个人用品类价格比上年同期上涨 2.0%,交通和通信类价格比上年同期上涨 0.2%，娱乐教育文化用品及服务类价格比上年同期上涨 2.1%,居住类价格比上年同期上涨 5.0%。“一降”为：衣着类价格比上年同期下降 0.5%。

人民生活 9

RENMIN SHENG HUO

9—1 人民物质文化生活提高情况

(2005--2010)

指　　标		2005	2006	2007	2008	2009	2010
城乡居民收入							
农村居民家庭人均纯收入	(元)	3179	3462	4039	4752	5152	5940
城镇居民家庭人均可支配收入	(元)	8201	9054	10473	12200	13701	15516
职工平均货币工资	(元)	14310	16565	19741	22794	26009	32526
消费水平							
居民消费水平	(元/人)	4710	5175	5822	7197	8801	8654
农村居民	(元/人)	3237	3306	3748	4605	6714	5326
城镇居民	(元/人)	7317	8364	9241	11361	12029	6714
农村居民家庭人均生活消费支出	(元/人)	2456	2609	3048	3924	6051	4607
# 食品	(元/人)	1212	1244	1452	1615	1783	2012
衣着	(元/人)	135	156	176	201	241	285
文教娱乐用品及服务	(元/人)	254	232	220	185	207	223
城镇居民家庭人均消费性支出	(元/人)	6422	6909	7804	9959	10664	12232
# 食品	(元/人)	2549	2648	3183	4216	4286	4749
衣着	(元/人)	673	805	999	1135	1364	1568
教育文化娱乐服务	(元/人)	963	969	970	1033	1299	1521
储蓄							
金融机构储蓄存款余额	(亿元)	345.13	394.45	435.7	588.62	707.18	803.22
活期	(亿元)	85.66	102.4	119.3	184.14	245.60	287.44
定期	(亿元)	259.47	292.05	316.5	404.48	461.58	515.78
人均储蓄存款余额	(元)	7012	8010	8825	11890	14249	17409
交通、住房							
公路长度	(公里)	6184	11086	10942	14155	14336	15649
城镇居民每百户拥有家用汽车	(辆)	1.7	2.6	2.9	6.7	5.8	7.7
商品房屋销售面积	(万平方米)	198.89	240.47	221.78	148.17	263.06	358.06
城镇居民人均现住房建筑面积	(平方米)	28.4	28.8	30.8	33.0	32.6	31.8
农村居民人均使用房屋面积	(平方米)	37	36.8	36.9	38.5	42.40	42.8
耐用消费品							
城镇居民每百户拥有彩色电视机	(部)	140.9	140.1	138.6	133.4	133.8	135.5
城镇居民每百户拥有空调器	(台)	54.3	57.5	72.4	102.9	100.9	95.3
城镇居民每百户拥有电冰箱	(台)	92.6	92	93.4	94.8	92.8	94.8
城镇居民每百户拥有洗衣机	(台)	100	100.2	99.5	97.2	96.9	98.2
农村居民每百户拥有彩色电视机	(部)	84	85	95	96	102	106
农村居民每百户拥有自行车	(辆)	77	70				
农村居民每百户拥有摩托车	(辆)	31	37	39	45	53	50
教育、文化							
学龄儿童入学率	(%)	100	100	100	100	100	100
每万人口中在校大学生数	(人)	115	144	152	180	208	182
人均年出版报纸	(份)	6.00	6.29	6.92	7.09	7.51	6.90
人均年出版图书、杂志	(册)	0.19	0.19	0.20	0.16	0.20	0.45
国内贸易							
人均社会消费品零售总额	(元)	3858	4452	5270	5932	7106	9240

9—2 城镇居民家庭基本情况

(2005--2010)

指　　标		2005	2006	2007	2008	2009	2010
平均每户家庭人口	(人)	**2.84**	**2.81**	**2.81**	**2.84**	**2.86**	**2.87**
平均每户就业人口	(人)	**1.42**	**1.47**	**1.57**	**1.56**	**1.59**	**1.6**
# 平均每户就业面	(%)	50.00	52.31	55.87	54.93	55.59	55.75
平均每一就业者负担人数(包括就业者本人)	(人)	2.00	1.92	1.79	1.82	1.80	1.79
平均每人可支配收入	(元)	**8201**	**9054**	**10473**	**12200**	**13701**	**15516**
#工资性收入	(元)	6734	7100	8518	10306	11142	12319
经营净收入	(元)	355	393	383	673	899	1312
财产性收入	(元)	165	124	171	298	310	376
转移性收入	(元)	1931	2084	2218	2406	2820	3163
平均每人消费支出	(元)	**6422**	**6909**	**7804**	**9959**	**10664**	**12232**
# 食品	(元)	2549	2648	3183	4216	4286	4749
衣着	(元)	673	805	999	1135	1364	1568
居住	(元)	601	706	666	973	960	981
家庭设备用品及服务	(元)	439	478	580	632	583	832
医疗保健	(元)	386	362	394	566	636	727
交通和通信	(元)	622	734	786	1104	1144	1366
教育文化娱乐服务	(元)	963	969	970	1033	1299	1521
杂项商品和服务	(元)	223	207	225	300	392	488
城镇居民恩格尔系数	(%)	**39.7**	**38.3**	**40.8**	**42.3**	**40.2**	**38.8**

9—3 城镇居民家庭人口及主要收支情况

(1985--2010)

年 份	户平家庭人口 (人)	户平就业人口 (人)	人均可支配收入 (元)	人均消费性支出 (元)	人均食品支出 (元)
1985	3.34	1.98	711	682	352
1986	3.31	1.88	847		
1987	3.27	1.82	962		
1988	3.42	1.78	1124		
1989	3.28	1.78	1287		
1990	3.19	1.75	1434	1182	686
1991	3.2	1.79	1766	1534	757
1992	3	1.78	2151	1795	920
1993	3	1.73	2629	2129	1019
1994	3.15	1.73	3387	2797	1375
1995	3.06	1.82	4152	3485	1710
1996	3.07	1.82	4438	3633	1790
1997	3.03	1.76	4329	3597	1749
1998	3.03	1.75	4740	3818	1859
1999	2.99	1.68	5589	4342	1909
2000	2.95	1.53	6223	4844	1935
2001	2.9	1.48	6543	5000	2032
2002	2.87	1.37	7042	5494	2121
2003	2.86	1.34	7179	5570	2123
2004	2.86	1.38	7708	6047	2376
2005	2.84	1.42	8201	6422	2549
2006	2.81	1.47	9054	6909	2648
2007	2.81	1.57	10473	7804	3183
2008	2.84	1.56	12200	9959	4216
2009	2.86	1.59	13701	10664	4286
2010	2.87	1.6	15516	12231	4749

9—4 分地区城镇居民家庭人均可支配收入

(1991--2010)

单位：元

年份	市区	涪城	游仙	三台	盐亭	安县	梓潼	北川	平武	江油
1991	1957			1449					1113	1775
1992	2410			1697					1371	2186
1993	3006			2040					1429	2653
1994	4330			2584					2168	3119
1995	4609			2974					3145	3967
1996	4494			3356					3400	4058
1997	4772			3596					3511	4062
1998	5275			3985					3731	4344
1999	6991			4097					4391	4430
2000	7200			4774					4533	5491
2001	7302			5206					4744	6370
2002	7864			5397					5702	7092
2003	7811		8053	5725					5761	7521
2004	8383		8993	6236					5921	8004
2005	8913		9640	6641					6674	8460
2006	9971		10649	7538					7627	9000
2007	11456	10963	12873	8988					8793	10360
2008	13706	13148	15422	10638	10550	10218	10213	6500	9694	10714
2009	15358	15406	17177	12400	12310	12058	11920	10563	11516	12608
2010	17187	17219	19105	14304	14202	13904	13753	12519	13301	14470

9—5 分地区城镇居民家庭人均人消费性支出

(1991--2010)

单位：元

年 份	市区	涪城	游仙	三台	盐亭	安县	梓潼	北川	平武	江油
1991	1665			1261					983	1535
1992	1985			1382					1173	1831
1993	2339			1707					1230	2258
1994	3539			2170					1888	2546
1995	4370			2443					2368	3480
1996	4435			2782					2731	3698
1997	3977			2842					2768	3485
1998	4338			3103					2717	3458
1999	5164			3200					3315	3542
2000	5706			3516					3262	4288
2001	5736			3922					2973	4564
2002	6049			4376					3616	5537
2003	6143		6331	4434					3658	5725
2004	6767		7606	4728					3970	6027
2005	7280		8504	4875					4169	6322
2006	8041		9475	5272					4815	6724
2007	9074	8529	10639	6366					5367	7445
2008	11556	11099	12951	7539	8247	8577	8513		6781	8698
2009	13128	12026	14791	8632	9565	10551	946	7424	6995	9555
2010	14416	13320	16490	11054	11268	11827	11327	7501	10296	11000

9—6 城镇居民家庭平均每百户年末耐用消费品拥有量

(2005--2010)

项 目		2005	2006	2007	2008	2009	2010
成套家具	(套)	112.4	110				
洗衣机	(台)	100	100.2	99.5	97.2	96.9	98.2
电冰箱	(台)	92.6	92	93.4	94.8	92.8	94.8
彩色电视机	(台)	140.9	140	138.6	133.4	133.8	135.5
影碟机	(台)	81.8	83				
组合音响	(套)	29	29.6	29.6	27.9	26.7	28
家用电脑	(台)	38	40.6	48.2	51	53.3	61.4
照相机	(架)	44.8	41.4	37.2	35.6	30.3	30.1
摄像机	(架)	2.4	2.9	5	5.2	3.5	3.9
空调器	(台)	54.3	57.5	72.4	102.9	100.9	95.3
微波炉	(台)	33.7	36.5	45.5	49.1	46.7	45.9
淋浴热水器	(台)	89.4	88.4	92.3	92.8	93.1	94.4
排油烟机	(台)	58.2	58.4				
电风扇	(台)	172	164.5				
取暖器	(台)	57.5	57				
饮水机	(台)	46.3	48.7				
自行车	(辆)	103	97.7				
家用汽车	(辆)	1.7	2.6	2.9	6.7	5.8	7.7
固定电话	(部)	83.2	72.1	59.8	67.1	62.5	61.6
移动电话	(部)	138.5	157.2	175.6	183.8	194.6	199.3

9—7 城镇居民家庭平均每人全年收入

(2010 年)

项目	总平均	低收入户	较低收入户	中间收入户	较高收入户	高收入户
平均每户就业人口(人)	1.6	1.36	1.64	1.62	1.72	1.64
平均每人全年总收入(元)	17170	8646	12768	15809	20089	32180
# 可支配收入(元)	15516	7426	11545	14458	18304	29194
1.工资性收入	12319	5462	8645	11342	16083	22788
# 工资及补贴收入	11934	4961	8403	11005	15736	22263
其他劳动收入	385	501	242	337	346	525
2.经营净收入	1312	742	1248	1218	843	2791
3.财产性收入	376	96	105	345	184	1349
# 利息收入	24	1	8	17	8	100
股息与红利收入	42	8	19	37	35	130
保险收益	4				10	10
其他投资收入	25			2	9	135
出租房屋收入	258	76	75	290	122	847
4.转移性收入	3163	2347	2770	2904	2979	5253
# 养老金或离退休金	2397	1624	2145	2219	2527	3792
社会救济收入	109	297	130	51	18	16
保险收入(理赔性)	6	33	25	12	1	55
赡养收入	159	189	157	223	74	146
捐赠收入	277	98	175	252	249	703
5.出售财物收入	144	4		60	647	32
# 出售住房收入	141			56	646	26

9—8 城镇居民家庭平均每人全年消费支出

(2010 年)

单位: 元

项目	总平均	低收入户	较低收入户	中间收入户	较高收入户	高收入户
消费支出	12232	6748	9753	11305	13644	22035
其中:服务性消费支出	3352	1656	2367	2935	4060	6511
一、食品	4749	3235	4234	4635	5234	6956
㈠粮油类	574	517	545	569	595	668
㈡肉禽蛋水产品类	1251	1022	1222	1294	1320	1456
㈢蔬菜类	483	410	478	495	513	535
㈣调味品	90	79	80	91	101	107
㈤糖烟酒饮料类	545	304	488	518	638	857
㈥干鲜瓜果类	314	185	278	313	364	472
㈦糕点、奶及奶制品	273	166	263	271	351	339
㈨饮食服务	1176	530	852	1048	1286	2456
二、衣着	1568	728	1225	1495	1790	2934
㈠服装.单价	152	112	122	149	160	190
㈡衣着材料	7	5	4	9	9	11
㈢鞋类.单价	126	79	115	130	129	172
㈣其它衣着用品	54	33	43	47	72	83
㈤衣着加工服务费	10	5	6	9	13	19
三、居住	981	552	708	827	977	2082
㈠住房	342	94	137	179	306	1166
㈡水电燃料及其它	552	415	506	560	572	756
㈢居住服务费	87	43	65	88	99	159

9-8 续表

单位：元

项　　目	总平均	低收入户	较低收入户	中间收入户	较高收入户	高收入户
四、家庭设备用品及服务	832	325	706	790	828	1707
㈠耐用消费品	369	96	322	371	363	787
㈡室内装饰品	26	6	5	13	16	105
㈢床上用品	66	27	40	64	58	165
㈣家庭日用杂品	321	184	274	307	352	538
㈤家具材料	17		52	12	17	4
㈥家庭服务	33	12	14	22	23	109
五、医疗保健	727	468	588	753	668	1276
㈠医疗器具	3	1	1	1	3	8
㈡保健器具	11	3	9	6	15	28
㈢药品费	402	276	371	490	367	539
㈣滋补保健品	69	27	38	65	55	188
㈤医疗费	224	156	151	175	206	485
㈥其它医疗保健支出	17	6	18	16	21	28
六、交通和通讯	1366	557	894	992	1652	3146
㈠交通	629	157	258	291	730	2010
㈡通信	737	400	636	701	922	1136
七、教育文化娱乐服务	1521	641	1083	1380	1933	2923
㈠文化娱乐用品	363	102	301	341	388	775
㈡文化娱乐服务	505	138	238	395	612	1331
㈢教育	654	400	543	643	932	816
八、其它商品和服务	488	241	314	432	563	1011

9—9　城镇居民家庭生活设施情况

(2010 年)

项　　目		总平均	低收入户	较低收入户	中间收入户	较高收入户	高收入户
饮水情况							
自来水	(%)	92.4	98	93.4	88.3	92.7	90
矿泉水	(%)	5.2	1.1	3.9	8.6	5.3	6.8
纯净水	(%)	1.9		2.7	2.1	1.1	3.3
井、河水	(%)	0.6	0.9		1	0.9	
用水情况							
独用自来水	(%)	97.8	93.4	99.3	99	98.9	98
公用自来水	(%)	1.6	5.5	0.7		0.2	2.1
井、河水	(%)	0.6	0.9		1	0.9	
卫生设备							
无卫生设备	(%)						
有厕所浴室	(%)	91.5	81.5	89.1	94	95	96.9
有厕所无浴室	(%)	4.4	6.7	7	2.8	4.9	1.1
公用	(%)	4.1	11.8	3.9	3.1	0.2	2.1
取暖设备							
无取暖设备	(%)	40.6	61.3	55	40	30.4	18.6
空调设备	(%)	55	33.5	38.7	54.2	66.4	79.7
炊用燃料使用情况							
管道天燃气	(%)	93.9	85.3	93.9	95.3	96.2	97.9
灌装液化石油气	(%)	4.2	8.7	4.4	4.5	1.9	1.9
煤炭	(%)	1	2.3	1		1.7	
其他燃料	(%)	1	3.7	0.7	0.2	0.2	0.2
通信设备使用情况							
固定电话	(线/百户)	61.6	41.9	57.7	60.2	71	75.4
移动电话	(部/百户)	199.3	172.6	190.6	207.3	207.9	215.9
使用互联网	(条/百户)	48.3	21.8	44.7	49.3	55	68.3

9—10 城镇居民家庭住房情况

（2010 年）

项　　目		总平均	低 收入户	较低 收入户	中间 收入户	较高 收入户	高 收入户
家庭居住人口	(人)	2.86	3.34	3.11	2.89	2.71	2.32
现住房总建筑面积	(平方米)	31.8	23.8	26.7	31	36.3	44.7
房屋产权(合计)	(%)						
租赁公房	(%)	6	14.4	7	3.9	2.4	2.8
租赁私房	(%)	4.4	5.8	6	3.5	3.8	2.9
原有私房	(%)	10	13.4	10	10.7	9.6	7.2
房改私房	(%)	37.2	30.4	34.6	38.7	36.3	45.4
商品房	(%)	39.3	27.8	41.4	41.3	41.1	40.5
其它	(%)	3	4.7	1.5	1.8	6.7	1.1
住宅建筑式样(合计)	(%)						
四居室	(%)	8.2	4.4	8.3	5.6	10.9	11.5
三居室	(%)	31.2	22.3	22.7	30.3	39.4	40.3
二居室	(%)	43.1	42	47.4	51.1	36.6	38.7
一居室	(%)	3.7	3.5	8.3	3.1	2.6	1
普通楼房	(%)	10.5	18.6	10.1	7.4	9.5	7.5
平房及其它	(%)	3.3	9.1	3.2	2.5	1	1

9—11　农村居民家庭基本情况

(2005--2010)

项　　目		2005	2006	2007	2008	2009	2010
调查户数	(户)	1360	1360	1360	1360	1360	1360
调查户常住人口	(人)	4731	4704	4685	4678	4576	4610
平均每户常住人口	(人)	3.5	3.5	3.4	3.5	3.4	3.4
打家截道平均每户整、半劳力	(人)	2.7	2.7	2.8	2.8	2.6	2.7
平均每个劳动力负担人口(含本人)人	(人)	1.3	1.3	1.2	1.3	1.3	1.2
平均每人总收入	(元)	4737	5056	5862	6891	7400	8208
平均每人纯收入	(元)	3179	3462	4039	4752	5152	5940
# 现金纯收入	(元)	2491	2818	3290	3763	4466	5063
实物纯收入	(元)	688	644	749	990	686	877
平均每人现金收入	(元)	3664	4062	4726	5492	6204	6772
平均每人总支出	(元)	4098	4327	5019	6385	8720	7156
# 生活消费支出	(元)	2456	2609	3048	3924	6051	4607
恩格尔系数	(%)	49.3	47.7	47.6	41.2	29.5	43.7
平均每人现金支出	(元)	3252	3598	4125	5391	7584	5883
平均每户年末生产性固定资产原值	(元)	1619	1685	1887	2094	2433	2763
平均每人经营耕地面积	(亩)	1.3	1.3	1.4	2.7	2.7	1.7
平均每人经营山地面积	(亩)	0.4	0.4	0.4	0.5	0.5	0.4
平均每人经营水面面积	(亩)			0.1	0.1	0.1	0.1
平均每人年内新建房屋面积	(平方米)	1	0.6	0.8	3.0	8.6	1.5
平均每人年末使用房屋面积	(平方米)	37	36.8	36.9	38.5	42.4	42.8
年末平均每平方米使用房屋价值	(元)	142.8	153.4	186	252	395	408

9—12 主要年份农村居民家庭人均主要指标

单位：元

年份	总收入	纯收入	现金收入	总支出			现金支出	年末手存现金	年末存款余额
					生活消费支出	家庭经营费用支出			
1978	183	174			190				
1979									
1980	256	204			181				
1981	263	211			193				
1982	328	268			204				
1983	395	262			219				
1984	438	280		420	248	127			
1985	505	333		463	286	141		28	13
1986	537	343		523	325	162			
1987	608	385		597	370	186		41	24
1988	769	481		753	458	243		48	32
1989	864	533		865	515	272		61	36
1990	927	575		901	530	285		65	49
1991	1027	606		1005	585	338		74	41
1992	1077	627		1087	633	361		94	45
1993	1269	720		1285	733	463		110	51
1994	1758	952		1827	1010	686	1279	173	70
1995	2227	1227	1574	2163	1162	823	1529	223	119
1996	2796	1544	2012	2836	1483	1037	1934	341	144
1997	3062	1824	2344	2903	1625	1036	2196	450	181
1998	3065	1977	2265	2676	1523	881	2143	546	329
1999	3038	2082	2384	2505	1540	756	2270	620	454
2000	3341	2187	2202	2814	1618	888	2078	682	483
2001	3470	2256	2474	2864	1621	934	2172	670	518
2002	3669	2400	2567	2988	1712	985	2223	808	869
2003	3874	2551	2194	3204	1863	1071	2383	279	1116
2004	4343	2902	3194	3627	2142	1232	2670	292	1192
2005	4737	3179	3664	4098	2456	1305	3252	427	1248
2006	5056	3462	4061	4327	2609	1397	3598	567	1442
2007	5862	4039	4726	5019	3048	1603	4125	582	2002
2008	6891	4752	5492	6385	3924	1902	5391	457	2670
2009	7400	5152	6204	8720	6051	1953	7584	659	2704
2010	8208	5940	6772	7156	4607	1931	5883	921	3751

9—13 农村居民家庭人均总收入、纯收入和总支出

(2005--2010)

单位：元

项 目	2005	2006	2007	2008	2009	2010
全年总收入	**4737**	**5056**	**5862**	**6891**	**7400**	**8208**
工资性收入	1070	1243	1369	1465	1855	2283
家庭经营收入	3418	3516	4125	4528	4829	5132
转移性收入	205	245	304	823	642	695
财产性收入	44	52	64	75	74	98
全年纯收入	**3179**	**3462**	**4039**	**4752**	**5152**	**5940**
工资性收入	1070	1243	1369	1465	1855	2283
家庭经营收入	1934	2001	2386	2468	2708	3006
转移性收入	131	166	220	744	515	553
财产性收入	44	52	64	75	74	98
全年总支出	**4098**	**4327**	**5019**	**6385**	**8720**	**7156**
家庭经营费用支出	1365	1397	1603	1902	1953	1931
购置生产性固定资产支出	62	85	85	198	186	108
缴纳税金	11	7	10	19	6	12
上交集体承包任务						
集体提留和摊派						
生活消费支出	2456	2609	3048	3924	6051	4607
食品	1212	1244	1452	1615	1783	2012
衣着	135	156	176	201	241	285
居住	301	320	466	1104	2701	990
家庭设备、用品及服务	136	139	166	194	335	313
医疗保健	138	179	197	220	323	298
交通和通讯	220	276	313	337	394	407
文教娱乐用品及服务	254	232	220	185	207	223
其他商品和服务	60	63	58	68	67	79

9—14 农村居民家庭平均每人全年收入

(2010年)

单位：元

项　目	总平均	低收入户	中　低 收入户	中　等 收入户	中　高 收入户	高收入户
平均每人全年总收入	**8208**	**4009**	**5592**	**7337**	**9824**	**16359**
平均每人全年纯收入	5940	2248	3929	5377	7403	12482
工资性收入	2283	789	1501	2078	3024	4723
家庭经营纯收入	3006	1170	1993	2736	3719	6263
农业纯收入	2566	1180	1811	2335	3135	5016
非农业纯收入	440	-10	182	401	584	1247
财产性纯收入	98	47	59	77	94	242
转移性纯收入	553	242	376	486	566	1254
平均每人现金收入	**6772**	**2927**	**4291**	**6034**	**8137**	**14385**
工资性现金收入	2279	787	1498	2072	3021	4717
家庭经营现金收入	3738	1788	2306	3229	4309	8077
财产性现金收入	94	44	53	73	89	240
转移性现金收入	661	308	434	660	718	1351
平均每人全年总支出	**7156**	**5089**	**5753**	**6400**	**8047**	**11607**
家庭经营费用支出	1931	1509	1427	1576	2035	3404
生活消费支出	4607	3244	3941	4290	5272	6952
平均每人现金支出	**5883**	**4034**	**4520**	**5234**	**6601**	**10056**
生产费用现金支出	1591	1199	1019	1251	1657	3141
生活消费现金支出	3792	2596	3161	3526	4339	5938
年末手存现金	**921**	**790**	**987**	**807**	**860**	**1220**
年末存款余额	**3751**	**3042**	**3073**	**3279**	**3521**	**6359**

9—15 各地区农村居民家庭人均纯收入及生活消费支出

(2007--2010)

单位：元

地区	农村居民人均纯收入				农村居民人均生活消费支出				食品支出			
	2007	2008	2009	2010	2007	2008	2009	2010	2007	2008	2009	2010
全 市	**4039**	**4752**	**5152**	**5940**	**3048**	**3924**	**6051**	**4607**	**1452**	**1615**	**1783**	**2012**
涪城区	5288	6193	6695	7706	4214	4666	4981	5539	1822	2179	2389	2489
游仙区	4402	5256	5665	6520	3015	3734	4795	4802	1542	1645	1959	2197
三台县	3976	4727	5138	5934	3253	4264	5981	4618	1469	1691	1747	1994
盐亭县	3587	4399	4801	5532	2310	2922	3920	3210	1178	1238	1236	1448
安 县	4247	4969	5354	6157	2796	4388	5943	3259	1417	1536	1631	1718
梓潼县	3729	4591	4993	5768	2560	3339	6947	4828	1283	1527	1762	2045
北川县	2831	3193	3450	3980	2438	3862	9713	6016	1346	1695	2361	2269
平武县	3065	3269	3569	4119	2348	3175	6967	5189	1264	1160	1707	1755
江油市	4349	4869	5260	6062	3526	4072	7676	5543	1620	1710	1937	2393

9—16 农村居民家庭人均现金收、支、存情况

(2005--2010)

单位:元

项　　目	2005	2006	2007	2008	2009	2010
期内现金收入(不含储蓄借贷，下同)	**3664**	**4061**	**4726**	**5492**	**6204**	**6772**
工资性收入	1070	1233	1367	1456	1851	2279
家庭经营收入	2350	2540	2999	3203	3638	3738
财产性收入	42	49	60	67	80	94
转移性收入	202	239	300	766	635	661
期内现金支出(不含储蓄借贷，下同)	**3252**	**3598**	**4125**	**5391**	**7584**	**5883**
生产费用支出	1099	1188	1370	1783	1737	1591
家庭经营费用支出	1035	1103	1280	1566	1524	1474
购置生产性固定资产支出	62	85	85	198	186	108
缴纳税金	11	7	10	19	6	12
上交集体承包任务						
集体提留和摊派						
生活消费支出	1941	2174	2478	3268	5345	3792
食品	727	816	936	1072	1186	1280
衣着	135	156	176	200	241	285
居住	270	312	411	991	2592	909
家庭设备、用品及服务	136	139	166	194	334	313
医疗保健	138	179	197	220	323	298
交通和通讯	220	277	313	337	395	407
文教娱乐用品及服务	255	232	221	186	207	223
其他商品和服务	60	63	58	68	67	77
期末手存现金	**427**	**567**	**582**	**457**	**659**	**921**
期末存款余额	**1247**	**1442**	**2002**	**2670**	**2704**	**3751**

9—17 农村居民家庭消费品消费量、耐用消费品拥有量和生产性固定资产原值

(2005--2010)

项　目		2005	2006	2007	2008	2009	2010
人均主要消费品消费量							
粮食(原粮)	(公斤)	209	203	181	185	181	178
蔬菜	(公斤)	95	70	76	67	77	79
食油	(公斤)	3	3	4	3	3	5
肉类	(公斤)	31	32	28	29	35	35
# 猪肉	(公斤)	29	30	26	22	27	26
# 家禽	(公斤)	4	4	5	5	6	6
蛋及制品	(公斤)	4	5	5	2	5	6
水产品	(公斤)	2	2	2	2	2	3
食糖	(公斤)	1	1	1	1	1	1
酒	(公斤)	10	12	11	11	13	11
# 白酒	(公斤)	6	6	6	6	7	6
每百户年末耐用消费品拥有量							
自行车	(辆)	77	70				
电风扇	(台)	160	172				
洗衣机	(台)	49	54	60	67	74	73
家用电冰箱	(台)	10	15	25	32	46	56
摩托车	(辆)	31	37	39	45	53	50
彩色电视机	(台)	84	85	95	96	102	106
黑白电视机	(台)	31	25	19	15	8	5
移动电话	(部)	66	78	99	114	137	145
电话机	(部)	42	50	52	51	47	42
平均每户生产性固定资产原值							
合计	(元)	1619	1685	1887	2045	2433	2763
农业	(元)	1441	1546	1706	1322	2170	2493
工业	(元)	34	36	17	13	15	12
建筑业	(元)	1		3	4	12	5
交通运输业	(元)	80	72	115	72	165	204
批发和零售贸易餐饮业	(元)	53	20	19	15	16	22
社会服务业	(元)	1	3	12	4	9	8
文教卫生业	(元)	3	2	10	1	4	3
其他	(元)	6	6	5	2	42	16

主要统计指标解释

一、城市住户

城市家庭人口　指居住在一起，经济上合在一起共同生活的家庭成员。凡计算为家庭人口的成员其全部收支都包括在本家庭中。

城市就业者负担人数　指家庭人口与就业人口之比。

城市家庭总收入　指家庭成员得到的工薪收入、经营净收入、财产性收入、转移性收入之和，不包括出售财物收入和借贷收入。

城市家庭可支配收入　指家庭成员得到可用于最终消费支出和其它非义务性支出以及储蓄的总和，即居民家庭可以用来自由支配的收入。它是家庭总收入扣除交纳的所得税、个人交纳的社会保障费以及记账补贴后的收入。

城市家庭总支出　指除借贷支出以外的全部家庭支出。包括消费性支出、购房建房支出、转移性支出、财产性支出、社会保障支出。

城市家庭消费性支出　指家庭用于日常生活的支出，包括食品、衣着、家庭设备用品及服务、医疗保健、交通和通信、娱乐教育文化服务、居住、杂项商品和服务等八大类支出。

二、农村住户

整、半劳动力　整劳动力指男子 18 周岁到 50 周岁，女子 18 周岁到 45 周岁；半劳动力指男子 16 周岁到 17 周岁，51 周岁到 60 周岁；女子 16 周岁到 17 周岁，46 周岁到 55 周岁，同时具有劳动能力的人。虽然在劳动年龄之内，但已丧失劳动能力的人，不应算为劳动力；超过劳动年龄，但能经常参加劳动，计入半劳动力数内。常住人口中的职工，若这些职工为劳动力，就包括在本户的整半劳动力中。

农村居民家庭总收入　指调查期内农村住户和住户成员从各种来源渠道得到的收入总和。按收入的性质划分为工资性收入、家庭经营收入、财产性收入和转移性收入。

农村居民家庭纯收入　指农村住户当年从各个来源得到的总收入相应地扣除所发生的费用后的收入总和。计算方法:

纯收入＝总收入- 家庭经营费用支出- 税费支出-生产性固定资产折旧- 调查补贴-赠送农村外部亲友支出

纯收入主要用于再生产投入和当年生活消费支出，也可用于储蓄和各种非义务性支出。“农民人均纯收入”按人口平均的纯收入水平，反映的是一个地区或一个农户农村居民的平均收入水平。

农村居民家庭总支出　指农村住户用于生产、生活和再分配的全部支出。家庭经营费用支出、购置生产性固定资产支出、生产性固定资产折旧、税费支出、生活消费支出、财产性支出和转移性支出。

农村居民家庭生活消费支出　指农村常住居民家庭用于日常生活的全部开支，是反映和研究农民家庭实际生活消费水平高低的重要指标。

恩格尔系数　指食物支出金额在生活消费总支出金额中所占的比例。

恩格尔系数＝(食品支出金额/生活消费总支出金额)× 100%

人民生活

城乡居民储蓄存款余额　指城乡居民把货币资金存入银行或其他信贷机构的储蓄金额，包括城镇居民储蓄存款和农民个人储蓄存款，不包括居民的手存现金和工矿企业、部队、机关、团体等单位存款。

城市家庭人口　指居住在一起，经济上合在一起共同生活的家庭成员。凡计算为家庭人口的成员其全部收支都包括在本家庭中。

城市就业者负担人数　指家庭人口与就业人口之比。

城市家庭总收入　指家庭成员得到的工薪收入、经营净收入、财产性收入、转移性收入之和，不包括出售财物收入和借贷收入。

城市家庭可支配收入　指家庭成员得到可用于最终消费支出和其它非义务性支出以及储蓄的总和，即居民家庭可以用来自由支配的收入。它是家庭总收入扣除交纳的所得税、个人交纳的社会保障费以及记账补贴后的收入。

城市家庭总支出　指除借贷支出以外的全部家庭支出。包括消费性支出、购房建房支出、转移性支出、财产性支出、社会保障支出。

城市家庭消费性支出　指家庭用于日常生活的支出，包括食品、衣着、家庭设备用品及服务、医疗保健、交通和通信、娱乐教育文化服务、居住、杂项商品和服务等八大类支出。

城市与社会经济 10

CHENG SHI YU SHE HUI JING JI

>>>

10—1 城市社会经济数据

项目		2010年	
		全市	市辖区
一、人口、劳动力及土地面积			
（一）人口			
年末总人口	(万人)	541.87	122.20
其中：非农业人口	(万人)	145.42	67.16
年平均人口	(万人)	543.26	122.25
常住人口	(万人)	461.40	135.53
暂住人口(一个月以上)	(万人)	22.60	14.34
年出生人口	(人)	51830	11215
年死亡人口	(人)	71259	7737
年末总户数	(万户)	191.53	45.00
（二）从业人员			
年末单位从业人员数（城镇）	(万人)	34.56	19.08
第一产业(农、林、牧、渔业)	(万人)	0.16	0.02
第二产业	(万人)	16.31	10.04
(1)采矿业	(万人)	0.01	0
(2)制造业	(万人)	12.11	8.75
(3)电力、燃气及水的生产和供应	(万人)	0.87	0.36
(4)建筑业	(万人)	3.32	0.93
第三产业	(万人)	18.09	9.02
(1)交通运输、仓储及邮政业	(万人)	0.94	0.67
(2)信息传输、计算机服务和软件	(万人)	0.29	0.16
(3)批发和零售业	(万人)	0.65	0.38
(4)住宿、餐饮业	(万人)	0.22	0.16
(5)金融业	(万人)	1.54	0.93
(6)房地产业	(万人)	0.27	0.07
(7)租赁和商业服务业	(万人)	0.15	0.03
(8)科学研究、技术服务和地质勘	(万人)	1.99	1.93
(9)水利、环境和公共设施管理业	(万人)	0.77	0.44
(10)居民服务和其他服务业	(万人)	0.04	0.02

10-1 续表 1

项　　目		2010 年	
		全市	市辖区
(11)教育	(万人)	5.03	1.86
(12)卫生、社会保障和社会福利业	(万人)	1.94	0.83
(13)文化、体育和娱乐业	(万人)	0.16	0.12
(14)公共管理和社会组织	(万人)	4.10	1.42
(15)国际组织	(万人)	0	0
城镇私营和个体从业人员	(人)	454964	257035
年末城镇登记失业人员数	(人)	30359	18305
（三）土地面积及水资源			
行政区域土地面积	(平方公里)	20249	1570
其中：建成区面积	(平方公里)		103
城市建设用地面积	(平方公里)		103
其中：居住用地面积	(平方公里)		28
公共设施用地面积	(平方公里)		18
工业用地面积	(平方公里)		27
水资源总量	(万立方米)	1171700	
二、综合经济			
（一）地区生产总值(当年价格)	(万元)	9602153	4567045
第一产业增加值	(万元)	1664900	311732
第二产业增加值	(万元)	4682656	2569392
建筑业	(万元)	698801	270098
第三产业增加值	(万元)	3254597	1595921
其中：交通运输仓储及邮政业	(万元)	374338	137066
信息传输、计算机服务和软件业	(万元)	163952	126146
金融业	(万元)	135598	64564
房地产业	(万元)	352506	163902
科学研究、综合技术服务和地质勘查业	(万元)	302261	171932
地区生产总值(2005 年价格)	(万元)	8603242	4233068
人均地区生产总值	(元)	20053	35376
地区生产总值增长率	(%)	15.34	19.31

10-1 续表 2

项目		2010年	
		全市	市辖区
（二）财政			
地方财政一般预算内收入	（万元）	452057	281852
其中：各项税收	（万元）	342777	212896
其中：企业所得税	（万元）	22285	17509
个人所得税	（万元）	13102	8324
地方财政一般预算内支出	（万元）	3453220	1112550
一般性公共服务支出	（万元）	181885	77941
科学技术支出	（万元）	19084	13475
教育支出	（万元）	235635	86003
文化体育与传媒支出	（万元）	18531	9273
医疗卫生支出	（万元）	118604	33785
环境保护支出	（万元）	75530	44275
城乡社区事务支出	（万元）	80109	54534
交通运输支出	（万元）	52669	27206
社会保障和就业支出	（万元）	236490	81133
社会保险基金支出	（万元）	361421	155108
（三）金融			
年末金融机构存款余额	（万元）	17844730	9368011
其中：城乡居民储蓄年末余额	（万元）	8032211	3562361
年末金融机构各项贷款余额	（万元）	8772810	5318035
（四）保险			
保费收入	（万元）	444427	
其中：财产险	（万元）	111495	
人身险	（万元）	332932	
赔款、给付	（万元）	94990	
其中：财产险	（万元）	58998	
人身险	（万元）	35992	

10-1 续表 3

项　　目		2010 年	
		全市	市辖区
三、工业			
规模以上工业法人企业:			
(一)工业企业数	(个)	926	385
(1)内资企业	(个)	883	356
#国有企业	(个)	20	9
私营企业	(个)	575	237
#私营独资企业	(个)	96	31
私营股份有限公司	(个)	39	12
(2)港、澳、台商投资企业	(个)	18	11
(3)外商投资企业	(个)	25	18
(二)工业总产值(当年价)	(万元)	12675301	7844046
(1)内资企业	(万元)	11912854	7206398
#国有企业	(万元)	381306	217025
私营企业	(万元)	3645702	1431314
#私营独资企业	(万元)	289176	119841
私营股份有限公司	(万元)	208432	81323
(2)港、澳、台商投资企业	(万元)	171632	116850
(3)外商投资企业	(万元)	590815	520798
(三)企业财务			
从业人员年平均人数	(万人)	22.76	12.41
流动资产合计	(万元)	7443353	5812059
固定资产合计	(万元)	3604619	1629583
主营业务收入	(万元)	12920293	8438320
主营业务成本	(万元)	10850756	6982745
主营业务税金及附加	(万元)	163394	124755
本年应交增值税	(万元)	576562	340459
利润总额	(万元)	953315	617100

10-1 续表 4

项　　目		2010 年	
		全市	市辖区
四、交通运输、邮电通信、能源电力			
（一）交通运输			
铁路旅客运量	（万人）	819.70	
铁路货物运量	（万吨）	849	
民用汽车拥有量	（辆）	203682	
其中：私人汽车拥有量	（辆）	178239	
公路客运量（全社会）	(万人)	9195.00	
公路货运量（全社会）	万吨）	4422	
境内等级公路里程	（公里）	9208	
境内高速公路里程	（公里）	112	
沿海港口货物吞吐量(规模以上)	（万吨）	0	
内河港口货物吞吐量(规模以上)	（万吨）	1	
水运客运量（全社会）	（万人）	28.00	
水运货运量（全社会）	（万吨）	1	
民用航空货邮运量	（吨）	7839	
民用航空客运量	（人）	577236	
（二）邮电通讯			
年末邮政局(所)数	（处）	416	57
邮政业务收入	（万元）	22282	
电信业务收入	（万元）	237930	
年末固定电话用户数	（万户）	74.26	37.03
年末移动电话用户数	（万户）	384.13	164.33
互联网宽带接入用户数	（户）	339539	203809
（三）能源消费			
能源消费量	（万吨/标准煤	329	56
全社会用电量	（万千瓦时）	730771	288581
其中：工业用电	（万千瓦时）	367241	122853
城乡居民生活用电	（万千瓦时）	141051	60907

10-1 续表 5

项　　目		2010 年	
		全市	市辖区
五、内外贸易、外经、旅游			
（一）贸易			
限额以上批发零售贸易业商品销售总额	（万元）	1812697	1569865
社会消费品零售总额	（万元）	4195624	1580000
限额以上批发零售企业数（法人数）	（个）	113	47
其中：零售业	（个）	81	37
(二)限额以上批发零售贸易业企业财务			
从业人员年平均人数	（万人）	1.19	0.81
流动资产合计	（万元）	471868	405922
固定资产合计	（万元）	80243	66400
主营业务收入	（万元）	1617114	1383549
主营业务成本	（万元）	1409701	1198939
主营业务税金及附加	（万元）	18749	17897
本年应交增值税	（万元）	49212	36762
利润总额	（万元）	97480	95074
（三）外贸　外经			
货物进口额（海关数）	（万美元）	77087	
货物出口额（海关数）	（万美元）	82665	
外商直接投资：			
当年新签项目(合同)个数	（个）	7	
当年实际使用外资金额	（万美元）	15063	11582
（四）旅游			
海外游客人数（含一日游游客）	（人）	13236	
其中：外国人	（人）	4615	
港、澳、台同胞	（人）	8621	
国际旅游（外汇）收入	（万美元）	579	
六、固定资产投资			
（一）固定资产投资			
全社会固定资产投资总额	（万元）	8209702	3265040

10-1 续表 6

项目		2010年	
		全市	市辖区
其中：城镇固定资产投资额	(万元)	6980507	3029483
其中：房地产开发投资额	(万元)	1058418	866496
其中：住宅	(万元)	888890	731147
全年新增固定资产	(万元)	5232297	1255731
（二）房地产			
商品房屋销售面积	(万平方米)	358.06	228.42
其中：住宅	(万平方米)	340.17	221.21
其中：高档别墅公寓	(万平方米)	4.04	4.04
商品房屋销售额	(万元)	1274046	950627
其中：住宅	(万元)	1167537	887719
其中：别墅、高档公寓	(万元)	24467	24467
商品房屋空置面积	(万平方米)	14.79	5.48
(三)保障性住房建设			
保障性住房本年完成投资	(万元)	324348	44477
其中：廉租房	(万元)	33156	9811
保障性住房施工面积	(万平方米)	305	42.09
其中：廉租房	(万平方米)	35.12	13.53
保障性住房竣工面积	(万平方米)	69.28	6.51
其中：廉租房	(万平方米)	8.56	5.55
七、教育、科技、文化、卫生			
（一）教育			
学校数			
普通高等学校数	（所）	8	7
中等职业教育学校数	（所）	34	23
普通中学学校数	（所）	267	58
小学学校数	（所）	432	74
专任教师数			
普通高等学校教师数	（人）	5179	5006
中等职业教育学校教师数	（人）	2158	1323
普通中学教师数	（人）	18449	6246

10-1 续表 7

项　　目		2010 年	
		全市	市辖区
小学教师数	（人）	17218	4542
在校学生数			
普通高等学校学生数	（人）	83971	81234
高中阶段在校学生数	（人）	105906	45672
中等职业教育学校学生数	（人）	86607	53516
普通中学学生数	（万人）	30.52	10.24
小学学生数	（万人）	27.15	7.55
初中毕业生升学率	(%)	109	129
成人高等学校在校学生数	（人）	5502	5478
（二）科技			
从事科技活动人员数	（人）	18855	
R&D 内部经费支出	（万元）	194240	
专利申请受理量	（项）	1858	
专利申请授权量	（项）	1133	
其中：发明	（项）	643	
（三）体育			
体育场馆数	（个）	9	3
（四）文化			
剧场、影剧院数	（个）	4	1
公共图书馆图书总藏量	（千册、件）	1277	581
（五）卫生			
医院、卫生院数	（个）	390	94
医院、卫生院床位数	（张）	19343	7466
医生数（执业医师+执业助理医师）	（人）	8717	3404
注册护士	（人）	6648	3369
八、人民生活、社会保障			
在岗职工平均人数	（万人）	32.79	18.1
在岗职工工资总额	（万元）	1066424	652255

10-1 续表 8

项　　目		2010 年	
		全市	市辖区
（一）居民收支			
城镇居民人均可支配收入	(元)		17187
最低 20%户人均可支配收入	(元)		8301
最高 20%户人均可支配收入	(元)		32393
城镇居民人均消费支出	(元)		14416
其中：(1)食品	(元)		5203
(2)衣着	(元)		1821
(3)居住	(元)		1195
(4)家庭设备用品及服务	(元)		974
(5)医疗保健	(元)		874
(6)交通和通信	(元)		1990
(7)教育文化娱乐服务	(元)		1774
（二）居民生活			
每百户居民家庭拥有：			
（1）家用汽车	(辆)		14
（2）家用电脑	(台)		84
(3)固定电话	(部)		68
(4)移动电话	(部)		207
(5)互联网用户	(户)		68
人均住房使用面积	(平方米)		37.26
居民消费价格指数(上年为 100)	(%)		103.4
（三）社会保障			
基本养老保险参保人数	(人)	704603	297922
基本医疗保险参保人数	(人)	498162	240113
失业保险参保人数	(人)	212235	124683
社会福利院数	(个)	230	38
社会福利院床位数	(张)	20941	3396
社区服务设施数	(个)	27	10

10-1 续表 9

项目		2010年	
		全市	市辖区
城镇居民最低生活保障人数	(人)	123776	32085
九、社会治安			
(一) 交通			
交通事故死亡人数	(人)	192	53
交通事故损失额	(万元)	241	128
火灾事故死亡人数	(人)	0	0
火灾事故损失额	(万元)	799	461
(二) 社会治安			
刑事案件立案数	(件)	1836	704
犯罪人数	(人)	2337	976
其中：青少年人数青少年人数(年龄16-25周岁)	(人)	887	441
十、市政公用事业			
(一) 基础设施			
城市维护建设资金支出	(万元)		115391
年末实有城市道路面积	(万平方米)		1484
排水管道长度	(公里)		1016
供水综合生产能力(包括自备水源)	(万立方米/日)		43.23
供水总量	(万吨)		7731
售水量	(万吨)		6983
其中：居民生活用水量	(万吨)		3855
用水人口	(万人)		85.57
(二) 供气			
供气总量 (人工、天然气)	(万立方米)		36244
其中：家庭用量	(万立方米)		7732
用气人口	(人)		827600
液化石油气供气总量	(吨)		3340
其中：家庭用量	(吨)		3152
用液化气人口	(人)		30000

10-1 续表 10

项　　目		2010 年	
		全市	市辖区
（三）公共交通			
年末实有公共汽(电)车营运车辆数	（辆）		1010
全年公共汽(电)车客运总量	（万人次）		25599.2
年末实有出租汽车数	（辆）		1077
轨道交通线路长度	（公里）		0
轨道交通客运总量	（万人次）		0
（四）绿地			
绿地面积	（公顷）		3667
其中：公园绿地面积	（公顷）		908
建成区绿化覆盖面积	（公顷）		3897
十一、环境保护			
三废综合利用产品产值	（万元）	23533	
工业废水排放量	（万吨）	9492	
工业废水排放达标量	（万吨）	9436	
工业二氧化硫去除量	（吨）	40765	
工业二氧化硫排放量	（吨）	46081	
工业烟尘去除量	（吨）	1072225	
工业烟尘排放量	（吨）	19843	
工业固体废物综合利用率	（%）	88.03	
污水集中处理率	（%）	51.2	
生活垃圾无害化处理率	（%）	69.1	
空气质量达标(API<100)天数	（天）	352	

注：1.社会治安 2008 年采用的是公安统计口径，按照国家局要求，2010 年起调整为法院判决口径。

2.人口数据中，常住人口数是 2010 年人口普查数，其余数据都是 2010 年公安户籍数。

县市区概况 11

XIAN SHI QU GAI KUANG

11—1 各县市区国民经济

(2010 年)

指　　标		全　市	涪城区	游仙区	三台县
一、自然资源					
行政区域土地面积	(平方公里)	20249	597	973	2661
年末实有耕地面积	(公顷)	280576	12658	25201	79335
二、人口和劳动力					
年末总户数	(户)	1915320	250111	199915	486250
年末总人口	(万人)	541.87	67.9	54.3	147.6
# 女	(万人)	262.45	33.6	26.5	70.1
# 农业人口	(万人)	396.46	19.9	35.2	126.9
非农业人口	(万人)	145.4	48.0	19.2	20.7
当年出生人口	(人)	51803	6410	4805	17040
当年死亡人口	(人)	71259	3434	4303	15833
年末城镇单位从业人员数	(人)	345589	148679	42098	54673
# 女	(人)	130527	67524	11619	15888
# 第二产业	(人)	163221	89651	10770	29973
第三产业	(人)	180790	58932	31218	24490
城镇登记失业人员数	(人)	30359	10973	7332	1919
三、农村经济					
有效灌溉面积	(公顷)	210650	12658	21440	60044
农业机械总动力	(万千瓦)	229	19	25	42
水产品产量	(吨)	94477	11420	10502	18300

和社会发展主要指标

盐亭县	安县	梓潼县	北川县	平武县	江油市
1645	1189	1442	3084	5974	2719
36569	28443	28318	11454	20358	38240
211891	172562	138432	80371	61280	314508
59.7	43.7	38.3	24.0	18.5	88.0
29.0	21.3	18.5	11.6	8.9	43.0
50.2	37.3	32.0	17.4	15.6	62.1
9.5	6.3	6.3	6.6	2.9	25.9
6088	3809	1805	2825	1615	7406
20252	5913	2540	2448	2736	13800
10876	14691	11178	11349	6817	45228
2888	5591	4137	4471	2656	15753
488	5260	2825	3222	509	20523
10241	9406	8185	7966	6031	24321
1369	1115	816	513	664	5658
20610	24830	28318	2490	3300	36960
25	27	26	8	10	47
14500	19280	8050	1030	95	11300

11-1 续表 1

指　　标		全　市	涪城区	游仙区	三台县
四、主营业务收入 500 万元以上工业企业					
企业单位数	(个)	926	276	109	117
工业总产值（当年价）	(万元)	12675301	6558225	1285822	909307
资产总计	(万元)	13469576	7894054	1279213	521283
流动资产合计	(万元)	7443353	5133723	678336	214269
固定资产净值	(万元)	3604619	1480344	149239	235024
负债合计	(万元)	8885406	5159745	818979	299961
主营业务收入	(万元)	12920293	7294649	1143671	895713
主营业务税金及附加	(万元)	163394	119265	5490	4889
利润总额	(万元)	953314.8	509480	107620	82109
# 应交所得税	(万元)	86517	35703	20197	4960
利税总额	(万元)	1693270	906845	175469	124305
本年应交增值税	(万元)	576562	278101	62359	37307
全部从业人员年平均人数	(人)	227627	104165	19910	19925
五、交通运输、邮电通讯、能源					
公路客运周转量	(万人公里)	447365	120580	33812	71820
公路货运周转量	(万吨公里)	417742	195358	24883	44698
境内公路总里程	(公里)	15649	1116	1254	3080
# 等级公路（含一、二、三和四级公路）	(公里)	9208	949	1169	953
# 高等级公路	(公里)	390	110	60	41

盐亭县	安　县	梓潼县	北川县	平武县	江油市
52	72	51	31	27	191
315562	723679	528769	125387	126622	2101929
110148	658644	299372	277273	571990	1857601
47166	310247	160756	85912	60221	752723
54055	218369	73806	146105	455075	792604
54615	428871	188106	199438	466208	1269483
311530	675230	495751	107417	117161	1879172
4602	4356	5272	437	936	18147
24978	47418	13703	11815	12974	143218
2362	4730	195	1615	658	16097
50700	100662	33501	18755	20009	263024
21119	48888	14527	6502	6099	101660
5500	14746	10226	2915	2648	47592
54575	18105	27587	29541	18398	72945
9025	23917	11220	15711	19664	73266
1767	1340	1805	2077	1382	1828
1027	1226	1019	596	776	1492
12	66	40	28	6	27

11-1 续表 2

指　　标		全　市	涪城区	游仙区	三台县
境内铁路营运里程	（公里）	129	20	6	
境内火车站个数	（个）	12	3	1	
邮政业务总量	(万元)	32472	10524	2295	5332
电信业务总量	(万元)	291103	151221	8801	32987
邮电主营业务收入	(万元)	260212	108359	17494	32035
# 电信主营业务收入	(万元)	237930	102586	16423	28096
年末本地固定电话用户（不包括分机）	(户)	742610	348124	22221	109525
# 住宅电话	(户)	575061	248135	14164	93453
# 城市	(户)	331149	193599	11051	28009
农村	(户)	243912	54536	3113	65444
年末移动电话用户数	(户)	3841307	1561120	82164	566270
国际互联网用户	(户)	339539	199937	3872	29183
全年用电量	(万千瓦时)	730771	235214	53367	56250
# 工业用电量	(万千瓦时)	367241	101671	21182	24288
# 农村用电量	(万千瓦时)	108106	27841	13661	12425
六、固定资产投资					
全社会固定资产投资完成额	(万元)	8209702	2357634	907406	651384
城镇固定资产投资完成额	(万元)	5922089	2216379	813104	557658
城镇新增固定资产	(万元)	3731874	585002	308653	189946
城镇固定资产投资项目个数	(个)	4543	536	289	1745
房地产开发投资完成额	(万元)	1058418	758686	107810	94401
# 住宅	(万元)	888890	643008	88139	82378

盐亭县	安　县	梓潼县	北川县	平武县	江油市
					102
					8
3528	2472	1402	1199	1304	4416
13314	16792	11950	8433	6901	40705
14680	17454	12186	9454	7812	40738
12128	15606	10867	8191	6843	37190
34269	36584	38019	12367	12116	129385
29344	32040	32141	10905	9579	105300
11469	8274	11628	2159	5262	59698
17875	23766	20513	8746	4317	45602
239917	268930	219315	130346	122565	650680
10013	14950	11215	7106	4868	58395
15020	102784	23996	25957	32549	185634
5218	34312	10267	18582	22727	128994
8791	5585	10444	2581	2680	24098
400556	701140	501151	1060280	508316	1121835
295432	581775	305351	936548	439625	834635
217888	333956	276582	899527	398448	521872
332	218	282	120	320	701
12880	26958	17202		910	39571
12134	19668	14983		790	27790

11-1 续表 3

指　　标		全市	涪城区	游仙区	三台县
七、建筑业					
建筑企业单位数	（个）	239	122	22	21
建筑业企业从业人员	（人）	109235	28136	14006	20551
建筑业总产值	（万元）	1814009	549675	362446	265323
商品房屋销售额	（万元）	1274046	827565	123062	117114
八、国内贸易、对外经济和旅游					
限额以上批发零售贸易业销售总额	（万元）	1916474	1205670	415473	31674
社会消费品零售总额	（万元）	4195624	1177300	402700	785985
出口总额（包括转口贸易）	（万美元）	112738	86629	6790	3980
当年实际使用外资金额	（万美元）	27280	16202	1631	1663
旅游人数	（人次）	11929900	1721000	1075000	2229600
旅游收入总额	（万元）	652400	200100	69600	85500
入境旅游外汇收入总额	（美元）	5785600	5785600		
星级饭店个数	（个）	36	10	4	5
星级饭店客房总数	（间）	6994	2572	665	528
九、人民生活和劳动工资					
城镇在岗职工人数	（人）	332812	142138	41907	54363
# 国有经济单位	（人）	159091	49653	34000	19622
城镇集体经济单位	（人）	14781	1675	355	9082
城镇在岗职工年平均人数	（人）	327864	139243	41752	53028
城镇在岗职工工资总额	（万元）	1066424	454307	197948	138215
# 国有经济单位	（万元）	619353	198334	177193	64898
城镇集体经济单位	（万元）	42150	7383	1626	22530
城镇在岗职工年平均货币工资	（元）	32526	32627	47410	26065

盐亭县	安　县	梓潼县	北川县	平武县	江油市
7	5	4	4	3	51
15163	1167	1081	720	1183	27228
191859	40453	13185	14786	13055	363229
18729	47893	33027		1382	105274
14432	10493	26679	3800	5930	202323
355859	270024	325960	90889	56799	730108
820	4100	5510	151	238	4520
840	2200	800	560	312	3072
493000	1775900	1802700	522500	351200	1959000
12100	65100	75200	20500	20200	104100
1	3	3	2	2	6
89	985	359	263	499	1034
10808	13558	10696	9621	6081	43640
9924	7562	7178	6147	5163	19842
337	902	270	490	208	1462
10720	13599	10812	9011	6054	43645
30962	43206	29821	25360	17267	129338
28208	25090	23531	17315	14889	69896
1107	3698	583	1562	585	3076
28883	31772	27581	28143	28522	29634

11-1 续表 4

指　　标		全市	涪城区	游仙区	三台县
农村居民人均纯收入	(元)	5940	7706	6520	5934
十、社会保障					
各种社会福利收养性单位数	(个)	230	13	25	67
各种社会福利收养性单位床位数	(床)	20941	1545	1851	6272
参加基本养老保险的职工数	(人)	704603	261221	36701	104613
参加基本医疗保险的职工数	(人)	498162	223452	16661	52521
参加失业保险人数	(人)	212235	105937	18746	18520
城镇居民最低生活保障人数	(人)	123776	17509	14576	28242
农村居民最低生活保障人数	(人)	192755	8175	11996	51869
农村传统救济人数	(人)	634	4		
参加农村合作医疗的人数	(人)	3899035	227949	342015	1216817
参加农村养老保险的人数	(人)				
十一、财政、金融					
财政总收入	(万元)	1003412	576852	37050	72334
地方财政收入（含基金收入）	(万元)	781849	450374	22163	60171
# 一般预算收入	(万元)	452057	260088	21764	32817
各项税收	(万元)	342777	193124	19772	20436
财政总支出	(万元)	4110524	1239250	197016	455800
地方财政一般预算支出	(万元)	3453220	931519	181031	416590
# 教育支出	(万元)	235635	67886	18117	45725
年末金融机构各项存款余额	(万元)	17844730	8365634	1002377	1698045
# 年末城乡居民储蓄存款余额（包括邮政储蓄）	(万元)	8032211	3067193	495168	1055974
年末金融机构各项贷款余额	(万元)	8772810	4632008	686027	651037

盐亭县	安　县	梓潼县	北川县	平武县	江油市
5532	6157	5768	3980	4119	6062
49	22	17	6	5	26
3646	2274	1682	490	290	2891
30659	25791	23328	36328	21650	164298
24604	17613	17744	10017	11138	124412
5253	9832	6415	5391	1732	40409
19899	7920	14801	7616	2405	10808
32934	12019	15488	21456	11755	27036
513	92		16		
507034	373007	294269	169445	150682	617817
20413	61390	26686	36150	21417	151120
18095	50424	24266	30534	14131	111691
9258	21062	10957	18207	13412	64492
6468	16369	8327	14344	12100	51837
266016	351086	226340	483420	310812	580784
235794	291970	188386	459063	252054	496813
20564	15756	13700	15969	9941	27977
747223	1256300	521345	942797	794301	2516708
474552	519797	521345	370636	187675	1339871
168581	479147	222794	700592	427348	805276

11-1 续表 5

指　　标		全 市	涪城区	游仙区	三台县
十二、教育、科技、文化、卫生					
小学学校数	(所)	432	42	32	111
普通中学学校数	(所)	267	38	20	89
小学在校学生总数	(人)	271531	51748	23767	70882
# 女	(人)	131007	25009	11533	33831
普通中学在校学生总数	(人)	305188	75898	26506	75835
# 女	(人)	151033	37428	13104	37159
小学专任教师总数	(人)	17218	2738	1804	3661
普通中学专任教师总数	(人)	18449	4606	1640	4331
学龄儿童入学率	(%)	100	100	100	100
# 女童入学率	(%)	100	100	100	100
初中升学率	(%)	108.8	205.3	129.7	67.4
医院、卫生院数	(个)	390	62	32	68
医院、卫生院床位数	(张)	19343	5065	2401	2726
医院、卫生院技术人员	(人)	19326	5778	2372	3039
# 医生	(人)	8717	2499	905	1352
体育场馆数	(个)	9	2	1	2
剧场、影剧院数	(个)	4	1		
公共图书馆图书总藏量	(千册)	1277	580.5		145.5
卫生防疫人员数	(人)	388	114	23	36
5 岁以下儿童死亡率	(‰)	9.45	6.3	6.0	12.6
婴儿死亡率	(‰)	6.67	4.2	4.7	8.6
产妇住院分娩比例	(%)	99.3	99.8	100.0	98.9

盐亭县	安　县	梓潼县	北川县	平武县	江油市
44	26	35	25	44	73
38	21	12	11	8	30
32537	19846	14204	12006	9567	36974
15947	9639	6884	5799	4514	17851
27117	19888	17313	12076	9072	41483
13374	10140	8574	6148	4435	20671
1783	1275	1243	1009	958	2747
1783	1299	995	837	576	2382
100	100	100	100	100	100
100	100	100	100	100	100
60.9	82.7	62.6	68.8	55.1	91.3
39	23	35	24	27	80
1282	1371	807	606	616	4469
1163	1131	649	399	378	4417
522	745	516	198	156	1824
1	2				1
1	1				1
150	86	89.5	50	25	150.5
23	82	27	18	16	50
11.5	9.0	11.9	7.5	12.2	5.8
7.8	7.3	7.6	6.0	9.5	4.2
98.0	99.7	99.8	98.9	98.6	99.9

11-1 续表 6

指　　标		全 市	涪城区	游仙区	三台县
十三、社会治安					
交通事故件数	(件)	923	412	143	40
刑事案件立案件数（一审）	(件)	21448	7606	2086	3533
犯罪人数	(人)	2337	661	315	321
民事案件发案数	(件)	15974	3657	1662	2331
十四、资源、环境与可持续发展					
建成区面积	(平方公里)	168.5	103		17
# 建成区绿化覆盖面积	(平方公里)	58.6	39		6
森林面积	(公顷)	1051025	15360	31530	84314
当年造林面积	(公顷)	13024	45	1131	533
自然保护区个数	(个)	11		1	1
自然保护区面积	(公顷)	330104		11073	63940
工业二氧化硫排放量	(吨)	46081	2691	223	1578
工业废水排放量达标率	(%)	99.4	99.9	99.2	98.9
工业烟尘排放量达标率	(%)	98.1	99.4	98.4	97.6
城镇生活污水处理率	(%)	51.2	90.8	90.8	
污水处理厂数	(座)	4	2		

盐亭县	安　县	梓潼县	北川县	平武县	江油市
22	67	65	48	56	70
930	1501	1183	1049	264	3296
123	196	158	66	78	419
1264	1305	1275	791	403	3286
5	5	6	5	3	24
1	1	1	1	0	9
92464	66217	55479	163522	412307	129833
3201	1902	333	733	4063	1083
1	1		2	4	1
16300	10390	10000	64115	125033	29253
322	5635	232	954	535	33912
98.4	98.4	99.9	97.9	99.6	99.6
96.9	96.4	45.7	96.7	99.4	100.0
	29.3				44.9
	1				1

12 农业

NONG YE

12—1 农村基本情况

(2005--2010)

指　　标	2005	2006	2007	2008	2009	2010
农村基层组织(个)						
乡镇数	277	275	276	276	277	277
# 镇数	142	141	142	142	143	143
村民委员会	3412	3410	3411	3409	3407	3297
乡村户数、人口、从业人员						
乡村户数 (户)	1295146	1297620	1301855	1327141	1329954	1335889
乡村人口数 (人)	4226830	4240435	4226278	4203927	4207838	4208104
乡村从业人员数 (人)	2348665	2428968	2446576	2429564	2445596	2454175
按性别分						
男	1269440	1311699	1325526	1319836	1323212	1327286
女	1079225	1117269	1121050	1109728	1122384	1126889
按行业分						
农林牧渔业	1262857	1246381	1189893	1153237	1137608	1123413
工业	198753	236020	258946	261266	267145	280360
建筑业	223501	253157	270341	301289	329058	338037
交通运输业、仓储及邮电通信业	53401	56070	58928	64346	66574	67850
批发零售贸易业餐饮业	170931	185490	193415	193314	201010	207169
其他非农行业	439222	451850	475053	456112	444201	437346
农业基本情况						
年末实有耕地面积(公顷)	277347	281407	283712	280823	279927	280576
水田	127221	129755	130276	130382	129058	127559
旱地	150126	151652	153436	150441	150869	153017
年内减少耕地面积(公顷)	4738	2307	739	4142	3656	2026
# 国家基建占地	264	185	228	912	2268	1488
乡村集体占地	138	75	82	123		
农民个人建房占地	70	60	40	855	636	348
农业机械总动力 (万千瓦)	140.63	152.71	163.99	179.49	205.51	229.13
有效灌溉面积 (公顷)	213090	209620	208550	208580	209510	210600
化肥施用量 (吨)	176691	189402	199220	204166	209217	210445
农村用电量 (万千瓦时)	64998	70624	75680	81263	88979	92821
农作物总播种面积(公顷)	620719	656236	656765	660488	665626	669486
粮食	413603	431569	433773	434771	437783	438751
油料	116766	116636	117004	128517	131910	133817
糖料	449	448	407	365	346	288

12—2 农林牧渔业总产值

(1982--2010)

单位：万元

年 份	农林牧渔业总产值	农 业	林 业	牧 业	渔 业	农林牧渔业服务业
1982	112327	82760	5433	23610	524	
1983	126479	91394	7688	26857	540	
1984	150295	112108	9064	28134	989	
1985	167678	121363	8883	35985	1447	
1987	189598	125034	8475	53990	2099	
1988	234207	145475	9254	76625	2853	
1989	266102	160044	11507	90707	3844	
1990	337189	220577	12023	100444	4145	
1991	372750	238957	13654	115279	4860	
1992	405211	254581	13905	131151	5574	
1993	524052	325578	18259	171479	8736	
1994	730888	399596	24747	294975	11570	
1995	876276	513798	25399	323800	13279	
1996	1023544	599446	30549	377383	16166	
1997	1099335	618485	35637	427274	17939	
1998	1105653	640275	37533	408416	19429	
1999	1071058	607615	38534	400960	23949	
2000	1092567	593750	42775	430119	25923	
2001	1112000	556600	43100	483300	29000	
2002	1183700	591200	50700	510100	31700	18798
2003	1260600	586500	57400	559100	38100	19382
2004	1603126	727447	59827	740280	53984	21588
2005	1795424	773377	66867	849811	82208	23161
2006	1944388	816567	73626	936549	92123	25523
2007	2486223	951311	79212	1323766	103640	28294
2008	2540400	1217847	72371	1137742	77564	34876
2009	2573965	1268112	70564	1114100	83070	38119
2010	2732153	1356119	76911	1165859	92737	40527

注：本表按当年价格计算；2009 年种植业和林业产值进行了调整。

12—3 主要年份农林牧渔业总产值价格指数

年 份	农林牧渔业总产值	农 业	林 业	牧 业	渔 业	农林牧渔业服务业
1952	109.30	107.70	109.50	115.20	103.10	
1962	93.50	94.40	93.50	90.30	96.80	
1965	114.00	111.40	116.70	122.40	131.20	
1970	105.30	106.60	94.20	118.60	83.10	
1978	110.90	111.70	105.30	110.00	109.60	
1980	110.40	108.50	112.00	115.90	117.50	
1985	104.04	100.14	88.11	118.67	128.54	
1986	102.40	99.31	83.03	113.52	105.92	
1987	102.95	101.45	95.27	107.19	102.98	
1988	106.05	104.83	87.13	110.41	126.04	
1989	104.73	105.02	112.00	103.24	110.99	
1990	105.68	105.10	93.18	108.25	103.61	
1991	109.32	106.95	114.54	112.89	118.43	
1992	105.69	103.33	101.22	110.37	108.82	
1993	104.38	100.70	114.79	108.92	122.44	
1994	97.33	87.11	116.26	109.92	128.19	
1995	113.70	115.77	105.98	112.13	109.95	
1996	104.40	102.88	122.12	104.20	114.82	
1997	105.63	103.72	105.78	107.76	109.84	
1998	103.54	104.75	103.74	101.86	108.93	
1999	104.85	105.33	101.49	103.84	122.32	
2000	104.60	102.79	105.88	106.11	115.10	
2001	100.56	93.35	95.85	109.02	110.91	
2002	101.30	101.37	106.87	101.06	97.13	
2003	101.47	100.98	101.75	102.34	101.01	100.42
2004	119.35	117.20	103.00	123.65	123.83	104.38
2005	103.07	103.15	104.13	113.91	101.73	101.73
2006	102.14	103.25	102.21	101.09	102.99	103.00
2007	121.14	110.79	103.26	133.54	104.71	105.76
2008	108.70	111.80	108.00	106.10	115.10	108.40
2009	96.50	99.40	102.10	92.50	101.20	102.10
2010	101.90	103.30	101.10	100.20	104.50	101.00

注：本表按可比价格计算；2003 年起按新口径计算；2004 年起指数按可比价格缩减法计算。

12—4 县市区农林牧渔业总产值

(2010 年)

单位：万元

地 区	农林牧渔业总产值	农 业	林 业	牧 业	渔 业	服务业
全 市	2732153	1356119	76911	1165859	92737	40527
涪城区	227093	114804	4988	96061	7889	3351
游仙区	284803	140732	6271	122318	11170	4312
三台县	703531	353374	16098	297851	25607	10601
盐亭县	387285	190580	9379	167908	4081	442
安 县	281301	140868	6063	120537	9723	4898
梓潼县	254977	128357	6106	108131	8605	3778
北川县	98575	41396	10659	44118	1018	1384
平武县	78633	37145	8364	31996	108	1020
江油市	415955	208863	8983	176939	14951	6219

注：本表按当年价格及新口径计算。

12—5 县市区农林牧渔业总产值价格指数

(2010 年)

上年=100

地 区	农林牧渔业总产值	农 业	林 业	牧 业	渔 业	服务业
全 市	101.90	103.30	101.10	100.20	104.50	101.00
涪城区	101.90	103.30	101.00	100.20	104.50	101.00
游仙区	101.90	103.30	101.10	100.20	104.70	101.00
三台县	101.90	103.30	101.30	100.90	104.50	101.00
盐亭县	102.00	103.60	101.00	100.20	104.50	101.00
安 县	101.90	103.30	101.00	100.20	104.50	101.00
梓潼县	101.90	103.20	101.70	100.20	104.50	101.00
北川县	101.90	104.00	101.00	100.20	104.50	101.00
平武县	101.90	103.60	101.00	100.20	104.90	101.00
江油市	101.90	103.30	101.00	100.20	104.50	101.00

注：指数按可比价缩减法计算

12—6 主要农业机械和农产品加工机械拥有量

(1980--2010)

年 份	农业机械总动力(万千瓦)	农用运输车		农用大中型拖拉机		农用小型及手扶拖拉机	
		数量(辆)	动力(万千瓦)	数量(台)	动力(万千瓦)	数量(台)	动力(万千瓦)
1980	45.70	248	1.47	1562	4.20	8698	7.69
1981	51.50	320	1.88	1858	5.20	9480	8.48
1982	53.20	320	1.89	1869	5.04	9700	7.90
1984	60.10	988	5.78	1893	5.35	9930	9.15
1985	62.00	1332	7.81	1903	5.33	9827	9.23
1986	75.30	1590	9.57	1861	5.27	10786	10.33
1987	75.10	1535	9.30	1690	4.78	12322	12.08
1988	75.30	1720	10.62	1551	4.37	14160	14.29
1990	82.12	1943	8.60	1126	3.32	15272	15.81
1991	84.02	2476	10.65	955	2.84	15109	16.68
1992	87.72	2805	12.28	763	1.80	14591	15.48
1993	88.57	3000	13.61	635	1.99	13389	14.97
1994	92.06	3880	16.63	528	1.73	13399	14.46
1995	97.99	4877	20.32	418	1.30	13102	14.25
1996	101.24	3200	13.50	374	1.15	13300	14.55
1997	106.68	3942	16.51	310	0.94	13144	14.41
1998	109.80	4014	16.82	301	0.92	12577	13.90
1999	114.93	4514	19.88	603	1.50	12754	14.24
2000	120.82	5057	18.13	1854	4.18	11816	13.33
2001	122.50	5222	18.39	2289	5.54	11326	12.80
2002	124.96	6167	21.58	3280	6.30	11507	12.89
2003	128.25	6547	21.98	2979	7.04	10293	11.71
2004	129.55	6374	18.48	2747	8.18	9999	11.51
2005	140.63	7479	20.53	3268	8.44	10166	12.32
2006	152.71	6790	19.61	1187	3.41	9197	10.43
2007	163.99	5624	17.96	1829	4.35	9605	12.71
2008	179.49	6267	18.06	5615	9.97	7522	9.25
2009	205.51	6469	19.04	8473	16.32	9199	10.74
2010	229.13	6775	19.40	9594	19.23	11421	12.46

注：1999 年及以前年份“农用运输车”统计口径为“农用载重汽车”。

12—7 县市区主要农业机械和

(2010 年)

指 标		全市	涪城区	游仙区
农业机械总动力	(万千瓦)	229.13	19.27	24.50
农用运输车				
数量	(辆)	6775	547	528
动力	(万千瓦)	19.40	1.80	0.70
农用大中型拖拉机(含变型拖拉机)				
数量	(台)	9594	476	1003
动力	(万千瓦)	19.28	1.01	1.82
农用小型及手扶拖拉机				
数量	(台)	11421	580	1122
动力	(万千瓦)	12.46	0.57	1.04
农业排灌动力机械				
数量	(台)	20741	1320	1419
动力	(万千瓦)	29.27	1.90	1.39
柴油机				
数量	(台)	10694	940	603
动力	(万千瓦)	8.49	0.65	0.53
大中型拖拉机配套农具	(部)	5464	404	724
农用小型及手扶拖拉机配套农具	(部)	10286	550	1161
耕整机	(台)	69679	8316	9926
旋耕机	(台)	10717	379	1767
播种机	(台)	498	42	278
农用水泵	(台)	18410	1329	1355
联合收割机	(台)	2041	120	149
机动脱粒机	(台)	66848	1988	6070
粮食加工机械	(台)	87675	874	9076

农产品加工机械拥有量

三台县	盐亭县	安县	梓潼县	北川县	平武县	江油市
42.36	24.85	27.00	25.92	7.87	9.95	47.41
1034	382	685	706	1213	336	1344
3.02	1	2.51	1.73	2.90	0.92	4.82
627	1282	2051	1053	1160	396	1546
1.93	2.83	4.02	2.36	1.90	0.77	3.37
1321	283	1908	4124	53	809	1221
1.73	0.24	2.15	4.23	0.06	1.04	1.41
5172	3801	2595	3040	61	90	3243
7.77	3.75	3.21	4.55	0.08	0.28	6.33
2276	2902	548	1860	10	12	1543
2.21	1.38	0.58	1.36	0.01	0.01	1.77
110	1138	816	686	0	40	1546
1162	426	2146	3580	0	40	1221
16572	9302	4637	6003	366	866	13691
1020	713	2819	2359	42	2	1616
46	0	91	5			36
5172	3670	2468	1028	179	73	3136
103	219	648	265	26	31	480
15870	13754	3446	15032	1137	928	8623
12171	24569	2093	5640	6825	1946	24481

12—8 主要年份年末水利工程、灌溉面积、化肥施用量及用电情况

年 份	年末实有水利工程			有效灌溉面积(公顷)	化 肥施用量(吨)	农 村用电量(万千瓦时)
	工程数(万处)	水利工程蓄引能力(亿立方)	年实际供水量(亿立方)			
1952	5.61	2.72	2.19	38779		
1962	6.63	4.98	4.31	84322		
1965	7.04	5.72	4.77	95881		
1970	6.93	7.21	5.70	113156	51877	5001
1975	6.96	9.11	7.28	132119	79605	5501
1978	6.79	10.88	8.07	139844	52428	8221
1980	6.89	11.85	8.90	149565	74454	14051
1985	6.84	14.83	9.77	149016	119924	16615
1990	7.09	15.87	9.56	154648	131500	25639
1991	7.13	15.95	9.79	155249	138353	28396
1992	7.16	15.99	9.61	155327	130728	31233
1993	7.10	15.96	9.74	154203	132075	38164
1994	7.11	16.06	10.24	155359	145537	46650
1995	7.16	16.46	10.50	160960	163865	52809
1996	7.20	16.60	10.70	163673	174953	47597
1997	7.24	16.89	10.81	167965	184964	44245
1998	7.27	16.93	10.76	176627	180657	47903
1999	7.28	17.24	11.46	191093	175832	49467
2000	7.30	18.40	12.10	212493	179287	53947
2001	7.30	18.50	13.40	214493	169230	57775
2002	7.34	18.56	12.65	215727	170126	59015
2003	7.36	19.55	12.32	217327	169223	61528
2004	7.36	19.78	12.21	215570	171993	63527
2005	7.36	19.78	10.85	213090	176691	64998
2006	7.39	19.81	11.62	209620	189402	70624
2007	7.41	19.82	11.90	208550	199220	75680
2008	7.41	19.84	10.64	208580	204166	81263
2009	7.44	19.85	10.58	209510	209217	88979
2010	7.46	19.86	10.67	210600	210445	92821

12—9 县市区农机化作业、农村用电量、柴油使用量情况

(2010 年)

地 区	农业机械化情况					农用柴油使用量（吨）	农村用电量(万千瓦时)
	机耕面积（公顷）	机播面积（公顷）	机电灌溉面积（公顷）	机收面积（公顷）	机械植保面积（公顷）		
全 市	195268	14078	92286	113258	146094	28344	92821
涪城区	13452	681	4122	7513	10540	1840	16073
游仙区	15400	1600	8000	17000	32700	636	9852
三台县	41136	2013	23275	18020	23094	8771	18520
盐亭县	28485	2125	16868	10238	22944	4193	7500
安 县	25958	1595	13070	23740	22127	211	9161
梓潼县	26999	2200	9333	16000	9552	4012	7564
北川县	1633		920	1363	1600	877	2581
平武县	1433		558	158	3719	890	4667
江油市	40772	3864	16140	19226	19818	6914	16903

12—10 县市区农用化肥施用量、农用柴油、农膜用量情况

(2010 年)

单位：吨

地 区	化 肥施用量	氮 肥	磷 肥	钾 肥	复合肥	农用塑料薄膜	农 药使用量
全 市	210445	113619	52171	8527	36128	8184	5661
涪城区	19272	6916	4619	2260	5477	608	396
游仙区	25282	13142	8007	1414	2719	453	568
三台县	53577	22781	21365	2163	7268	4267	960
盐亭县	40000	27410	7766	1412	3412	835	1499
安 县	15247	11176	1688	109	2274	155	375
梓潼县	14750	10664	2343	180	1563	334	390
北川县	7769	4903	1392	106	1368	104	121
平武县	6378	3468	454	31	2425	58	30
江油市	28170	13159	4537	852	9622	1370	1322

12—11 主要年份农作物

年份	粮食		稻谷		小麦		玉米	
	播种面积	产量	播种面积	产量	播种面积	产量	播种面积	产量
1952	535858	787000	133188	396000	73402	66000	100786	101000
1962	530922	771000	104431	310000	101367	78000	96554	117000
1965	529413	1076000	138152	482000	96934	107000	94989	176000
1970	512276	1126000	110162	436000	100448	179000	105130	189000
1975	528328	1257000	135815	531000	111749	181000	96455	217000
1978	534581	1600000	126461	640000	120592	265000	101844	313000
1980	530030	1862000	130577	817000	140825	294000	103689	407000
1982	533800	2127000	140067	989000	139800	399000	101867	405000
1984	509898	2218000	145567	1065000	140564	493000	95170	351000
1985	472759	2013000	141141	906000	118393	441000	94644	359000
1986	476018	1961000	137558	934000	120462	432000	98270	209000
1987	483533	1955268	121248	832088	125229	452008	107721	330463
1988	490006	2070493	138740	962927	132420	495676	99262	328327
1989	491345	2276737	141570	1074289	137099	512431	97178	374090
1990	494966	2390321	142735	1117534	140293	553497	98094	386713
1991	490324	2428359	143302	1137236	140091	578797	97926	373034
1992	479716	2449016	141748	1150639	141618	602562	93747	362063
1993	486842	2392026	138536	1115970	145804	566526	94753	362541
1994	478089	1790845	136661	754221	139501	600458	94952	181112
1995	475706	2340302	135948	1052048	139464	634263	94858	322514
1996	479522	2357194	136760	1094509	142195	582860	95605	347146
1997	483681	2419645	137438	1095350	146070	637492	95812	368669
1998	483930	2395774	133715	1089352	145205	543644	99237	428385
1999	479468	2462858	135034	1121650	143921	555072	97930	442612
2000	452117	2387604	130271	1069057	129906	543154	92593	430391
2001	432511	1815313	123448	880210	122705	452070	91060	254989
2002	414611	2010126	119556	896499	118976	478349	86051	353817
2003	392015	1974013	112888	875865	109314	443879	84911	381231
2004	404986	2128423	116872	929689	109439	463490	91021	432242
2005	413603	2179407	118717	927109	114192	502527	94249	444068
2006	431569	2102677	116510	878061	117770	533675	97963	388152
2007	433773	2234875	118667	923019	119145	550142	99790	431984
2008	434771	2246510	118163	938663	119517	535477	102872	463628
2009	437783	2307251	119379	964390	120978	546084	104666	486177
2010	438751	2339618	118671	966326	120510	550680	106153	505516

播种面积和产量

面积：公顷
产量：　吨

豆类		油料		花生		油菜籽	
播种面积	产　量	播种面积	产　量	播种面积	产　量	播种面积	产　量
76575	57100	31057	23743	11854	11553	18635	11938
71591	40300	27612	16169	13605	9669	13594	6366
76700	82100	34128	32839	14734	15644	19142	17027
69470	85700	30124	36211	11554	15218	18423	20899
65921	62800	37187	39107	11429	15915	25610	23075
61447	55100	36357	43203	11430	16304	24737	26728
41742	34400	41695	54848	11944	12855	29291	41581
41489	33800	51467	810000	11933	9600	39267	708000
40294	54200	56241	97640	12697	18780	43316	78524
31981	48200	95691	166372	13804	19965	81667	146138
29266	43500	99930	170631	13957	15838	85764	154562
28102	38000	96624	171952	13372	21409	83044	150125
26541	38300	91640	165203	13233	20362	78239	144652
24394	37100	87780	152074	12852	21743	74766	130134
23267	36800	89947	166100	12644	23309	77153	142591
21613	36800	94637	196258	12306	25006	82194	171048
20261	34600	89437	183243	12135	26327	77127	156678
20877	35181	78357	156050	14538	32427	63617	123341
20032	32910	89076	172589	16137	21808	72779	150617
19349	34592	94769	202019	16299	32490	78222	169268
19027	33969	91005	184774	16274	35790	74481	148623
18488	33391	90557	179973	17624	38210	72544	141308
18832	29352	96759	189706	20472	47774	75883	141542
18188	29696	102490	211057	24202	60673	77755	149760
19714	35272	115589	251262	27938	73184	87254	177642
20898	30573	118223	220296	28157	47714	89809	172367
19781	34374	116418	244868	27972	62832	88246	181860
20029	36622	117705	258062	27113	66125	90417	191753
20100	40905	117049	268445	25631	65676	91275	202614
20756	43522	116766	273827	26109	67773	90353	205734
22008	43645	116636	270222	26390	60314	89905	209558
23222	49545	117004	283750	26871	69795	89797	213582
23729	49579	128517	286212	27235	76335	100965	209523
24331	54418	131910	300903	27860	79914	103740	220644
25192	56301	133817	309027	27983	81468	105517	227214

12-11 续 表

年份	棉花		麻类		烟叶		糖料	
	播种面积	产 量	播种面积	产 量	播种面积	产 量	播种面积	产 量
1952	23993	3382	378	118	383	510	65	2072
1962	17592	2627	39	22	155	127	100	2505
1965	28827	12448	72	39	264	302	203	8787
1970	28383	13986	80	65	266	321	826	24856
1975	28151	14137	375	431	853	1015	1520	33122
1978	29120	16901	3810	8538	1225	1432	1341	40344
1980	29114	14383	3445	11669	519	674	740	25996
1982	17733	8300	4533	17483	1267	1410	733	25957
1984	23323	19479	6406	28206	257	308	752	25991
1985	16028	11344	13805	56645	316	492	920	45536
1986	16590	9540	8717	31650	272	356	1161	52239
1987	15851	10029	8625	25009	185	259	996	44391
1988	18994	9790	7060	22685	189	275	790	33192
1989	14488	8034	7665	16381	168	266	642	27532
1990	15582	10530	8295	16325	128	209	475	21238
1991	20436	16743	6805	15910	94	159	469	21625
1992	26563	21530	6398	15077	102	188	648	32634
1993	19554	14265	7287	16933	175	275	780	38424
1994	15004	7018	5797	7468	69	100	732	30365
1995	17921	12522	4735	8686	52	87	743	37124
1996	21583	13822	4003	7749	50	103	634	28495
1997	19433	13518	3983	6682	50	115	591	28599
1998	19170	13948	1280	2564	89	261	529	21000
1999	9588	8967	841	1899	125	342	633	29379
2000	5261	4275	684	1458	135	378	807	36441
2001	4228	1661	533	756	66	150	736	25992
2002	1348	964	460	991	44	79	705	31741
2003	1300	1131	309	661	24	46	681	31026
2004	1986	1992	205	428	20	44	555	26156
2005	1543	1357	193	343	20	37	449	19449
2006	1535	1093	396	478	19	31	448	15945
2007	1440	1198	408	500	18	31	407	15944
2008	1104	995	411	518	15	22	365	14312
2009	970	952	416	545	16	24	346	13416
2010	788	706	389	488	14	24	288	11912

面积：公顷
产量： 吨

薯类产量	水果产量	蔬菜产量	蚕茧产量	茶叶产量	水产品产量
112000	4951		2269	1194	641
194000	5455		996	941	748
185000	2799		1197	932	964
181000	3363		2104	858	1464
222000	6517		3831	1404	2441
279000	8610		5308	1133	2075
264000	10979		9453	1192	2515
216000	12676		8564	1784	2866
191000	18985		9964	2792	4206
197000	20121		11036	2561	5398
158000	21720		11090	1980	5873
221956	25216		11530	1756	6002
154595	26688		11360	2015	7500
209409	28097		12096	1995	8700
226776	30613		14692	2261	9191
229901	37901		19476	2432	11059
225694	44016		23174	2408	12074
233769	57950		25472	2227	14730
143319	58112		25670	2363	17411
220275	68956		25321	2383	19600
223409	72720		16982	2338	22306
180690	83475		14284	2432	25325
213110	107063	1061588	15714	2739	26967
221859	117939	1170615	13347	2788	32349
222277	123676	1342826	12746	2946	35743
150572	120611	1236740	13123	3254	39804
199658	131987	1255106	13326	3489	44270
192383	143391	1321157	14292	4054	51813
219821	162036	1288251	15727	4304	61524
224011	160871	1361328	15821	4123	74933
220346	149805	1585562	15453	4256	81950
245049	173771	1654526	14560	4306	87707
228592	178888	1645645	13573	2079	84026
226800	186356	1690570	11415	2793	90167
231985	190936	1789859	11399	2913	94477

12—12 县市区农作物

(2010 年)

指 标	全 市	涪城区	游仙区	三台县
农作物总播种面积	669486	34731	57848	201156
一、粮食				
播种面积	438751	17213	37648	134817
产量	2339618	103755	236580	813145
(一) 谷物				
播种面积	353899	14626	31841	103902
产量	2051332	93560	210503	681065
1、稻谷				
播种面积	118671	7085	15089	28368
产量	966326	57018	124032	249780
2、小麦				
播种面积	120510	4583	10381	40511
产量	550680	22057	52180	208341
3、玉米				
播种面积	106153	2947	5946	32515
产量	505516	14444	32773	212728
(二) 豆类				
播种面积	25192	503	1218	10171
产量	56301	1591	4045	26045
(三) 薯类				
播种面积	59660	2084	4589	20798
产量	231985	8604	22032	106035
二、棉花				
播种面积	788			495
产量	706			523
三、油料				
播种面积	133817	7352	12884	41808
产量	309027	18813	31338	110254

播种面积和产量

面积：公顷
产量： 吨

盐亭县	安 县	梓潼县	北川县	平武县	江油市
87951	64041	65333	28301	47210	82915
62204	41417	39237	18851	35793	51517
314481	251901	207335	46114	56311	309996
51655	37209	35310	9280	23320	46756
273217	234230	193560	32333	44151	288713
12001	20695	12265	1018	674	21476
95796	168561	93533	7583	3800	166223
22100	9954	14056	638	4187	14100
95779	40181	60467	1468	4450	65757
17395	5637	7877	7334	16900	9602
81119	21646	36140	22866	34685	49115
2195	487	1177	2309	5603	1529
6845	2195	3513	2603	4515	4949
8354	3721	2750	7262	6870	3232
34419	15476	10262	11178	7645	16334
280		13			
178		5			
14608	14802	16370	3898	5874	16221
29872	29438	40568	5084	5524	38136

12-12 续表

指　　标	全 市	涪城区	游仙区	三台县
1、花生				
播种面积	27983	1155	1850	12975
产量	81468	3306	6830	37988
2、油菜籽				
播种面积	105517	6197	11028	28828
产量	227214	15507	24500	72259
四、麻类				
播种面积	389			
产量	488			
五、糖料（甘蔗）				
播种面积	288	6	34	155
产量	11912	140	997	6604
六、烟叶				
播种面积	14			11
产量	24			21
七、药材				
播种面积	5238	7	204	2074
产量	19433	25	1386	7720
八、蚕茧产量	11399	1334	6395	900
九、茶叶产量	2913			
十、水果合计	389516	26842	30241	101832
（一）园林水果产量	190936	19209	13937	68118
苹　果	3230	73	210	5
柑　桔	98814	5669	5118	41259
梨	27227	2591	4631	6117
其　他	61665	10876	3978	20737
（二）瓜果类产量	198580	7633	16304	33714
十一、水产品产量	94477	9000	10502	18300

面积：公顷
产量： 吨

盐亭县	安县	梓潼县	北川县	平武县	江油市
4855	409	4787	428	317	1207
11228	1503	15266	585	406	4356
9733	14393	11340	3448	5540	15010
18606	27935	25050	4484	5100	33773
47		342			
88		400			
6	29	49		1	8
207	1346	2362		19	237
		3			
		3			
106	386	558	1149	446	308
755	2006	3004	1443	813	2281
394	149	1515	228	356	128
	427		209	2070	207
49694	23767	80424	3624	2739	70444
4190	12826	31090	3510	2659	35397
202	293	266	75	619	1485
2350	5748	25129	2052		11489
802	1757	523	298	534	9974
836	5028	5170	1085	1506	12249
45504	10850	49334	114	80	35047
14500	19280	8050	1030	95	11300

12—13 主要年份耕地面积和农作物总播种面积

单位：公顷

年 份	年末实有耕地面积	水 田	旱 地	农作物总播种面积	粮食作物	油 料
1952	414600	151070	263530	619832	535858	31057
1962	383270	132670	250600	601730	530922	27612
1965	390930	146530	244400	629155	529413	34128
1970	382330	143070	239260	609884	512276	30124
1975	374670	144270	230400	654320	528328	37187
1978	368685	141846	226839	666320	534581	36357
1980	365446	140965	224481	645389	530030	41695
1982	360545	146076	214469	650067	533800	51467
1984	356267	150067	206200	639125	509898	56241
1985	352812	148755	204057	647210	472759	95691
1986	351456	148011	203445	655576	476018	99930
1987	350054	146442	203612	664384	483533	96624
1988	348780	147134	201646	669352	490006	91640
1989	347807	147961	199846	664173	491345	87780
1990	346948	148259	198689	667842	494966	89947
1991	345659	148314	197318	677465	490324	94637
1992	343208	147341	195867	672214	479716	89437
1993	340061	146967	193094	668282	486842	78357
1994	339329	146484	192845	661986	478089	89076
1995	336053	145518	190535	666135	475706	94769
1996	333360	144467	188893	667893	479522	91005
1997	331395	143313	188082	673099	483681	90557
1998	327744	141645	186099	677163	483930	96759
1999	323407	140667	182740	677195	479468	102490
2000	317025	140215	176810	669498	452117	115589
2001	310339	138019	172320	655065	432511	118223
2002	293292	131792	161500	630969	414611	116418
2003	283130	128724	154406	611651	392015	117705
2004	280899	127870	153029	611749	404986	117049
2005	277347	127221	150126	620719	413603	116766
2006	281407	129755	151652	656236	431569	116636
2007	283712	130276	153436	656765	433773	117004
2008	280823	130382	150441	660488	434771	128517
2009	279927	129058	150869	665626	437783	131910
2010	280576	127559	153017	669486	438751	133817

12—14 县市区耕地面积和有效灌溉面积

(2010 年)

单位：公顷

地 区	年末实有耕地面积	水 田	旱 地	年内减少耕地面积	国家基建占地	农民个人建房占占要	年内增加耕地面积	有效灌溉面积
全 市	280576	127559	153017	2026	1488	348	2675	210.6
涪城区	12658	7682	4976	512	494	16	110	9.58
游仙区	25201	14956	10245	6	15	1	62	21.44
三台县	79335	28887	50448	380	339	29	189	57.56
盐亭县	36569	12413	24156	263	207	30	336	20.61
安 县	28443	20098	8345	214	133	42	972	24.83
梓潼县	28318	13149	15169	173	92	80	307	29.91
北川县	11454	1077	10377	174	63	5	576	2.49
平武县	20358	937	19421	55	38	3	107	3.30
江油市	38240	28360	9880	249	107	142	16	36.96

12—15 县市区主要农作物单位面积产量

(2010 年)

单位：公斤/公顷

地 区	粮 食	稻谷	小麦	玉米	棉 花	花 生	油菜籽	甘 蔗
全 市	5332	8143	4570	4762	896	2911	2153	41361
涪城区	6028	8048	4813	4901		2862	2502	23333
游仙区	6284	8220	5026	5512		3692	2222	29324
三台县	6029	8805	5143	6542	1057	2928	2507	42606
盐亭县	5056	7982	4334	4663	636	2313	1912	34500
安 县	6082	8145	4037	3840		3675	1941	46414
梓潼县	5284	7626	4302	4588	385	3189	2209	48204
北川县	2446	7449	2301	3118		1367	1300	
平武县	1573	5638	1063	2052		1281	921	19000
江油市	6017	7740	4664	5115		3609	2250	29625

12—16 主要年份林产品产量及造林面积

单位：吨

年 份	林产品产量						造林面积(公顷)
	生 漆	油桐籽	油茶籽	核 桃	竹 笋 干	棕 片	
1952	19	3759	40	793		53	7927
1962	33	1899	25	514	1	81	9100
1965	91	2625	50	616	3	77	18113
1970	71	3190	50	697		173	8633
1975	50	4076	56	1084	2	254	19420
1978	51	5228	67	2273	1	440	9287
1980	45	2646	82	1362		241	19193
1985	38	2400	68	1574	1	255	40540
1990	32	1457	11	824	97	981	16706
1991	29	1501	77	1652	116	1098	25762
1992	29	2114	82	1177	127	898	26057
1993	22	2961	83	1987	203	1134	28915
1994	19	2456	42	2100	192	1153	20675
1995	14	2287	669	2901	135	1803	19464
1996	106	6393	24	3776	118	5255	23835
1997	50	2232	52	2138	179	2129	19801
1998	31	2440	210	4030	257	13176	22431
1999	35	1902	137	2430	1405	2025	24670
2000	36	2075	118	3620	320	2425	29019
2001	37	2024	151	3457	474	2748	27320
2002	38	1969	162	4248	317	11	31000
2003	34	1659	70	3452	358	17	30987
2004	33	1798	72	3786	380	2763	16714
2005	59	832	83	4950	371	2234	6833
2006	42	2266	122	5988	466	3676	3000
2007	69	849	4373	7331	102	915	4183
2008	71	593		7492	421	748	3539
2009	11	892		9519	274	153	14615
2010	10	177	250	11871	305	147	13024

12—17 林业发展基本情况

(2009--2010)

指 标		2009	2010
森林资源覆盖率	(%)	46.7	48
林业生产情况			
荒山荒地造林面积	(公顷)	14615	13024
人工造林	(公顷)	6162	10342
飞播造林	(公顷)		
年末实有封山育林面积	(公顷)	52843	63611
本年无林地和疏林地新封	(公顷)	8453	2682
育苗面积	(公顷)	446	643
全年参加义务植树人数	(万人)	320	189
全年义务植树株数	(万株)	1032.49	578.51
林产品产量			
木材产量	(立方米)	300342	107825
竹材产量	(万根)	118.85	74.40
锯材产量	(万立方米)	10.29	17.85
人造板产量	(万立方米)	31.70	35.94
毛茶产量（干品）	(吨)	2466	2469
油桐籽产量	(吨)	892	177
棕片产量	(吨)	153	147
竹笋干产量	(吨)	274	305
核桃产量	(吨)	9519	11871
木本药材产量	(吨)	4926	8608
花椒产量	(吨)	159	540
食用菌产量	(吨)	940	1338
山野菜产量	(吨)	272	410
板栗产量	(吨)	1140	1219
国有林场情况			
国有林场个数	(户)	4	4
# 纳入国家天然林保护工程的国有林场	(户)	4	4
国有林场经营面积	(公顷)	37586.7	37586.7
林业系统从业人员和劳动报酬			
单位个数	(个)	289	291
# 行政事业单位个数	(个)	214	217
在册职工人数	(人)	3196	3227
# 行政事业单位人数	(人)	1833	1880
在岗职工年工资总额	(万元)	5266	6398
在岗职工年平均工资	(千元)	16.9	19.8

12—18 林业重点工程建设情况

(2008--2010)

指 标		2008	2009	2010
天然林资源保护工程				
工程区木材产量	(立方	697737	300342	107825
荒山荒地造林面积	(公顷)	2319	9265	1665
用材林	(公顷)	1213		
经济林	(公顷)	2600		
防护林	(公顷)	8460	9265	1665
薪炭林	(公顷)			
特种用途林	(公顷)			
封山育林面积	(公顷)	49976	49750	40589
年末森林管护面积	(公顷)	1080382	1222377	1225766
年末全部在册职工人数	(人)	1920	1896	1947
# 本年一次性安置人数	(人)	8		
年末实有离退休人数	(人)	1433	1489	1351
年末参加基本养老保险人数	(人)	2461	2532	2126
退耕还林工程				
当年造林面积	(公顷)	2200		2768
退耕地造林面积	(公顷)			
防护林	(公顷)	946		1902
经济林	(公顷)	1254		733
荒山荒地造林面积	(公顷)	1000		2768
本年新封	(公顷)	1200		
当年粮款兑现退耕地总面积	(公顷)	40717	40846	39873
自工程实施以来累计粮食补助资金总	(万元)	88724	97489	107845
当年粮款兑现涉及户数	(户)	240671	238352	246749
野生动植物保护及自然保护区工程				
年末实有自然保护区数	(个)	11	11	11
国家级	(个)	2	2	2
省 级	(个)	6	6	6
年末实有自然保护区面积	(公顷)	330104	330104	330104

12—19 森林火灾情况

(1998--2010)

年 份	森林火灾次数(次)	一般火灾	较大火灾	重大火灾	特大火灾	过火森林面积(公顷)	受害森林面积(公顷)	原始林	人工林	火灾损失率(‰)
1998	25	21	4			143.7	64.94		64.94	0.0800
1999	10	10				10.5	2.61		2.61	0.0040
2000	7	7				8.87	1.53		1.53	0.0019
2001	7	7				3.27	2.48		2.48	0.0031
2002	3	3				0.57	0.57		0.57	0.0007
2003	8	7	1			32.29	4.4		4.4	0.0040
2004	7	7								
2005	4	4								
2006	7	7				7.2	7.2		7.2	0.0061
2007	34	32	2			32.98	10.98		10.98	0.0011
2008	5	5				1.9				
2009	9		9			3.3387	1.39		1.39	0.001
2010	3	3				6.28	0.08		0.08	0.005

12—20 牲畜饲养情况

（1952--2010）

年 份	肉猪出栏头数(万头)	猪年末头数(万头)	羊年末只数(万只)	大牲畜年末头数(万头)	役 畜	牛
1952	33.5	65.56	1.3	24.95	17.47	24.76
1962	19.10	86.18	14.36	26.82	18.24	26.57
1965	63.58	137.4	12.01	30.51	20.75	30.26
1970	76.96	154.66	10.67	32.56	22.14	32.28
1975	83.89	197.87	10.00	31.80	21.62	31.50
1978	102.66	223.55	10.54	30.00	20.69	29.68
1980	136.02	262.09	9.79	29.86	20.39	29.52
1985	197.87	288.29	4.37	31.12	24.02	30.68
1990	304.13	313.96	5.17	34.65	25.80	34.42
1991	325.80	309.97	4.81	34.65	26.64	34.42
1992	340.19	312.69	5.54	34.18	26.55	33.90
1993	360.44	319.03	5.85	34.12	26.37	33.79
1994	382.48	330.52	8.68	34.91	26.97	34.51
1995	415.45	329.57	14.21	36.06	27.26	35.58
1996	432.15	322.96	25.66	37.09	29.17	37.34
1997	450.67	326.99	34.74	38.54	29.48	37.93
1998	453.90	313.13	40.78	39.89	29.33	39.14
1999	456.16	315.08	47.51	40.42	28.25	39.71
2000	465.03	316.17	51.33	42.35	29.82	41.46
2001	465.59	311.93	56.33	47.72	29.85	41.65
2002	468.72	305.73	65.45	43.55	30.37	42.43
2003	482.78	305.41	71.35	45.05	32.12	43.83
2004	501.23	311.21	75.71	45.80	32.28	44.60
2005	534.59	318.90	85.15	48.51	33.48	47.44
2006	586.38	327.62	85.50	49.00	33.85	47.97
2007	551.33	326.89	87.08	48.88	28.55	48.33
2008	553.59	325.00	84.65	43.98	26.74	43.64
2009	578.51	338.33	90.63	46.20	30.94	45.67
2010	593.51	341.71	93.21	46.65	31.29	46.11

12—21 县市区牲畜

(2010 年)

地 区	牛年末头数	奶牛年末存栏	役用牛存栏	其他大牲畜存栏	马	驴	肉牛出栏
全 市	461110	8920	307544	5351	5037	101	210944
涪城区	13537	2016	10672				1618
游仙区	34415	1947	20912				10800
三台县	143047	2166	89748				71882
盐亭县	83856	42	59081				51164
安 县	17386	1829	7345				10067
梓潼县	60000	110	39507	6	4	1	30050
北川县	19009		12736	1500	1500		11824
平武县	27956		19587	3539	3227	100	9856
江油市	61904	810	47956	306	306		13683

饲养情况

单位：头、只

生猪年末存栏头数	能繁殖母猪	肉猪出栏头数	肉羊出栏只数	羊年末存栏只数	小家禽存栏只数
3417136	414093	5935090	1650330	932067	45711960
166654	17236	456504	3681	2715	3596800
261289	33100	589787	91832	38420	5200495
1043163	112586	1945395	369887	206418	9814526
520823	36636	850835	592783	260221	8026458
339580	49500	529543	16000	7975	5447320
291600	28930	505500	348350	169876	5941313
164511	25171	162770	123024	145848	641897
114650	18960	174740	39625	42596	369555
514866	91974	720016	65148	57998	6673596

12—22 县市区畜

(2010年)

地 区	肉类总产量(吨)	猪 肉	牛 肉	羊 肉	禽 肉	其他肉产量	牛 奶
全 市	624108	396538	27700	34533	34533	335	24815
涪城区	50201	31918	206	76	17668		7109
游仙区	62245	38585	1612	1967	18862	6	6035
三台县	181135	128508	9262	7677	31802	221	2836
盐亭县	100268	56167	6887	12448	22586	4	219
安 县	57928	35480	1264	240	20147	60	5979
梓潼县	56768	32908	3599	7387	12458	42	201
北川县	17551	10693	1750	2787	2146		
平武县	14669	11421	1278	840	1125		
江油市	83343	50858	1842	1111	23908	2	2436

产品产量

家禽出栏（只）	兔出栏(只)	兔存栏(只)	兔 肉(吨)	禽 蛋(吨)	蜂 蜜(吨)	蚕 茧(吨)
95950995	9529565	3500614	14300	150187	2836	11399
11488800	219820	113473	333	5919		1334
11305927	808500	351081	1213	11071	129	6395
21201639	2443621	1032113	3665	41854	211	900
14217204	1450456	350362	2176	21786	120	394
13467904	491934	193154	737	22713	106	149
7620000	247300	121405	374	23650	274	1515
1376123	116875	57105	175	2100	16	228
750092	3226	4412	5	979	380	356
14523306	3747833	1277509	5622	20115	1600	128

12—23 畜产品产量

（1952—2010）

单位：吨

年 份	肉类总产量	猪 肉	牛 肉	羊 肉	禽 肉	禽 蛋	牛 奶	蜂 蜜
1952	19654	18425	165	128		2520	75	40
1962	11213	10505	100	74		1250	56	62
1965	36238	33969	306	237		4200	116	126
1970	44756	41558	374	291		6160	266	218
1975	49270	46140	415	369		6555	416	319
1978	57888	53488	642	481		6720	567	389
1980	79707	73885	725	585		10080	733	449
1985	126430	118760	910	290	6330	16624	1186	568
1987	156738	144787	1040	211	9851	18258	2537	669
1988	181451	167182	1128	276	11975	20065	2692	667
1989	184620	170089	1171	300	12445	22170	2907	665
1990	196430	180451	1344	339	13527	24355	2952	643
1991	223701	200796	1639	345	20235	28663	3237	672
1992	240112	211746	2365	343	24710	34189	3598	686
1993	262064	225968	3072	418	31368	3988	3855	790
1994	280636	234999	3766	767	39920	51561	4037	801
1995	314699	257050	4546	1477	50135	65436	3932	747
1996	334789	265668	5647	2930	58481	79990	4236	835
1997	364471	279030	6826	4741	71396	91216	4383	1165
1998	374514	282405	7840	7530	74195	88682	4703	1064
1999	397228	292369	10723	9912	81294	99899	6178	1011
2000	415190	296751	12813	12771	88395	105563	8058	1050
2001	438285	302976	14284	15092	99936	112312	12528	1061
2002	460845	305665	16785	19196	112071	118914	14004	1215
2003	485644	316773	18571	21914	119985	124830	16466	1177
2004	515004	327350	20579	24474	132295	134942	17234	1246
2005	566712	351024	23524	28092	151969	148557	21943	1309
2006	642235	397763	25889	32292	171931	161285	23822	2433
2007	563186	360789	26898	34800	127959	132824	26003	2687
2008	566078	364419	25401	31900	132196	135589	24697	2555
2009	597039	381374	26720	33378	141845	144186	24916	2683
2010	624108	396538	27700	34533	150702	150187	24815	2836

主要统计指标解释

农林牧渔业总产值 指以货币表现的农、林、牧、渔业全部产品的总量，它反映一定时期内农业生产总规模和总成果。农林牧渔业总产值的计算方法通常是按农林牧渔业产品及其副产品的产量分别乘以各自单位产品价格求得；少数生产周期较长，当年没有产品或产品产量不易统计的，则采用间接方法匡算其产值；然后将四业产品产值相加即为农林牧渔业总产值。

粮食产量 指全社会的产量。包括国有经济经营的、集体统一经营的和农民家庭经营的粮食产量，还包括工矿企业办的农场和其他生产单位的产量。粮食包括稻谷、小麦、玉米、高粱等谷物及薯类和豆类。其产量计算方法，豆类按去豆荚后的干豆计算；薯类(包括甘薯和马铃薯，不包括芋头和木薯)1963 年以前按每 4 公斤鲜薯折 1 公斤粮食计算，从 1964 年开始改为按每 5 公斤鲜薯折 1 公斤粮食计算。城市郊区作为蔬菜的薯类(如马铃薯等)按鲜品计算，并且不作粮食统计。其他粮食一律按脱粒后的原粮计算。

油料产量 指全部油料作物的生产量。包括花生、油菜籽、芝麻、向日葵籽、胡麻籽(亚麻籽)和其他油料。不包括大豆、木本油料和野生油料。花生以带壳干花生计算。

水产品产量 指人工养殖的水产品和天然生长的水产品的捕捞量。包括海水的鱼类、虾蟹类、贝类和藻类以及内陆水域的鱼类、虾蟹类和贝类，不包括淡水生植物。1995 年及以前，贝类中牡蛎按鲜肉计算；蚶、蛤、蛙按 5 斤鲜品折 1 斤计算。1996 年以后则统一按鲜品计算。

肉产量 指各种牲畜及家禽、兔等动物肉产量总计。猪、牛、羊、驴、骡、骆驼肉产量按去掉头蹄下水后带骨肉的胴体重量计算,兔禽肉产量按屠宰后去毛和内脏后的重量计算，可用住户调查资料推算。

出栏率：它反映畜禽周转的快慢，反映饲养产品畜的经济效益和生产水平。

其计算公式为：

$$出栏率=\frac{出栏头数（包括出售和自食）}{期初头数（可用上期末头数代替）}*100$$

耕地总资源 包括常用耕地面积和临时性耕地面积。

常用耕地面积 指耕地总资源中专门种植农作物并经常进行耕种、能够正常收获的土地。包括当年实际耕种的熟地;弃耕、休闲不满三年，随时可以复耕的地；开荒利用三年以上的土地。在统计口径上包括南方小于 1 米、北方小于 2 米宽的沟、渠、路和田埂。不包括临时种植农作物的坡度在 25 度以上的陡坡地；在河套、湖畔、库区临时开发的成片或零星土地；也不包括已列为国家和省(区、市)退耕计划但临时耕种的土地。常用耕地是国家需要重点保护的耕地，可以反映我国农业的综合生产能力。

农作物播种面积 指实际播种或移植有农作物的面积。凡是实际种植有农作物的面积，不论种植在耕地上还是种植在非耕地上，均包括在农作物播种面积中。在播种季节基本结束后，因遭灾而重新改种和补种的农作物面积，也包括在内。目前，农作物播种面积主要包括粮食、棉花、油料、糖料、麻类、烟叶、蔬菜和瓜类、药材和其它农作物九大类。

复种、套种作物的面积计算 复种是指在同一年内、同一地块上，连续种植两次或两次以上作物。套种是指在同一地块上，前后种植生长两种不同作物，而第二种作物是在第一种作物快要收获（半月）之前种下去的。同一亩耕地复种和套种两种作物的，应各算一亩播种面积。即复种、套种一次，就要按复种、套种的次数计算一次播种面积。

复种指数：指全年内农作物的总播种面积对耕地面积之比，用百分数表示。表示耕地在一年内被用来种植农作物的平均次数。计算公式为：

$$复种指数=\frac{（农作物总播面-绿肥面积）}{耕地面积}*100\%$$

有效灌溉面积 指具有一定的水源，地块比较平整，灌溉工程或设备已经配套，在一般年景下当年能够进行正常灌溉的耕地面积。

农业机械总动力 指主要用于农、林、牧、渔业的各种动力机械的动力总和。包括耕作机械、排灌机械、收获机械、农用运输机械、植物保护机械、牧业机械、林业机械、渔业机械和其他农业机械［内燃机按引擎马力折成瓦(特)计算、电动机按功率折成瓦(特)计算］。不包括专门用于乡、镇、村、组办工业、基本建设、非农业运输、科学试验和教学等非农业生产方面用的动力机械与作业机械。

乡村从业人员 指乡村人口中劳动年龄在 16 周岁以上实际参加生产经营活动并取得实物或货币收入的人员，包括劳动年龄内经常参加劳动的人员，也包括超过劳动年龄但经常参加劳动的人员，但不包括户口在家的在外学生、现役军人和丧失劳动能力的人，也不包括待业人员和家务劳动者。从业人员按从事主业时间最长(时间相同按收入分)分为农业从业人员、工业从业人员、建筑从业人员、交运仓储及邮电业从业人员、批零贸易及餐饮业从业人员、其它从业人员。

乡镇主要经济指标 13

XIANG ZHEN ZHU YAO JING JI ZHI BIAO

13—1 全市各乡镇主要经济指标

（2010 年）

乡 镇	乡镇行政区域面积（公顷）	常用耕地面积（公顷）	乡镇总人口（人）	粮食播种面积（公顷）	粮 食总产量（吨）	肉类总产量（吨）	财 政总收入（万元）	财 政支 出（万元）	农民人均纯收入（元/人）
涪城区									
丰谷镇	2700	892	16490	1484	8530	2764	1016	1016	7648
关帝镇	2390	950	10086	1219	7119	6600	306	300	7115
塘汛镇	2500	293	28035	755	4661	1377	2938	2938	7510
青义镇	2840	650	27476	742	4421	2644	2530	2089	7837
龙门镇	2378	730	12855	774	4668	2086	761	533	7875
石塘镇	3000	455	23991	511	2636	2748	6787	2829	8000
吴家镇	4690	1289	20948	1773	11098	3911	715	715	7333
杨家镇	3710	1322	16427	1828	10828	3504	451	451	7323
金峰镇	2720	792	10885	1161	6933	2555	586	586	7153
玉皇镇	2886	1114	11519	1404	8384	3422	354	354	7302
新皂镇	5200	1014	16998	1406	8672	3881	1514	1514	7758
河边镇	3640	826	12655	1051	7000	4143	510	500	6773
磨家镇	2610	539	12016	723	4633	2204	508	489	7135
永兴镇	3000	159	53902	211	1440	374	18113	18113	6203
城郊乡	4800	830	42351	843	4991	3529	35604	5108	8466
石洞乡	3250	649	9648	1017	5929	4071	1040	1040	7021
游仙区									
游仙镇	5631	583	69203	829	5427	3517	4280	4280	6977
石马镇	3200	571	22016	780	4647	2214	1336	1336	6069
新桥镇	4480	982	18780	1495	9878	3443	503	503	5621
小枧沟镇	5300	1070	21200	1476	8635	3432	1206	1206	6150
魏城镇	8490	2176	42276	2957	18149	6250	522	522	5200
沉抗镇	7380	1507	22179	1809	11208	2237	8462	7079	4989
忠兴镇	4700	1446	20190	2606	15616	3303	383	383	5524
柏林镇	4290	1166	14853	1839	11935	2435	251	251	5280
徐家镇	4710	1329	17606	2040	12787	2518	252	252	5681
石板镇	5200	1267	20251	1798	11653	3020	391	391	5620
刘家镇	4330	1247	17931	1930	12416	2610	557	557	5561
玉河镇	5500	1279	20603	2045	12070	3129	281	264	5599
松垭镇	2800	592	21816	595	3794	1489	7082	7082	6490
白蝉乡	2568	585	10137	1062	6692	1858	232	232	5653
观太乡	3800	956	13743	1709	9881	2511	216	216	5062
建华乡	968	860	8235	1307	8623	1586	258	258	5744
云凤乡	2900	989	10025	1565	10009	2088	189	189	5258
东林乡	2840	902	9551	1359	8329	1699	217	217	6202

乡镇主要经济指标

13-1 续表 1

乡镇	乡镇行政区域面积（公顷）	常用耕地面积（公顷）	乡镇总人口（人）	粮食播种面积（公顷）	粮食总产量（吨）	肉类总产量（吨）	财政总收入（万元）	财政支出（万元）	农民人均纯收入（元/人）
太平乡	5400	1498	15333	2166	13830	2992	265	265	5210
梓棉乡	2199	909	12397	1330	7930	2088	185	185	5024
朝真乡	3780	744	10395	1337	8393	2020	198	198	5538
东宣乡	3540	879	10238	1103	7078	1910	183	183	5718
街子乡	3100	851	12637	1232	8931	2252	180	180	5951
凤凰乡	2800	813	9272	1279	8669	1644	68	68	5316
三台县									
北坝镇	1425	134	35505	423	2202	846	2742	2742	7065
潼川镇	8551	2439	129656	4222	26457	6680	1661	1661	5960
东塔镇	3640	841	17680	1623	9176	2281	342	342	5787
百顷镇	3381	766	16074	1371	8501	2165	267	267	5904
塔山镇	7895	2501	35788	3266	21090	6210	589	589	5888
柳池镇	2047	761	9727	1237	7298	1449	197	197	5704
龙树镇	8087	2069	21179	3213	19205	3067	342	342	6383
石安镇	6820	1673	24416	2853	15843	2897	475	475	5814
富顺镇	6670	1351	21859	1830	12513	3560	439	439	5815
三元镇	6906	1429	22812	2095	13225	3334	468	468	5704
秋林镇	5079	1362	19112	2062	12087	2435	343	343	5788
永新镇	2680	752	11375	1034	6409	2001	251	251	5809
新德镇	2941	716	20053	1218	8112	2250	312	312	6089
新生镇	5351	1631	34759	3124	19017	4698	560	560	5612
鲁班镇	7779	2036	34705	3518	20725	4934	551	551	6206
景福镇	7827	2308	45427	4534	27245	5494	705	705	5653
紫河镇	3345	838	19044	1483	8619	2161	347	347	5521
安居镇	2155	577	12186	974	5531	1444	301	301	5499
观桥镇	7304	2116	46224	4164	24583	6584	687	687	5680
郪江镇	2545	579	12105	996	5918	1137	318	318	5398
中新镇	3770	1029	21260	1932	11433	3342	387	387	5830
古井镇	6444	2003	39406	3327	20468	4609	700	700	5668
万安镇	1522	548	9362	1299	6944	1440	209	209	5534
西平镇	7701	3136	57067	5440	32493	6296	956	956	5985
八洞镇	3955	1658	27344	2884	17169	3763	387	387	5764
凯河镇	3187	1199	21120	2121	12136	2584	377	377	5738
乐安镇	6243	2375	38628	4186	24250	5406	1190	1190	5789
建平镇	4893	2075	31816	3771	23320	3954	496	496	5786
前锋镇	2402	908	12190	1451	8290	1947	205	205	5807
建设镇	3751	993	13476	1649	9035	1960	262	262	5846

13-1 续表 2

乡 镇	乡镇行政区域面积（公顷）	常用耕地面积（公顷）	乡镇总人口（人）	粮食播种面积（公顷）	粮食总产量（吨）	肉类总产量（吨）	财政总收入（万元）	财政支出（万元）	农民人均纯收入（元/人）
光辉镇	3263	1152	14738	2080	12731	2885	291	291	5730
中太镇	5885	1739	27943	3091	19352	4137	495	495	5848
金石镇	6555	2307	37387	3559	21547	5068	591	591	5669
新鲁镇	6115	2501	32497	3962	24718	4476	547	547	5696
黎曙镇	1996	802	12990	1240	8561	1802	249	249	5643
刘营镇	8056	2253	43967	4237	23956	4272	744	744	6350
灵兴镇	2839	902	17760	1513	9514	2041	331	331	6590
芦溪镇	9485	3240	58242	4987	31793	6863	1592	1592	6322
立新镇	6930	2444	31707	4408	26826	4787	510	510	5840
花园镇	3961	1525	29264	2478	15376	3795	476	476	7264
永明镇	5550	1767	28403	2494	17262	3693	563	563	6135
高堰乡	2299	781	11508	1404	7770	841	242	242	5681
忠孝乡	3992	866	10678	1170	7494	1474	208	208	5977
双胜乡	4925	990	10501	1375	9379	1957	214	214	5835
金鼓乡	4347	685	12361	1082	6952	1522	238	238	5625
断石乡	2331	602	12955	1233	7263	1892	218	218	5618
玉林乡	2003	603	12941	1408	7980	1591	224	224	5521
乐加乡	2989	929	15935	1920	10878	2649	279	279	5665
曙光乡	2030	622	11939	1095	6981	1674	335	335	5419
建中乡	5358	1230	25280	1906	10913	3265	347	347	5604
宝泉乡	2203	597	9706	1142	6391	1206	192	192	5839
广利乡	2207	502	10395	1008	5321	1571	215	215	5487
协和乡	2516	549	12699	1066	6223	1600	220	220	5565
双乐乡	2142	611	13562	1015	5899	1535	227	227	5588
菊河乡	2434	579	11810	1314	7266	1578	226	226	5471
幸福乡	2536	829	16045	1279	7540	1539	250	250	5807
下新乡	1876	574	11478	977	5870	1300	231	231	5519
进都乡	1323	521	6845	992	5526	1079	291	291	5636
上新乡	2393	831	15412	1212	7137	2102	225	225	5722
老马乡	2771	807	14854	1555	8862	2042	299	299	6452
里程乡	2260	673	10908	1059	5960	1161	216	216	6714
争胜乡	1922	558	9907	997	5863	1174	189	189	6443
云同乡	2310	961	11606	1313	8747	1636	295	295	5790
盐亭县									
云溪镇	8585	1110	71789	2200	11068	7772	965	965	5950

13-1 续表 3

乡 镇	乡镇行政区域面积（公顷）	常用耕地面积（公顷）	乡镇总人口（人）	粮食播种面积（公顷）	粮食总产量（吨）	肉类总产量（吨）	财政总收入（万元）	财政支出（万元）	农民人均纯收入（元/人）
玉龙镇	7058	1669	32777	3471	14906	4620	3450	3445	5423
富驿镇	12187	2792	51021	4149	20667	4782	1400	1300	5200
金孔镇	5530	1820	27972	3132	15881	6743	701	686	5875
两河镇	5974	1177	26605	2267	11837	4620	470	470	6402
黄甸镇	10318	2196	34879	3533	18275	6366	678	678	5464
柏梓镇	9360	2175	20990	3499	15725	6798	560	560	5837
八角镇	5991	1505	27892	2743	14028	4055	500	500	5765
黑坪镇	5018	874	11336	1609	6826	2274	142	140	5299
高灯镇	6241	1415	22293	2640	13211	5297	370	360	5320
金鸡镇	4204	993	20231	2124	11076	2995	550	520	5650
安家镇	6750	1225	12362	2230	11408	2104	350	340	5790
林农镇	4791	1199	18652	2132	10459	2995	294	294	5354
巨龙镇	2810	669	11727	1217	6276	2097	363	363	5598
龙泉乡	2391	615	9942	1156	5591	2140	219	219	5982
折弓乡	2145	680	10986	1194	5935	2098	521	521	5470
麻秧乡	2865	600	10676	1331	6899	1394	460	450	5321
三元乡	2935	790	11440	1181	6135	1820	231	231	5336
五龙乡	3213	746	10845	746	7038	1982	225	205	5134
茶亭乡	4495	826	8438	894	5031	1939	245	245	5441
金安乡	3511	600	11716	1094	5551	5135	300	300	5283
洗泽乡	4438	1179	21147	1875	11327	528	528	525	5517
毛公乡	5404	1019	13939	1459	7982	2206	350	333	5783
冯河乡	4906	1022	13452	1901	9208	2216	243	220	5872
石牛庙乡	6296	1550	14949	2375	12070	3450	300	250	5057
大兴回族乡	2407	460	7109	695	3635	2915	414	414	5817
宗海乡	1696	496	7786	1096	6268	798	185	170	5936
两岔河乡	1765	455	6611	856	4579	1640	141.5	141.5	5554
剑河乡	3393	579	4910	1063	5138	2442	115	115	5680
来龙乡	3078	653	5123	922	4475	1500	250	240	5618
永泰乡	2548	531	8457	912	4656	1009	180	180	5436
黄溪乡	2780	631	9012	400	5264	200	194	192	6060
榉溪乡	2613	862	11000	1379	7002	1818	120	120	5301
双碑乡	2766	435.7	5306	638	4146	1234	480.3	480.3	5798
林山乡	1706	381	4684	680	3412	1878	34	30	5764
新农乡	2381	546	5682	978	4307	1209	400	250	5304
安县									
桑枣镇	10100	1858	35304	3187	17194	2300	853	853	5930

13-1 续表 4

乡 镇	乡镇行政区域面积（公顷）	常用耕地面积（公顷）	乡镇总人口（人）	粮食播种面积（公顷）	粮 食总产量（吨）	肉类总产量（吨）	财 政总收入（万元）	财 政支 出（万元）	农民人均纯收入（元/人）
花荄镇	9500	2404	53260	2955	24768	6787	1200	1200	6677
黄土镇	7600	2604	37367	2970	23256	6176	1419	1419	6081
塔水镇	6800	4352	51952	5973	30375	5854	1817	1817	5375
秀水镇	9300	4592	65032	6507	35270	5235	1986	1986	5128
河清镇	2800	1771	20341	2798	15186	2357	682	654	5989
界牌镇	3100	938	22328	1139	9897	6098	755	715	6778
永河镇	3200	1747	18855	2473	14793	2445	518	518	5741
睢水镇	7600	789	20666	1832	9937	1715	1075	1075	5659
清泉镇	3300	1115	16765	1714	12646	2263	570	570	5642
宝林镇	2900	1178	14908	1466	10963	2202	672	672	5499
沸水镇	3900	796	14325	1355	6486	1563	591	591	5255
晓坝镇	5600	166	9101	343	1549	489	666	650	4825
乐兴镇	5600	1525	20832	2696	16157	2193	686	686	6043
茶坪乡	15600	533	8852	141	618	190	266	266	4772
兴仁乡	2800	771	12020	1497	10041	7158	497	478	5819
高川乡	17100	43	5973	135	603	176	675	675	4743
迎新乡	2100	1261	14179	2236	12162	2727	451	451	5116
梓潼县									
文昌镇	7787	1305	63024	1885	9070	12290	6231	6231	5632
长卿镇	3291	703	15673	1075	6535	1020	1152	1152	5473
许州镇	6546	1491	26012	2265	12036	2461	837	837	5784
黎雅镇	4203	1373	16398	2173	14082	2318	537	537	5943
白云镇	2931	776	9976	948	5985	1894	280	280	5224
卧龙镇	4066	852	13211	1424	9285	2113	377	377	5108
观义镇	4989	1192	11582	1077	5178	1395	543	543	5308
玛瑙镇	5326	901	10030	1087	6042	1678	374	374	5257
石牛镇	6558	1718	19697	2438	12981	1614	559	559	4580
自强镇	3042	528	6227	954	2854	572	241	241	4826
仁和镇	5634	891	11179	1205	5895	1468	331	331	4731
东石乡	3010	755	8210	1089	5361	1345	461	461	5190
三泉乡	2546	475	6199	1066	5792	350	409	409	5038
宏仁乡	3480	784	9019	916	4290	861	787	787	5006
小垭乡	3576	583	6077	1002	5018	1367	306	306	4803
演武乡	5286	692	5888	1041	3802	484	152	152	4470
仙峰乡	3946	794	8898	1060	6140	1483	421	421	5650
双板乡	4849	1166	12458	1689	9188	1374	296	296	5228
豢龙乡	3108	582	6532	709	3722	901	237	237	5239

乡镇主要经济指标

13-1 续表 5

乡 镇	乡镇行政区域面积（公顷）	常用耕地面积（公顷）	乡镇总人口（人）	粮食播种面积（公顷）	粮食总产量（吨）	肉类总产量（吨）	财政总收入（万元）	财政支出（万元）	农民人均纯收入（元/人）
双峰乡	3541	822	7335	850	4182	1308	292	292	4865
交泰乡	4415	568	6362	863	6983	1440	515	515	4576
金龙场乡	4030	1146	12700	1886	13309	2781	388	388	5117
石台乡	3993	925	10287	1127	6518	2221	345	345	5165
仙鹅乡	3371	732	9686	871	5576	2172	245	245	4748
马鸣乡	7630	888	11893	1261	4792	850	226	226	4505
马迎乡	4301	650	6392	931	3015	1010	278	278	4331
二洞乡	2894	458	4521	664	2759	856	266	266	5196
建兴乡	4856	372	5900	469	2315	248	440	440	4674
宝石乡	5668	936	10198	1397	4798	2135	326	326	5098
定远乡	4161	780	9330	894	4484	1021	414	414	4526
大新乡	5682	1420	11570	1668	8707	1220	280	280	4754
文兴乡	5536	1060	10375	1253	6641	2518	426	426	5125
北川羌族自治县									
曲山镇	11569	219	10695	313	723	921	2654	2654	3454
擂鼓镇	14500	612	17741	627	1252	824	1618	1618	3166
通口镇	8631	228	7045	519	7095	708	651	651	2655
永安镇	9600	945	22389	928	4057	1896	5918	5918	3413
安昌镇	9800	1126	49516	1428	8131	5459	6730	6730	4226
永昌镇	2500		23063				360	360	4320
香泉乡	4600	274	7815	414	1501	1000	367	367	3331
陈家坝乡	13500	576	12400	511	1173	2852	1276	1276	2917
桂溪乡	12900	357	11971	714	1462	1547	1039	1039	3399
贯岭乡	8500	365	3726	587	1145	605	369	369	3452
禹里乡	21800	1141	14135	1916	4225	2347	1277	1277	3248
漩坪乡	1100	611	8939	893	1911	565	747	747	3060
白坭乡	12700	502.3	4588	885	1875	370	533	533	3255
小坝乡	24400	1267	11147	2120	4003	1410	878	878	2945
片口乡	11900	618	6618	1156	1999	700	348	348	3063
开坪乡	24500	425	3603	772	1800	230	445	445	2930
坝底乡	8300	674	7270	998	2235	6825	490	490	3345
白什乡	10100	428	3438	1047	1870	916	317	318	3210
青片乡	56300	170	3819	453	876	482	357	357	3019
都坝乡	7700	283	2765	569	1222	938	306	306	3320
桃龙藏族乡	6900	452	3476	958	1915	820	323	323	3285
墩上乡	6000	194	1994	565	802	90	262	262	3775

13-1 续表 6

乡 镇	乡镇行政区域面积（公顷）	常用耕地面积（公顷）	乡镇总人口（人）	粮食播种面积（公顷）	粮食总产量（吨）	肉类总产量（吨）	财政总收入（万元）	财政支出（万元）	农民均纯收入（元/人）
马槽乡	10400	306	2387	538	1044	612	343	343	3337
平武县									
龙安镇	18400	1249	19221	2676	6360	1563	1018	1018	3869
古城镇	17200	957	13838	1599	4075	1906	1528	1528	4099
南坝镇	32600	2300	20359	4222	5454	1147	2172	2172	4069
响岩镇	24000	980	9547	1709	4104	1412	621	621	4264
平通镇	14000	770	8851	1277	1650	644	1325	1325	3997
豆叩镇	15000	1467	8286	2470	3944	887	1052	1052	4015
大印镇	24800	1346	6787	1805	3441	571	402	402	4013
大桥镇	25700	1498	7890	2210	2986	540	847	847	3613
水晶镇	22100	984	13045	2166	3739	988	847	847	3954
高村乡	18200	846	6291	1265	3697	526	608	608	4163
水田羌族乡	11200	1088	4114	1396	1905	220	425	425	3461
坝子乡	14800	1217	8232	1799	1822	522	895	895	3942
水观乡	7800	1245	3974	1544	1374	259	616	616	3716
平南羌族乡	9700	571	2299	914	1237	168	401	401	3929
徐塘羌族乡	12100	741	2820	1053	1242	277	300	300	3973
锁江羌族乡	24800	1360	6489	2303	3222	1320	559	559	4116
土城藏族乡	22100	834	6306	2982	2160	209	292	292	3889
旧堡羌族乡	10300	460	3641	330	1127	311	311	311	3477
阔达藏族乡	13700	544	5042	1138	1307	366	619	619	4017
黄羊关藏族乡	19900	344	1572	418	442	128	347	347	3545
虎牙藏族乡	48400	237	2529	300	736	245	247	247	3630
泗耳藏族乡	40300	113	847	131	151	82	187	187	3210
白马藏族乡	46300	36	1523	35	18	91	443	443	3459
木座藏族乡	46500	48	1797	36	57	136	366	366	3130
木皮藏族乡	25100	14	1130	15	61	151	169	169	3691
江油市									
中坝镇	1049	117	95402	77	584	563	6444	6444	6622
太平镇	8641	2028	92647	2787	21325	7052	15831	15831	6240
三合镇	7883	1486	95329	2085	13753	6012	10814	5332	6493
含增镇	6827	326	10573	566	3314	1018	1620	1120	6345
青莲镇	2277	572	15237	586	3760	1400	4500	4500	8303
彰明镇	2372	628	18127	821	5802	1383	1050	1050	6200
龙凤镇	3512	918	15105	1184	7159	1982	755	683.25	6264
武都镇	14523	1383	62467	1891	12007	3964	3153	3153	6394

乡镇主要经济指标

13-1 续　表 7

乡 镇	乡镇行政区域面积（公顷）	乡镇总人口（人）	常用耕地面积（公顷）	粮食播种面积（公顷）	粮食总产量（吨）	肉类总产量（吨）	财政总收入（万元）	财政支出（万元）	农民人均纯收入（元/人）
大康镇	11016	771	20707	1118	6762	2302	3083	3083	6479
新安镇	5129	1488	18572	2295	15149	2953	234	190	6386
战旗镇	5115	1511	16694	2553	15310	2484	408.9	240	6038
双河镇	5246	1100	17387	1166	8380	3077	447	447	6130
永胜镇	12220	2027	30118	2773	16969	4365	733	733	6221
小溪坝镇	4839	997	18627	1315	8001	2056	618	618	6322
河口镇	5779	1240	13709	1800	9945	2027	259	157	7232
重华镇	5804	1104	17408	1544	9911	1740	223	103	6625
厚坝镇	6197	1223	22952	1865	10527	1786	2436	2436	6067
二郎庙	14802	1198	30932	1599	8136	2371	1146	510	6050
马角镇	14756	628	18739	1117	5595	1290	2116	308	51
雁门镇	11021	287	10513	659	3222	340	1737	1737	5360
九岭镇	4346	1049	18290	644	3935	2359	2725	2725	7924
八一乡	5823	1106	17398	996	6893	2408	1332	1332	5412
方水乡	4806	1223	15202	829	5545	2240	150	143	7565
西屏乡	4274	979	17457	1092	6615	2746	62	44	6697
香水乡	2965	486	8956	702	5061	1145	251	251	6302
大堰乡	4648	1428	16598	1936	11706	2431	142	142	6059
东兴乡	3050	1031	9957	1224	7414	1773	1447	1447	6345
义新乡	4612	1309	14272	2011	12462	1925	1042	1042	6391
贯山乡	3685	1060	14193	1413	8819	2318	1957	1957	6352
新兴乡	4032	1020	14484	1526	7670	2469	449	449	6155
新春乡	9235	1162	15812	1450	8860	2376	282	60	5895
东安乡	4350	1205	13069	1779	9690	1828	182	120	6081
铜星乡	4032	1126	12581	1578	8778	1724	205	205	6119
文胜乡	12020	525	10715	758	4574	983	1143	1143	6018
重兴乡	4288	957	18330	1251	5773	1123	2105	2054	5412
云集乡	8135	810	9753	1031	4415	1598	122	52	5405
石元乡	7630	129	3877	216	1176	511	215	215	4979
敬元乡	11180	250	7532	392	1403	551	232	57	4860
六合乡	10413	216	4299	362	1399	340	254	254	5100
枫顺乡	9456	141	2415	526	2197	330	47.2	47.2	4976

14 工 业

GONG YE

14—1 主要年份工业企业主要经济指标

年份	企业个数（个）	总产值（当年价）	增加值（亿元）	销售收入（亿元）	资产总额（亿元）	利润总额（亿元）	利税总额（亿元）
1957	725	1.02					
1962	1113	0.87					
1965	908	1.29					
1970		2.17					
1975	1258	3.65					
1978	1806	8.44	1.07	6.29		0.70	1.17
1980	1874	11.25	1.86	8.08		0.57	0.95
1985	2020	24.37	4.20	19.48		1.56	2.42
1987	2016	34.62	6.52	24.31		2.48	4.32
1988	1991	50.66	10.37	36.49		4.38	7.09
1989	1964	60.69	12.82	40.22		3.42	6.39
1990	2020	65.88	12.34	45.16		2.21	5.37
1991	2034	79.73	14.54	56.54		1.75	5.30
1992	1971	99.67	18.50	68.97		2.93	7.46
1993	1718	135.93	47.11	97.61		7.36	13.66
1994	1307	186.12	48.02	112.26	149.60	9.02	16.05
1995	1737	208.62	49.21	185.33	301.65	7.78	17.66
1996	1648	250.20	63.11	214.13	301.48	18.69	30.96
1997	1551	299.75	80.40	270.16	439.28	22.88	37.52
1998	252	297.55	76.99	231.65	446.82	26.07	34.59
1999	248	248.04	52.30	217.15	434.36	7.81	23.02
2000	248	241.01	74.69	233.04	426.47	6.89	21.61
2001	262	236.78	64.86	239.94	431.52	1.00	14.90
2002	281	303.31	78.80	270.09	432.56	7.25	16.50
2003	343	339.92	87.06	318.56	505.51	6.86	22.89
2004	450	354.39	95.06	348.06	468.90	-32.53	-18.55
2005	599	435.08	121.34	424.71	513.92	12.61	27.43
2006	721	553.96	159.65	524.19	580.56	8.70	25.87
2007	802	741.55	228.68	731.39	754.72	26.47	48.83
2008	927	808.08	245.60	834.94	960.39	35.78	72.60
2009	963	1071.03	301.00	1029.24	1180.29	59.10	99.46
2010	926	1267.53	367.00	1292.03	1346.96	95.33	169.33

注:1.工业统计从 1998 年定期报表开始，按工业生产规模统计，只统计全部国有及年销售收入在 500 万元以上的非国有工业企业，1998 年以前工业统计口径是全部乡及乡以上工业。

2.工业增加值数据从 2008 年开始使用的是省局反馈的快报数据.

14—2 规模以上工业企业主要产品产量

(2010 年)

产品名称		本年生产量
原煤	(万吨)	8.56
烟煤	(万吨)	8.56
一般烟煤	(万吨)	8.56
铅金属含量	(万吨)	0.24
锌金属含量	(万吨)	0.40
小麦粉	(万吨)	12.38
大米	(万吨)	24.58
饲料	(万吨)	87.97
其中:配合饲料	(万吨)	26.85
混合饲料	(万吨)	9.23
精制食用植物油	(万吨)	12.83
鲜、冷藏肉	(万吨)	27.14
冻肉	(万吨)	0.55
方便面	(万吨)	1.99
乳制品	(万吨)	3.00
其中:液体乳	(万吨)	1.62
罐头	(万吨)	1.30
酱油	(万吨)	2.73
饲料添加剂	(万吨)	3.30
发酵酒精(折 96 度,商品量)	(万千升)	2.55
饮料酒	(万千升)	26.03
其中:白酒(折 65 度,商品量)	(万千升)	8.57
啤酒	(万千升)	17.37
软饮料	(万吨)	8.04
包装饮用水类	(万吨)	8.04
精制茶	(万吨)	0.37
卷烟	(亿支)	105.98
纱	(万吨)	2.65
棉纱	(万吨)	0.30
棉混纺纱	(万吨)	2.34
化学纤维纱	(吨)	130.00
布	(亿米)	1.08
棉布	(亿米)	0.35
棉混纺布	(亿米)	0.73

14-2 续表 1

产品名称		本年生产量
印染布	(亿米)	0.93
生丝	(吨)	3367.96
蚕丝及交织机织物(含蚕丝≥50%)	(万米)	704.43
蚕丝被	(万条)	1.89
服装	(万件)	729.11
梭织服装	(万件)	729.11
轻革	(万平方米)	35.48
皮革服装	(万件)	23.68
人造板	(万立方米)	14.52
其中:胶合板	(万立方米)	1.60
纤维板	(万立方米)	12.92
家具	(万件)	20.17
其中:木质家具	(万件)	9.68
金属家具	(万件)	10.31
软体家具	(万件)	0.19
纸浆(原生浆及废纸浆)	(万吨)	2.77
机制纸及纸板(外购原纸加工除外)	(万吨)	1.75
纸制品	(万吨)	16.74
其中：瓦楞纸箱	(万吨)	14.18
单色印刷品	(万令)	3.50
本册	(亿本)	0.17
焦炭	(万吨)	6.37
硫酸（折 100%）	(万吨)	5.98
盐酸（氯化氢,含量 31%）	(万吨)	1.20
烧碱（折 100%）	(万吨)	1.62
碳化钙（电石,折 300 升 / 千克）	(万吨)	0.34
精甲醇	(万吨)	0.37
合成氨（无水氨）	(万吨)	17.64
农用氮、磷、钾化学肥料总计(折纯)	(万吨)	16.27
氮肥（折含 N100%）	(万吨)	12.45
其中：尿素（折含 N100%）	(万吨)	11.21
磷肥（折五氧化二磷 100 %）	(万吨)	3.82
化学农药原药(折有效成分 100%)	(万吨)	0.15
除草剂原药	(万吨)	0.15

14-2 续表 2

产品名称		本年生产量
涂料	(万吨)	0.40
合成洗涤剂	(万吨)	2.06
其中:合成洗衣粉	(万吨)	1.63
中成药	(万吨)	2.80
塑料制品	(万吨)	3.82
其中:塑料薄膜	(万吨)	0.99
其中：农用薄膜	(万吨)	0.12
塑料管及其附件	(万吨)	1.05
塑料丝、绳及编织品	(万吨)	1.28
塑料包装箱及容器	(万吨)	0.50
水泥熟料	(万吨)	464.36
其中:窑外分解窑水泥熟料	(万吨)	325.90
水泥	(万吨)	679.41
其中:强度等级 42.5 水泥(含 R 型)	(万吨)	134.03
商品混凝土	(万立方米)	347.89
砖	(亿块)	17.89
玻璃纤维纱	(万吨)	0.43
耐火材料制品	(万吨)	5.45
生铁	(万吨)	6.61
粗钢	(万吨)	19.77
钢材	(万吨)	87.64
中小型型钢	(万吨)	5.32
棒材	(万吨)	43.79
钢筋	(万吨)	0.54
线材（盘条)	(万吨)	1.01
特厚板	(万吨)	1.50
厚钢板	(万吨)	2.45
中板	(万吨)	1.58
冷轧薄板	(万吨)	0.34
冷轧薄宽钢带	(万吨)	0.81
热轧窄钢带	(万吨)	1.83
冷轧窄钢带	(万吨)	2.69
无缝钢管	(万吨)	0.93
焊接钢管	(万吨)	9.91

14-2 续表 3

产品名称		本年生产量
其它钢材	(万吨)	14.93
铁合金	(万吨)	1.61
黄金	(千克)	161.90
不锈钢日用制品	(万吨)	0.95
发动机	(万千瓦)	1731.42
其中：汽车用发动机	(万千瓦)	1731.42
泵	(万台)	7.45
液压元件	(万件)	0.68
包装专用设备	(台)	22.00
铸铁件	(万吨)	0.65
铸钢件	(万吨)	1.94
锻件	(万吨)	2.92
采矿专用设备	(万吨)	0.88
水泥专用设备	(万吨)	5.46
粮食加工机械	(万台)	0.22
改装汽车	(万辆)	2.05
通信及电子网络用电缆	(万对千米)	4.92
电力电缆	(万千米)	2.31
光缆	(万芯千米)	27.04
绝缘制品	(万吨)	7.02
铅酸蓄电池	(万千伏安时)	8.69
碱性蓄电池	万只(自然只)	39.19
原电池及原电池组(折 R20 标准只)	(亿只)	3.80
房间空气调节器	(万台)	119.49
移动通信手持机（手机）	(万台)	559.03
电视接收机顶盒	(万台)	1444.56
印制电路板	(万平方米)	9.44
彩色电视机	(万台)	815.44
其中：显像管彩色(CRT)电视机	(万台)	142.23
液晶（LCD）电视机	(万台)	575.52
等离子（PDP）电视机	(万台)	97.69
发电量	(亿千瓦小时)	90.69
其中：火力发电量	(亿千瓦小时)	52.54
水力发电量	(亿千瓦小时)	38.06
自来水生产量	(亿立方米)	0.80

14—3 规模以上工业

(2010 年)

项 目	企业单位数（个）	亏损企业	工业总产值（当年价）	工业销售产值（当年价）	出口交货值
总 计	926	73	12675301	12029698	495099
一、按登记注册类型分组:					
内资企业	883	69	11912854	11314915	381536
国有企业	20		381306	343904	82
中央企业	3		161834	142727	82
地方企业	17		219471	201177	
集体企业	12	2	63829	60350	607
股份合作企业	9	1	44800	43952	
联营企业	6	2	21766	21374	
有限责任公司	219	26	6304413	5980515	321118
国有独资公司	6	1	594969	541429	8695
其他有限责任公司	213	25	5709444	5439086	312423
股份有限公司	36	3	1402281	1361877	17512
私营企业	575	35	3645702	3458054	29113
私营独资企业	96	6	289176	276879	
私营合作企业	15	1	53020	50127	
私营有限责任公司	425	23	3095073	2932565	29113
私营股份有限公司	39	5	208432	198483	
其他企业	6		48760	44889	13103
港、澳、台商投资企业	18	3	171632	167608	36636
合资经营企业(港或澳、台资)	9		107403	107607	14404
港澳台商独资经营企业	8	3	58661	54526	22232
港澳台商投资股份有限公司	1		5568	5475	
外商投资企业	25	1	590815	547175	76928
中外合资经营企业	11	1	107573	95117	
中外合作经营企业	1		5494	5494	
外资企业	12		427469	395679	76928
外商投资股份有限公司	1		50280	50885	
二、在总计中:亏损企业	73	73	858087	844378	9887
在总计中:国有控股企业	64	4	5912870	5627864	310808
在总计中:农村工业	17	2	84778	75241	158
在总计中:轻工业	350	17	6761778	6419625	340085
重工业	576	56	5913523	5610074	155015
在总计中:大型企业	9	1	5398594	5134594	297007
中型企业	95	5	3328977	3123464	116891
小型企业	822	67	3947731	3771639	81201

企业主要经济指标

单位：万元

资产总计	流动资产合计	应收帐款	存货	产成品	固定资产合计	固定资产原价
13469576	7443353	1369069	2271050	980887	3982388	6006591
12284248	6881840	1232943	2178838	946170	3739765	5679601
599651	230232	35596	72510	8469	315488	591382
83443	50758	1334	39617	3973	28524	40610
516208	179474	34262	32893	4496	286964	550772
35264	16576	3015	4689	1895	12527	23241
28165	18482	2783	12052	6089	7976	13903
11615	4663	1365	1831	1309	5039	4442
8215374	4914184	802770	1564817	706410	2122411	2927876
1039206	652548	93236	252905	22542	174112	261645
7176169	4261637	709534	1311911	683868	1948300	2666231
1310841	626033	127992	203315	85756	571473	966400
2039698	1044878	252609	308469	128360	688232	1133613
151507	63342	17696	20897	12020	70384	91612
19080	9832	2932	3484	2138	6206	10347
1760313	927628	219437	264698	103488	571724	981930
108797	44076	12544	19390	10715	39918	49724
43641	26792	6814	11156	7882	16619	18744
671390	278022	50318	33461	13972	82931	100175
522039	211876	35509	12704	5982	48813	57163
59258	31364	7635	11136	5242	14986	20666
90092	34782	7174	9620	2749	19133	22346
513939	283490	85808	58751	20745	159691	226815
68829	43607	9754	10868	3755	14954	28303
22609	2981	997	18		17681	23891
375655	215740	72474	45528	15122	118675	152393
46847	21162	2583	2338	1869	8381	22228
1022441	363953	36585	150312	61579	619784	982087
8450126	4803592	772104	1593914	689712	2529088	3783020
46673	27546	6701	5613	2985	10928	16103
7001769	4375046	683105	1385794	715191	1560700	2336491
6467807	3068307	685964	885256	265696	2421688	3670100
6925031	4454728	624711	1490554	660272	1467562	2426825
3489409	1614777	357452	423760	143179	1222768	1968980
3055136	1373847	386906	356736	177437	1292058	1610786

14-3 续 表1

项 目	累计折旧	固定资产净值	负债合计	流动负债合计	应付帐款
总 计	2401972	3604619	8885406	6544676	1159538
一、按登记注册类型分组:					
内资企业	2277443	3402158	8175421	6090118	1059566
国有企业	403038	188344	401247	274193	50789
中央企业	19747	20863	35688	28704	10001
地方企业	383291	167481	365559	245489	40788
集体企业	13665	9576	27376	25945	6064
股份合作企业	7764	6140	16676	9233	2818
联营企业	1575	2867	6021	6021	1906
有限责任公司	870276	2057600	5749975	4149688	658058
国有独资公司	96321	165324	722662	583020	134830
其他有限责任公司	773955	1892276	5027314	3566668	523229
股份有限公司	452325	514075	852247	720009	158975
私营企业	524822	608791	1099289	883647	177762
私营独资企业	25378	66233	67488	55450	10966
私营合作企业	4799	5548	6060	5288	988
私营有限责任公司	472587	509343	979488	786023	161726
私营股份有限公司	22058	27667	46253	36885	4082
其他企业	3979	14765	22589	21382	3195
港、澳、台商投资企业	46236	53938	403352	200304	30184
合资经营企业(港或澳、台资)	30742	26421	371543	173233	21609
港澳台商独资经营企业	9234	11431	25337	20598	6558
港澳台商投资股份有限公司	6260	16086	6473	6473	2016
外商投资企业	78293	148523	306633	254254	69788
中外合资经营企业	16639	11664	38702	28234	7590
中外合作经营企业	6220	17671	10420	1890	29
外资企业	41587	110806	233255	201873	58584
外商投资股份有限公司	13847	8381	24257	22257	3584
二、在总计中:亏损企业	408130	573957	885502	570422	94541
在总计中:国有控股企业	1459024	2323996	5971362	4324166	662357
在总计中:农村工业	6790	9313	29363	25161	7519
在总计中:轻工业	883011	1453480	4586869	3583653	482840
重工业	1518961	2151139	4298537	2961024	676698
在总计中:大型企业	1004333	1422492	4948415	3946625	544340
中型企业	973262	995718	2128006	1409444	321632
小型企业	424377	1186409	1808985	1188607	293566

单位：万元

长期负债合计	所有者权益合计	实收资本	国家资本	集体资本	法人资本	个人资本	港澳台资本
2163754	4536649	1686103	217789	28749	895280	422128	18733
1913574	4072808	1488179	209131	26258	806497	409873	222
127052	197919	200865	9945	150	188482	2289	
6982	47755	17355			17355		
120069	150164	183510	9945	150	171126	2289	
1431	7885	4570		1319	2937	313	
549	11488	7239		4321	645	2273	
	5593	4478	1913		690	1875	
1495071	2448379	566732	190723	5856	254524	111148	
85063	316544	88348	82078		6270		
1410009	2131835	478384	108645	5856	248254	111148	
120116	458307	346500	4609	154	280930	28867	222
168149	922189	348527	1941	14458	69789	262339	
9645	82894	49445		10904	6740	31801	
635	12832	3459	37		858	2564	
150175	765076	277631	1904	2754	57902	215072	
7693	61387	17992		800	4290	12902	
1207	21049	9268			8500	768	
203049	268037	83803	6159	480	42600	9603	18070
198310	150496	47048	640	480	42600		3328
4739	33922	16510				86	14742
	83620	20244	5519			9517	
47132	195804	114121	2500	2011	46183	2652	441
8366	28893	22105		2011	5254	652	441
8530	12189	10000	2500				
28236	132133	78816			39371	2000	
2000	22590	3200			1559		
258704	136469	323425	24158	364	250268	47396	557
1558989	2476842	789195	212779	2364	547625	20738	480
3784	16754	5955		114	1220	4400	222
961566	2402308	429004	101538	2692	154109	145351	12124
1202188	2134342	1257100	116251	26056	741171	276777	6609
977107	1976616	374294	154959		211095	8240	
688525	1352187	635641	15417	18431	447669	94179	3822
498122	1207846	676168	47413	10318	236516	319709	14911

14-3 续表 2

项　　目	外商资本	主营业务收入	主营业务成本	主营业务税金及附加	其他业务收入
总　　计	103425	12920293	10850756	163394	173209
一、按登记注册类型分组:					
内资企业	36199	12124422	10187408	157019	167226
国有企业		332874	222871	64417	7440
中央企业		129521	49337	62405	898
地方企业		203353	173535	2013	6542
集体企业		56025	48575	417	887
股份合作企业		43136	39990	181	
联营企业		20527	16746	112	495
有限责任公司	4481	6995058	5883808	54607	132279
国有独资公司		669003	528256	4566	1708
其他有限责任公司	4481	6326055	5355552	50042	130571
股份有限公司	31718	1201686	1029447	7086	4965
私营企业		3428853	2908654	29976	18107
私营独资企业		274415	229848	2102	458
私营合作企业		50231	40382	613	52
私营有限责任公司		2909915	2472843	25301	16024
私营股份有限公司		194293	165580	1960	1573
其他企业		46264	37316	223	3053
港、澳、台商投资企业	6892	209353	169389	1134	3551
合资经营企业(港或澳、台资)		106410	76639	1094	1953
港澳台商独资经营企业	1683	49399	39631	40	1581
港澳台商投资股份有限公司	5208	53544	53119		17
外商投资企业	60334	586518	493959	5241	2432
中外合资经营企业	13747	96117	81215	633	454
中外合作经营企业	7500	5494	2185	8	
外资企业	37446	434022	366212	4592	1978
外商投资股份有限公司	1641	50885	44347	8	
二、在总计中:亏损企业	683	710721	670938	3589	1826
在总计中:国有控股企业	5208	6600196	5589252	93930	117734
在总计中:农村工业		74648	62914	537	1
在总计中:轻工业	13189	7324802	6163926	127038	126731
重工业	90235	5595491	4686830	36356	46478
在总计中:大型企业		6054370	5180631	50984	104893
中型企业	56124	3111843	2537240	80255	31103
小型企业	47300	3754080	3132885	32156	37212

单位：万元

其他业务利润	营业费用	管理费用	税金	财务费用	利息支出	营业利润	投资收益
27562	708256	718239	84655	158129	183804	912623	23926
26308	688108	672759	82079	149971	174103	803696	23439
5845	5667	20676	759	6201	8907	20699	1426
120	438	6710	205	14	7	10677	246
5725	5229	13966	554	6188	8901	10022	1180
481	494	3337	121	326	266	4791	
	677	1118	16	275	151	3032	
10	445	1070	192	40	38	2578	
9998	527895	406893	59341	83942	108817	417471	19356
78	22835	59991	1252	5556	5851	44329	342
9921	505061	346902	58089	78387	102966	373142	19014
745	24021	92256	4863	19952	19225	55490	2369
7342	127470	144118	16678	38568	36141	294265	120
97	14613	9552	218	3914	3158	21617	42
36	1376	1472	34	727	646	6083	
6616	105682	124966	16180	32626	31265	249240	64
593	5799	8128	246	1300	1072	17325	14
1887	1439	3292	111	668	559	5370	168
64	3857	14594	264	504	1950	23564	-296
326	1562	7579	152	1453	1383	18326	
-266	1237	2728	113	674	567	5113	-76
3	1058	4287		-1623		125	-220
1190	16291	30886	2312	7653	7751	85364	784
222	3167	4212	228	1051	391	13318	8
		403	36	516	535	2381	0
967	12181	25108	1990	5391	6154	65936	776
	942	1163	58	695	671	3729	
992	13066	60020	1782	25372	24398	-48721	253
9915	468322	415273	60343	79662	104954	269417	1853
1	2447	3957	378	1040	972	5723	
10005	532556	382591	62661	66803	82423	467465	19218
17557	175700	335648	21994	91326	101381	445158	4709
2694	463130	382211	58342	51912	72158	266677	19514
16297	99118	155839	13453	45388	54717	297414	3370
8570	146009	180189	12859	60828	56929	348532	1043

14-3 续表 3

项 目	补贴收入	营业外收入	营业外支出	利润总额	应交所得税
总 计	33760	78470	39321	953315	86517
一、按登记注册类型分组:					
内资企业	32634	71469	38504	837276	77818
国有企业		10030	634	30096	4695
中央企业		96	260	10514	2791
地方企业		9933	374	19582	1904
集体企业		182	8	4964	392
股份合作企业	31	51	78	3005	158
联营企业		7	15	2571	311
有限责任公司	29516	31934	23941	425603	33343
国有独资公司	5034	6159	1312	49176	3914
其他有限责任公司	24482	25774	22628	376427	29429
股份有限公司	780	19699	5454	69735	9411
私营企业	2307	9167	7680	296061	28675
私营独资企业	238	115	437	21337	832
私营合作企业	54	40	63	6060	404
私营有限责任公司	1571	8932	7228	251210	26960
私营股份有限公司	445	80	-49	17453	479
其他企业		400	697	5241	834
港、澳、台商投资企业	627	4352	229	28284	2382
合资经营企业(港或澳、台资)		3573	54	21845	1500
港澳台商独资经营企业	627	377	31	6057	525
港澳台商投资股份有限公司		401	144	383	358
外商投资企业	498	2650	588	87755	6316
中外合资经营企业	168	368	16	13669	2409
中外合作经营企业		243	12	2613	392
外资企业	330	2039	561	67744	2583
外商投资股份有限公司				3729	932
二、在总计中:亏损企业	672	7538	3330	-44394	111
在总计中:国有控股企业	29581	48881	18405	299893	22754
在总计中:农村工业	3	36	13	5746	366
在总计中:轻工业	26215	23307	22085	469884	35017
重工业	7545	55163	17237	483431	51499
在总计中:大型企业	28801	32111	18719	280068	20077
中型企业	2237	35991	9383	324760	37747
小型企业	2722	10368	11219	348487	28693

单位：万元

亏损企业亏损总额	利税总额	本年应付工资总额	本年应付福利费总额	本年应交增值税	本年进项税额	本年销项税额	全部从业人员年平均人数（人）
44394	1693270	979421	42395	576562	1516648	1879953	227627
44095	1549855	898371	40898	555560	1437358	1789591	205734
	121782	25116	1747	27269	46092	72593	8608
	86537	4955	449	13618	8720	22091	1208
	35245	20161	1298	13650	37372	50501	7400
59	8135	7945	506	2753	6601	9332	2740
152	4765	5529	78	1578	4669	6067	1858
28	4230	1826	80	1548	2007	3555	430
19508	803230	469180	20408	323020	947799	1093259	90830
3975	79848	54356	3183	26106	104898	118667	9857
15534	723382	414825	17225	296913	842901	974593	80973
19104	145592	137357	6200	68770	136167	202686	30131
5243	454590	245405	11781	128554	289379	395658	69867
772	30707	19345	947	7267	15318	20503	6571
33	8662	4484	162	1989	4309	6139	1222
3082	389033	204276	9906	112521	259543	353816	56993
1357	26189	17300	765	6776	10209	15200	5081
	7532	6014	99	2068	4644	6442	1270
77	35436	16069	532	6018	14930	17241	6617
	28142	6515	287	5204	7851	13127	2405
77	6911	8910	191	814	2899	3393	3256
	383	644	54		4180	720	956
222	107980	64982	966	14984	64360	73122	15276
222	15630	4126	168	1328	3828	4013	1288
	3527	215	17	907	27	934	33
	82404	56874	720	10068	54536	59525	13268
	6419	3766	61	2682	5969	8651	687
44394	-7694	95128	5952	33112	74972	105758	25346
33909	702007	476945	20701	308184	899474	1027019	91715
25	8110	8298	344	1828	7771	9679	2408
2098	910654	499313	20285	313732	908518	1033774	106937
42296	782616	480108	22110	262830	608129	846180	120690
18798	599463	461622	17698	268411	857042	943993	83874
11939	572144	278591	10861	167130	312270	471372	64935
13658	521663	239209	13836	141021	347336	464588	78818

14—4 按行业分规模以上

(2010年)

项　　目	企业单位数（个）	亏损企业	工 业总产值（当年价）	工业销售产值（当年价）	出口交货值
总　　计	926	73	12675301	12029698	495099
煤炭开采和洗选业	2	1	4600	4568	
黑色金属矿采选业	1		549	518	
有色金属矿采选业	7		18343	17675	
非金属矿采选业	23	2	99996	91154	3275
农副食品加工业	113	7	1324819	1237114	
食品制造业	34		181634	174862	13103
饮料制造业	29	2	312515	294387	
烟草制品业	1		159000	140000	82
纺织业	36		346583	330808	9583
纺织服装、鞋、帽制造业	6	2	47294	46506	10995
皮革、毛皮、羽毛(绒)及其制品业	5		63996	63573	14810
木材加工及木、竹、藤、棕、草制品业	19	4	136737	120468	
家具制造业	11		65606	64653	
造纸及纸制品业	23	1	173013	171321	
印刷业和记录媒介的复制	14		130222	124891	
石油加工、炼焦及核燃料加工业	3	1	30001	29775	
化学原料及化学制品制造业	66	5	535813	475822	26397
医药制造业	18	2	253641	234876	5303
化学纤维制造业	1		8431	4714	
橡胶制品业	8	1	18960	15829	
塑料制品业	33	2	214201	202457	7217
非金属矿物制品业	120	9	1056213	1018975	6423
黑色金属冶炼及压延加工业	38	5	925301	914946	5948
有色金属冶炼及压延加工业	7	1	23910	22422	
金属制品业	46	7	223965	214850	
通用设备制造业	38		280722	266403	1626
专用设备制造业	28	4	204438	170783	939
交通运输设备制造业	46	1	721544	682140	6285
电气机械及器材制造业	35	1	297875	282710	21992
通信设备计算机及其他电子设备制造	52	8	4194308	4000045	361121
仪器仪表及文化、办公用机械制造业	7		34170	33022	
工艺品及其他制造业	3		7187	7075	
废弃资源和废旧材料回收加工业	10	1	108407	101072	
电力、热力的生产和供应业	21	5	310977	310918	
燃气生产和供应业	11	1	93813	92863	
水的生产和供应业	11		66517	65506	

工业企业主要经济指标

单位：万元

资产总计	流动资产合计	应收帐款	存货	产成品	固定资产合计	固定资产原价
13469576	7443353	1369069	2271050	980887	3982388	6006591
4454	1421	185	265	220	2813	4132
536	181		23	23	341	408
25967	10098	1389	3395	555	10613	12227
59252	24629	5274	10185	7018	19824	19814
647156	315314	33725	71792	39636	217389	426873
110527	53424	8238	21944	12984	47447	55516
323149	210546	8039	53207	11817	57169	88930
77933	46423	204	37435	2286	27359	38493
187368	96339	17109	46890	16898	51974	79213
43639	28666	775	6314	2546	14323	12823
19390	12387	1510	1212	978	2554	5754
94182	39883	7488	11435	3013	31912	123947
26869	13449	7137	2376	1302	8482	9549
148789	64131	14817	13279	8668	59541	80869
93292	57709	11117	14890	6955	32303	46095
24992	13863	2497	1640	514	10247	6595
507503	265604	58116	73179	32689	170204	203322
192918	107769	41599	51077	16012	43395	61826
17429	5561	1286	3234	1741	11133	10064
15560	10309	2564	2688	1305	2175	3228
156838	98029	31874	21818	10057	30468	40584
937289	340477	83088	105790	35926	470088	572464
634962	281735	18781	150939	56903	325680	628940
13613	9486	1678	1527	262	3393	5044
134810	82724	18869	20265	6586	33024	38895
161542	114894	28216	38949	15195	34212	57500
153127	101762	21964	32072	15547	31128	84291
604514	444169	154715	81416	49927	94579	164016
207856	130973	43453	36523	12126	43685	92653
5919412	3955856	646021	1301324	605771	1027795	1488835
33794	26603	7858	11341	1388	2902	3924
6601	3734	1343	1740	1385	1807	1988
47411	31236	8266	16618	2616	11972	13366
1218895	200194	51132	19105		974688	1389512
105763	54409	4907	4303	40	27489	46652
512248	189369	23838	862		48282	88247

14-4续 表1

项 目	累计折旧	固定资产净值	负债合计	流动负债合计	应付帐款
总 计	2401972	3604619	8885406	6544676	1159538
煤炭开采和洗选业	1319	2813	4182	4067	10
黑色金属矿采选业	66	341	358	181	1
有色金属矿采选业	3004	9223	21409	20499	5399
非金属矿采选业	7243	12571	40597	29893	4344
农副食品加工业	237311	189562	410051	341177	42169
食品制造业	15344	40172	52985	46982	8034
饮料制造业	33886	55044	197543	157353	17949
烟草制品业	18731	19762	31820	24838	8546
纺织业	32747	46466	96717	77232	16897
纺织服装、鞋、帽制造业	4935	7888	19687	13590	6328
皮革、毛皮、羽毛(绒)及其制品业	3282	2472	6834	6387	919
木材加工及木、竹、藤、棕、草制品业	93231	30716	54408	41656	9781
家具制造业	2308	7241	11129	10099	943
造纸及纸制品业	45159	35710	85595	59786	11680
印刷业和记录媒介的复制	14110	31986	29096	25264	4491
石油加工、炼焦及核燃料加工业	1750	4845	11691	9721	90
化学原料及化学制品制造业	68124	135199	197301	155111	42617
医药制造业	32263	29563	112482	104682	26149
化学纤维制造业	1069	8996	3038	3038	
橡胶制品业	1334	1894	9112	7786	1113
塑料制品业	12262	28322	67324	52351	18091
非金属矿物制品业	136275	436189	571900	368547	102026
黑色金属冶炼及压延加工业	324554	304387	501833	453702	77487
有色金属冶炼及压延加工业	2145	2899	10378	9576	3026
金属制品业	10128	28767	82147	69423	11324
通用设备制造业	25547	31953	80730	70882	21202
专用设备制造业	54770	29521	96524	87330	22009
交通运输设备制造业	77219	86797	401042	367607	131575
电气机械及器材制造业	50861	41792	106902	91630	27151
通信设备计算机及其他电子设备制造	461818	1027018	4120423	3233834	479043
仪器仪表及文化、办公用机械制造业	1232	2692	25081	24365	8017
工艺品及其他制造业	228	1760	2478	1382	164
废弃资源和废旧材料回收加工业	2784	10582	26781	25004	9058
电力、热力的生产和供应业	555962	833550	970394	316971	26975
燃气生产和供应业	21184	25469	58993	55906	4564
水的生产和供应业	47789	40458	366444	176824	10366

单位：万元

长期负债合计	所有者权益合计	实收资本					
			国家资本	集体资本	法人资本	个人资本	港澳台资本
2163754	4536649	1686103	217789	28749	895280	422128	18733
115	188	4580			260	4320	
	178	200				200	
260	4222	4362	2000	6		2356	
7300	18061	7559		114	1720	5725	
54123	231075	78211	527	1504	17893	55167	
5731	55936	28098	1551	101	17264	9183	
37054	124251	33340			23410	9930	
6982	46112	16301			16301		
7233	90175	25315		207	6501	15006	3600
5434	23466	9970	2135		5823	86	1926
447	12366	4230				4230	
11546	39439	21355			2149	19206	
842	15740	5800				5800	
24576	63156	26876	640	480	14491	7114	2510
3833	63746	18493	329	200	3169	10707	4088
1330	13301	9847			842	5	
30803	308299	112380	5519	1482	54889	29030	5624
7424	80386	29597			18640	9729	
	13704	11065			11065		
762	6027	1995				1995	
13363	87915	32683			20669	12014	
167455	361575	219425	11852	11114	89472	74789	
44381	133010	211184		4558	189906	16720	
802	3031	2377		800		1577	
11903	52283	25631			8628	17002	
3949	80762	31697		2139	9423	20135	
8834	56065	25417	16406	425	3199	5387	
26890	192085	73546	5287	3500	20973	19983	222
12754	99993	49275	3	270	35282	11673	
878713	1791311	168415	129880		15964	19536	763
509	8639	9913		1331	5723	2860	
1095	3924	1089			889	200	
1635	20631	13255			2225	7030	
598915	243024	314148	31339	518	255058	19733	
3086	46770	16685	1903		11900	1882	
183675	145805	41791	8419		31552	1820	

14-4 续表 2

项 目	外商资本	主营业务收入	主营业务成本	主营业务税金及附加	其他业务收入
总 计	103425	12920293	10850756	163394	173209
煤炭开采和洗选业		4636	2291	215	
黑色金属矿采选业		518	437	3	
有色金属矿采选业		17492	9558	95	
非金属矿采选业		88282	67815	903	180
农副食品加工业	3120	1262533	1126425	10188	7325
食品制造业		171974	133975	1034	3768
饮料制造业		298677	183364	29079	818
烟草制品业		122072	43009	62389	894
纺织业		315792	273114	1635	4463
纺织服装、鞋、帽制造业		43545	36681	45	1523
皮革、毛皮、羽毛(绒)及其制品业		60433	52566	862	
木材加工及木、竹、藤、棕、草制品业		112845	99529	861	1756
家具制造业		64165	52332	1133	5
造纸及纸制品业	1641	164718	146611	243	2959
印刷业和记录媒介的复制		121888	93182	576	32
石油加工、炼焦及核燃料加工业	9000	29828	22717	6	667
化学原料及化学制品制造业	15836	523729	433506	1845	8522
医药制造业	1228	235303	193711	2052	659
化学纤维制造业		6916	2625		
橡胶制品业		16757	13539	26	2
塑料制品业		187682	156235	1145	10821
非金属矿物制品业	32199	1017075	868527	8643	3391
黑色金属冶炼及压延加工业		776048	709095	3670	511
有色金属冶炼及压延加工业		23768	21022	169	425
金属制品业		210670	174672	1767	936
通用设备制造业		260501	218596	1913	1898
专用设备制造业		175181	132818	980	2741
交通运输设备制造业	23581	712317	606119	3559	2374
电气机械及器材制造业	2048	241093	185627	1317	812
通信设备计算机及其他电子设备制造业	2272	5035535	4292634	21063	103842
仪器仪表及文化、办公用机械制造业		28374	22465	1023	367
工艺品及其他制造业		6287	4346	137	
废弃资源和废旧材料回收加工业	4000	102216	89273	923	105
电力、热力的生产和供应业	7500	313533	261803	2033	6701
燃气生产和供应业	1000	96692	76941	565	3509
水的生产和供应业		71221	43601	1299	1205

单位：万元

其他业务利润	营业费用	管理费用	税金	财务费用	利息支出	营业利润	投资收益
27562	708256	718239	84655	158129	183804	912623	23926
	805	387	30	22	9	297	
	4	41	4	25	25	9	
	901	1847	10	434	421	4087	
5	4181	4239	1285	1146	1098	7708	
3664	36919	44837	2774	13503	12646	99139	-10
734	15786	8993	243	2138	2077	10741	
-127	31285	15965	1366	4272	5765	52675	18921
116	147	6409	184	2	-3	10232	246
1881	6031	14379	430	4430	2544	24559	12
52	1965	2834	33	307	104	2474	
-49	1295	2226	531	1791	1778	9579	
140	2934	5886	96	1657	1516	8380	
	2018	2026	125	1167	932	5330	
526	3021	6985	514	4978	4684	10996	
19	2251	2470	72	1720	1542	24686	-73
507	378	487	54	792	635	6005	
2793	21999	32766	1400	3387	8666	44423	173
409	20709	16438	3719	2333	4995	20079	
	103	358	16	73	63	1757	
2	478	1088	22	238	237	879	
613	4109	20121	3472	2414	2158	21310	81
2009	37530	44336	3915	14855	18936	82663	1716
-11	8298	53407	1747	10425	9442	18120	251
45	1281	1441	67	307	221	1449	
595	9699	13275	3475	2355	1702	14878	
322	6516	12278	467	2076	1744	33627	88
1578	7624	10368	361	1243	1223	19589	-301
486	25232	30806	2539	5078	4581	60171	
152	9916	16074	780	3606	3074	25975	4
1980	423851	310427	53698	30491	46688	225238	642
161	1874	2620	69	335	315	1914	
	620	180	24	86	75	919	
67	2217	1617	93	423	390	16761	
5881	9569	13760	676	38801	41774	10192	1179
2239	5666	7857	123	668	760	18176	941
772	1045	9012	244	550	988	17611	55

14-4 续表 3

项 目	补贴收入	营业外收 入	营业外支 出	利润总额	应 交所得税
总 计	33760	78470	39321	953315	86517
煤炭开采和洗选业			5	292	
黑色金属矿采选业				9	2
有色金属矿采选业	10	136	50	4173	362
非金属矿采选业	270	6	5	7709	127
农副食品加工业	485	1471	6030	94666	7949
食品制造业	450	297	610	10530	259
饮料制造业	230	5921	2017	56578	3270
烟草制品业		55	219	10069	2785
纺织业	688	1553	2366	24423	1051
纺织服装、鞋、帽制造业	30	174	26	2621	212
皮革、毛皮、羽毛(绒)及其制品业	2	16	103	9491	928
木材加工及木、竹、藤、棕、草制品业	100	1998	50	10329	218
家具制造业		30	304	5057	916
造纸及纸制品业	36	232	74	11154	1300
印刷业和记录媒介的复制	33	75	10	24754	5133
石油加工、炼焦及核燃料加工业		38	382	5661	983
化学原料及化学制品制造业	63	9470	2749	51144	6520
医药制造业		253	1171	19160	761
化学纤维制造业	330	11		2098	221
橡胶制品业		35		913	46
塑料制品业	104	701	89	21922	1775
非金属矿物制品业	293	10775	6358	87082	11806
黑色金属冶炼及压延加工业	141	7094	2900	22314	2955
有色金属冶炼及压延加工业	33			1449	297
金属制品业	10	1849	83	16643	4088
通用设备制造业	208	870	494	34046	2807
专用设备制造业	660	405	308	19686	3242
交通运输设备制造业	1066	4848	366	64667	2822
电气机械及器材制造业	23	2292	297	27969	6301
通信设备计算机及其他电子设备制造业	28331	18944	10461	233840	12380
仪器仪表及文化、办公用机械制造业	124	616	2	2528	319
工艺品及其他制造业			390	529	106
废弃资源和废旧材料回收加工业		323	102	16982	1711
电力、热力的生产和供应业		3652	1181	12663	537
燃气生产和供应业	40	666	78	18932	798
水的生产和供应业		3666	44	21234	1532

单位：万元

亏损企业亏损总额	利税总额	本年应付工资总额	本年应付福利费总额	本年应交增值税	本年进项税额	本年销项税额	全部从业人员年平均人数（人）
44394	1693270	979421	42395	576562	1516648	1879953	227627
104	839	1783	3	332	181	513	460
	39	13	1	27	61	88	25
	5311	1326	293	1043	945	2121	508
1072	13862	6921	269	5251	6254	11128	1966
553	152900	88970	3276	48045	100321	131119	19527
	16496	12857	1186	4932	13941	17976	3636
40	107264	18700	763	21607	41194	59012	6590
	85852	3831	418	13394	7604	20899	864
	39397	43077	1552	13340	24149	35816	11070
64	3004	11500	125	337	642	777	4871
	12350	4377	67	1996	5221	7217	951
696	15252	6366	827	4062	12296	16550	2135
	8210	5703	322	2020	5476	7262	1523
81	19537	12830	418	8140	17631	25599	4263
	27734	3665	438	2404	43272	47545	1745
182	6673	573	36	1005	4283	5289	112
727	79450	51823	3009	26462	37721	57985	13249
506	34999	18228	1566	13786	19362	32005	4521
	2416	310	6	318			154
84	1322	1298	60	383	962	1466	469
283	27535	9150	608	4468	19370	21415	3300
3295	154397	77015	2624	58672	90119	147422	20218
19249	63028	99255	5583	37045	85577	122687	22876
350	2113	1510	48	495	1726	2220	707
472	23634	18488	869	5223	17340	21325	5671
	45984	20993	679	10025	25137	34303	5324
84	27306	18715	1030	6640	17100	23745	5384
57	91793	42459	1107	23568	91891	115923	9917
21	46795	21481	476	17509	27974	44526	5489
712	460646	333775	12694	205742	724472	753226	60171
	4714	1939	138	1163	2302	2680	667
	915	442	9	249	528	776	107
56	22826	5553	218	4921	14504	16261	1139
15550	41966	25412	957	27270	44601	75312	5324
158	21494	3577	394	1997	9027	11728	1302
	25221	5507	331	2688	3467	6037	1392

14—5 县市区规模

(2010年)

项　　目	绵阳市	涪城区	游仙区	三台县
企业单位数(个)	926	276	109	117
亏损企业	73	26	3	5
工业总产值(当年价格)	12675301	6558225	1285822	909307
工业销售产值(当年价格)	12029698	6205817	1215376	890699
出口交货值	495099	396389	36506	36038
资产总计	13469576	7894054	1279213	521283
流动资产合计	7443353	5133723	678336	214269
应收帐款	1369069	931625	141595	45199
存货	2271050	1599824	149352	62459
产成品	980887	713816	53007	37177
固定资产合计	3982388	1542121	152879	265099
固定资产原价	6006591	2209871	297890	351238
累计折旧	2401972	729528	148651	116214
固定资产净值	3604619	1480344	149239	235024
负债合计	8885406	5159745	818979	299961
流动负债合计	6544676	4101774	572516	196409
应付帐款	1159538	718448	106462	36136
长期负债合计	2163754	1013375	232238	89192
所有者权益合计	4536649	2716963	450558	218908
实收资本	1686103	517451	144311	120229
国家资本	217789	149340	2097	2471
集体资本	28749	17303	3871	1233
法人资本	895280	176008	85652	55400
个人资本	422128	116120	46366	43354
港澳台资本	18733	10736	203	1573

以上工业主要经济指标

单位：万元

盐亭县	安县	梓潼县	北川县	平武县	江油市
52	72	51	31	27	191
2	9	5	8	7	8
315562	723679	528769	125387	126622	2101929
301372	683123	481480	110740	121964	2019129
1182	15763				9223
110148	658644	299372	277273	571990	1857601
47166	310247	160756	85912	60221	752723
3149	79750	18678	6616	13473	128985
7770	116888	24436	19712	9901	280708
5222	35305	12182	9029	4383	110767
59351	273089	92800	155887	479488	961674
78499	316324	367641	179517	518116	1687496
24444	97956	293835	33412	63041	894893
54055	218369	73806	146105	455075	792604
54615	428871	188106	199438	466208	1269483
33998	320356	168653	70368	137454	943150
6428	83251	17919	15186	10161	165547
19333	86487	12693	125061	276928	308448
54998	228206	108110	75791	101567	581548
32584	100553	31462	63280	72905	603329
2067	10576	337	2086	25043	23772
51	128		694	6	5463
500	84750	10058	36563	25777	420574
28612	3749	21068	22817	22079	117964
354	910		1120		3838

14-5 续 表 1

项　　目	绵阳市	涪城区	游仙区	三台县
外商资本	103425	47943	6122	16200
主营业务收入	12920293	7294649	1143671	895713
主营业务成本	10850756	6056927	925818	737635
主营业务税金及附加	163394	119265	5490	4889
其他业务收入	173209	124550	5440	14113
其他业务利润	27562	4005	1224	9303
营业费用	708256	530129	55555	24231
管理费用	718239	444575	51468	44205
税金	84655	62445	1619	1469
财务费用	158129	56587	12264	11670
利息支出	183804	73386	8705	11125
营业利润	912623	484127	102172	87205
投资收益	23926	20885		170
补贴收入	33760	30375	336	693
营业外收入	78470	40298	11186	1644
营业外支出	39321	15556	5737	7026
利润总额	953315	509480	107620	82109
应交所得税	86517	35703	20197	4960
亏损企业亏损总额	44394	2327	306	346
利税总额	1693270	906845	175469	124305
本年应付工资总额	979421	481903	93235	80825
本年应付福利费总额	42395	19902	3101	3205
本年应交增值税	576562	278101	62359	37307
本年进项税额	1516648	986884	114600	73883
本年销项税额	1879953	1071252	175176	109196
全部从业人员年平均人数（人）	227627	104165	19910	19925

盐亭县	安县	梓潼县	北川县	平武县	江油市
1000	441				31718
311530	675230	495751	107417	117161	1879172
268762	583549	469842	90851	77502	1639872
4602	4356	5272	437	936	18147
774	7072	2092	478	1243	17447
46	3684	424	91	656	8129
9276	25567	8697	11510	3822	39471
16526	30446	15902	7632	10512	96972
8185	5622	405	100	746	4065
3755	11644	5821	4253	21302	30834
3659	23850	4954	4091	21274	32760
25016	50188	13924	5429	10823	133741
			2	36	2833
45	6	223	324	233	1525
6	1944	2043	6513	2131	12705
43	4716	2269	127	21	3825
24978	47418	13703	11815	12974	143218
2362	4730	195	1615	658	16097
321	541	830	3918	5541	30264
50700	100662	33501	18755	20009	263024
19043	52367	38985	6660	7602	198800
1536	2849	1848	567	625	8762
21119	48888	14527	6502	6099	101660
6968	52411	47187	9513	6527	218676
11920	101532	60934	14333	15539	320072
5500	14746	10226	2915	2648	47592

14—6 绵阳市分县市区工业总产值

（2005--2010）

单位：亿元

	2005	2006	2007	2008	2009	2010
涪城辖区	264.73	321.89	392.54	476.41	566.64	694.85
#涪城区属	23.73	63.75	93.16	120.32	50.20	88.05
高新区	171.84	198.46	229.33	276.82	347.80	401.09
经开区	19.27	33.78	49.57	56.39	70.03	110.61
科创园区	2.86	7.10	12.51	18.50	17.63	28.90
游仙辖区	27.30	37.03	57.27	72.85	104.61	158.62
#游仙区属		36.22	55.97	70.85	101.05	144.52
农科区		0.62	1.30	2.00	3.25	13.90
仙海区					0.31	0.20
三台县	16.06	21.15	31.05	40.56	60.17	91.36
盐亭县	3.40	5.03	8.13	13.52	21.58	31.51
安县	19.37	26.24	38.52	37.09	46.30	75.07
梓潼县	7.98	11.22	17.14	25.23	36.50	52.92
北川县	5.10	7.11	9.90	4.82	11.01	15.14
平武县	4.74	7.13	10.56	5.66	8.35	12.27
江油市	81.69	102.00	129.65	111.22	158.67	211.67

14—7 绵阳市分县市区工业增加值

（2005--2010）

单位：亿元

	2005	2006	2007	2008	2009	2010
涪城辖区	66.18	89.36	107.10	139.15	163.15	180.26
#涪城区属	6.80	20.80	27.83	42.74	19.27	28.24
高新区	34.30	48.81	57.76	75.12	88.81	95.69
经开区	7.17	11.85	15.16	17.16	21.68	28.90
科创园区	1.01	2.20	3.30	6.88	8.40	8.67
游仙辖区	7.85	11.04	16.10	21.63	28.87	40.90
#游仙区属		10.75	15.81	21.05	28.00	39.26
农科区		0.29	0.29	0.57	0.78	1.59
仙海区					0.09	0.05
三台县	4.89	6.60	9.55	14.60	18.52	27.19
盐亭县	0.99	1.57	2.86	4.51	6.54	9.64
安县	5.54	7.57	11.31	10.03	12.56	18.65
梓潼县	2.35	3.43	5.63	7.86	10.45	16.74
北川县	1.84	2.85	3.72	1.83	3.60	4.41
平武县	2.14	3.14	4.19	2.61	3.41	5.31
江油市	26.36	35.54	44.74	43.38	53.90	63.90

注：1、表内数据为认定的电快年报数据。

2、2006-2008年，涪城区属数据包括经开区，2005、2009年以后，经开区数据单列。

14—8 绵阳市分县市区工业经济效益综合指数

（2005--2010）

	2005	2006	2007	2008	2009	2010
涪城辖区	148.7	137.5	142.5	162.3	158.1	181.7
#涪城区属	145.6	222.6	214.2	245.2	227.6	224.9
高新区	121.5	134.0	118.6	140.2	132.8	158.0
经开区	268.0	227.4	279.7	252.6	259.4	320.4
科创园区	140.7	150.2	249.0	282.5	229.2	226.3
游仙辖区	104.8	129.4	136.8	170.6	215.4	254.9
#游仙区属		133.1	137.8	173.1	220.3	256.4
农科区		58.3	280.7	117.8	179.9	237.4
仙海区					171.2	79.2
三台县	98.7	119.3	130.5	150.8	209.6	254.9
盐亭县	130.1	132.5	173.9	215.1	259.2	375.4
安县	125.6	128.3	166.8	135.2	161.9	182.6
梓潼县	114.4	165.4	118.8	71.2	185.4	245.0
北川县	170.3	160.5	178.8	112.8	196.2	183.3
平武县	168.9	180.6	217.4	105.8	241.9	288.4
江油市	117.5	87.6	155.2	123.7	174.9	180.0

14—9 绵阳市分县市区总资产贡献率

（2005--2010）

单位：%

	2005	2006	2007	2008	2009	2010
涪城辖区	7.9	5.2	7.6	8.4	8.2	11.4
#涪城区属	8.3	15.8	15.5	18.9	34.4	18.9
高新区	6.5	1.6	5.5	6.2	5.8	8.8
经开区	19.3	18.1	18.7	10.5	9.9	19.8
科创园区	7.5	7.9	8.2	8.4	2.5	5.8
游仙辖区	5.8	6.8	6.6	9.0	10.9	13.5
#游仙区属		6.9	6.8	9.1	10.7	13.1
农科区		2.6	0.6	5.1	16.6	18.6
仙海区					19.7	3.6
三台县	5.1	5.6	6.3	7.2	11.6	26.8
盐亭县	6.2	5.5	9.5	14.9	15.7	60.2
安县	7.9	7.9	10.4	6.1	7.1	21.8
梓潼县	3.2	2.5	2.8	3.8	4.5	7.9
北川县	7.3	8.1	11.0	7.4	8.5	10.7
平武县	6.2	7.2	8.2	6.3	7.7	8.3
江油市	4.1	4.9	7.0	3.9	4.2	12.9

注：1、表内数据为认定的电快年报数据。

2、2006-2008 年，涪城区属数据包括经开区，2005、2009 年以后，经开区数据单列。

14—10 绵阳市分县市区资本保值增值率

（2005--2010）

单位：%

	2005	2006	2007	2008	2009	2010
涪城辖区	91.0	117.5	131.3	119.4	105.6	112.6
#涪城区属	152.6	116.1	127.6	156.1	110.7	141.0
高新区	106.8	117.8	132.2	112.9	108.5	110.5
经开区	107.4	109.1	109.8	185.6	47.2	81.4
科创园区	123.0	97.5	162.1	176.1	260.1	121.3
游仙辖区	115.3	149.5	106.7	118.5	135.8	131.4
#游仙区属		150.0	101.3	120.0	136.5	132.9
农科区		57.2	175.0	90.6	123.1	116.5
仙海区					105.5	113.5
三台县	95.4	106.6	101.7	115.3	123.9	131.5
盐亭县	50.8	114.4	106.7	155.3	113.7	85.9
安县	112.2	102.3	179.8	84.1	161.2	135.6
梓潼县	84.3	84.7	-33.2	-635.6	104.1	206.1
北川县	163.8	91.8	111.5	0.4	261.9	108.7
平武县	244.5	144.1	131.5	29.7	295.2	115.2
江油市	130.4	48.2	96.8	71.5	176.0	161.1

14—11 绵阳市分县市区资产负债率

（2005--2010）

单位：%

	2005	2006	2007	2008	2009	2010
涪城辖区	60.7	50.6	57.5	58.8	70.1	65.5
#涪城区属	55.7	53.7	58.9	45.0	52.6	55.7
高新区	48.6	46.2	54.7	60.1	71.8	65.2
经开区	47.6	51.4	51.6	37.0	75.8	77.4
科创园区	41.2	57.9	55.1	58.9	47.7	46.5
游仙辖区	65.8	53.9	63.5	65.3	63.4	63.5
#游仙区属		53.5	64.3	65.8	63.8	63.5
农科区		87.2	40.5	49.0	51.6	63.6
仙海区					36.2	75.1
三台县	55.0	55.9	61.0	61.9	60.2	58.0
盐亭县	65.7	60.8	54.3	47.1	38.6	49.3
安县	62.5	69.2	56.5	70.3	62.6	64.5
梓潼县	71.4	78.6	104.1	83.8	84.9	69.9
北川县	63.2	65.1	67.4	99.8	72.1	71.0
平武县	83.6	83.1	84.4	95.4	86.0	82.3
江油市	62.5	81.5	79.9	86.6	76.6	68.4

注：1、表内数据为认定的电快年报数据。

2、2006-2008 年，涪城区属数据包括经开区，2005、2009 年以后，经开区数据单列。

14—12 绵阳市分县市区流动资产周转率

（2005--2010）

单位:次

	2005	2006	2007	2008	2009	2010
涪城辖区	1.5	1.7	1.6	1.4	1.3	1.5
#涪城区属	1.9	2.4	2.7	2.1	2.3	3.4
高新区	1.4	1.8	1.5	1.4	1.3	1.3
经开区	2.4	2.6	3.4	2.7	1.7	3.1
科创园区	1.9	1.3	1.1	1.4	1.2	1.2
游仙辖区	2.1	2.0	1.8	1.6	2.4	1.7
#游仙区属		2.0	1.8	1.6	2.4	1.8
农科区		1.9	1.4	1.6	1.9	1.7
仙海区					2.1	1.9
三台县	2.1	2.4	2.8	2.9	3.7	4.1
盐亭县	5.4	4.5	5.4	4.2	5.9	7.6
安县	2.4	2.1	2.8	2.2	2.3	2.4
梓潼县	3.3	3.5	2.2	2.1	2.7	3.0
北川县	1.9	2.2	2.2	3.2	1.7	1.8
平武县	1.7	2.5	1.9	1.2	1.6	2.5
江油市	1.7	2.1	2.6	2.1	2.0	2.5

14—13 绵阳市分县市区成本费用利润率

（2005--2010）

单位：%

	2005	2006	2007	2008	2009	2010
涪城辖区	5.5	1.3	4.0	3.7	4.4	6.0
#涪城区属	4.4	8.5	6.5	7.6	6.0	5.8
高新区	2.6	-1.6	2.7	2.2	3.1	4.5
经开区	16.2	11.5	8.5	5.6	7.4	7.8
科创园区	4.0	5.3	5.2	5.2	1.6	3.5
游仙辖区	0.4	2.8	2.8	4.9	6.3	8.6
#游仙区属		2.9	2.9	5.0	6.1	8.6
农科区		-1.9	-2.8	1.9	9.5	8.7
仙海区					14.3	2.1
三台县	1.7	1.7	1.4	1.6	4.1	9.6
盐亭县	1.5	0.9	1.7	3.9	4.3	8.7
安县	1.6	1.8	2.2	1.2	2.9	5.0
梓潼县	0.1	0.1	0.2	0.5	1.0	2.5
北川县	7.6	6.9	7.2	5.6	4.9	9.8
平武县	10.7	15.0	12.6	2.8	13.6	10.1
江油市	1.3	0.4	1.0	-1.0	-0.4	4.4

注：1、表内数据为认定的电快年报数据。

2、2006-2008 年，涪城区属数据包括经开区，2005、2009 年以后，经开区数据单列。

14—14 绵阳市分县市区工业全员劳动生产率

（2005--2010）

单位:元/人

	2005	2006	2007	2008	2009	2010
涪城辖区	102465	107663	90902	128271	127556	140839
#涪城区属	81842	159799	151982	188461	129839	148950
高新区	76505	127749	67305	110097	101484	121764
经开区	177592	140929	229523	223749	280088	317625
科创园区	83760	106236	258172	303662	240041	247421
游仙辖区	56817	69646	97699	132985	175465	229239
#游仙区属		74732	99581	135977	184820	232463
农科区		22128	48593	81389	88375	187144
仙海区					35893	23753
三台县	41663	65722	79699	104157	155927	141076
盐亭县	47706	56940	93501	140770	189166	195602
安县	70001	84555	104181	106874	115469	96315
梓潼县	73940	157662	139264	179391	190506	234938
北川县	105376	102912	117854	55831	148371	121462
平武县	84807	82544	166304	86411	170681	291252
江油市	77012	51969	133010	119952	174081	117002

14—15 绵阳市分县市区产品销售率

（2005--2010）

单位：%

	2005	2006	2007	2008	2009	2010
涪城辖区	95.0	97.3	96.7	97.3	94.3	95.6
#涪城区属	92.0	93.4	97.3	98.8	94.0	92.6
高新区	97.2	100.0	97.1	97.6	93.9	95.9
经开区	97.4	95.1	96.8	97.2	98.5	97.1
科创园区	99.1	94.1	96.6	101.0	109.6	89.5
游仙辖区	90.0	89.6	90.3	93.3	90.8	94.7
#游仙区属		89.2	90.4	93.5	90.7	94.5
农科区		126.0	82.9	86.4	93.9	97.1
仙海区					89.3	64.8
三台县	92.4	92.0	93.7	92.4	96.2	97.0
盐亭县	99.0	94.8	96.6	94.7	98.0	98.3
安县	94.6	89.9	90.5	91.7	89.6	92.8
梓潼县	80.1	95.3	95.6	92.2	97.2	90.9
北川县	90.0	96.8	96.7	91.8	87.0	90.6
平武县	81.2	87.6	95.1	100.6	97.4	96.2
江油市	98.7	96.6	95.6	94.7	95.2	96.0

注：1、表内数据为认定的电快年报数据。

2、2006-2008 年，涪城区属数据包括经开区，2005、2009 年以后，经开区数据单列。

主要统计指标解释

工业总产值（当年价格）：指工业企业在本年内生产的以货币形式表现的工业最终产品和提供工业劳务活动的总价值量。工业总产值计算应遵循的原则：（1）工业生产的原则。即凡是企业在本年内生产的最终产品和提供的劳务，均应包括在内。其中的最终产品，不管是否在本年内销售，只要是本年内生产的，就应包括在内。凡不是工业生产的产品，均不得计入工业总产值。（2）最终产品的原则。即企业生产的成品价值必须是本企业生产的，经检验合格不需再进行任何加工的最终产品。企业对外销售的半成品也应视为最终产品计入工业总产值。而在本企业内各车间转移的半成品和在制品只能计算其期末期初差额价值。（3）"工厂法"原则。即以法人工业企业作为一个整体计算工业总产值，是其本年内生产的最终产品和提供劳务的总价值量。工业总产值的内容包括三部分：生产的成品价值、对外加工费收入、自制半成品在制品期末期初差额价值。

工业销售产值（当年价格）：是以货币形式表现的，工业企业在本年内销售的本企业生产的工业产品或提供工业性劳务价值的总价值量。工业销售产值包括销售成品价值、对外加工费收入。

出口交货值：指工业企业交给外贸部门或自营（委托）出口（包括销往香港、澳门、台湾），用外汇价格结算的产品价值，以及外商来样、来料加工、来(件)装配和补偿贸易等生产的产品价值。在计算出口交货值时，要把外汇价格按交易时的汇率折成人民币计算。

固定资产合计：指企业使用期限超过一年的房屋、建筑物、机器、机械、运输工具以及其他与生产、经营有关的设备、器具、工具等。不属于生产经营主要设备的物品，单位价值在 2000 元以上，并且使用年限超过 2 年的，也应当作为固定资产。

固定资产原价：指企业在购置、自行建造、安装、改建、扩建、技术改造某项固定资产时所支出的全部支出总额。

资产总计：指企业拥有或控制的能以货币计量的经济资源，包括各种财产、债权和其他权利。

长期负债合计：指企业偿还期在一年以上或者超过一年的一个营业周期以上的债务，包括长期借款、长期应付款、应付债券等。

负债合计：指企业所承担的能以货币计量，将以资产或劳务偿付的债务，偿还形式包括货币、资产或提供劳务。负债一般按偿还期长短分为流动负债和长期负债。

所有者权益合计：所有者权益是指所有者在企业资产中享有的经济利益，它等于企业资产减去负债后的余额。包括实收资本（或股本）、资本公积、盈余公积和未分配利润等。根据"资产负债表"中的"所有者权益合计"项填列。

实收资本：指投资者按照企业章程，或合同、协议的约定，实际投入企业的资本。企业实收资本按照投资主体划分为国家资本、集体资本、法人资本、个人资本、港澳台资本和外商资本六种。根据“资产负债表”中的“实收资本”项填列。实收资本中如有以外币形式投入的资本，需折合成人民币形式填写。

营业收入：指企业（单位）在报告期内从事销售商品、提供劳务及转让资产使用权等日常活动中所形成的总收入，包括主营业务收入和其他业务收入。

主营业务收入：指企业经营主要业务所取得的收入总额。

营业成本：指企业（单位）在报告期内从事销售商品、提供劳务等日常活动发生的各种耗费。

主营业务成本：指企业经营主要业务发生的实际成本。

营业税金及附加：指企业与营业收入有关的，应由各项经营业务负担的税金及附加。

主营业务税金及附加：指企业经营主要业务应负担的营业税、消费税、城市维护建设税、资源税、土地增值税、教育费附加。

主营业务利润：指企业经营主要业务实现的利润。

营业费用：指企业在销售商品过程中发生的各项费用。

管理费用：指企业行政管理部门和企业的董事会为组织和管理企业生产经营活动而发生的各项费用。

财务费用：指企业为筹集生产经营所需资金等发生的费用，包括利息净支出、汇兑净损失（已减汇兑收益）、以及相关的手续费等。

税金：指企业按照规定从管理费用中支付的房产税、印花税、车船使用税和土地使用税。本指标根据“管理费用”科目中相关项目归纳填列。

营业利润：指企业从事生产经营活动所取得的利润，即主营业务收入减主营业务成本和主营业务税金及附加，加上其他业务利润，减去营业费用、管理费用、财务费用后的金额。

利润总额：指企业在生产经营过程中各种收入扣除各种耗费后的盈余，反映企业在报告期内实现的亏盈总额，包括营业利润、补贴收入、投资净收益和营业外收支净额。

工业经济效益综合指数：是综合衡量工业经济效益各方面在数量上总体水平的一种特殊相对 数，是反映工业经济运行质量的总量指标．由七项指标组成，即总资产贡献率、资本保值增值率、资产负债率、流动资产周转率、成本费用利润率、全员劳动生产率、产品销售率。指标的选择和设置，反映了企业的盈利能力、发展能力、偿债能力、营运能力、产出效率、产销衔接等六个方面的情况。综合指数的计算方法为各单项工业经济效益指标报告期实际数值分别除以该项指标的全国标准值并乘以各自权数，加总后除以总权数求得。

总资产贡献率：反映企业全部资产的获利能力，是企业管理水平和经营业绩的集中体现，也是评价和考核企业盈利能力的核心指标。计算公式为：总资产贡献率（%）=（利润总额+税金总额+利息支出）÷平均资产总额×12÷累计月数×100%。标准值为 10.7%，权重为 20。

资本保值增值率：反映企业净资产的变动状况，是企业发展能力的集中体现。计算公式为：资本保值增值率（%）=报告期期末所有者权益÷上年同期期末所有者权益×100%。标准值为 120%，权重为 16。

资产负债率：该指标既反映企业经营风险的大小，又反映企业利用债权人提供的资金从事经营活动的能力。计算公式为：资产负债率（%）=负债总额÷资产总额×100%.标准值为 60%，权重为 12。

流动资产周转率：指一定时期内流动资产的周转次数，它既反映企业的经营状况，也反映资金利用效果和再生产循环的速度。计算公式为：流动资产周转率（次）＝产品销售收入÷全部流动资产平均余额×12÷累计月数. 标准值为 1.52 次，权重为 15。

成本费用利润率：是企业全部生产投入与实现利润之比，既反映工业投入的生产成本及费用的经济效益，也反映企业降低成本所取得的经济效益。计算公式为：成本费用利润率（%）=利润总额÷成本费用总额×100%。成本费用总额指产品销售成本、销售费用、管理费用和财务费用的总和。标准值为 3.71%，权重为 14。

工业全员劳动生产率：是平均每个职工在单位时间内创造的工业生产最终成果，反映企业的生产效率和劳动投入的经济效益。其计算公式为：工业全员劳动生产率（元/人）=工业增加值÷全部从业人员人数×12÷累计月数。为消除价格变动因素，式中工业增加值应采用与标准值可比的工业增加值。标准值为 16500 元/人，权重为 10。

产品销售率：反映工业产品已实现销售的程度，是分析工业产销衔接情况，研究工业产品满足社会需求的重要指标。其计算公式为：工业产品销售率（%）=工业销售产值÷现价工业总产值×100%.标准值为 96%，权重为 13。

建筑业 15

JIAN ZHU YE

15—1 主要年份建筑业企业个数、产值、人数及竣工面积

年 份	企业个数 (个)	建筑业总产值 (万元)	计算劳动生产率 的平均人数 (万人)	竣工房屋建筑面积 (万平方米)
1988	40	26512	2.48	42.43
1989	47	27279	2.67	38.79
1990	59	28439	2.81	31.31
1991	65	39889	3.08	69.56
1992	65	55826	3.44	117.00
1993	67	72209	3.49	116.17
1994	69	109284	3.75	105.00
1995	74	131212	3.35	126.00
1996	144	240591	7.63	257.00
1997	147	283086	8.77	204.00
1998	219	381219	10.48	322.35
1999	222	428809	9.35	281.27
2000	225	446099	9.58	334.56
2001	214	490555	10.31	377.44
2002	241	600895	10.54	454.20
2003	229	699759	11.44	501.66
2004	221	744295	10.55	395.47
2005	226	626490	9.27	406.97
2006	224	688736	8.87	383.46
2007	225	838640	9.69	369.42
2008	297	985553	9.61	400.48
2009	298	1529404	12.22	542.87
2010	272	1861597	12.63	642.68

15—2 建筑业企业

(2009--2010)

指 标		合 计		国有企业		集体企业	
		2009	2010	2009	2010	2009	2010
建筑业企业个数	(个)	298	272	19	17	8	8
计算劳动生产率的平均人数	(人)	122244	126321	11831	12280	4770	4127
自有固定资产原价	(万元)	188398	189189	41214	37446	8245	8937
自有固定资产净价	(万元)	119390	120770	23686	23151	3910	4118
自有机械设备净值	(万元)	46325	38341	10959	12190	1460	1971
自有机械设备台数	(台)	13801	9774	4021	4602	633	561
自有机械设备总功率	(万千瓦)	19.24	15.73	2.75	3.10	1.24	1.56
建筑业总产值	(万元)	1529404	1861597	296078	354713	30591	38933
竣工产值	(万元)	781507	1043637	63357	160868	20066	22671
房屋建筑施工面积	(万平方米)	1432.34	1663.43	328.36	418.37	12.13	31.97
房屋建筑竣工面积	(万平方米)	542.87	642.68	30.56	99.17	6.02	15.68
利润总额	(万元)	53467	61497	2864	4157	1774	1818
税金总额	(万元)	58100	83069	9675	12052	1592	2232
利税总额	(万元)	111567	144566	12539	16209	3366	4050
按总产值计算的劳动生产率	(元/人)	125111	147370	250256	288854	64132	94338
技术装备率	(元/人)	4269	3510	9254	12033	3061	4240
动力装备率	(千瓦/人)	1.77	1.44	2.32	3.06	2.60	3.35
房屋建筑面积竣工率	(%)	37.90	38.64	9.31	23.70	49.57	49.05
产值利润率	(%)	3.50	3.30	0.97	1.17	5.80	4.67
产值利税率	(%)	7.29	7.77	4.24	4.57	11.00	10.40

基本情况

股份有限公司		其他有限责任公司		港澳台商投资		外商投资	
2009	2010	2009	2010	2009	2010	2009	2010
6	5	102	98	1	1		
3199	3531	43203	45102		45		
3005	1922	64892	69987		12		
2359	1396	43088	48009		5		
2150	1744	10780	7468				
348	372	5190	1677				
0.63	0.71	4.40	1.87				
40863	32269	522237	577339		158		
32006	12640	286467	342578		158		
42.38	36.23	399.63	440.11		0.20		
32.40	12.00	167.96	178.18		0.20		
412	652	25034	26374		-1		
2442	1830	19453	28439		10		
2854	2482	44487	54813		9		
127737	91388	120880	128007		35111		
8362	14522	3045	1991				
2.45	5.88	1.24	0.50				
76.44	33.13	42.03	40.49		100.00		
1.01	2.02	4.79	4.57		-0.82		
6.98	7.69	8.52	9.49		5.76		

15—3 各地区建筑业企业个数

(2010 年)

单位：个

地区及分组	企业个数	国有企业	中央企业	地方企业	集体企业	其他企业	股份有限公司	其他有限责任公司
全 市	272	17	1	16	8	247	5	98
按地区分								
涪城区	130	7		7	2	121	4	36
游仙区	23	2	1	1		21		9
三台县	35	2		2	3	30	1	7
盐亭县	9					9		3
安 县	6					6		4
梓潼县	5	1		1		4		3
北川县	6					6		5
平武县	3					3		1
江油市	55	5		5	3	47		30
按资质等级分								
总承包企业	137	11	1	10	7	119	3	48
特级企业								
一级企业	4	2	1	1		2	1	1
二级企业	67	5		5		62		24
三级企业	66	4		4	7	55	2	23
专业承包企业	102	5		5	1	96	1	41
一级企业	7	1		1		6		2
二级企业	29	2		2		27	1	9
三级企业	66	2		2	1	63		30
不分等级								
劳务分包企业	33	1		1		32	1	9
一级企业	16					16	1	4
二级企业	17	1		1		16		5
不分等级								

15—4 各地区建筑业企业就业人员

(2010 年)

单位：人

地区及分组	合 计	国有企业	中央企业	地方企业	集体企业	其他企业	股份有限公司	其他有限责任公司
全 市	126321	12280	3351	8929	4127	109914	3531	45102
按地区分								
涪城区	33708	4552		4552	222	28934	1231	8735
游仙区	14794	4607	3351	1256		10187		1143
三台县	26150	1430		1430	3728	20992	2300	6662
盐亭县	14374					14374		9282
安 县	1805					1805		1401
梓潼县	778	45		45		733		467
北川县	880					880		872
平武县	1181					1181		418
江油市	32651	1646		1646	177	30828		16122
按资质等级分								
总承包企业	101845	10944	3351	7593	4092	86809	1196	34759
特级企业								
一级企业	6821	4301	3351	950		2520	820	1700
二级企业	64048	5196		5196		58852		20201
三级企业	30976	1447		1447	4092	25437	376	12858
专业承包企业	10214	756		756	35	9423	35	3762
一级企业	1495	135		135		1360		263
二级企业	4446	505		505		3941	35	1007
三级企业	4273	116		116	35	4122		2492
不分等级								
劳务分包企业	14262	580		580		13682	2300	6581
一级企业	11193					11193	2300	5074
二级企业	3069	580		580		2489		1507
不分等级								

注:就业人员为计算劳动生产率的平均人数。

15—5 各地区建筑业企业施工、竣工房屋面积

(2010年)

地区及分组	房屋建筑施工面积(万平方米)	本年新开工	投标承包面积	房屋建筑竣工面积(万平方米)	住宅	房屋面积竣工率(%)
全 市	1663.43	820.02	953.58	642.68	349.57	38.6
按地区分						
涪城区	615.58	289.07	430.77	179.98	100.22	29.2
游仙区	382.32	72.57	96.97	116.21	73.57	30.4
三台县	204.49	144.04	139.67	99.47	64.07	48.6
盐亭县	181.07	109.56	78.86	111.22	36.79	61.4
安 县	40.33	31.55	9.39	17.21	11.28	42.7
梓潼县	12.03	8.72	12.03	6.72	3.34	55.8
北川县	7.63	4.87	5.54	4.02	2.53	52.7
平武县	11.51	5.97	8.54	7.26	4.85	63.1
江油市	208.47	153.67	171.79	100.60	52.93	48.3
按资质等级分						
总承包企业	1599.71	781.60	908.13	628.81	345.34	39.3
特级企业						
一级企业	332.06	35.25	88.63	93.11	60.49	28.0
二级企业	927.70	517.78	543.77	372.42	191.73	40.1
三级企业	339.96	228.57	275.73	163.27	93.12	48.0
专业承包企业	63.72	38.42	45.44	13.87	4.23	21.8
一级企业	20.26	15.16	16.63	0.93		4.6
二级企业	37.33	23.25	22.69	12.94	4.23	34.7
三级企业	6.13		6.12			
不分等级						

15—6 各地区建筑业企业劳动生产率

（2010 年）

单位:元/人

地区及分组	按总产值计算的劳动生产率	国有企业	中央企业	地方企业	集体企业	其他企业	股份有限公司	其他有限责任公司
全　市	147370	288854	664160	148004	94338	133554	91388	128007
按地区分								
涪城区	163642	201080		201080	176622	157652	244590	185166
游仙区	245029	500621	664160	64299		129439		218525
三台县	109562	79860		79860	88649	115299	9391	84547
盐亭县	136308					136308		102992
安　县	224410					224410		224097
梓潼县	170357	240000				166082		196912
北川县	222581					222581		222335
平武县	110538					110538		76555
江油市	115973	121785		121785	110955	115692		108869
按资质等级分								
总承包企业	160580	307225	664160	149700	94911	145187	248378	137228
特级企业								
一级企业	430038	554662	664160	168421		217336	249415	201862
二级企业	144589	158130		158130		143394		138367
三级企业	134307	107140		107140	94911	142190	246117	126893
专业承包企业	174846	218067		218067	27400	171926	115143	202900
一级企业	214565	315119		315119		204583		213354
二级企业	158256	188477		188477		154383	115143	194571
三级企业	178211	233940		233940	27400	177923		205162
不分等级								
劳务分包企业	33367	34483		34483		33319	9391	36495
一级企业	23667					23667	9391	29638
二级企业	68743	34483		34483		76726		59580
不分等级								

15—7 各地区建筑

(2010 年)

地区及分组	建筑业总产值	国有企业	中央企业	地方企业	集体企业
全 市	1861597	354713	222560	132153	38933
按地区分					
涪城区	551604	91531		91531	3921
游仙区	362496	230636	222560	8076	
三台县	286504	11420		11420	33048
盐亭县	195929				
安 县	40506				
梓潼县	13254	1080		1080	
北川县	19587				
平武县	13055				
江油市	378664	20046		20046	1964
按资质等级分					
总承包企业	1635422	336227	222560	113667	38837
特级企业					
一级企业	293329	238560	222560	16000	
二级企业	926064	82164		82164	
三级企业	416030	15503		15503	38837
专业承包企业	178587	16486		16486	96
一级企业	32077	4254		4254	
二级企业	70361	9518		9518	
三级企业	76150	2714		2714	96
不分等级					
劳务分包企业	47588	2000		2000	
一级企业	26490				
二级企业	21097	2000		2000	
不分等级					

业企业总产值

单位：万元

其他企业	股份有限公司	其他有限责任公司	建筑工程产值	安装工程产值	其它产值	房屋工程和土木工程	房屋工程建筑业	土木工程建筑业
1467950	32269	577339	1620861	162945	77792	1691668	1564353	127315
456151	30109	161742	507341	31869	12394	495605	430749	64856
131860		24977	322053	30826	9617	352032	347400	4633
242035	2160	56325	237668	13002	35834	272156	254826	17331
195929		95597	194633	334	962	190704	190704	
40506		31396	29576	6605	4325	35225	35225	
12174		9196	12320	917	16	13185	12105	1080
19587		19388	17319	1134	1135	19587	4625	14962
13055		3200	12995	60		13055	13055	
356654		175518	286956	78199	13509	300118	275664	24454
1260357	29706	476991	1515367	84489	35566	1603876	1486395	117481
54769	20452	34317	255128	34377	3824	293329	293329	
843900		279516	883408	30471	12185	905730	841865	63865
361689	9254	163159	376831	19642	19557	404818	351202	53616
162006	403	76331	73057	74555	30976	46240	41257	4983
27823		5611	24146		7931	7933	7933	
60842	403	19593	35465	28447	6449	38093	33321	4772
73340		51126	13446	46108	16595	214	3	211
45588	2160	24017	32436	3901	11250	41552	36701	4851
26490	2160	15039	18056	2172	6263	23148	23098	50
19097		8979	14380	1729	4988	18404	13603	4801

15-7 续表

单位：万元

地区及分组	建筑安装业	建筑装饰业	其他建筑业	建筑装饰装修业产值	竣工产值
全 市	110497	39581	19851	118227	1043637
按地区分					
涪城区	25570	22774	7654	32451	269392
游仙区	2191	3677	4596	54880	169371
三台县	2007	12340		9780	145344
盐亭县	5225			9823	150760
安 县	5281				24682
梓潼县			69		9308
北川县					9279
平武县				3200	11568
江油市	70224	790	7532	8093	253935
按资质等级分					
总承包企业	28985		2561	90580	934614
特级企业					
一级企业				56679	131036
二级企业	20334			19792	546201
三级企业	8651		2561	14109	257377
专业承包企业	77442	39581	15325	27447	109024
一级企业	985	18905	4254	18905	10015
二级企业	22355	5905	4009	5905	40197
三级企业	54103	14771	7062	2637	58812
不分等级					
劳务分包企业	4070		1966	201	
一级企业	3020		322	201	
二级企业	1050		1643		
不分等级					

15—8 各地区建筑业企业主要财务指标

(2010 年)

单位：万元

地区及分组	资产合计	负债合计	所有者权益合计	利润总额	税金总额	利税总额
全 市	1394337	888626	505711	61497	83069	144566
按地区分						
涪城区	630668	410472	220196	10852	29882	40734
游仙区	289024	213963	75061	7333	13559	20892
三台县	111732	53678	58054	10966	11806	22772
盐亭县	31667	15467	16200	9919	9019	18938
安 县	42931	24755	18176	3399	1783	5182
梓潼县	6376	3318	3059	135	282	418
北川县	14555	3374	11181	2607	1300	3907
平武县	6545	373	6172	851	722	1573
江油市	260841	163228	97614	15433	14717	30150
按资质等级分						
总承包企业	1188928	767368	421559	50463	74394	124856
特级企业						
一级企业	226521	195442	31079	4310	9864	14174
二级企业	731913	436475	295437	27321	43204	70525
三级企业	230494	135451	95043	18831	21326	40157
专业承包企业	188741	115671	73071	9662	7277	16939
一级企业	35141	18538	16603	1410	1715	3125
二级企业	78308	51979	26329	2135	2503	4638
三级企业	75293	45154	30139	6117	3059	9176
不分等级						
劳务分包企业	16668	5587	11082	1372	1399	2771
一级企业	6885	2829	4056	337	716	1053
二级企业	9784	2758	7025	1035	683	1718
不分等级						

15—9 各地区总承包和专业承包建筑业企业资产和负债

(2010 年)

单位：万元

地区及分组	年末资产合计	流动资产	固定资产	无形及递延资产	年末负债合计	流动负债	长期负债
全 市	1377669	1108174	153201	25434	883039	843680	39359
按地区分							
涪城区	627497	499188	61262	13302	407973	394548	13425
游仙区	288964	233315	31000	8150	213955	208539	5416
三台县	106766	92772	13051	298	53220	43024	10196
盐亭县	31485	22373	8620		15439	15279	160
安 县	42345	28591	4952	2047	24469	19969	4500
梓潼县	6224	4400	1253	22	3318	3232	86
北川县	10236	5382	4730		3374	3038	336
平武县	6545	4264	1895		373	343	30
江油市	257607	217892	26438	1615	160919	155709	5210
按资质等级分							
总承包企业	1188928	961049	130900	22312	767368	737430	29938
特级企业							
一级企业	226521	184121	19489	10303	195442	192005	3438
二级企业	731913	603324	71489	7185	436475	421041	15434
三级企业	230494	173604	39921	4825	135451	124384	11067
专业承包企业	188741	147126	22301	3122	115671	106250	9420
一级企业	35141	29169	1504	1028	18538	18538	
二级企业	78308	65347	8711	1242	51979	48755	3224
三级企业	75293	52609	12086	851	45154	38958	6197
不分等级							

15—10 各地区总承包和专业承包建筑业企业所有者权益和利税

(2010 年)

单位：万元

地区及分组	所有者权益	利税总额	利润总额	工程结算利润	税金总额	工程结算税金及附加
全　市	494630	141796	60125	124161	81671	66410
按地区分						
涪城区	219525	40607	10783	35634	29824	27031
游仙区	75009	20895	7338	16605	13558	11774
三台县	53546	21631	10590	26751	11041	7520
盐亭县	16046	18393	9512	13106	8881	6388
安　县	17875	5183	3402	3316	1781	1342
梓潼县	2907	420	138	444	282	251
北川县	6863	3246	2059	2494	1186	453
平武县	6172	1573	851	1459	722	543
江油市	96688	29848	15453	24353	14396	11109
按资质等级分						
总承包企业	421559	124856	50463	105357	74394	61279
特级企业						
一级企业	31079	14174	4310	10902	9864	9286
二级企业	295437	70525	27321	60573	43204	35942
三级企业	95043	40157	18831	33882	21326	16052
专业承包企业	73071	16939	9662	18804	7277	5131
一级企业	16603	3125	1410	3631	1715	1395
二级企业	26329	4638	2135	5824	2503	1970
三级企业	30139	9176	6117	9349	3059	1767
不分等级						

主要统计指标解释

建筑业统计单位 指从事房屋、构筑物建造和设备安装活动的法人企业。建筑业法人企业应同时具备的条件是：①依法成立，有自己的名称、组织机构和场所，能够承担民事责任；②独立拥有和使用资产，承担负债，有权与其他单位签订合同；③独立核算盈亏，能够编制资产负债表。

建筑业总产值(即自行完成施工产值) 是以货币表现的建筑业企业在一定时期内生产的建筑业产品的总和。建筑业总产值包括：

(1)建筑工程产值：指列入建筑工程预算内的各种工程价值。

(2)安装工程产值：指设备安装工程价值，不包括被安装设备本身价值。

(3)其他产值：指建筑业总产值中除建筑工程、安装工程以外的产值。包括房屋构筑修理产值、非标准设备制造产值、总包企业向分包企业收取的管理费以及不能明确划分的施工活动所完成的产值。

房屋建筑施工面积 指在报告期内施过工的全部房屋建筑面积，包括本期新开工的房屋面积、上期施工跨入本期继续施工的房屋面积、上期停缓建在本期恢复施工的房屋面积、本期竣工的房屋面积及本期施工后又停缓建的房屋面积。

房屋建筑竣工面积 指在报告期内房屋建筑按照设计要求全部完工，达到了使用条件，经验收鉴定合格，正式移交使用单位的房屋建筑面积。

自有机械设备年末总台数 指归本企业所有，属于本企业固定资产的生产性机械设备年末总台数。包括施工机械、生产设备、运输设备以及其他设备。

自有机械设备年末总功率 指本企业自有施工机械、生产设备、运输设备以及其他设备等列为在册固定资产的生产性机械设备年末总功率，按设定能力或查定能力计算。包括机械本身的动力和为该机械服务的单独动力设备，如电动机等。计算单位用千瓦，动力换算可按 1 马力＝0.735 千瓦折合成千瓦数。电焊机、变压器、锅炉不计算动力。

计算建筑业劳动生产率的平均人数 指建筑业企业(或单位)报告期实际拥有的、与建筑施工活动有关的人员的平均人数，包括参加本企业(或单位)建筑施工活动的非本企业(或单位)人员，但不包括企业内部社会服务性机构的人员以及由本企业支付工资但所从事的工作与本企业生产基本无关的人员。

年末从业人数 指在本单位工作并取得劳动报酬或收入的年末实有人员数。年末从业人员包括在各单位工作的外方人员和港澳台方人员、兼职人员、再就业的离退休人员、借用的外单位人员和第二职业者。但不包括离开本单位仍保留劳动关系的职工。

工程结算收入 指企业承包工程实现的工程价款结算收入，以及向发包单位收取的除工程价款以外的按规定列作营业收入的各种款项，如临时设施费、劳动保险费、施工机械调迁费等以及向发包单位收取的各种索赔款。

营业利润 指企业从事生产经营活动所取得的利润，如亏损以“－”号表示。计算公式为：

营业利润=工程结算利润-管理费用-财务费用+其他业务利润-资产减值损失+公允价值变动收益+投资收益

其中：工程结算利润=工程结算收入-工程结算成本-工程结算税金及附加-经营费用

①执行 2006 年《企业会计准则》的企业，根据会计“利润表”中对应指标的“本年累计数”直接填列。

企业总收入 指与企业生产经营直接有关的各项收入，包括工程结算收入和其他业务收入。计算公式为：

企业总收入= 工程结算收入+ 其他业务收入

交通运输、邮电和通讯 16

JIAO TONG YUN SHU YOU DIAN HE TONG XUN

16—1 交通运输业基本情况

(2005--2010)

指　　标		2005	2006	2007	2008	2009	2010
运输线路长度							
铁路营业里程	(公里)	124	122	122	121	121	129
公路	(公里)	6161	11086	10942	14155	14336	15649
客运量							
铁路	(万人)	249	286	286	380	396	820
公路	(万人)	7809	8146	8181	7734	8231	9195
水运	(万人)	29	30	26	19	27	28
民用航空	(万人)	12.98	14.63	23.02	21.36	28.1	58.8
旅客周转量							
公路	(万人公里)	333554	355150	360003	341504	382638	447365
水运	(万人公里)	157	162	139	116	256	358
货运量							
铁路	(万吨)	252	252	252	132	106	849
公路	(万吨)	2673	2971	2927	2917	3555	4422
水运	(万吨)	93	41	26	12	1	1
民用航空	(万吨)	0.29	0.28	0.41	0.52	0.54	0.78
货物周转量							
公路	(万吨公里)	147163	158557	177360	188543	310973	417742
水运	(万吨公里)	160	71	52	24	11	6
民用汽车拥有量	(辆)	80866	90334	101723	124481	172483	
#私人汽车	(辆)	59927	69534	77653	99810	144619	178239

16—2 各地区公路运输情况

(2010年)

地 区	境内公路总里程（公里）	等级公路里程（公里）	高等级公路	公路客运量（万人）	公路旅客周转量（万人公里）	公路货运量（万吨）	公路货物周转量（万吨公里）
全 市	15649	9208	390	9195	447365	4422	417742
涪城区	1116	949	110	3027	120580	1605	195358
游仙区	1254	1169	60	560	33812	282	24883
三台县	3080	953	41	1392	71820	644	44698
盐亭县	1767	1027	12	1016	54575	86	9025
安 县	1340	1226	66	447	18105	286	23917
梓潼县	1805	1019	40	541	27587	148	11220
北川县	2077	596	28	520	29541	188	15711
平武县	1382	776	6	336	18398	243	19664
江油市	1828	1492	27	1356	72945	939	73266

16—3 邮电业务基本情况

(2005--2010)

指 标		2005	2006	2007	2008	2009	2010
邮电主营业务收入	(万元)	144132	158777	178104	192791	234799	260212
年末固定电话	(万户)	109.58	116.05	124.36	109.10	84.04	74.26
# 住宅电话	(万户)	50.79	55.39	68.30	62.06	56.15	57.51
年末移动电话用户	(万户)	125.68	160.18	205.20	264.21	336.82	384.13
国际互联网用户	(万户)	18.41	21.13	26.19	22.16	27.29	33.95
邮电局、所	(处)	433	426	424	424	422	416
邮路长度	(公里)			4105	4714	4438	3990

主要统计指标解释

铁路营业里程 又称营业长度(包括正式营业和临时营业里程)，指办理客货运输业务的铁路正线总长度。凡是全线或部分建成双线及以上的线路，以第一线的实际长度计算；复线、站线、段管线、岔线和特殊用途线以及不计算运费的联络线都不计算营业里程。该指标反映铁路运输业基础设施的发展水平，也是计算客货周转量、运输密度和机车车辆运用效率等指标的基础资料。

公路里程 指在一定时期内实际达到《公路工程[WTBZ]技术标准 JTJ01-88》规定的等级公路，并经公路主管部门正式验收交付使用的公路里程数。包括大中城市的郊区公路以及通过小城镇街道部分的公路里程和桥梁、渡口的长度，不包括大中城市的街道、厂矿、林区生产用道和农业生产用道的里程。两条或多条公路共同经由同一路段，只计算一次，不得重复计算里程长度。该指标反映公路建设的发展规模，也是计算运输网密度等指标的基础资料。

货(客)运量 指在一定时期内，各种运输工具实际运送的货物(旅客)数量。它是反映运输业为国民经济和人民生活服务的数量指标，也是制定和检查运输生产计划、研究运输发展规模和速度的重要指标。货运按吨计算，客运按人计算。货物不论运输距离长短、货物类别，均按实际重量统计。旅客不论行程远近或票价多少，均按一人一次客运量统计；半价票、小孩票也按一人统计。

货物(旅客)周转量 指在一定时期内，由各种运输工具运送的货物(旅客)数量与其相应运输距离的乘积之总和。该指标反映运输业生产的总成果，也是编制和检查运输生产计划，计算运输效率、劳动生产率以及核算运输单位成本的主要基础资料。计算货物周转量通常按发出站与到达站之间的最短距离，也就是计费距离计算。计算公式为：

货物(旅客)周转量=∑货物(旅客)运输量×运输距离

移动电话用户 是指通过移动电话交换机进入移动电话网、占用移动电话号码的各类电话用户。包括签约用户和智能网预付费用户。一部移动电话统计为一户。

住宅电话用户 是指安装在居民住宅或农民家里并按照住宅电话用户登记注册和收费的电话用户。包括私人付费、单位付费和按规定免费安装的住宅电话用户。

主要统计指标解释

国内贸易 17

GUO NEI MAO YI

17—1 按销售单位所在地分的社会消费品零售总额

(1990--2010)

单位：万元

年 份	社会消费品零售总额	市	县	县以下	# 国有经济	# 集体经济
1990	239020	132860	34150	72010	87534	67828
1991	271527	153532	41267	76728	105465	61194
1992	342939	168908	54870	119161	162709	61419
1993	397809	173885	103670	120255	149935	121773
1994	527495	221833	85818	219844	147742	122203
1995	646181	265406	109521	271254	180555	152880
1996	762493	301299	135470	325724	172525	166283
1997	850942	340218	150990	359734	159376	170362
1998	919868	356801	165086	397981	137875	152593
1999	987018	379965	174386	432667	116011	151570
2000	1071902	415371	204392	452139	100401	110916
2001	1174804	452873	228926	493005	101906	113448
2002	1300508	504111	250065	546331	102739	115393
2003	1465673	573527	270934	621212	103622	116468
2004	1666471	648207	306329	711935	109265	117992
2005	1904734	732330	349272	823132	108857	11875
2006	2199282	846206	406566	946510	121254	124788
2007	2601919	993230	485868	1122820	136156	134281
2008	2936675	1129298	540348	1267029	155967	137434
2009	3581232	1390234	652859	1538139	182284	156612
2010	4263018	278962 4（城镇）	1473394（乡村）		187394	205118

注：年鉴数据含其他行业零售额。

17—2 各地区社会消费品零售总额

(2010 年)

单位：万元

地 区	社会消费品零售总额	批发零售贸易业	住宿餐饮业
全 市	4263018	3521674	673932
涪城区	1196166	1023367	226306
游仙区	409200	319088	11220
三台县	798614	667307	118677
盐亭县	361577	302725	53134
安 县	274363	226842	43182
梓潼县	331197	276182	49778
北川县	92350	66274	24616
平武县	57712	47297	9503
江油市	741839	592592	137516

17—3 限额以上批发零售贸易、住宿餐饮业基本情况

(2010年)

指标名称	法人企业数（个）	年末从业人员数（人）
总计	181	20637
一、批发业	32	3516
内资企业	32	3516
国有企业	13	1571
集体企业	1	22
有限责任公司	4	861
股份有限公司	1	17
私营企业	13	1045
二、零售业	81	8563
内资企业	78	7717
国有企业	1	13
集体企业	1	21
联营企业	2	318
有限责任公司	15	1375
股份有限公司	7	1204
私营企业	51	4766
其他企业	1	20
外商投资企业	3	846
中外合资经营企业	2	758
外资企业	1	88
三、住宿业	36	4969
内资企业	34	4824
国有企业	11	2066
集体企业	2	94
有限责任公司	4	712
股份有限公司	2	235
私营企业	14	1567
其他企业	1	150
港、澳、台商投资企业	2	145
港、澳、台商独资经营企业	1	28
港、澳、台商投资股份有限公司	1	117
四、餐饮业	32	3589
内资企业	32	3589
集体企业	1	65
股份合作企业	1	55
有限责任公司	4	443
股份有限公司	1	123
私营企业	23	2848
其他企业	2	55

17—4 各地区限额以上批发零售贸易、住宿餐饮业基本情况

(2010年)

单位:个、人

地区	合计		批发业		零售业		住宿业		餐饮业	
	法人企业数	从业人数	法人企业数	从业人数	法人企业数	从业人数	法人企业数	从业人数	法人企业数	从业人数
全市	**181**	**20637**	**32**	**3516**	**81**	**8563**	**36**	**4969**	**32**	**3589**
涪城区	54	9507	5	1513	33	4802	5	1156	11	2036
游仙区	16	3000	2	786	4	1052	4	837	3	325
三台县	15	1571	3	220	5	376	2	249	5	726
盐亭县	12	369	1	8	7	233	2	42	2	86
安县	7	666			3	34	3	611	1	21
梓潼县	16	730	6	326	5	132	3	166	2	106
北川县	7	879			1	20	5	817	1	42
平武县	11	333			7	139	2	139	2	55
江油市	43	3582	15	663	16	1775	8	952	4	192

17—5 分行业限额以上批发零售贸易业商品购、销、存总额

(2010 年)

单位：万元

指标	购进总额	销售总额	批发	零售	库存
总　计	1563882	1812697	910316	902381	112749
一、批发业	637410	770571	740864	29707	47787
按批发行业小类分组					
食品、饮料及烟草制品批发	356677	444469	443290	1179	28856
米、面制品及食用油批发	37633	41362	41234	128	16265
果品、蔬菜批发	670	7441	7441		70
肉、禽、蛋及水产品批发	2959	3090	2351	739	3
饮料及茶叶批发	94360	94360	94360		
烟草制品批发	219316	296182	296182		12505
其他食品批发	1740	2033	1721	312	13
医药及医疗器材批发	110118	113610	89212	24398	10086
西药批发	110118	113610	89212	24398	10086
矿产品、建材及化工产品批发	165949	204675	200545	4130	8594
石油及制品批发	14229	44427	40612	3815	1380
金属及金属矿批发	14269	16787	16787		1516
建材批发	126644	132397	132397		5290
化肥批发	10807	11064	10749	315	407
机械设备、五金交电及电子产品	2353	5200	5200		250
汽车、摩托车及零配件批发	2353	5200	5200		250
其他批发	2313	2618	2618		1
二、零售业	926472	1042126	169452	872674	64962
综合零售	149576	190605	1730	188875	11913
百货零售	106290	142224	641	141583	7348
超级市场零售	43286	48381	1089	47291	4566
食品、饮料及烟草制品专门零售	610	796		796	23
饮料及茶叶零售	610	796		796	23
纺织、服装及日用品专门零售	8018	10532	1612	8920	2058
纺织品及针织品零售	454	608		608	144.5
服装零售	3653	4031		4031	11
化妆品及卫生用品零售	3911	5894	1612	4282	1903
医药及医疗器材专门零售	6477	8852		8852	2196
药品零售	6477	8852		8852	2196
汽车、摩托车、燃料及零配件专门零售	671353	735526	146169	589357	40209
汽车零售	244718	298522	2846	295677	20244
汽车零配件零售	19415	19147	2955	16192	1200
摩托车及零配件零售	7546	7701		7701	1432
机动车燃料零售	399674	410156	140368	269788	17333
家用电器及电子产品专门零售	87672	92973	19942	73031	8181
家用电器零售	67094	71831	10434	61397	6240

17—6 分经济类型限额以上批发零售贸易业商品购、销、存总额

(2010 年)

单位：万元

指标名称	商品购进额总额	商品销售额	批发额	零售额	期末商品库存额
总　计	1563882	1812697	910317	902380	112749
1、批发业登记注册类型分组	637410	770571	740865	29706	47787
内资企业	637410	770571	740865	29706	47787
国有企业	330728	414415	389975	24440	34848
集体企业	11009	11009	10641	368	16
有限责任公司	103340	134017	130542	3475	1529
股份有限公司	4033	3805	3805		228
私营企业	188300	207325	205902	1423	11166
私营独资企业	1740	2033	1721	312	13
私营有限责任公司	182316	200869	199757	1112	10696
私营股份有限公司	4244	4423	4423		457
2、零售业登记注册类型分组	926472	1042126	169452	872674	64962
内资企业	845327	943352	169452	773900	63168
国有企业	4637	5342		5342	222
集体企业	2770	4203	2077	2127	307
联营企业	144358	159091	93715	65377	4062
国有联营企业	144358	159091	93715	65377	4062
有限责任公司	150177	205197	104	205093	12252
其他有限责任公司	150177	205197	104	205093	12252
股份有限公司	315536	307875	49304	258571	15012
私营企业	227331	261137	24253	236885	31302
私营独资企业	8016	32320	821	31499	2482
私营合伙企业	2976	3530		3530	1078
私营有限责任公司	210544	218769	22523	196246	26507
私营股份有限公司	5795	6518	909	5609	1235
其他企业	518	506		506	12
外商投资企业	81145	98774		98774	1794
中外合资经营企业	81145	85401		85401	1761
外资企业		13373		13373	33

17—7 各地区限额以上批发零售贸易业商品购、销、存总额

(2010年)

单位：万元

地区	商品购进总额	商品销售总额	批发额	零售额	年末商品库存总额
全　市	1563882	1812697	910316	902381	112749
涪城区	1052747	1170150	435418	734732	59081
游仙区	321195	399714	342793	56921	23019
三台县	17924	22801	10695	12106	2952
盐亭县	9326	11472	4226	7246	1514
安　县	2357	2493		2493	520
梓潼县	21522	22339	13704	8635	3317
北川县	518	506		506	12
平武县	4302	4060	821	3239	1654
江油市	133991	179162	102659	76503	20680

17—8 限额以上批发零售贸易

(2010年)

指标	资产合计	流动资产	固定资产	负债合计	所有者权益	实收资本
总计	658720	471868	80243	395448	263272	78276
1、批发业登记注册类型分组	309250	267947	21834	153219	156031	24345
内资企业	309250	267947	21834	153219	156031	24345
国有企业	164826	139022	13238	55904	108922	9493
集体企业	1233	857	33	631	602	547
有限责任公司	76474	72056	3120	42697	33777	2824
其他有限责任公司	76474	72056	3120	42697	33777	2824
股份有限公司	550	550		427	123	105
私营企业	66168	55462	5443	53561	12607	11376
私营独资企业	316	215	81	82	234	186
私营有限责任公司	65009	54439	5327	52763	12246	11160
私营股份有限公司	843	808	35	716	127	30
2、零售业登记注册类型分组	349470	203921	58409	242229	107241	53931
内资企业	314408	172096	56210	217118	97290	46031
国有企业	203	111	4	88	115	100
集体企业	1302	1220	82	1210	92	100
联营企业	40362	10524	6981	17531	22831	2780
国有联营企业	40362	10524	6981	17531	22831	2780
有限责任公司	57391	42721	7626	39466	17925	9305
其他有限责任公司	57391	42721	7626	39466	17925	9305
股份有限公司	66001	28325	16756	61001	5000	4467
私营企业	148125	88966	24204	97211	50914	29223
私营独资企业	18561	2710	9548	6790	11771	2781
私营合伙企业	858	565	266	629	229	338
私营有限责任公司	125741	84360	12806	87905	37836	25894
私营股份有限公司	2965	1331	1584	1887	1078	210
其他企业	1024	230	558	612	412	56
外商投资企业	35062	31824	2200	25111	9951	7901
中外合资经营企业	31981	28900	2043	22021	9960	7078

企业主要财务指标

单位：万元

主营业务收入	主营业务成本	主营业务税金及附加	管理费用	财务费用	营业利润	利润总额
1617114	1409701	18749	35873	9217	71929	97480
703778	584220	15885	19479	2631	46774	69286
703778	584220	15885	19479	2631	46774	69286
362092	289574	15054	14348	1369	35819	38385
9100	8801	9	3	12	261	
129162	93166	600	3272	355	9399	30088
129162	93166	600	3272	355	9399	30088
3601	3388		25	4	39	78
199824	189291	222	1831	891	1256	735
2033	1842	15	51	5	59	59
193367	183310	203	1724	886	1153	632
4423	4139	5	56		45	45
913336	825481	2864	16394	6586	25155	28194
828917	755247	2817	14026	6541	18569	21161
5342	5210	2	3		53	
3593	3275	4	251	62	4	24
61307	54298	97	452	72	4515	4588
61307	54298	97	452	72	4515	4588
199500	181986	598	3002	1733	5002	6316
199500	181986	598	3002	1733	5002	6316
304820	287037	533	2615	1376	1112	6574
253846	223353	1579	7698	3287	7492	3660
32327	27035	643	312	1554	907	855
3557	3179	17	37	12	128	115
211383	187408	831	7173	1687	6043	2268
6578	5731	89	176	34	415	423
506	89	5	6	12	392	
84424	70234	47	2368	45	6587	7033
78026	64798	43	1888	14	6168	6593

17—9 各地区限额以上批发零售贸易

（2010 年）

地 区	全市	涪城	游仙	三台
法人企业数（个）	113	38	6	8
流动资产合计	471868	273436	132487	8279
固定资产合计	80243	54905	11495	2102
累计折旧	42817	23945	11424	257
本年折旧	5909	2848	2063	69
资产总计	658720	405177	162602	11921
负债合计	395448	279806	52981	6443
所有者权益合计	263272	125371	109621	5478
实收资本	78276	38400	14024	4805
主营业务收入	1617114	1029803	354079	22819
主营业务成本	1409701	921458	277481	20472
主营业务税金及附加	18749	2676	15221	191
主营业务利润	188665	105669	61376	2156
营业费用	78905	63093	6546	1228
管理费用	35873	15585	14126	787
财务费用	9217	7278	613	97
营业利润	71929	26189	40270	234
利润总额	97480	54488	40586	269
本年应付工资总额	33792	20245	7537	1110
全部从业人员年平均人数（人）	11931	6277	1793	584

企业主要财务指标

单位：万元

盐亭	安县	梓潼	北川	平武	江油
8	3	11	1	7	31
859	217	8930	230	999	46431
524	176	2221	558	1235	7027
46	23	1743	2	105	5272
19	2	101	1	17	789
1431	412	14342	1024	3978	57833
926	222	10251	612	1906	42301
505	190	4092	412	2072	15531
673	381	2870	56	2087	14980
11499	2493	22298	506	4224	169393
10195	2357	19783	89	3662	154204
69	4	84	5	51	448
1235	131	2432	413	510	14743
427	138	1275	4	49	6145
237	1	845	6	78	4208
31		270	12	20	896
541	-9	69	392	365	3878
175	20	473		-5	1474
534	17	749	120	76	3404
241	34	461	20	130	2391

17—10 限额以上住宿餐饮

(2010 年)

指　　标	资产合计	流动资产	固定资产	负债合计	所有者权益	实收资本
总　　计	207821	55964	115526	136021	71800	54250
1、住宿业登记注册类型分组	173235	43174	101373	114399	58836	41322
内资企业	168007	41292	98027	112243	55764	38251
国有企业	63310	21441	32694	33810	29500	19345
集体企业	709	418	291	288	421	614
有限责任公司	23722	4280	16473	15888	7834	5885
其他有限责任公司	23722	4280	16473	15888	7834	5885
股份有限公司	9929	1396	2162	7821	2108	2500
私营企业	60359	12643	38903	48353	12006	8907
私营独资企业	1898	671	918	1011	887	532
私营有限责任公司	44414	9229	29305	38259	6155	7215
私营股份有限公司	14049	2743	8679	9084	4965	1160
其他企业	9979	1115	7505	6082	3897	1000
港、澳、台商投资企业	5227	1882	3346	2156	3071	3071
港、澳、台商独资经营企业	571	74	498	296	275	275
港、澳、台商投资股份有限公司	4656	1808	2848	1860	2796	2796
2、餐饮业登记注册类型分组	34587	12790	14153	21622	12965	12929
内资企业	34587	12790	14153	21622	12965	12929
集体企业	1105	746	359	356	749	749
股份合作企业	97	92	4	49	48	10
有限责任公司	4376	2065	1287	2005	2371	790
其他有限责任公司	4376	2065	1287	2005	2371	790
股份有限公司	3533	939	2558	120	3413	3000
私营企业	25228	8840	9849	19039	6189	8284
私营独资企业	1078	725	249	699	379	370
私营有限责任公司	21456	6615	8448	17017	4439	6274
私营股份有限公司	2695	1501	1152	1323	1372	1640
其他企业	250	108	95	54	196	96

企业主要财务指标

单位：万元

主营业务收入	主营业务成本	主营业务税金及附加	管理费用	财务费用	营业利润	利润总额
84068	33209	4422	13407	4090	4103	4793
51774	14733	2814	10525	3449	1812	3312
50938	14220	2759	10473	3339	1776	3295
27235	6767	1489	5751	1297	1990	2467
630	281	33	78	18	8	8
8078	1494	432	1854	595	131	40
8078	1494	432	1854	595	131	40
1770	479	98	663	1	-244	300
12444	5104	685	1995	1215	-230	356
1283	554	71	102	22	19	19
10198	4209	555	1257	1191	260	498
963	342	60	635	2	-509	-161
781	96	21	133	213	122	125
836	513	56	52	109	36	17
213	102	11	36	9	19	
623	411	45	16	100	171	17
32294	17476	1608	2882	641	2291	1481
32294	17476	1608	2882	641	2291	1481
905	462	41	127		76	76
980	811	54	13		16	16
3981	2381	112	380	29	483	576
3981	2381	112	380	29	483	576
1291	294	72	524	1	196	198
24696	13193	1311	1817	611	1453	614
2453	1178	143	166	4	289	27
16859	8748	1000	1325	561	529	587
5384	3267	168	326	45	634	
441	336	18	21		67	

17—11 各地区限额以上

(2010 年)

指　　标	全市	涪城	游仙	三台
法人企业数（个）	68	16	10	7
流动资产合计	55965	26410	7330	1065
固定资产合计	115528	28659	17395	4414
累计折旧	46359	24155	4536	348
本年折旧	5395	1903	1024	270
资产总计	207822	66840	32986	6850
负债合计	136021	39185	18048	5764
所有者权益合计	71799	27654	14938	1086
实收资本	54249	17525	15206	2254
主营业务收入	84069	35398	14906	6703
主营业务成本	32210	13216	5208	3743
主营业务税金及附加	4424	1966	816	232
主营业务利润	47436	20217	8882	2728
营业费用	25989	10512	5215	1995
管理费用	13407	5680	2238	492
财务费用	4089	1120	807	27
营业利润	4102	2962	642	215
利润总额	4793	3053	1198	138
本年应付工资总额	14335	5170	2586	1179
全部从业人员年平均人数（人）	8563	3041	1210	978

住宿餐饮企业主要财务指标

单位：万元

盐亭	安县	梓潼	北川	平武	江油
4	4	5	6	4	12
1301	3601	2190	4088	751	9229
1166	15030	1053	26360	2128	19323
102	6936	831	813	718	7920
28	1014	111	287	129	629
2534	21237	3549	36011	2926	34889
1259	12580	1277	26689	1498	29721
1274	8657	2272	9322	1428	5168
1335	5750	2139	2660	692	6690
1204	7864	2259	3058	1862	10815
670	1433	1061	871	794	5214
70	411	109	137	97	586
465	6021	1088	2049	971	5015
186	3228	651	1045	696	2461
173	1758	318	1304	177	1267
62	557	26	329	60	1101
43	478	106	-626	43	239
54	111	157	149	-21	-46
219	1347	568	1079	278	1909
127	717	280	857	194	1159

17—12 全市亿元市场情况

(2010年)

指标名称	市场个数	年末出租摊位数（个）	年末营业面积（平方米）	成交额（万元）	总摊位数（个）
总计	12	6189	311470	467892	6286
一、按市场类别分组					
（一）综合市场	3	2090	53000	95004	2132
综合贸易市场	3	2090	53000	95004	2132
生产资料综合市场	1	1302	20000	58800	1302
农产品综合市场	2	788	33000	36204	830
（二）专业市场	9	4099	258470	372888	4154
生产资料市场	1	64	13000	11028	64
建材市场	1	64	13000	11028	64
农产品市场	2	2319	83000	219899	2374
水产品市场	1	624	27000	18600	624
蔬菜市场	1	1695	56000	201299	1750
食品、饮料及烟酒市场	1	812	60000	19086	812
食品饮料市场	1	812	60000	19086	812
纺织、服装、鞋帽市场	1	400	26600	16281	400
服装市场	1	400	26600	16281	400
电器、通讯器材、电子设备市场	1	54	4200	10017	54
计算机及辅助设备市场	1	54	4200	10017	54
家具、五金及装饰材料市场	1	350	2000	64735	350
家具市场	1	350	2000	64735	350
汽车、摩托车及零配件市场	2	100	69670	31842	100
汽车市场	2	100	69670	31842	100
二、按营业状态分组					
常年营业	12	6189	311470	467892	6286
三、按经营方式分组					
以批发为主	7	5205	192000	394552	5302
以零售为主	5	984	119470	73340	984
四、按经营环境分组					
露天式	3	2719	109600	236180	2774
封闭式	8	3112	187870	210708	3112
其他	1	358	14000	21004	400
五．按地区分组					
涪城区	7	4883	234670	394362	4938
三台县	2	758	40600	37285	800
江油市	3	548	36200	36245	548

主要统计指标解释

社会消费品零售总额 指国民经济各行业直接售给城乡居民和社会集团的消费品总额。它是反映各行业通过多种商品流通渠道向居民和社会集团供应的生活消费品总量，是研究国内零售市场变动情况、反映经济景气程度的重要指标。

社会消费品零售总额包括：(1)售给城乡居民作为生活用的商品和修建房屋用的建筑材料；(2)售给社会集团的各种办公用品和公用消费品；(3)售给机关、团体、学校、部队、企业、事业单位的职工食堂和旅店(招待所)附设专门供本店旅客食用，不对外营业的食堂的各种食品、燃料；企业、单位和国营农场直接售给本单位职工和职工食堂的自己生产的产品；(4)售给部队干部、战士生活用的粮食、副食品、衣着品、日用品、燃料；(5)售给来华的外国人、华侨、港澳台同胞的消费品；(6)居民自费购买的中、西药品、中药材及医疗用品；(7)报社、出版社直接售给居民和社会集团的报纸、图书、杂志，集邮公司出售的新、旧纪念邮票、特种邮票、首日封、集邮册、集邮工具等；(8)旧货寄售商店自购、自销部分的商品；(9)煤气公司、液化石油气站售给居民和社会集团的煤气灶具和罐装液化石油气；(10)农民售给非农业居民和社会集团的商品。

不包括售给国民经济各部门企业、事业单位(包括国有经济的农场)生产经营用的各种原材料、燃料、设备、工具等和售给批发零售贸易业、餐饮业作为转卖用的商品，旧货寄售商店受托寄售卖出的商品，服务业的营业收入，邮局出售邮票的收入，自来水、电力、煤气生产(供应)单位的产品供应收入，也不包括农民之间的商品销售。

批发零售贸易业商品购、销、存总额 指各种登记注册类型的批发、零售贸易业企业(单位)以本企业(单位)为总体的，从国内、国外市场购进的商品总量、销售和出口的商品总量、库存商品总量等情况。

批发零售贸易业商品购进总额 指从本企业(单位)以外的单位和个人购进(包括从境外直接进口)作为转卖或加工后转卖的商品总额。

批发零售贸易业商品销售总额 指对本企业(单位)以外的单位和个人出售(包括对境外直接出口)的商品总额。

批发零售贸易业库存 指报告期末各种登记注册类型的批发零售贸易企业(单位)已取得所有权的商品。

流动资产合计 指可以在一年内或者超过一年的一个营业周期内变现或者耗用的资产，包括货币资金、短期投资、应收票据、应收帐款、坏帐准备、应收帐款净额、预付帐款、其他应收款、存货、待转其他业务支出、待摊费用、待处理流动资产净损失、一年内到期的长期债券投资、其他流动资产等项。

固定资产合计 指核算使用期限超过一年，单位价值在规定标准以上，并且在使用过程中保持原有物质形态的资产。

所有者权益合计 指企业投资人对企业净资产的所有权，包括企业投资人对企业的最初投入资本以及形成的资本公积金、盈余公积金和未分配利润等。

国内贸易

商品销售收入(营业收入) 指批发零售贸易企业商品销售收入、接受其他单位委托代销商品的收入和餐饮企业的营业收入(包括餐费收入、冷热饮收入、服务收入和其他收入)。

商品销售成本 指批发零售贸易企业已销商品应负担的进货原价和餐饮企业的原材料成本、商品进价成本。

经营费用 指批发零售贸易企业在购、销、存过程中发生的各项经营费用和餐饮企业经营中发生的各项费用。包括运输费、装卸费、包装费、保险费、广告费、商品损耗、进出口商品累计佣金、经营人员的工资及福利费等。

商品销售税金及附加费 指批发零售贸易企业销售商品应负担的税金和餐饮企业应由各项经营业务负担的税金及附加。包括营业税、城市维护建设税、出口关税和教育费附加等。

商品销售利润 指批发零售贸易企业由于销售商品得到的利润。

管理费用 指企业的行政管理部门为组织和管理企业经营活动所发生的费用。包括管理人员的工资及福利费、业务招待费、工会经费、职工教育经费、劳动保险费、董事会会费、涉外费、租赁费、咨询费、诉讼费、房产税、土地使用税、车船使用税、土地损失补偿费、技术转让费、技术开发费、无形资产摊销、坏账损失、上交上级管理费及其它管理费用等。根据管理费用的发生额分析填列。

利润总额 指企业全年实现的利润。包括营业利润、投资净收益及营业外收支净额。

对外经济贸易和旅游 18

DUI WAI JING JI MAO YI HE LV YOU

18—1　对外经济贸易

(2005--2010)

单位：万美元

指　　标	2005	2006	2007	2008	2009	2010
进出口总额	81624	88777	106989	160475	158037	189825
#不含代理进出口	65571	64821	75531	115372	107289	159752
出口总额	60100	61085	70016	100116	100781	112738
#不含代理出口	44047	37044	38558	55178	50033	82665
进口总额	21524	27777	36972	60359	57256	77087
对外签订利用外资协议(合同)金额						
对外借款						
合同外资额	9758	14186	14899	11270	15197	5291
外商其他投资						
实际利用外资额						
对外借款				11296		
外商到位投资	3700	5189	10089	12018	12178	15063
外商其他投资					13650	

18—2 绵阳市同主要国家

(2002--2010)

国别(地区)	2002		2003		2004		2005	
	出口总额	进口总额	出口总额	进口总额	出口总额	进口总额	出口总额	进口总额
总　计	**79024**	**53417**	**75209**	**56356**	**51912**	**40265**	**43382**	**21524**
孟加拉国	10		107		77		52	
缅甸	111		4		6			
柬埔寨							5	
中国香港	498	1183	656	1024	1088	617	2960	70
印度	232	49	379	3	377	35	248	7
印度尼西亚	1380	119	2308	654	3529	502	2253	286
伊朗			18		44		159	7
日本	449	16536	826	15382	1163	7936	715	4928
老挝					33		48	
黎巴嫩	35		145		139		89	
马来西亚	271	751	356	3042	258	492	151	822
尼泊尔			1		2		6	
巴基斯坦	369		262		177		140	
菲律宾	89	687	110	630	99	629	118	467
沙特阿拉伯	243		776		1659		1691	
新加坡	850	777	756	1226	614	793	955	356
韩国	254	7092	553	9979	658	5728	897	4693
泰国	167	1363	193	5695	260	3019	531	581
土耳其	74		1093	1	2335	1	1002	2
阿联酋	359		2524		2107		2727	
越南	46		84		158		401	
中国台湾	128	11423	225	8436	464	8807	615	4905

(地区)海关进出口总额

单位：万美元

2006		2007		2008		2009		2010	
出口总额	进口总额	出口总额	进口总额	出口总额	进口总额	出口总额	进口总额	出口总额	进口总额
36687	**27777**	**38262**	**36973**	**55178**	**60359**	**47322**	**54025**	**82665**	**77087**
94		56		180		114	180	198	
5		77		228		93	227	358	
				11			11	31	
3147	109	4718	2869	6960	16725	9741	6529	15753	28130
150	9	216	18	1349	28	1053	1349	1206	17
1797	342	2578	934	2222	46	1724	2215	1337	65
345		172		152		346	152	1603	
504	3921	895	3645	903	7681	885	897	1322	3809
116		71		27		8	27		
135		82		77		71	77	145	
305	849	245	1102	557	74	567	554	746	33
				3			3	47	
106		51		130		156	130	413	
163	432	95	455	317		409	3174	622	
1056		1016		994		565	991	658	
683	439	1047	831	873	2240	804	832	883	3164
992	10685	1238	14874	1433	28713	1141	1433	1446	19331
507	744	605	487	568	55	383	568	581	23
908	1	890		938	2	261	938	1008	
3489		3836		406		2962	4062	3126	
358		254		590	71	518	590	843	
615	5318	919	5280	1257	2688	577	1235	1362	21107

18-2 续表

国别(地区)	2002		2003		2004		2005	
	出口总额	进口总额	出口总额	进口总额	出口总额	进口总额	出口总额	进口总额
摩洛哥	4	82		99	243	39	377	15
南非	323		1373		1859		583	
比利时	6	123	53	53	72	122	211	77
英国	24	123	21	95	475	61	209	143
德国	210	1947	161	1020	421	1222	692	560
法国	16	81	425	52	757	114	334	30
意大利	391	261	220	33	867	16	1704	20
荷兰	481	127	693	44	405	58	490	114
希腊	92		350		592		769	
西班牙	31		115		417		770	
芬兰	12	3	149	7	568		395	7
匈牙利			17		77		89	
瑞典		13		19	2	30	10	6
瑞士		23	3	32	4	55		32
哈萨克斯坦	55							
俄罗斯	1379	10	2979	19	3649		3408	15
阿根廷	4		5		30		16	
巴西	21		10		84		223	
秘鲁	123		164		254		271	
加拿大	271	110	213	184	265	147	556	180
美国	67521	4180	49017	729	11452	1071	3305	451
澳大利亚	788	11	1441	9	1942	1	2687	3

单位：万美元

2006		2007		2008		2009		2010	
出口总额	进口总额	出口总额	进口总额	出口总额	进口总额	出口总额	进口总额	出口总额	进口总额
374	62	180	93	213		80	213	157	
258		53		386		247	386	431	
237	73	288	828	445	1257	222	445	194	400
595	112	1085	51	1310	31	2450	1310	2116	184
808	536	1658	560	2451	364	974	2362	1275	157
327	147	950	85	1213	18	886	1213	1924	17
595	50	628	10	569		380	569	1254	5
1347	8	1961	19	2054	7	1083	2054	2721	8
193		61		73		79	732	298	35
698		480	7	409		230	323	1492	
401	3	15	1	106		69	106	112	2
3		8		5		40	5	17	
7	21	9	2	6		29	6	27	35
2	33	3	6	4			4		
1073	47	516	34	762	2	557	760	2045	
61		22		142		65	142	2339	
500		234		728		438	724	1343	
159		150		146		166	146	206	
671	74	233	109			337	2380	1008	
2145	549	1502	535	24	58	5373	6815	8793	514
1942		1707		690	270	2743	1669	3949	1

18—3　主要年份旅游业情况

(2006--2010)

指　　标		2006	2007	2008	2009	2010
星级饭店个数	(个)	40	40	38	36	36
星级饭店客房总数	(间)	4249	4328	4011	3632	6994
名胜风景区和文物保护区个数	(个)			9	10	10
旅游人数	(万人次)	1038.46	1338.48	741.87	879.37	1194.31
#接待入境旅游者	(人次)	68877	80465	15249	13929	13236
#外国人	(人次)	18596	20958	6528	4028	4615
港、澳、台同胞	(人次)	50281	59507	8721	9901	8621
国内旅游者旅游人数	(万人次)	1031.57	1330.43	740.35	877.98	1192.99
旅游总收入	(亿元)	63.50	80.94	40.18	47.80	65.24
#国内旅游收入	(亿元)	62.45	79.76	39.82	47.33	64.85
旅游外汇收入总额	(万美元)	1313	1619	545	687	578.56

18—4　县市区旅游业情况

(2010年)

地区	旅游人数（万人次）	旅游总收入（亿元）	#国内旅游收入（亿元）	星级饭店个数（个）	星级饭店客房总数（间）	名胜风景区和文物保护区个数（个）
绵阳市	1194.31	65.24	64.85	36	6994	10
涪城区	172.10	20.01	19.62	10	2572	
游仙区	107.50	6.96	6.96	4	665	1
三台县	222.96	8.60	8.60	5	528	1
盐亭县	49.30	1.20	1.20	1	89	1
安　县	177.59	6.50	6.50	3	985	1
梓潼县	180.27	7.50	7.50	3	359	1
北川县	52.25	2.10	2.10	2	263	1
平武县	35.12	2.00	2.00	2	499	1
江油市	195.90	10.10	10.40	6	1034	2

18—5 涉外饭店(宾馆)接待海外旅游者情况

（2005--2010）

项　目	2005	2006	2007	2008	2009	2010
人数合计　(人次)	45193	60641	69654	15249	13929	13236
外国人	16337	15960	20958	6528	4028	4615
亚洲	12657	16479	17740	4722	234	3440
日本	1383	4493	5712	785	360	1072
马来西亚	2943	2775	1022	108	4	84
新加坡	4026	2938	4204	288	28	172
泰国	2460	3100	1496	351	70	364
欧洲	1867	1150	1380	1026	60	518
英国	187	254	462	180	16	72
德国	231	222	166	105	44	100
法国	200	315	315	117	117	126
意大利	119	51	116	48	48	43
美 洲	975	881	1305	575	4	602
加拿大	166	135	234	124		112
美国	586	674	846	376	4	458
大洋洲及太平洋岛屿	302	48	198	171	29	72
澳大利亚	125	39	171	123		54
非洲	512	19	54	34		13
其他	159		24			6
台湾同胞	28856	44681	48696	4555	6555	4076
人天数合计　(人天)	51038	71590	77593	28134	31582	25648
外国人	20068	22161	24338	22489	25315	20225
台湾同胞	30970	49429	53255	5645	6267	5423
旅游外汇收入(万美元)	854.69	1312.9	1618.68	545.03	686.52	578.56

18—6 主要涉外星级饭店一览

(2010年)

名 称	地 址	电话号码
五星级		
富乐山九洲国际酒店	绵阳市游仙区芙蓉路一段1号	2284888
四星级		
绵州酒店	绵阳市涪城区临园路东段62号	6350999
王子大酒店	绵阳市涪城区临园路西段25号	6358999
长虹国际酒店	绵阳市高新区火炬西街北段89号	2416666
绵州温泉酒店	绵阳市安县罗浮山风景区	4636666
三星级		
桃源大酒店	绵阳市涪城区临园路中段76号	6358888
九龙宾馆	绵阳市游仙区科学城一区	2488888
江油国际大酒店	绵阳市江油市花园路北段1号	3233333
明华饭店	绵阳市江油市太白路2号	3666666
太白大酒店	绵阳市江油市太白中路49号	3222888
七曲山大酒店	绵阳市梓潼县七曲山大庙风景区	8229999
绵州开元酒店	绵阳市涪城区剑南路东段209号	2993888
启明星温泉酒店	绵阳市安县罗浮山风景区	4638999
江油宾馆	绵阳市江油市东大街169号	3277777

18—7 主要名胜风景区一览

(2010年)

名　称	地　址
国家级	
西羌九黄山景区（国家AAAA级景区）	四川绵阳北川桂溪乡
窦圌山景区（国家AAAA级景区）	四川江油武都镇
七曲山大庙景区（国家AAAA级景区）	四川绵阳梓潼七曲山
报恩寺景区（国家AAA级景区）	四川绵阳平武龙安镇
寻龙山景区（国家AAA级景区）	四川绵阳安县安昌镇
佛爷洞景区（国家AAA级景区）	四川江油大康镇
李白纪念馆（国家AA级景区）	四川江油城区
富乐山公园（国家AA级景区）	四川绵阳游仙区
龙门镇小桥村（国家AA级景区、农业旅游示范点）	四川绵阳涪城区龙门镇
仙海水利风景区	四川绵阳游仙区沉抗镇
安县海绵生物礁国家地质公园	四川绵阳安县睢水镇
江油地质公园	四川江油市
鲁班湖水利风景区	四川绵阳三台县
王朗自然保护区	四川绵阳平武县
雪宝顶自然保护区	四川绵阳平武县
郪江汉墓重点文物保护单位	四川绵阳三台郪江镇
老君山古硝洞重点文物保护单位	四川江油重华镇
长虹科技馆（国家级工业旅游示范点）	四川绵阳高新区
老龙山（国家级农业旅游示范点）	四川绵阳游仙镇
白水湖国家水利风景区	四川绵阳安县沸水镇
省级	
泗耳自然保护区	四川绵阳平武泗耳乡
西山蒋琬墓文物保护单位	四川绵阳西山
罗浮山风景区	四川绵阳安县桑枣镇
禹穴沟风景区	四川绵阳北川禹里乡
云台观	四川绵阳三台安居镇云台村

主要统计指标解释

进出口总额 指实际进出我国国境的货物总金额。包括对外贸易实际进出口货物，来料加工装配进出口货物，国家间、联合国及国际组织无偿援助物资和赠送品，华侨、港澳台同胞和外籍华人捐赠品，租赁期满归承租人所有的租赁货物，进料加工进出口货物，边境地方贸易及边境地区小额贸易进出口货物(边民互市贸易除外)，中外合资经营企业、中外合作经营企业、外商独资经营企业进出口货物和公用物品，到、离岸价格在规定限额以上的进出口货样和广告品(无商业价值、无使用价值和免费提供出口的除外)，从保税仓库提取在中国境内销售的进口货物，以及其他进出口货物。该指标可以观察一个国家在对外贸易方面的总规模。我国规定出口货物按离岸价格统计，进口货物按到岸价格统计。

利用外资 指我市各级政府、部门、企业和其他经济组织通过对外借款、吸收外商直接投资以及用其他方式筹措的境外现汇、设备、技术等。

对外借款 是指我市通过对外正式签订借款协议，从境外筹措的资金，包括外国政府贷款、国际金融组织贷款、外国银行商业贷款、出口信贷以及对外发行债券等。

外商直接投资 指外国企业和经济组织或个人(包括华侨、港澳台胞以及我国在境外注册的企业)按我国有关政策、法规，用现汇、实物、技术等在我市境内开办外商独资企业、与我市境内的企业或经济组织共同举办中外合资经营企业、合作经营企业或合作开发资源的投资（包括外商投资收益的再投资）以及经政府有关部门批准的项目投资总额内企业从境外借入的资金。

对外承包工程 指各对外承包公司以招标议标承包方式承揽的下列业务：(1)承包国外工程建设项目，(2)承包我国对外经援项目，(3)承包我国驻外机构的工程建设项目，(4)承包我国境内利用外资进行建设的工程项目，(5)与外国承包公司合营或联合承包工程项目时我国公司分包部分，(6)对外承包兼营的房屋开发业务。对外承包工程的营业额是以货币表现的本期内完成的对外承包工程的工作量，包括以前年度签订的合同和本年度新签订的合同在报告期内完成的工作量。

对外劳务合作 指以收取工资的形式向业主或承包商提供技术和劳动服务的活动。我国对外承包公司在境外开办的合营企业，中国公司同时又提供劳务的，其劳务部分也纳入劳务合作统计。劳务合作营业额按报告期内向雇主提交的结算数(包括工资、加班费和奖金等)统计。

入境国际旅游者人数 指来中国参观、访问、旅行、探亲、访友、休养、考察、参加会议和从事经济、科技、文化、教育、宗教等活动的外国人、华侨、港澳同胞和台湾同胞的人数。不包括外国在我国的常驻机构，如使领馆、通讯社、企业办事处的工作人员；来我国常住的外国专家、留学生以及在岸逗留不过夜人员。

国际旅游(外汇)收入 指入境旅游的外国人、华侨、港澳同胞和台湾同胞在中国大陆旅游过程中发生的一切旅游支出，对于国家来说就是国际旅游(外汇)收入。

金融和保险 19

JIN RONG HE BAO XIAN

19—1　金融机构人民币各项存贷款年末余额

(2005--2010)

单位：万元

指　　标	2005	2006	2007	2008	2009	2010
一、各项存款	5446211	6294515	7109876	11548334	15246570	17844730
（一）企业存款	1511222	1674285	1917779	2734838	4526990	4423541
#活期	737553	882996	1048320	1644617	3177315	3740847
定期	773669	791289	869459	1090221	1349675	682694
（二）财政存款	61477	105341	103610	1057748	607666	410005
（三）储蓄存款	3451337	3944481	4357399	5886164	7071802	8032211
#活期	856681	1023946	1192826	1841355	2456040	2874422
定期	2594656	2920535	3164573	4044809	4615762	5157789
（四）机关团体存款	204882	221722	306367	775085	1818802	3706718
（五）农业存款	65103	65578	85805	229454	586506	804836
二、各项贷款	3054360	3443032	3766072	4560254	6802503	8583072
（一）短期贷款	1760914	1905996	2159369	2581802	3025534	2908703
1.个人贷款及透支						682111
#个人消费贷款						72577
2.单位普通贷款及透支						2144838
#经营性贷款						2143248
固定资产贷款						1590
（二）中长期贷款	1114445	1337121	1490191	1813789	3545312	908840
1.个人贷款						2001570
#个人消费贷款						1548633
2.单位普通贷款						3536453
#经营性贷款						1023245
固定资产贷款						2513208
3.票据融资	178791	199788	116384	164224	231457	105451

19—2 各县市区金融机构人民币存贷款年末余额

（2010 年）

单位：万元

地 区	存款余款	储蓄存款	贷款余额
合 计	17844730	8032211	8772810
城 区	9368011	3562361	5318035
三台县	1698045	1055974	651037
盐亭县	747223	474552	168581
安 县	1256300	519797	479147
梓潼县	521345	521345	222794
北川县	942797	370636	700592
平武县	794301	187675	427348
江油市	2516708	1339871	805276

19—3 金融机构本外币存贷款余额

（2009--2010）

单位：万元

指 标	2009 年			2010 年		
	余额	比年初增减	±%	余额	比年初增减	±%
各项存款	15296010	3704153	31.95	17922852	2626842	17.2
#企业存款	4553838	1799233	65.32	4480172	733430	-1.6
储蓄存款	7092669	1187163	20.10	8050502	957833	13.5
各项贷款	7022380	2389770	51.59	8772810	1750130	24.9
#短期贷款	3150490	524647	19.18	3057714	542926	-2.9
中长期贷款	3565113	1749857	96.40	5568917	136781	56.2
票据融款	231457	67232	40.94	10545	-126006	-95.4

19—4 保险业务经济技术指标

(2005--2010)

单位：万元

指　　标	2005	2006	2007	2008	2009	2010
保费收入合计	**111685**	**139860**	**198244**	**295664**	**349725**	**444427**
财产保险	**27388**	**35053**	**53254**	**63134**	**91032**	**111495**
企业财产保险	2669	2280	2702	2866	3086	3376
机动车辆保险	20192	27306	34897	41899	62564	80177
家庭财产险	64	43	57	79	184	2137
货物运输保险	660	775	886	683	947	1134
信用保证保险	28	10	156	149	732	1719
个人住房贷款保险		558	674	709	1596	
责任保险	732	990	1561	1840	2983	3068
意外险	1741	2242	2922	3114	4659	4701
健康险		264	255	585	904	1519
其他财产保险		584	9144	9493	11134	302
农业保险						10420
人身保险	**84298**	**104809**	**144991**	**232530**	**258693**	**332932**
#个人业务收入	49818	58059	70076	83605	100341	116715
#传统寿险	23613	26572	28156	26984	30120	28253
分红	18401	22404	27873	38751	45375	60964
意外险	247	225	2341	2850	4691	2917
健康险	5793	6633	6708	8458	9089	11990
其中新单保费	12735	16592	22575	23732	33524	35537
#团体业务收入	9898	6202	4137	5003	6803	
# 银行、邮政代理业务收入	24582	40538	70730	143902	151452	
赔款给付支出合计	**28194**	**32465**	**56131**	**87571**	**72275**	**94990**
财产保险	**17183**	**20507**	**25706**	**46705**	**43902**	**58998**
#企业财产险	834	1037	984	1818	1061	
机动车辆保险	14500	17041	24678	26144	31128	
家庭财产险	80	592	44	4959	641	
赔案件数(件)	85519	115393	142678	1182131	198055	
未决赔款(万元)		3669	268	23696	26837	
人身保险	**11011**	**11958**	**30425**	**40866**	**28373**	**35992**
# 短期险赔款	3316	3131	3590	7528	6771	
死伤医疗给付	1357	1455	2213	6035	3255	
满期给付	1532	1983	21706	24724	13963	
年金给付	4807	5389	2195	2579	4383	
退保	11888	9816	18495	16525	23141	
赔款及给付件数(件)	16336	21690	36832	234964	80178	126739

19—5 各财产保险公司和人身保险公司绵阳市分公司保费收入

(2006--2010)

单位：万元

公司名称	2006	2007	2008	2009	2010
合　计	**139860**	**198244**	**295664**	**349725**	**444427**
财产保险公司	**35053**	**53254**	**63134**	**91032**	**111496**
中国人民财产保险股份有限公司	18708	30209	34726	51324	60947
中国太平洋财产保险股份有限公司	1862	2822	3365	5122	8198
中国平安财产保险股份有限公司	2197	3029	4430	8958	16092
永安财产保险股份有限公司	729	1474	2095	2100	2071
华泰财产保险股份有限公司	642	1476	1729	1814	1844
中华联合财产保险公司	5055	4331	4616	5993	5000
天安保险股份有限公司	1537	1980	1495	2722	2947
太平保险有限公司	1447	1886	2183	2072	2592
中国大地财产保险股份有限公司	1913	3108	2911	3463	2697
安邦财产保险股份有限公司	962	1694	1495	2417	3914
都邦保险股份有限公司		326	921	1023	604
阳光财产保险股份有限公司		919	2127	2274	2188
中银保险股份有限公司				795	1211
渤海财产保险股份有限公司				948	1191
人身保险公司	**104809**	**144991**	**232530**	**258693**	**332932**
中国人寿保险股份有限公司	64558	68566	109863	105632	131611
中国太平洋人寿保险股份有限公司	6021	12282	21819	21364	19810
中国平安人寿保险股份有限公司	9409	9830	16340	22509	28012
新华人寿保险股份有限公司	6643	14177	21359	22429	32739
泰康人寿保险股份有限公司	1733	3914	9198	16224	19474
太平人寿保险有限公司	7943	10491	11876	12184	22171
民生人寿保险股份有限公司	408	3667	7263	1700	3594
中英人寿保险有限公司	4291	12490	6044	3904	3333
生命人寿保险股份有限公司	3803	4117	8074	10721	13241
中国人保寿险有限公司		5455	20260	31650	40091
中宏人寿保险有限公司				371	564
阳光人寿保险有限公司				8617	9305
平安养老保险股份有限公司				162	
嘉禾人寿保险有限公司					3215
中邮人寿保险有限公司					

主要统计指标解释

年末各项存款余额　企业、机关、团体和居民根据可以收回的原则。把货币存入银行或其他信用机构保管并取得一定利息的年末货币总量。

城乡居民储蓄存款余额　指某一时点城乡居民存入银行及农村信用社的储蓄金额，包括城镇居民储蓄存款和农民个人储蓄存款，不包括居民的手存现金和工矿企业、部队、机关、团体等单位存款。

年末各项贷款余额　年终时银行或其他信用机构根据必须归还的原则，按一定利率，为企业、个人等提供资金贷款的总额。

保　费　指投保人为取得保险人在约定范围内所承担赔偿责任而支付给保险人的费用。

赔　款　指保险人根据保险合同的规定，向被保险人支付的赔偿保险责任损失的金额。

给　付　包括死伤医疗给付和满期给付。死伤医疗给付是指保险人根据人寿保险及长期健康保险合同的规定，因被保险人在保险期内发生保险责任范围内的保险事故支付给被保险人（或受益人）的金额。满期给付是指被保险人生存期满，保险人按人寿保险合同规定支付给被保险人的满期保险金额。

主要统计指标解释

教育、科技、文化、卫生、体育及其他事业 20

JIAO YU KE JI WEN HUA WEI SHENG TI YU JI QI TA SHI YE

20—1 教育事业基本情况

(2005--2010)

单位：所、人

指 标	2005	2006	2007	2008	2009	2010
1、高等学校	8	11	11	11	12	12
专任教师数	3040	3415	4022	4458	5212	5179
在校生人数	56788	71160	74897	89200	103301	97681
招生数	16596	23711	26998	30548	33512	32470
毕业生	10129	15479	19429	21225	20149	24366
2、普通中学	296	303	288	278	271	267
专任教师数	17185	17172	17225	17519	17968	18449
在校生人数	316926	320210	228190	318858	384863	305188
招生数	106573	109154	107919	110060	100053	100376
毕业生	98262	101772	101914	102506	102572	103034
#高中	41	42	40	38	37	38
专任教师数	5019	5194	5452	5506	5644	5608
在校生人数	97423	100274	100364	103758	105919	105906
招生数	33937	35514	35275	36967	36319	37989
毕业生	25389	30295	30633	32729	33967	34759
#初中	255	261	248	240	234	229
专任教师数	12166	11978	11773	12013	12323	12442
在校生人数	219503	219936	218154	215100	208816	199282
招生数	72636	73640	72644	73093	66626	62387
毕业生	72873	71477	71281	69777	68605	68275
3、中等职业学校	49	48	36	38	34	34
专任教师数	2535	2485	2379	2344	2131	2158
在校生人数	67933	71696	84353	85945	88554	86667
招生数	25852	29893	37439	34284	32340	29722
毕业生	18781	22346	20685	19684	21752	28275
4、小学	1419	1171	919	647	480	432
专任教师数	17915	17552	17524	17482	17401	17218
在校生人数	380853	367099	347927	314742	289935	271531
招生数	54100	53770	52055	45357	41044	42316
毕业生	71192	68180	68193	68805	61551	51452
5、幼儿园	700	688	656	559	535	518
专任教师数	2802	2830	3025	2872	2986	3256
在校生人数	104418	96373	92905	83457	91257	99206

20—2 卫生机构

（2010年）

指标		合计	涪城区	游仙区	三台县
卫生机构数	（个）	1135	275	100	117
医院、卫生院	（个）	390	62	32	68
#等级医院	（个）	45	11	2	4
卫生防疫站	（个）				
妇幼保健站	（个）	10	2	1	1
卫生机构床位数	（张）	20046	5402	2510	2766
# 医院、卫生院床位数	（张）	19343	5065	2401	2726
#等级医院	（张）	10322	3706	1360	836
卫生机构人员数	（人）	23410	7596	2748	3302
医院、卫生院技术人员	（人）	19326	5778	2372	3039
执业医师执业助理医师	（人）	8034	2558	910	1109
注册护士	（人）	6648	2555	814	715
卫生防疫人员数	（人）	388	114	23	36
医院门诊人次	（万人次）	1496	431	142	233
参加农村合作医疗人数	（万人）	390	23	34	122

及人员情况

盐亭县	安　县	梓潼县	北川县	平武县	江油市
120	74	115	45	48	241
39	23	35	24	27	60
3	4	3	2	2	14
1	1	1	1	1	1
1326	1451	837	617	646	4491
1282	1371	807	606	616	4469
502	667	330	75	230	2606
1360	1447	873	462	450	5172
1163	1131	649	399	378	4417
471	550	404	182	164	1384
315	370	158	67	92	1562
23	82	27	18	16	50
106	147	64	53	37	283
51	37	29	17	15	62

20—3　大中型工业企业科技活动情况

（2005--2010）

指　　标	2005	2006	2007	2008	2009	2010
一、大中型工业企业个数（个）	**75**	**64**	**76**	**67**	**81**	**81**
二、科技活动人员（人）						
从事科技活动人员	10682	12644	17923	14564	11660	14984
#具有高中级职称或本科以上学历	7056	7156	7189	7201	7255	7319
# 从事研究与发展的人员	7500	6089	10392	11350	9876	8813
三、科技活动经费（万元）						
（一）本年经费筹集总额	160527	209652	235462	236427	228342	291538
1.政府财政拨款	7163	20630	5622	10224	14506	19238
2.企业自筹	149354	181402	201891	220272	175488	272300
3.银行贷款	2100	5540	21708			
4.其他	1910	2080	6241		1557	
（二）本年经费支出总额	174854	184338	286890	235014	232381	291985
# 内部支出	170423	178808	286890	235014	191550	272300
# 用于开发新产品	125387	100287	210041	176000		
1.劳务费	18442	27579	55548		47084	64118
2.原材料费	72742	191490			174119	111027
3.购买与自制设备	34980	34929			8250	
4.其他	33543	14811			89181	97155

20-3 续 表

指　　标	2005	2006	2007	2008	2009	2010
四、其他技术活动经费支出(万元)						
1.技术改造经费支出	95051	56358	145371	276051	58019	62884
2.技术引进经费支出	15680	500	12730	11560	1460	1585
3.用于消化吸收经费支出	500	1447	1228	381	581	606
4.购买国内技术支出	5600	2674	8368	37	1787	3596
五、科技活动产出						
新产品销售收入（万元）	1565317	1895529	2983677	2823483	3515051	3619730
新产品实现利润（万元）						
专利申请数（件）	134	227	504	449	691	687
拥有专利数（件）	26	225	137	155	122	193
六、企业生产资源状况						
从业人员年平均人数（人）	109900	92650	112200	108666	132432	203414
# 工程技术人员	10822	9935	10280	10280	10350	10500
生产用机器设备原值（万元）	799828	1092642	1190642	1383630		
# 微电子控制设备原值	35881	211023		145080		
企业科技开发机构数（个）	15	24	30	25	38	
# 有经常性任务的机构	14	20	24	20	30	
# 有稳定经费来源的机构	14	24	30	25	38	

20—4 文化事业发展情况

（2005--2010）

指　　标	2005	2006	2007	2008	2009	2010
一、机构数（个）						
艺术表演团体	5	4	4	4	4	4
艺术表演场所	4	4	4	6	6	6
图书馆事业	8	8	8	8	8	8
群众艺术（文化）馆	10	10	10	10	10	10
文化站	220	218	219	224	250	250
博物馆事业	4	5	5	5	5	6
二、人员数（人）						
艺术表演团体	118	113	120	127	125	125
艺术表演场所	70	74	74	69	69	69
图书馆事业	72	71		74		74
群众艺术（文化）馆	97	106		114		114
文化站	350	258		415		271
博物馆事业	427	148		109		110
三、文化事业发展情况						
公共图书藏书量（万册）	89	91	91	106	122	1277
演映场数（场次）	2628	2710		2393		3000
观众人次（万人次）	67	71		96		80
举办文艺活动次数（次）	168	190		342		250
藏品（件）	28719	20146		19820		19820
#一级品	61	43		43		43

20—5 广播电视发展情况

（2005--2010）

指 标		2005	2006	2007	2008	2009	2010
一、广播发展情况							
1.广播电台数	(套)	9	9	9	9	10	10
全年制作节目时间	(小时)	12680	13889	12201	11351	13644	12675
2.镇乡广播电视站数	(个)	264	264	264	264	264	265
村通播率	(%)	100	100	100	100	100	100
3.广播覆盖率	(%)	94.8	95.10	95.31	95.11	95.27	97.86
二、电视发展情况							
1.电视台数	(套)	9	9	9	9	10	10
全年制作节目时间	(小时)	14630	12915	13001	8515	11333	9234
2.有线电视用户数	(万户)	82.4	85.82	90.46	90.86	89.86	101.02
3.电视发射台	(座)	148	46	40	12	12	10
电视发射机	(部)	329	53	57	44	41	60
电视发射机功率	(千瓦)	14	14.99	19.27	1856	19.76	19.9
4.卫星地面站	(座)	47129	47529	27659	10845	11884	7415
5.电视覆盖率	(%)	95	95.17	95.75	96.16	96.76	97.38
三、广播电视经费收支情况							
1.事业费收入	(万元)	4232	5402	8224	11098	11962	14244
# 广告收入	(万元)	2415	2599	2697	2980	3340	5438
2.事业费支出	(万元)	5522	6215	8000	10657	11882	13819
3.其他收入	(万元)	55355	1170	10759	10434	11009	11901
4.其他支出	(万元)	14314	1470	7655	9350	7815	10502
四、广播电视职工人数	(人)	1912	1745	1879	1889	1945	1999
# 专业技术人员	(人)	1260	865	789	776	783	774

20—6 福利事业发展情况

（2005--2010）

指　标	2005	2006	2007	2008	2009	2010
一、机构数（个）						
社会福利院	4	4	5	5	5	5
社会福利收养性单位	128	128	128	171	188	230
二、工作人员（人）						
社会福利院	240	245	245	245	245	250
社会办福利院	405	406	600	600	600	650
三、床位设置数（张）						
社会福利院	706	706	750	750	750	750
社会办福利院	3570	3570	8387	10121	10121	15662
四、年末收养人数（人）						
社会福利院	710	725				
社会办福利院	1950	2050				
五、城镇居民最低生保障人数（人）	102989	102989	113318	124164	127199	123776
六、社区服务点（个）	126	126	22	22	22	27

20—7 工会组织工作基本情况

（2005--2010）

指　　标		2005	2006	2007	2008	2009	2010
一、工会组织情况							
工会会员总数	(人)	311922	559764	559700	558900	721041	721520
其中：女会员	(人)	12356	181521	181500	180900	268264	269290
基层工会委员会	(个)	3568	5514	5500	5500	7239	7239
车间工会委员会	(个)	2020	2041	2000	2100	2257	2260
工会小组	(个)	9013	9072	9000	9050	9121	9200
“职工之家”	(个)	1310	1411	1400	1406	1512	1515
二、工会干部情况							
工会专职干部	(人)	486	532	500	520	776	780
其中：女干部	(人)	145	171	200	210	257	260
35岁以下	(人)	93	91	90	100	196	200
高中以上	(人)	470	522	500	510	722	730
专职正副主席	(人)	360	392	400	400	413	415
三、工会工作情况							
工会劳保监检委员会	(个)	265	225	230	230	220	220
整改意见被采纳的	(件)	2500	2312	2300	2500	2500	2800
建立职工培训制度单位	(个)	1302	1319	1300	1320	1320	1320
技术培训人次数	(人次)	160000	167241	167000	170000	170000	172000
参加养老社会保险单位	(个)	680	680	700	700	700	705
职代会提案数	(件)	11000	11000	11000	11200	11200	11250
实现提案数	(件)	9600	9600	9600	1000	1000	1100
民主评议领导干部	(人)	15000	15000	15000	14690	14700	14780
参加劳动竞赛人次数	(人次)	94976	100000	100000	96800	173087	173095
劳动争议调解委员会	(个)	211	211	200	200	537	537
受理调解争议件数	(件)	3210	3000	3000	3050	943	950
调解争议件数	(件)	428	400	400	500	819	820
其中：调解成功	(件)	428	400	400	500	751	780

20—8 妇联组织工作基本情况

（2005--2010）

指　　标		2005	2006	2007	2008	2009	2010
一、妇联组织状况							
乡镇街道妇联数	(个)	291	278	276	287	282	282
基层妇代会数	(个)		3411	3410	3633	3614	3620
机关及事业单位妇委会	(个)	278	210	210	439	437	437
民主党派妇委会数	(个)	7	7	7	7	7	7
非公有制经济妇女组织	(个)	34	34	34	40	26	26
二、妇联干部基本情况							
干部总数	(人)	329	322	329	329	391	392
35岁以下	(人)	164	135	137	143	158	160
共产党员	(人)	269	308	310	312	296	300
高中以上文化程度	(人)	329	322	312	312	366	368
县（市、区）妇联干部	(人)	53	54	53	43	48	50
乡镇街道妇联干部	(人)	3297	268	276	276	286	286
三、妇联工作情况							
1.双学双赛参赛活动							
接受技术培训人数	(人)	440069	670005	689506	412924	333813	333850
获绿色证书的妇女数（07年前为技术员）	(人)	3475	3641	3861	48586	1855	1900
巾帼扶持脱贫户	(户)	2179	3837	3992	2738	1270	1278
农村妇女学校数	(所)	98	114	182	426	188	188
2.巾帼建功活动							
巾帼建功标兵	(人)	626	274	297	231	51	51
巾帼文明示范岗	(个)	176	200	220	156	39	40
四、“三八”红旗手	(人)	191	203	212	198	72	
“三八”红旗集体	(个)	71	105	86	58	42	50
五好文明家庭	(个)	13550	11427	11427	21615	20800	20850

20—9 司法工作基本情况

（2005--2010）

指　　标		2005	2006	2007	2008	2009	2010
律师工作	(个)						
律师事务所	(个)	28	28	28	28	30	30
执业律师	(人)	326	323	324	324	416	473
担任常年法律顾问	(家)	654	777	725	720	727	917
民事诉讼代理	(件)	3750	1217	2560	2600	2007	2439
刑事辩护及代理	(件)	1150	1095	1052	1022	1642	1671
行政诉讼代理	(件)	60	54	54	60	9	7
非诉讼法律事务	(件)	2354	2365	2266	2300	2050	2960
公证工作							
公证处	(个)	11	11	11	11	11	11
公证人员	人	61	37	40	40	70	80
办理国内民事公证	(件)	9370	29119	10381	10600	22164	15741
办理国内经济合同公证	(件)	8820	10556	10656	10200	14229	10364
办理涉外及港澳台公证	(件)	1340	2026	1250	1160	3223	2134
人民调解工作							
人民调解委员会	(个)	4921	4921	4921	6637	6647	4810
调解人员	人	55500	58000	57800	60995	60816	21382
调解纠纷总数	(件)	25600	28623	29750	36928	38406	33178
法律援助工作							
机构	(个)	11	11	11	11	11	
人员	人	35	42	42	42	42	
律师受理刑事法援案	(件)	600	657	502	445	497	339
公证办理法援案	(件)	1560	1565	920	762	2542	1026
司法鉴定工作							
机构	(个)	4	5	5	7	5	7
人员	人	167	135	135	154	135	172
受理并出据鉴定结论书	(件)	750	1488				

20—10 社会治安、交通、火灾情况

（2005--2010）

指　　标		2005	2006	2007	2008	2009	2010
刑事案件							
立案数	(件)	16154	14592	11582	11689	14898	21448
破案数	(件)	10472	10397	11030	9936	9286	11458
破案率	(%)	64.83	71.25	95.2	85	62.3	53.4
查获集团犯罪	(个)	241	239	231	194	134	147
涉案人数	(人)	1018	908	925	701	515	489
涉案数量	(起)	877	918	1202	1162	782	834
治安案件							
受理数	(起)	36454	13867	11728	15621	17801	18658
查处数	(起)	32852	10996	9503	13744	16435	17371
交通事故							
交通事故发生数	(起)	2010	1740	1329	1326	1973	923
伤亡人数	(人)	2359	2075	1763	1831	2686	1348
#死亡人数	(人)	278	264	253	208	204	192
损失折款	(万元)	500.48	398.8	214.1	183.5	453	240.6
火灾							
火灾事故发生数	(起)	931	1006	761	535	615	906
伤亡人数	(人)	7	15	10	0	4	0
#死亡人数	(人)	10	8	8	2	1	0
损失折款	(万元)	569.52	592.7	621.2	403.4	603	799.1

20—11 环境保护情况

（2005--2010）

指　　标		2005	2006	2007	2008	2009	2010
污染源治理本年投资总额	(万元)	14700	72136	129951	167611	173995	173995
城市环境基础设施建设完成投资额	(万元)	62152	51673	31262	51410	77185	78232
用于工业污染治理的投资	(万元)	12403	16211	8870	27951	59444	60111
三废综合利用产品产值	(万元)	23739	18783	22741	20328	21208	23209
污水排放量	(万吨)	17212	17368	19050	203543	20413	21032
生活污水处理达标量	(万吨)	3887	4411	4745	5133	5287	5290
生活污水处理率	(%)	43.34	44.66	47.28	49.69	49.72	49.80
生活污水处理能力	(万吨/天)	21	21	21	21	21	21
市区空气质量	(级)	二	二	二	二	二	二
市区水域功能区水域质量标准	(类标准)	Ⅲ	Ⅲ	Ⅲ	Ⅲ	Ⅲ	Ⅲ
市区环境噪音	(类标准)	2	2	2	2	2	2
环境噪音达标面	(平方公里)	63.9	63.9	63.9	63.9	63.9	63.9
工业废水达标排放量	(万吨)	8013	7374	8974	9986	9781	9821
工业废水排放量	(万吨)	8244	7491	9014	10025	9733	9769
工业用水重复使用量	(万吨)	69739	70233	51974	47519	62238	63058
工业二氧化硫排放量	(万吨)	6.56	7.20	4.73	5.86	5.86	5.86
工业二氧化硫去除量	(万吨)	6.30	0.35	2.95	1.96	2.59	2.59
工业烟尘去除量	(万吨)	57.76	189.71	136.04	60.64	63.81	63.90
工业烟尘排放量	(万吨)	2.48	2.48	1.68	0.67	1.95	2.01
工业固体废物处置利用率	(%)	99.4	99.4	80.8	81.0	81.0	81.2
烟尘控制区总面积	(平方公里)	84.4	87.4	87.4	87.4	87.4	87.4

企业调查 21

QI YE DIAO CHA

21—1 企业家信心指数

(2010 年)

单位：点

项　　目	一季度	二季度	三季度	四季度
全市企业家信心指数	145.2	133.4	136.7	148.3
分行业的企业家信心指数				
工业	150.2	142.8	143.1	167.2
采掘业	100.0	100.0	100.0	100.0
制造业	149.2	140.8	143.2	168.6
电力、煤气及水生产供应业	140.0	140.0	140.0	140.0
建筑业	127.2	118.1	109.0	145.4
交通、仓储及邮电通信业	144.4	133.3	133.3	144.4
批发和零售贸易	138.4	139.1	155.1	133.3
房地产业	120.0	100.0	80.0	120.0
社会服务业	158.3	133.3	158.3	125.0
信息传输、计算机服务和软件业	125.0	112.5	137.5	125.0
住宿和餐饮业	163.6	181.8	172.7	181.8
分类型的企业家信心指数				
国有企业	147.6	145.3	150.1	150.0
集体企业	100.0	100.0	100.0	100.0
股份合作企业	100.0	143.3	100.0	100.0
有限责任公司	152.4	131.0	145.6	155.9
股份有限公司	126.6	130.0	144.4	151.0
私营企业	143.3	200.0	136.6	140.0
外商及港、澳、台投资企业	145.4	136.3	200.0	100.0
分规模的企业家信心指数				
大型及特大型	152.0	151.9	140.7	164.5
特大型	15.0	151.9	140.7	164.5
大型	175.8	184.1	117.1	187.0
中小型	144.9	134.8	144.0	146.7
中型	147.2	145.4	145.4	160.0
小型	142.5	124.0	142.5	133.3
企业家信心指数				
国家重点联系企业	163.5	157.6	154.5	163.5
国家试点企业集团成员	200.0	200.0	100.0	200.0
乡镇企业	160.6	160.6	147.2	179.4
上市公司	120.0	103.3	120.0	128.3
国有及国有控股企业	143.6	145.1	135.6	162.1

21—2 企业景气指数

(2010 年)

单位：点

项 目	一季度	二季度	三季度	四季度
全市企业景气指数	136.6	145.3	143.5	140.2
分行业的企业景气指数				
工业	140.1	154.8	149.9	157.5
采掘业	100.0	100.0	100.0	100.0
制造业	137.8	151.7	148.9	157.5
电力、煤气及水生产供应业	140.0	160.0	140.0	140.0
建筑业	109.0	127.2	118.1	109.0
交通、仓储及邮电通信业	144.4	133.3	144.4	144.4
批发和零售贸易	145.7	124.7	150.1	137.0
房地产业	120.0	140.0	120.0	140.0
社会服务业	150.0	150.0	158.3	133.3
信息传输、计算机服务和软件业	150.0	125.0	125.0	125.0
住宿和餐饮业	163.6	145.4	154.5	145.4
分类型的企业景气指数				
国有企业	157.1	133.3	157.1	147.6
集体企业	100.0	100.0	100.0	100.0
股份合作企业	100.0	100.0	100.0	100.0
有限责任公司	130.8	135.7	145.5	143.9
股份有限公司	124.4	144.4	124.4	131.0
私营企业	150.0	146.6	150.0	133.3
外商及港、澳、台投资企业	200.0	200.0	200.0	100.0
分规模的企业景气指数				
大型及特大型	148.8	157.7	154.8	155.7
特大型	148.8	158.7	154.8	155.7
大型	183.8	179.7	183.8	189.3
中小型	138.5	139.4	142.2	137.6
中型	141.8	154.5	149.0	149.0
小型	135.1	124.0	135.1	125.9
特殊企业群体的企业景气指数				
国家重点联系企业	152.3	170.0	164.1	164.1
国家试点企业集团成员	200.0	200.0	200.0	200.0
乡镇企业	147.6	160.1	172.6	173.1
上市公司	141.6	125.0	100.0	108.3
国有及国有控股企业	137.5	147.4	145.6	151.8

21—3 企业生产总量景气指数

(2010年)

单位：点

项目	一季度	二季度	三季度	四季度
全市企业生产总量景气指数	124.9	126.6	134.2	134.6
分行业企业生产总量景气指数				
工业	131.0	129.0	143.9	147.1
采掘业	100.0	100.0	100.0	100.0
制造业	127.9	130.3	142.3	148.7
电力、煤气及水生产供应业	120.0	120.0	140.0	100.0
建筑业	118.1	136.3	100.0	145.4
交通、仓储及邮电通信业	100.0	111.1	111.1	144.4
批发和零售贸易	139.1	68.9	156.5	131.6
房地产业	140.0	100.0	160.0	160.0
社会服务业	108.3	133.3	133.3	91.6
信息传输、计算机服务和软件业	150.0	125.0	150.0	150.0
住宿和餐饮业	172.7	127.2	145.4	145.4
分类型企业生产总量景气指数				
国有企业	133.5	92.7	131.0	157.3
集体企业	100.0	100.0	100.0	100.0
股份合作企业	100.0	100.0	100.0	200.0
有限责任公司	134.0	119.2	142.8	137.5
股份有限公司	124.1	146.6	148.8	151.1
私营企业	116.6	113.3	140.0	120.0
外商及港、澳、台投资企业	200.0	200.0	200.0	200.0
分规模企业生产总量景气指数				
大型及特大型	146.9	132.5	147.6	152.6
特大型	146.9	132.5	147.6	152.6
大型	172.2	186.3	176.9	179.7
中小型	128.1	111.9	136.7	136.7
中型	141.8	121.8	141.8	147.2
小型	114.8	101.8	131.4	125.9
特殊企业群体的企业生产总量景气指数				
国家重点联系企业	156.0	170.0	181.7	173.7
国家试点企业集团成员	200.0	200.0	200.0	200.0
乡镇企业	119.1	155.6	145.2	165.8
上市公司	141.6	111.6	113.3	145.0
国有及国有控股企业	137.8	138.1	149.7	144.1

21—4 企业税后利润景气指数

(2010 年)

单位：点

项目	一季度	二季度	三季度	四季度
全市企业税后利润景气指数	106.6	126.7	127.2	126.9
分行业企业税后利润景气指数				
工业	119.6	141.1	139.1	143.8
采掘业	100.0	100.0	100.0	100.0
制造业	122.4	138.6	139.1	144.0
电力、煤气及水生产供应业	80.0	160.0	120.0	120.0
建筑业	81.8	118.1	118.1	118.1
交通、仓储及邮电通信业	100.0	144.4	122.2	133.3
批发和零售贸易	124.7	70.1	118.8	104.2
房地产业	100.0	100.0	80.0	120.0
社会服务业	91.6	116.6	133.3	108.3
信息传输、计算机服务和软件业	162.5	125.0	112.5	112.5
住宿和餐饮业	163.6	154.5	109.0	127.2
分类型企业税后利润景气指数				
国有企业	114.3	121.3	97.7	124.0
集体企业	100.0	100.0	100.0	100.0
股份合作企业	200.0	200.0	200.0	200.0
有限责任公司	117.8	136.3	121.3	119.4
股份有限公司	104.4	131.1	104.4	115.5
私营企业	103.3	96.6	130.0	126.6
外商及港、澳、台投资企业	200.0	200.0	200.0	200.0
分规模企业税后利润景气指数				
大型及特大型	123.3	138.0	127.0	138.2
特大型	123.3	138.0	127.0	138.2
大型	103.5	182.9	107.6	120.6
中小型	119.2	120.1	124.7	125.6
中型	127.2	129.0	130.9	141.8
小型	111.1	111.1	118.5	109.2
特殊企业群体的企业税后利润景气指数				
国家重点联系企业	143.9	152.9	132.1	120.4
国家试点企业集团成员	100.0	200.0	100.0	100.0
乡镇企业	131.7	155.6	106.7	149.0
上市公司	126.6	108.3	93.3	116.6
国有及国有控股企业	109.4	153.5	107.4	122.7

21—5 企业流动资金景气指数

(2010 年)

单位：点

项　　目	一季度	二季度	三季度	四季度
全市企业流动资金景气指数	102.9	96.9	95.6	102.1
分行业企业流动资金景气指数				
工业	115.1	100.8	104.2	113.8
采掘业	100.0	100.0	100.0	100.0
制造业	109.5	95.1	102.2	111.0
电力、煤气及水生产供应业	140.0	140.0	120.0	120.0
建筑业	54.5	63.6	45.4	81.8
交通、仓储及邮电通信业	111.1	100.0	122.2	111.1
批发和零售贸易	116.1	103.7	114.7	114.7
房地产业	120.0	100.0	80.0	60.0
社会服务业	108.3	116.6	116.6	108.3
信息传输、计算机服务和软件业	112.5	100.0	100.0	112.5
住宿和餐饮业	109.0	72.7	100.0	90.9
分类型企业流动资金景气指数				
国有企业	102.2	100.0	102.2	97.5
集体企业	100.0	100.0	100.0	100.0
股份合作企业	100.0	100.0	100.0	100.0
有限责任公司	98.8	81.5	89.8	100.7
股份有限公司	102.1	88.8	88.8	102.1
私营企业	116.6	100.0	116.6	110.0
外商及港、澳、台投资企业	200.0	127.2	200.0	100.0
分规模企业流动资金景气指数				
大型及特大型	121.4	105.9	108.6	119.4
特大型	121.4	105.9	108.6	119.4
大型	174.3	108.3	97.5	171.0
中小型	103.6	94.5	100.9	100.0
中型	110.9	105.4	110.9	109.0
小型	96.3	83.3	90.7	90.7
特殊企业群体的企业流动资金景气指数				
国家重点联系企业	134.7	119.8	117.6	144.2
国家试点企业集团成员	200.0	100.0	100.0	200.0
乡镇企业	115.1	76.6	86.2	112.2
上市公司	96.6	96.6	96.6	96.6
国有及国有控股企业	113.7	98.9	94.0	121.3

21—6 企业货款拖欠景气指数

(2010 年)

单位：点

项　　目	一季度	二季度	三季度	四季度
全市企业货款拖欠景气指数	98.2	109.0	100.5	115.0
分行业企业货款拖欠景气指数				
工业	89.0	99.1	88.8	134.0
采掘业	100.0	100.0	100.0	100.0
制造业	84.6	98.5	89.6	136.8
电力、煤气及水生产供应业	100.0	120.0	100.0	80.0
建筑业	63.6	100.0	90.9	72.7
交通、仓储及邮电通信业	100.0	88.8	100.0	111.1
批发和零售贸易	123.1	110.1	107.2	118.0
房地产业	140.0	160.0	140.0	120.0
社会服务业	125.0	125.0	116.6	116.6
信息传输、计算机服务和软件业	112.5	100.0	87.5	100.0
住宿和餐饮业	90.9	81.8	100.0	90.9
分类型企业货款拖欠景气指数				
国有企业	97.7	92.7	100.0	119.2
集体企业	100.0	100.0	100.0	100.0
股份合作企业	100.0	100.0	100.0	200.0
有限责任公司	87.4	101.0	81.0	114.3
股份有限公司	100.0	86.6	86.6	113.3
私营企业	110.0	126.6	126.6	110.0
外商及港、澳、台投资企业	200.0	200.0	200.0	100.0
分规模企业货款拖欠景气指数				
大型及特大型	92.0	100.2	85.8	118.6
特大型	92.0	100.2	85.8	118.6
大型	115.6	110.4	23.9	166.6
中小型	99.0	103.6	102.7	112.8
中型	87.2	98.1	98.1	109.0
小型	111.1	109.2	107.4	116.6
特殊企业群体的企业货款拖欠景气指数				
国家重点联系企业	114.5	102.7	77.6	115.4
国家试点企业集团成员	100.0	100.0	100.0	200.0
乡镇企业	84.1	90.3	83.0	151.5
上市公司	113.3	105.0	96.6	121.6
国有及国有控股企业	95.2	85.9	67.3	119.8

21—7 企业用工景气指数

(2010 年)

单位：点

项　　目	一季度	二季度	三季度	四季度
全市企业用工景气指数	131.2	133.3	129.2	118.8
分行业的企业用工景气指数				
工业	125.1	125.7	144.2	111.6
采掘业	100.0	100.0	100.0	100.0
制造业	131.2	130.1	142.6	113.3
电力、煤气及水生产供应业	80.0	80.0	140.0	100.0
建筑业	118.1	136.3	109.0	127.2
交通、仓储及邮电通信业	122.2	111.1	122.2	122.2
批发和零售贸易	131.8	105.7	114.4	127.5
房地产业	140.0	120.0	120.0	140.0
社会服务业	150.0	158.3	125.0	116.6
信息传输、计算机服务和软件业	100.0	112.5	100.0	125.0
住宿和餐饮业	154.5	127.2	136.3	118.1
分类型的企业用工景气指数				
国有企业	104.7	100.0	119.0	95.2
集体企业	100.0	100.0	100.0	100.0
股份合作企业	100.0	100.0	100.0	100.0
有限责任公司	133.5	134.8	136.4	132.6
股份有限公司	91.0	104.4	108.9	104.4
私营企业	143.3	133.3	130.0	116.6
外商及港、澳、台投资企业	100.0	100.0	100.0	100.0
分规模的企业用工景气指数				
大型及特大型	131.7	132.4	133.5	120.1
特大型	131.7	132.4	133.5	120.1
大型	108.8	167.1	173.8	102.7
中小型	131.1	121.1	124.7	120.1
中型	136.3	125.4	125.4	123.6
小型	125.9	116.6	124.0	116.6
特殊企业群体的企业用工景气指数				
国家重点联系企业	132.1	121.3	133.1	106.4
国家试点企业集团成员	100.0	200.0	200.0	100.0
乡镇企业	145.4	142.9	145.9	111.2
上市公司	93.3	93.3	108.3	93.3
国有及国有控股企业	106.8	125.7	135.7	105.4

21—8 企业固定资产投资景气指数

(2010 年)

单位：点

项目	一季度	二季度	三季度	四季度
全市企业固定资产投资景气指数	106.4	116.4	121.0	117.4
分行业的企业固定资产投资景气指数				
工业	97.9	118.7	131.5	124.4
采掘业	100.0	100.0	100.0	100.0
制造业	103.0	114.7	132.6	121.7
电力、煤气及水生产供应业	80.0	160.0	120.0	140.0
建筑业	109.0	118.1	100.0	100.0
交通、仓储及邮电通信业	155.5	144.4	100.0	122.2
批发和零售贸易	101.4	99.3	89.2	114.6
房地产业	100.0	80.0	100.0	100.0
社会服务业	116.6	116.6	133.3	125.0
信息传输、计算机服务和软件业	87.5	150.0	100.0	112.5
住宿和餐饮业	100.0	127.2	127.2	109.0
分类型的企业固定资产投资景气指数				
国有企业	119.0	126.0	116.5	109.5
集体企业	100.0	100.0	100.0	100.0
股份合作企业	100.0	100.0	100.0	100.0
有限责任公司	93.7	111.7	106.3	118.8
股份有限公司	77.7	126.6	122.2	126.6
私营企业	106.6	106.6	116.6	106.6
外商及港、澳、台投资企业	200.0	200.0	200.0	200.0
分规模的企业固定资产投资景气指数				
大型及特大型	100.5	121.8	116.5	123.5
特大型	100.5	121.8	116.5	123.5
大型	21.2	49.2	117.3	123.3
中小型	109.1	121.1	114.6	115.6
中型	116.3	136.3	116.3	123.6
小型	101.8	105.5	112.9	107.4
特殊企业群体的企业固定资产投资景气指数				
国家重点联系企业	101.1	129.0	114.5	114.5
国家试点企业集团成员	100.0	100.0	100.0	100.0
乡镇企业	100.5	108.1	142.2	124.0
上市公司	76.6	130.0	108.3	125.0
国有及国有控股企业	74.0	118.4	120.3	121.0

21—9 企业产品订货景气指数

(2010 年)

单位：点

项目	一季度	二季度	三季度	四季度
全市企业产品订货景气指数	114.5	107.8	123.9	112.6
分行业企业产品订货景气指数				
工业	128.1	120.0	133.2	134.9
采掘业	100.0	100.0	100.0	100.0
制造业	124.2	117.1	135.3	134.0
电力、煤气及水生产供应业	120.0	140.0	120.0	140.0
建筑业	127.2	127.2	127.2	90.9
交通、仓储及邮电通信业	122.2	111.1	133.3	166.6
批发和零售贸易	112.3	96.3	111.3	122.4
房地产业	60.0	100.0	80.0	40.0
社会服务业	91.6	108.3	116.6	100.0
信息传输、计算机服务和软件业	112.5	75.0	112.5	137.5
住宿和餐饮业	154.5	109.0	145.4	118.1
分类型企业产品订货景气指数				
国有企业	131.0	99.9	111.9	142.8
集体企业	100.0	100.0	100.0	100.0
股份合作企业	100.0	100.0	100.0	100.0
有限责任公司	123.2	119.0	131.8	124.3
股份有限公司	106.6	104.4	120.0	144.4
私营企业	110.0	90.0	123.3	93.3
外商及港、澳、台投资企业	200.0	100.0	100.0	100.0
分规模企业产品订货景气指数				
大型及特大型	132.6	117.2	125.3	123.5
特大型	132.6	117.2	125.3	123.5
大型	177.4	103.1	88.6	113.9
中小型	116.5	106.4	129.3	121.1
中型	123.6	120.0	132.7	125.4
小型	109.2	92.5	125.9	116.6
特殊企业群体的企业产品订货景气指数				
国家重点联系企业	140.5	125.7	141.1	131.5
国家试点企业集团成员	200.0	100.0	100.0	100.0
乡镇企业	141.9	126.0	135.6	139.1
上市公司	116.6	63.3	88.3	130.0
国有及国有控股企业	127.7	106.1	121.3	132.2

21—10 企业融资景气指数

(2010 年)

单位：点

项　　目	一季度	二季度	三季度	四季度
全市企业融资景气指数	92.6	84.6	92.8	91.0
分行业的企业融资景气指数				
工业	109.7	92.9	102.7	92.9
采掘业	100.0	100.0	100.0	100.0
制造业	106.2	91.9	103.0	91.9
电力、煤气及水生产供应业	120.0	100.0	100.0	100.0
建筑业	63.6	72.7	72.7	90.9
交通、仓储及邮电通信业	88.8	111.1	100.0	100.0
批发和零售贸易	106.0	82.7	97.3	88.6
房地产业	120.0	80.0	100.0	60.0
社会服务业	75.0	75.0	83.3	91.6
信息传输、计算机服务和软件业	137.5	125.0	125.0	125.0
住宿和餐饮业	63.6	72.7	100.0	109.0
分类型的企业融资景气指数				
国有企业	88.0	92.7	88.0	88.0
集体企业	100.0	100.0	100.0	100.0
股份合作企业	100.0	100.0	100.0	83.3
有限责任公司	94.8	77.6	87.4	111.0
股份有限公司	104.4	100.0	111.0	93.3
私营企业	93.3	96.6	106.6	100.0
外商及港、澳、台投资企业	145.4	109.0	127.2	136.3
分规模的企业融资景气指数				
大型及特大型	115.1	97.5	99.5	100.7
特大型	115.1	97.5	99.5	100.7
大型	172.5	103.2	106.2	113.3
中小型	91.7	86.2	95.4	89.9
中型	103.6	96.3	98.1	98.1
小型	79.6	75.9	92.5	81.4
特殊企业群体的企业融资景气指数				
国家重点联系企业	133.3	112.3	100.5	106.4
国家试点企业集团成员	200.0	100.0	100.0	100.0
乡镇企业	114.0	81.8	94.3	75.5
上市公司	105.0	105.0	113.3	113.3
国有及国有控股企业	118.9	100.6	104.0	102.9

统计监测主要统计指标解释

景气指数 又称景气度，它是对企业景气调查中的定性指标通过定量方法加以汇总，综合反映某一特定调查群体或某一社会经济现象所处的状态或发展趋势的一种指标。企业的景气指数是根据调查企业中，选择“好”或“上升”或“乐观”的企业与选择“差”或“下降”或“不乐观”的企业的所占份额(一般以主营业务收入对比重加权，下同)之差来计算的，统一用纯正数形式表示，以100作为景气指数的临界值，其数值范围在0---200之间；当景气指数大于100时，表明经济状况趋于上升或改善，处于景气状态；当景气指数小于100时，表明经济状况趋于下降或恶化，处于不景气状态。其具体计算方法为：（选择“好”的企业份额—选择“差”的企业份额）×100+100。

企业家信心指数 是根据企业家对企业外部市场经济环境与宏观政策的认识、看法、判断与预期（通常为对“乐观”、“一般”、“不乐观”的选择）而编制的指数，用以综合反映企业家对宏观经济环境的感受与信心。

企业景气指数 是根据企业家对本企业综合生产经营情况的判断与预期(通常为对“良好”、“一般”、“不佳”的选择)而编制的指数，用以综合反映企业的生产经营状况。

各单项景气指数 是在单项指标名称之后加景气指数四个字表示，如由产品订货指标综合而成的景气指数则称之为“产品订货景气指数”。用来表示各单项指标的景气状况。

企业集团 是指以资本为主要纽带的母子公司为主体，以集团章程为共同行为规范的母公司、子公司、参股公司及其他成员企业或机构共同组成的具有一定规模的企业法人联合体。企业集团不具有企业法人资格。企业集团由母公司、子公司、参股公司以及其他成员单位组建而成。事业单位法人、社会团体法人也可以成为企业集团成员。

集团公司 是企业集团中起主导作用的核心企业。它通过投资和生产经营协作等多种联结纽带，决定和影响着集团内的其他成员企业。在企业集团母子公司体制中，集团公司是母公司，是居于控制地位的控股公司。集团公司对外代表集团

企业集团子公司 是集团母公司对其拥有全部股权或控股权的企业法人。

主营行业 指本企业集团生产经营活动的主要行业性质。企业集团往往从事多种生产经营活动，一般应根据集团内获得营业收入份额最大的三项产品或活动确定其主要行业性质。

附　录 22

FU　LU

>>>

22—1 四川省各市地州国民经济主要指标

（2010年）

地 区	人口（万人）		土地面积（平方公里）		GDP(亿元)			
	绝对数	位次	绝对数	位次	绝对量	位次	增长%	位次
全 省	9001.3		485000		16898.6		15.1	
成 都	1149.0	1	12390	11	5508.3	1	15.0	18
自 贡	326.0	16	4373	21	647.7	12	15.6	8
攀枝花	111.4	19	7440	15	524.0	15	15.1	16
泸 州	502.3	6	12247	13	714.8	9	16.5	4
德 阳	389.2	12	5954	18	921.3	3	14.4	20
绵 阳	**541.9**	**4**	**20285**	**4**	**960.2**	**2**	**15.3**	**12**
广 元	310.9	17	16314	6	321.9	17	15.9	7
遂 宁	381.0	13	5325	20	495.2	16	15.3	12
内 江	425.6	10	5386	19	690.3	10	16.2	5
乐 山	353.3	14	12826	9	743.9	8	16.2	5
南 充	753.4	2	12479	10	827.8	5	15.3	12
眉 山	349.1	15	7186	16	552.3	13	15.6	8
宜 宾	539.0	5	13283	8	870.8	4	15.6	8
广 安	466.2	9	6344	17	537.2	14	15.6	8
达 州	685.5	3	16591	5	819.2	6	15.1	16
雅 安	154.9	18	15503	7	286.5	18	15.3	12
巴 中	390.5	11	12301	12	280.9	19	14.7	19
资 阳	501.3	7	7962	14	657.9	11	17.0	3
阿 坝	89.9	21	84242	2	132.8	20	18.1	1
甘 孜	106.1	20	152629	1	122.8	21	14.1	21
凉 山	478.9	8	60423	3	784.2	7	17.5	2

22-1 续表 1

地区	第一产业(亿元)				第二产业(亿元)			
	绝对量	位次	增长%	位次	绝对量	位次	增长%	位次
全省	2483.0		4.4		8565.2		22.0	
成都	285.1	1	4.0	18	2470.9	1	19.8	19
自贡	84.7	15	4.6	4	370.8	12	21.1	16
攀枝花	21.5	21	3.9	20	386.6	10	17.5	21
泸州	108.8	12	4.1	14	403.7	8	26.6	5
德阳	152.4	6	4.1	14	532.7	2	18.3	20
绵阳	**166.5**	**5**	**4.0**	**18**	**468.3**	**4**	**23.2**	**14**
广元	76.5	17	4.6	4	125.7	18	29.3	4
遂宁	109.4	11	4.5	7	254.7	16	24.7	8
内江	112.4	9	4.6	4	419.5	6	23.8	10
乐山	100.1	14	4.1	14	442.4	5	20.7	17
南充	202.4	2	3.9	20	400.8	9	23.7	12
眉山	103.8	13	4.4	9	303.3	14	23.8	10
宜宾	133.8	8	4.9	3	519.2	3	21.7	15
广安	109.9	10	4.5	7	259.3	15	24.5	9
达州	195.0	3	4.4	9	409.6	7	24.8	7
雅安	50.0	18	5.0	2	157.8	17	23.5	13
巴中	81.7	16	4.2	13	95.0	19	30.3	2
资阳	151.8	7	4.3	11	348.4	13	25.4	6
阿坝	25.1	20	5.5	1	58.5	20	31.2	1
甘孜	28.8	19	4.1	14	44.9	21	20.5	18
凉山	172.1	4	4.3	11	371.0	11	29.6	3

22-1 续表 2

地　区	#工业增加值(亿元)				第三产业(亿元)			
	绝对量	位次	增长%	位次	绝对量	位次	增长%	位次
全　省	7326.4		22.9		5850.4		10.0	
成　都	2062.8	1	20.5	18	2752.3	1	11.8	3
自　贡	339.7	10	23.3	15	192.2	10	11.0	6
攀枝花	364.6	9	18.0	21	115.9	17	9.0	15
泸　州	377.2	7	28.9	4	202.3	8	7.3	20
德　阳	484.3	2	19.2	20	236.2	4	11.3	5
绵　阳	**398.4**	**5**	**23.9**	**14**	**325.5**	**2**	**10.2**	**10**
广　元	105.0	18	31.5	2	119.7	16	11.4	4
遂　宁	218.9	15	26.7	7	131.1	15	8.1	17
内　江	386.6	6	24.6	13	158.4	12	7.9	19
乐　山	414.4	4	21.0	17	201.4	9	12.2	1
南　充	332.2	11	27.3	6	224.6	5	10.0	11
眉　山	268.0	14	25.8	9	145.1	14	8.0	18
宜　宾	476.9	3	22.5	16	217.8	6	8.9	16
广　安	199.4	16	26.5	8	168.1	11	10.0	11
达　州	366.3	8	27.4	5	214.6	7	7.0	21
雅　安	135.1	17	25.1	12	78.7	19	9.3	14
巴　中	61.4	19	29.6	3	104.3	18	9.4	13
资　阳	315.3	12	25.2	11	157.7	13	10.5	8
阿　坝	40.8	20	41.4	1	49.1	21	10.6	7
甘　孜	29.2	21	20.3	19	49.1	20	12.0	2
凉　山	290.4	13	25.8	9	241.1	3	10.3	9

22-1 续表 3

地区	规模以上工业增加值（亿元）				规模以上工业利润总额（亿元）		规模以上工业利税总额（亿元）	
	绝对量	位次	增长%	位次	绝对量	位次	绝对量	位次
全 省	6840.50		23.5		1469.5		2734.6	
成 都	1640.10	1	23.6	17	359.4	1	663.8	1
自 贡	331.20	9	27.6	14	41.7	13	105.4	11
攀枝花	348.60	8	20.5	20	38.3	14	85.8	13
泸 州	357.00	7	29.9	4	87.8	4	160.9	4
德 阳	469.50	2	23.4	18	103.5	3	188.6	3
绵 阳	**367.00**	**6**	**27.6**	**14**	**78.2**	**6**	**141.8**	**7**
广 元	89.10	18	29.9	4	14.1	18	22.8	18
遂 宁	155.30	16	28.7	7	43.4	11	103.1	12
内 江	368.80	5	28.1	13	69.7	9	145.7	6
乐 山	370.70	4	25.1	16	77.7	7	130.6	8
南 充	325.40	10	28.6	9	73.7	8	160.9	5
眉 山	214.60	14	28.5	10	37.6	15	68.3	15
宜 宾	447.70	3	23.4	18	139.8	2	229.7	2
广 安	189.30	15	28.7	7	26.6	16	53.4	16
达 州	305.40	12	28.5	10	42.9	12	73.4	14
雅 安	105.70	17	28.5	10	25.0	17	41.8	17
巴 中	55.50	19	30.1	2	2.9	21	8.9	21
资 阳	311.20	11	29.9	4	83.4	5	125.7	9
阿 坝	34.90	20	40.1	1	13.7	19	19.9	19
甘 孜	28.50	21	19.4	21	13.6	20	19.0	20
凉 山	285.10	13	30.0	3	64.6	10	121.7	10

22-1 续表 4

地区	固定资产投资（亿元）		消费品零售总额（亿元）		地方财政一般预算收入（亿元）		地方财政一般预算支出（亿元）	
	绝对量	位次	绝对量	位次	绝对量	位次	绝对量	位次
全省	13582.0		6634.7		1561.0		4242.54	
成都	4255.4	1	2417.6	1	526.9	1	777.38	1
自贡	320.1	19	243.8	10	21.8	13	81.16	19
攀枝花	330.7	18	140.2	17	38.8	8	75.06	21
泸州	460.4	11	259.8	7	47.6	4	126.54	11
德阳	601.3	6	299.7	6	45.8	5	224.42	3
绵阳	**821.0**	**2**	**419.6**	**2**	**45.2**	**7**	**345.89**	**2**
广元	480.2	10	142.2	16	16.7	17	221.32	4
遂宁	495.4	9	195.5	13	17.8	16	88.85	18
内江	350.9	17	202.0	12	20.4	15	92.48	17
乐山	510.1	8	248.8	8	45.8	6	118.51	12
南充	656.7	4	345.5	3	32.3	9	185.61	7
眉山	420.3	12	180.3	15	24.7	11	96.53	16
宜宾	534.2	7	316.1	4	55.6	3	143.35	9
广安	383.4	14	185.5	14	21.3	14	97.54	15
达州	601.3	5	311.9	5	30.6	10	150.27	8
雅安	370.7	15	97.1	19	15.7	20	77.49	20
巴中	252.7	20	114.3	18	7.8	21	103.03	13
资阳	401.1	13	223.0	11	24.5	12	101.10	14
阿坝	362.4	16	33.1	21	16.7	18	203.83	5
甘孜	211.1	21	37.4	20	16.3	19	131.98	10
凉山	660.5	3	244.9	9	62.7	2	190.70	6

22-1 续表 5

地 区	人均 GDP		城市居民人均可支配收入（元）		农民人均纯收入（元）		城乡居民储蓄存款（亿元）	
	绝对量	位次	绝对量	位次	绝对量	位次	绝对量	位次
全 省	21182		15461		5140		13650.8	
成 都	41253	2	20835	1	8205	1	5071.4	1
自 贡	23613	4	14538	15	5762	6	383.7	13
攀枝花	43959	1	16882	2	6293	3	281.4	17
泸 州	16698	12	15505	6	5388	12	517.2	7
德 阳	25335	3	16202	3	6486	2	685.5	4
绵 阳	20053	6	15516	5	5940	5	803.2	2
广 元	12313	19	12509	20	4036	18	323.9	16
遂 宁	14498	17	13778	17	5390	11	358.6	14
内 江	18022	10	14285	16	5451	10	437.8	11
乐 山	22490	5	15237	9	5613	7	522.4	6
南 充	13212	18	12638	18	4814	16	753.6	3
眉 山	18586	9	14644	14	5942	4	427.9	12
宜 宾	19499	7	15261	8	5610	8	466.2	10
广 安	15588	14	14754	13	5377	13	480.5	8
达 州	14623	16	12624	19	5084	15	665.7	5
雅 安	18881	8	14885	10	5181	14	221.2	19
巴 中	8717	21	12375	21	3847	19	241.5	18
资 阳	16644	13	15298	7	5552	9	467.7	9
阿 坝	14662	15	15939	4	3741	20	97.4	20
甘 孜	11659	20	14880	11	2744	21	74.9	21
凉 山	17560	11	14879	12	4565	17	351.0	15

22—2 2009年四川省县级经济综合评价排序

县（市、区）	位次	县（市、区）	位次	县（市、区）	位次	县（市、区）	位次
双流县	1	威远县	29	达县	57	理县	85
龙泉驿区	2	内江市中区	30	贡井区	58	茂县	86
涪城区	3	雨城区	31	金口河区	59	天全县	87
新都区	4	大邑县	32	会东县	60	德昌县	88
温江区	5	会理县	33	洪雅县	61	沿滩区	89
郫县	6	彭州市	34	隆昌县	62	宣汉县	90
翠屏区	7	崇州市	35	荥经县	63	丹棱县	91
旌阳区	8	五通桥区	36	资中县	64	马尔康县	92
青白江区	9	龙马潭区	37	荣县	65	武胜县	93
新津县	10	石棉县	38	南部县	66	筠连县	94
都江堰市	11	利州区	39	三台县	67	长宁县	95
江阳区	12	仁寿县	40	安岳县	68	南江县	96
西昌市	13	邛崃市	41	阆中市	69	安县	97
什邡市	14	游仙区	42	宝兴县	70	珙县	98
广汉市	15	大竹县	43	犍为县	71	南溪县	99
顺庆区	16	金堂县	44	富顺县	72	渠县	100
沙湾区	17	彭山县	45	高坪区	73	岳池县	101
通川区	18	广安区	46	巴州区	74	井研县	102
绵竹市	19	蒲江县	47	九龙县	75	黑水县	103
乐山市中区	20	大安区	48	东兴区	76	青神县	104
仁和区	21	盐边县	49	纳溪区	77	蓬安县	105
峨眉山市	22	夹江县	50	乐至县	78	高县	106
射洪县	23	康定县	51	罗江县	79	北川县	107
雁江区	24	米易县	52	九寨沟县	80	开江县	108
简阳市	25	中江县	53	宜宾县	81	江安县	109
江油市	26	华蓥市	54	大英县	82	峨边县	110
东坡区	27	汶川县	55	邻水县	83	古蔺县	111
船山区	28	泸县	56	梓潼县	84	盐亭县	112

22-2 续表

县（市、区）	位次	县（市、区）	位次	县（市、区）	位次	县（市、区）	位次
合江县	113	宁南县	129	青川县	145	金川县	161
名山县	114	沐川县	130	小金县	146	巴塘县	162
嘉陵区	115	苍溪县	131	屏山县	147	壤塘县	163
蓬溪县	116	兴文县	132	元坝区	148	稻城县	164
冕宁县	117	剑阁县	133	若尔盖县	149	道孚县	165
万源市	118	平武县	134	丹巴县	150	美姑县	166
旺苍县	119	叙永县	135	金阳县	151	昭觉县	167
平昌县	120	松潘县	136	越西县	152	新龙县	168
泸定县	121	西充县	137	普格县	153	甘孜县	169
仪陇县	122	乡城县	138	雅江县	154	色达县	170
营山县	123	白玉县	139	朝天区	155	石渠县	171
通江县	124	木里县	140	得荣县	156	炉霍县	172
安居区	125	雷波县	141	布拖县	157	德格县	173
芦山县	126	甘洛县	142	阿坝县	158		
汉源县	127	红原县	143	理塘县	159		
盐源县	128	马边县	144	喜德县	160		

22—3　2009年四川省平原地区经济综合评价排序

县（市、区、）	位次	县（市、区、）	位次	县（市、区、）	位次	县（市、区）	位次
双流县	1	青白江区	7	乐山市中区	13	邛崃市	19
涪城区	2	新津县	8	江油市	14	彭山县	20
新都区	3	都江堰市	9	东坡区	15	夹江县	21
温江区	4	什邡市	10	大邑县	16	安县	22
郫县	5	广汉市	11	彭州市	17		
旌阳区	6	绵竹市	12	崇州市	18		

22—4 2009 年四川省丘陵地区经济综合评价排序

县（市、区、）	位次	县（市、区、）	位次	县（市、区、）	位次	县（市、区、）	位次
龙泉驿区	1	广安区	18	高坪区	35	岳池县	52
翠屏区	2	蒲江县	19	巴州区	36	井研县	53
江阳区	3	大安区	20	东兴区	37	青神县	54
顺庆区	4	中江县	21	纳溪区	38	蓬安县	55
通川区	5	华蓥市	22	乐至县	39	高县	56
射洪县	6	泸县	23	罗江县	40	开江县	57
雁江区	7	达县	24	宜宾县	41	江安县	58
简阳市	8	贡井区	25	大英县	42	盐亭县	59
船山区	9	隆昌县	26	邻水县	43	名山县	60
威远县	10	资中县	27	梓潼县	44	嘉陵区	61
内江市中区	11	荣县	28	沿滩区	45	蓬溪县	62
五通桥区	12	南部县	29	宣汉县	46	平昌县	63
龙马潭区	13	三台县	30	丹棱县	47	仪陇县	64
仁寿县	14	安岳县	31	武胜县	48	营山县	65
游仙区	15	阆中市	32	长宁县	49	安居区	66
大竹县	16	犍为县	33	南溪县	50	西充县	67
金堂县	17	富顺县	34	渠县	51		

22—5 2009 年四川省山区经济综合评价排序

县（市、区、）	位次	县（市、区、）	位次	县(市、区)	位次	县（市、区、）	位次
沙湾区	1	洪雅县	10	万源市	19	平武县	28
仁和区	2	荥经县	11	旺苍县	20	叙永县	29
峨眉山市	3	宝兴县	12	通江县	21	青川县	30
雨城区	4	天全县	13	芦山县	22	屏山县	31
石棉县	5	筠连县	14	汉源县	23	元坝区	32
利州区	6	南江县	15	沐川县	24	朝天区	33
盐边县	7	珙县	16	苍溪县	25		
米易县	8	古蔺县	17	兴文县	26		
金口河区	9	合江县	18	剑阁县	27		

22—6 2009年四川省少数民族地区经济综合评价排序

县（市、区、）	位次	县（市、区、）	位次	县（市、区、）	位次	县（市、区、）	位次
西昌市	1	峨边县	14	小金县	27	巴塘县	40
会理县	2	冕宁县	15	若尔盖县	28	壤塘县	41
康定县	3	泸定县	16	丹巴县	29	稻城县	42
汶川县	4	盐源县	17	金阳县	30	道孚县	43
会东县	5	宁南县	18	越西县	31	美姑县	44
九龙县	6	松潘县	19	普格县	32	昭觉县	45
九寨沟县	7	乡城县	20	雅江县	33	新龙县	46
理县	8	白玉县	21	得荣县	34	甘孜县	47
茂县	9	木里县	22	布拖县	35	色达县	48
德昌县	10	雷波县	23	阿坝县	36	石渠县	49
马尔康县	11	甘洛县	24	理塘县	37	炉霍县	50
黑水县	12	红原县	25	喜德县	38	德格县	51
北川县	13	马边县	26	金川县	39		

22—7 2009年全省县域经济主要指标及排位

县市区名称	国内生产总值	第一产业增加值	工业增加值	规模以上工业企业利税总额	第三产业增加值	全社会固定资产投资	社会消费品零售总额	财政收入	人均国内生产总值	人均社会消费品零售总额
	亿元	亿元	亿元	亿元	亿元	亿元	亿元	亿元	元/人	元/人
成都市龙泉驿区	268.92	23.95	154.81	100.59	74.53	215.29	34.86	70.23	46009	5964
成都市青白江区	163.71	10.23	109.79	8.45	34.41	122.44	26.50	29.40	40155	6500
金堂县	111.27	30.14	25.64	2.95	41.15	100.51	29.55	15.97	12650	3359
双流县	397.76	28.78	166.88	40.75	172.31	315.88	92.72	111.51	41551	9685
成都市温江区	174.12	12.23	94.26	27.62	57.01	218.11	35.07	42.18	48474	9763
郫县	243.38	16.16	143.08	25.95	62.36	302.79	41.98	44.26	45280	7811
成都市新都区	260.82	17.90	149.06	23.73	76.52	200.85	66.43	59.26	38856	9897
大邑县	77.97	17.61	22.71	9.26	29.81	100.55	24.57	15.07	15067	4748
蒲江县	47.62	12.45	17.70	1.67	14.94	44.33	13.08	6.41	18140	4984
新津县	100.09	10.62	46.54	9.24	35.00	133.16	26.60	35.22	32745	8704
都江堰市	116.88	15.87	26.37	10.63	61.44	218.79	50.95	37.06	19138	8343
彭州市	125.44	27.18	54.13	16.50	38.84	168.12	26.06	21.07	15651	3252
邛崃市	87.08	20.99	28.29	5.85	31.68	93.56	28.52	13.47	13234	4334
崇州市	93.28	21.99	28.63	5.32	34.00	103.65	29.31	22.01	13881	4361
自贡市贡井区	53.09	9.74	28.56	12.74	13.55	18.68	17.16	1.39	17838	5765
自贡市大安区	91.71	8.79	59.30	16.27	20.75	30.80	23.83	2.22	20095	5221
自贡市沿滩区	48.19	9.41	24.17	6.14	11.30	32.87	20.69	1.22	12318	5288
荣县	86.41	24.80	31.04	3.15	24.47	38.57	29.21	5.95	12450	4209
富顺县	102.52	24.67	36.88	5.28	31.89	46.19	40.66	4.61	9537	3783
攀枝花市仁和区	72.49	5.59	47.51	5.67	15.89	75.73	13.52	11.33	33667	6282
米易县	43.60	7.84	18.26	1.70	13.95	51.19	12.52	7.61	20127	5780
盐边县	51.00	5.81	33.07	14.51	9.87	26.09	6.39	7.47	24803	3110
泸州市江阳区	165.01	11.16	85.51	49.73	60.15	96.59	65.35	29.93	26276	10406
泸州市纳溪区	60.01	11.51	31.06	13.80	15.03	40.37	24.46	4.18	12465	5081
泸州市龙马潭区	76.74	5.81	44.82	20.20	21.96	42.29	20.74	5.49	22487	6078
泸县	110.19	27.71	48.87	14.87	29.22	63.35	36.63	7.39	10264	3412
合江县	73.28	19.39	23.67	3.38	26.66	52.73	29.75	4.18	8279	3361
叙永县	45.43	13.02	15.13	2.99	15.92	18.02	20.40	4.03	6417	2881
古蔺县	55.83	12.09	27.02	18.29	15.51	37.81	16.23	9.95	6686	1943
德阳市旌阳区	219.58	21.16	117.48	38.75	67.14	169.85	61.37	17.27	33370	9327
中江县	139.95	47.71	43.64	7.34	41.15	89.59	61.57	5.59	9801	4312
罗江县	41.46	11.68	18.21	2.05	8.09	89.92	9.15	4.05	16818	3711
广汉市	152.55	21.59	79.45	34.94	45.66	102.44	56.00	20.52	25445	9341
什邡市	110.09	14.89	59.87	44.44	31.49	123.37	28.70	34.10	25366	6613
绵竹市	124.00	16.29	80.48	22.75	24.94	172.53	29.01	13.34	24125	5644

22-7 续表 1

县市区名称	国内生产总值	第一产业增加值	工业增加值	规模以上工业企业利税总额	第三产业增加值	全社会固定资产投资	社会消费品零售总额	财政收入	人均国内生产总值	人均社会消费品零售总额
	亿元	亿元	亿元	亿元	亿元	亿元	亿元	亿元	元/人	元/人
绵阳市涪城区	307.66	13.21	163.46	57.64	114.42	195.70	99.33	45.10	45967	14841
绵阳市游仙区	79.81	16.48	29.57	8.55	27.33	91.47	33.85	2.54	14657	6218
三台县	112.94	40.21	25.09	6.32	38.34	75.63	66.10	4.84	7653	4479
盐亭县	49.26	22.16	8.16	4.31	13.82	43.72	29.83	1.38	8074	4890
安县	46.78	16.28	14.03	3.65	12.97	95.34	22.82	3.68	9814	4786
梓潼县	38.32	14.71	10.93	2.75	11.05	48.19	27.28	1.88	10003	7120
北川县	18.78	5.64	3.68	1.70	6.57	95.14	7.59	2.37	9582	3873
平武县	15.43	4.42	3.45	1.73	4.46	46.69	4.73	1.51	8273	2538
江油市	152.27	23.60	60.58	12.81	59.00	110.26	60.89	11.39	17210	6882
利州区	89.91	6.87	34.77	11.83	41.49	82.48	51.53	2.28	18807	10778
广元市元坝区	18.37	7.47	4.05	1.03	5.88	21.40	6.32	0.53	7631	2625
广元市朝天区	13.68	5.13	2.48	0.41	5.16	26.59	4.64	0.74	6496	2201
旺苍县	40.28	11.08	14.85	1.65	12.83	48.74	15.31	2.45	8708	3311
青川县	13.56	4.58	2.42	0.27	5.54	79.72	6.28	1.08	5518	2555
剑阁县	42.92	17.02	7.84	0.55	15.73	57.56	16.71	4.56	6259	2437
苍溪县	52.61	20.26	8.34	0.62	17.73	68.73	19.05	3.51	6649	2408
遂宁市船山区	97.66	12.25	40.98	21.74	34.38	147.45	51.60	12.37	14216	7510
遂宁市安居区	52.15	26.84	7.71	1.18	13.26	43.69	16.72	1.79	6396	2050
蓬溪县	54.98	20.70	12.33	1.05	15.23	49.59	26.82	2.20	7174	3499
射洪县	141.38	26.84	72.83	16.55	35.08	82.54	51.34	9.90	13809	5014
大英县	60.51	14.32	28.61	15.67	13.56	76.43	22.87	3.47	10668	4033
内江市中区	103.68	8.00	60.64	22.46	28.37	58.46	48.52	2.71	19288	9026
内江市东兴区	102.92	23.13	42.74	15.82	29.34	61.63	24.01	3.02	11730	2737
威远县	139.41	19.50	90.75	19.78	26.50	54.57	30.59	13.47	18681	4100
资中县	112.32	32.11	44.78	35.25	31.56	51.71	34.54	6.41	8551	2630
隆昌县	102.64	15.68	52.48	18.93	27.49	42.74	32.60	6.41	13182	4187
乐山市中区	131.68	12.05	54.00	12.45	57.49	90.50	53.63	18.57	22665	9230
乐山市沙湾区	77.97	5.87	58.38	38.14	9.97	56.54	16.68	9.60	39996	8555
乐山市五通桥区	71.53	7.95	49.14	19.10	12.86	52.36	31.95	6.19	22187	9909
乐山市金口河区	15.92	0.93	12.11	7.86	2.43	7.70	2.19	1.67	29928	4120
犍为县	61.82	14.27	30.61	13.03	15.53	29.38	32.24	5.05	10884	5676
井研县	39.33	12.72	16.32	5.35	9.44	14.01	16.80	1.73	9445	4035
夹江县	59.91	11.96	29.24	7.25	17.00	35.00	19.55	5.16	17024	5556
沐川县	27.55	7.32	12.36	2.69	6.86	18.66	10.76	2.15	10627	4151
峨边县	18.77	2.86	10.52	2.75	4.95	16.22	7.35	3.91	12679	4966

22-7 续表 2

县市区名称	国内生产总值	第一产业增加值	工业增加值	规模以上工业企业利税总额	第三产业增加值	全社会固定资产投资	社会消费品零售总额	财政收入	人均国内生产总值	人均社会消费品零售总额
	亿元	亿元	亿元	亿元	亿元	亿元	亿元	亿元	元/人	元/人
马边县	15.50	4.56	4.96	1.65	4.83	19.59	3.68	1.49	7640	1814
峨眉山市	99.02	10.90	52.81	14.61	32.43	58.13	38.16	13.02	22729	8759
南充市顺庆区	133.94	11.68	56.99	41.75	57.37	78.86	78.16	14.29	20921	12207
南充市高坪区	56.53	11.44	27.90	12.46	13.00	43.04	31.06	6.94	9586	5266
南充市嘉陵区	56.20	13.47	24.64	38.39	13.49	45.75	16.12	4.94	8037	2306
南部县	122.33	33.87	48.29	21.76	28.32	76.18	37.15	5.34	9435	2865
营山县	64.49	21.77	20.66	8.32	17.23	28.84	31.72	2.16	6866	3377
蓬安县	61.30	16.77	24.03	11.65	15.61	52.13	19.43	3.39	8612	2729
仪陇县	67.06	26.17	13.17	5.20	18.08	84.24	23.11	4.20	6073	2093
西充县	43.92	15.42	10.59	4.19	13.65	23.59	22.30	1.92	6719	3412
阆中市	80.50	22.65	26.32	11.09	23.17	70.13	32.52	5.44	9145	3694
眉山市东坡区	152.56	25.71	67.72	14.80	46.81	128.45	52.09	7.72	17903	6113
仁寿县	153.89	42.79	53.35	13.16	41.73	93.33	53.69	14.77	9733	3396
彭山县	58.20	8.31	29.31	13.90	16.56	68.30	16.98	8.78	17426	5083
洪雅县	48.24	9.45	24.89	4.59	11.90	37.09	13.47	10.77	13988	3905
丹棱县	22.69	6.01	8.51	1.39	5.97	21.12	7.44	1.24	13821	4532
青神县	29.80	5.28	14.87	2.64	8.19	22.56	9.05	1.49	15129	4593
宜宾市翠屏区	283.98	13.55	181.77	79.25	75.38	70.15	90.23	74.42	35575	11304
宜宾县	90.50	24.66	31.33	15.32	26.81	96.18	30.59	7.81	8944	3023
南溪县	45.14	12.02	17.14	8.74	13.24	33.72	21.27	4.06	10777	5078
江安县	49.30	12.72	20.13	9.14	13.99	44.04	22.64	3.33	9025	4145
长宁县	51.00	13.00	19.71	5.25	15.42	36.18	24.52	2.54	11515	5536
高县	49.84	11.91	23.54	11.22	11.81	36.37	16.03	4.35	9560	3075
珙县	48.90	8.60	26.56	11.63	11.88	38.29	17.65	5.36	11663	4210
筠连县	49.25	9.37	28.44	11.43	10.26	17.21	11.11	4.49	12014	2709
兴文县	36.21	9.98	12.31	3.02	12.16	21.55	14.45	2.85	7928	3165
屏山县	17.43	7.55	3.82	1.59	5.33	13.91	5.80	1.76	5750	1914
广安市广安区	131.25	23.77	44.49	10.06	47.15	103.55	49.95	16.45	10428	3968
岳池县	85.01	24.28	21.70	6.39	29.11	47.16	42.71	3.79	7125	3580
武胜县	84.80	22.83	28.53	14.52	25.97	44.35	28.93	4.40	10001	3412
邻水县	88.56	23.27	25.94	6.52	30.20	59.26	35.32	4.25	8641	3447
华蓥市	60.72	7.19	30.37	6.06	16.46	44.92	18.76	9.97	16968	5243
达州市通川区	102.36	8.17	52.02	13.63	35.54	70.02	54.99	5.50	24459	13140
达县	129.77	35.25	55.97	10.43	32.30	102.05	41.16	7.99	9693	3075
宣汉县	102.98	33.27	30.70	3.95	31.04	120.07	38.42	9.37	8078	3014

22-7 续表 3

县市区名称	国内生产总值	第一产业增加值	工业增加值	规模以上工业企业利税总额	第三产业增加值	全社会固定资产投资	社会消费品零售总额	财政收入	人均国内生产总值	人均社会消费品零售总额
	亿元	亿元	亿元	亿元	亿元	亿元	亿元	亿元	元/人	元/人
开江县	52.47	18.64	15.81	2.07	14.67	38.08	20.45	3.40	8889	3463
大竹县	131.19	33.20	55.39	11.92	35.32	83.05	37.74	7.00	11814	3399
渠县	108.68	32.88	3.15	4.77	4.65	80.03	43.23	4.66	7425	2953
万源市	54.91	16.63	21.48	3.43	14.92	52.03	18.41	3.86	9120	3059
雅安市雨城区	68.72	9.27	27.30	9.36	28.34	58.12	28.19	9.54	19525	8010
名山县	28.92	10.27	9.27	2.12	7.74	26.40	9.93	1.15	10613	3645
荥经县	29.45	4.16	14.91	3.12	7.83	21.96	8.43	2.62	19555	5595
汉源县	27.73	8.24	3.99	1.35	8.69	108.04	11.67	2.42	8605	3623
石棉县	33.13	3.48	22.24	10.36	5.68	62.25	6.93	4.89	27277	5702
天全县	24.63	4.35	12.64	3.33	6.01	23.88	8.00	2.33	16153	5245
芦山县	14.98	3.19	7.36	1.01	3.47	15.18	4.75	0.59	12564	3981
宝兴县	12.17	2.22	6.09	1.40	2.27	19.03	3.22	0.94	20893	5522
巴中市巴州区	90.13	25.15	11.87	0.95	41.03	58.90	37.43	19.59	6481	2691
通江县	46.79	16.41	8.06	0.23	17.79	38.38	18.80	16.66	5820	2338
南江县	45.85	14.86	11.48	3.06	15.16	47.02	17.88	23.93	6548	2554
平昌县	55.55	19.35	12.42	2.57	18.94	41.93	20.87	16.90	5238	1968
资阳市雁江区	173.06	27.93	96.09	39.12	39.92	89.36	44.39	6.18	15991	4101
安岳县	123.50	43.71	35.34	14.20	33.10	56.94	47.25	7.20	7779	2976
乐至县	74.94	22.00	29.05	11.09	20.22	38.70	30.36	4.50	8624	3494
简阳市	167.02	35.87	81.53	24.02	44.20	100.64	48.65	19.32	11487	3346
汶川县	23.64	1.41	11.65	2.11	7.00	86.44	3.09	1.60	22840	2982
理县	7.38	0.92	2.89	0.89	1.95	42.18	0.78	0.55	16091	1692
茂县	12.14	2.27	4.87	2.71	3.08	68.11	2.02	1.28	11124	1856
松潘县	7.12	1.74	0.39	-0.01	3.77	27.91	1.39	0.53	9659	1882
九寨沟县	11.21	1.13	3.27	2.18	5.77	24.15	4.35	1.35	17158	6661
金川县	4.40	1.45	0.24	-0.09	1.98	11.54	1.19	0.20	6031	1631
小金县	5.73	1.49	0.51	0.04	2.55	23.36	1.41	0.33	7093	1750
黑水县	7.26	1.17	2.34	1.27	1.78	33.83	0.80	0.49	12097	1336
马尔康县	10.16	1.36	0.63	0.14	7.34	12.07	3.42	0.49	18507	6224
壤塘县	3.46	1.62	0.04	0.00	1.49	2.94	0.77	0.07	9657	2152
阿坝县	4.43	2.07	0.12	0.00	1.93	4.47	1.51	0.13	6451	2199
若尔盖县	7.31	4.21	0.26	0.03	2.45	7.01	1.16	0.20	9873	1561
红原县	4.72	2.12	0.47	-0.03	1.76	7.31	1.13	0.11	11143	2676
康定县	27.07	2.57	7.33	4.01	12.55	44.21	5.63	4.94	24314	5057
泸定县	7.92	1.68	1.84	0.81	3.62	15.86	1.69	2.33	9409	2008

22-7 续表 4

县市区名称	国内生产总值	第一产业增加值	工业增加值	规模以上工业企业利税总额	第三产业增加值	全社会固定资产投资	社会消费品零售总额	财政收入	人均国内生产总值	人均社会消费品零售总额
	亿元	亿元	亿元	亿元	亿元	亿元	亿元	亿元	元/人	元/人
丹巴县	5.63	1.46	1.21	-0.03	2.14	12.42	1.48	0.82	9410	2470
九龙县	13.53	1.30	8.32	5.19	2.44	21.21	0.78	3.26	21932	1269
雅江县	3.89	1.29	0.05	0.00	1.54	17.05	0.78	0.47	8418	1681
道孚县	3.43	1.01	0.38	0.20	1.86	2.02	0.78	0.33	6322	1428
炉霍县	2.66	1.09	0.12	0.00	1.30	1.72	0.81	0.12	6020	1844
甘孜县	3.86	1.85	0.07	0.00	1.75	1.46	1.93	0.14	6349	3179
新龙县	3.36	1.51	0.07	0.00	1.58	1.39	0.42	0.08	7316	921
德格县	3.19	1.35	0.04	0.00	1.45	1.89	0.64	0.11	4066	821
白玉县	5.25	1.44	2.41	1.85	1.16	2.28	0.79	0.78	10740	1611
石渠县	3.48	1.80	0.03	0.00	1.49	2.11	0.91	0.08	5053	1317
色达县	2.65	1.21	0.03	0.00	1.24	1.80	0.59	0.07	5665	1251
理塘县	4.51	1.85	0.13	0.01	2.06	2.80	1.78	0.21	7518	2968
巴塘县	4.54	1.10	0.47	-0.07	1.64	2.02	1.50	0.38	9092	2997
乡城县	3.64	0.93	0.34	0.08	1.54	11.98	0.69	0.40	12414	2358
稻城县	2.61	0.93	0.06	0.00	1.28	3.62	0.65	0.23	8387	2093
得荣县	2.51	0.79	0.08	0.00	1.10	3.20	0.38	0.19	9845	1474
西昌市	181.72	24.82	59.36	19.47	85.64	132.88	87.31	15.10	29743	14291
木里县	12.03	2.97	1.77	0.93	4.54	28.31	2.92	1.46	9061	2199
盐源县	38.62	10.15	14.92	3.95	9.05	22.72	6.88	4.94	10569	1883
德昌县	30.42	9.43	7.93	3.68	10.19	18.24	10.19	2.86	15130	5067
会理县	102.81	23.82	45.63	15.79	27.62	63.12	20.80	10.79	22406	4533
会东县	68.01	22.94	27.88	10.93	14.19	28.19	17.49	6.28	17143	4408
宁南县	21.19	8.04	4.03	1.29	7.36	16.11	7.20	1.89	11539	3920
普格县	12.24	4.68	2.01	0.54	4.39	8.80	3.92	1.07	7603	2435
布拖县	11.63	4.08	3.24	1.82	3.33	5.15	2.01	0.62	7048	1217
金阳县	13.42	4.38	4.28	0.91	3.80	6.07	3.01	0.81	8034	1801
昭觉县	12.36	5.46	1.27	0.37	4.61	8.52	2.77	0.57	4564	1021
喜德县	11.43	3.89	3.03	0.69	3.89	5.03	2.94	1.15	5687	1462
冕宁县	41.00	11.30	9.36	5.28	13.32	23.07	16.27	3.53	11297	4483
越西县	19.59	6.83	5.12	3.72	6.42	8.06	7.10	1.42	6275	2275
甘洛县	17.69	3.60	7.20	2.67	5.31	16.17	3.89	2.46	8626	1898
美姑县	11.04	4.68	1.64	0.85	3.78	6.60	2.41	0.64	4851	1058
雷波县	22.11	6.38	4.20	2.33	6.13	45.46	4.31	1.42	8916	1737

22-7 续表 5

县市区名称	人均财政收入	城镇居民可支配收入	农民人均纯收入	城乡居民人均储蓄余额	第二产业占国内生产总值的比重	第三产业占国内生产总值的比重	财政收入占国内生产总值的比重	国内生产总值发展速度	第一产业增加值发展速度	工业增加值发展速度
	元	元	元	元	%	%	%	%	%	%
成都市龙泉驿区	12016	15857	7901	27441	63.4	27.7	26.1	118	103.8	123.8
成都市青白江区	7212	17896	6767	17773	72.7	21.0	18.0	117.1	103.9	120.6
金堂县	1816	13635	5800	7411	35.9	37.0	14.4	113.1	104.5	120.9
双流县	11648	18977	7718	32961	49.4	43.3	28.0	116	103.9	121.2
成都市温江区	11743	19340	8264	33973	60.2	32.7	24.2	116.1	103.8	121.3
郫县	8234	16955	7944	28726	67.7	25.6	18.2	118.6	103.9	124.5
成都市新都区	8829	18250	7699	26069	63.8	29.3	22.7	116.1	103.8	120.4
大邑县	2912	13039	6538	14355	39.2	38.2	19.3	113	104.4	118.3
蒲江县	2442	11897	6298	11930	42.5	31.4	13.5	112.8	104.6	118.0
新津县	11522	14616	6962	20370	54.4	35.0	35.2	116.1	104.6	121.5
都江堰市	6069	11818	5832	26078	33.9	52.6	31.7	125.1	105.8	122.6
彭州市	2629	10326	5602	14492	47.4	31.0	16.8	114.8	104.3	118.8
邛崃市	2047	13000	6110	11675	39.5	36.4	15.5	112.8	104.4	118.4
崇州市	3275	13121	6412	16876	40.0	36.5	23.6	113	104.5	117.9
自贡市贡井区	466	12870	5154	9089	56.1	25.5	2.6	116.2	103.4	124.0
自贡市大安区	487	13256	5124	9089	67.8	22.6	2.4	115.5	103.0	119.7
自贡市沿滩区	313	11850	5031	9089	57.0	23.5	2.5	116.7	103.2	126.3
荣县	858	11617	4961	9468	43.0	28.3	6.9	114.2	103.4	126.2
富顺县	429	12093	4937	8410	44.8	31.1	4.5	115	103.5	125.7
攀枝花市仁和区	5263	13091	5941	14799	70.4	21.9	15.6	116.2	104.7	120.0
米易县	3513	12889	5592	9936	50.0	32.0	17.5	113.4	103.7	120.8
盐边县	3634	12831	4974	9420	69.2	19.4	14.7	102.2	104.7	99.4
泸州市江阳区	4766	14935	5735	20735	56.8	36.4	18.1	115.7	103.7	121.7
泸州市纳溪区	869	14369	5101	9205	55.8	25.1	7.0	111.1	103.7	112.5
泸州市龙马潭区	1610	15329	6115	16459	63.8	28.6	7.2	118	103.6	123.4
泸县	689	14185	5245	7986	48.3	26.5	6.7	116.9	103.9	131.0
合江县	472	12330	4788	7604	37.2	36.4	5.7	111.5	103.7	114.5
叙永县	569	11009	3420	3987	36.3	35.0	8.9	114.1	103.9	128.2
古蔺县	1192	11457	3412	2571	50.6	27.8	17.8	117	103.9	129.5
德阳市旌阳区	2625	16349	6392	28920	59.8	30.6	7.9	113.3	103.8	114.8
中江县	392	12777	4938	6680	36.5	29.4	4.0	113.3	103.1	120.7
罗江县	1641	12231	5097	10268	52.3	19.5	9.8	114.4	101.9	121.8
广汉市	3423	13810	6040	19674	55.9	29.9	13.5	114.6	105.8	118.9
什邡市	7857	14423	6300	19121	57.9	28.6	31.0	119	121.7	120.9
绵竹市	2596	13701	6212	16017	66.8	20.1	10.8	118.3	109.1	121.2

22-7 续表 6

县市区名称	人均财政收入	城镇居民可支配收入	农民人均纯收入	城乡居民人均储蓄余额	第二产业占国内生产总值的比重	第三产业占国内生产总值的比重	财政收入占国内生产总值的比重	国内生产总值发展速度	第一产业增加值发展速度	工业增加值发展速度
	元	元	元	元	%	%	%	%	%	%
绵阳市涪城区	6739	15406	6695	42347	58.5	37.2	14.7	113.9	102.9	115.1
绵阳市游仙区	467	17177	5665	8474	45.1	34.2	3.2	114.8	102.8	124.7
三台县	328	12400	5138	6246	30.4	33.9	4.3	113.7	104.2	123.6
盐亭县	226	12310	4801	6998	27.0	28.1	2.8	112.5	104.1	120.2
安县	772	12058	5354	9142	37.5	27.7	7.9	114.6	105.3	123.4
梓潼县	492	11920	4993	7437	32.8	28.8	4.9	113.7	104.3	128.0
北川县	1209	10563	3450	16322	34.9	35.0	12.6	117.1	107.6	129.6
平武县	812	11516	3569	9186	42.4	28.9	9.8	115.2	112.3	120.7
江油市	1287	12608	5260	13738	45.8	38.7	7.5	116.2	105.0	122.9
利州区	478	11128	4121	22156	46.2	46.1	2.5	116.3	103.8	123.9
广元市元坝区	219	10588	3154	4659	27.3	32.0	2.9	114.1	104.2	131.9
广元市朝天区	349	10917	3273	3863	24.8	37.7	5.4	114.2	105.1	130.8
旺苍县	530	11567	3457	7611	40.6	31.9	6.1	116.4	103.7	129.1
青川县	439	10217	3364	8857	25.4	40.8	8.0	115.8	108.3	132.9
剑阁县	665	10763	3408	5852	23.7	36.6	10.6	113.6	104.1	130.1
苍溪县	443	11274	3456	7294	27.8	33.7	6.7	113.9	104.0	127.8
遂宁市船山区	1801	13426	4970	14998	52.3	35.2	12.7	115	104.0	124.8
遂宁市安居区	220	10676	4537	5324	23.1	25.4	3.4	113.8	104.2	136.1
蓬溪县	287	10951	3935	6521	34.7	27.7	4.0	113.8	103.9	127.0
射洪县	967	11502	5121	8248	56.2	24.8	7.0	114.5	103.5	121.7
大英县	611	11168	4801	6607	53.9	22.4	5.7	116.9	103.7	129.6
内江市中区	504	12983	5043	19064	64.9	27.4	2.6	115.5	104.0	120.5
内江市东兴区	344	12670	4753	4759	49.0	28.5	2.9	115.3	104.2	126.8
威远县	1805	12596	4891	9063	67.0	19.0	9.7	115.6	104.1	119.9
资中县	488	12725	4623	6900	43.3	28.1	5.7	115.1	104.1	127.3
隆昌县	823	12506	4776	9397	57.9	26.8	6.2	115.7	104.5	122.7
乐山市中区	3196	14587	5608	23338	47.2	43.7	14.1	115.6	104.7	122.3
乐山市沙湾区	4926	13965	5285	18756	79.7	12.8	12.3	117.2	103.5	120.0
乐山市五通桥区	1921	14073	5205	7772	70.9	18.0	8.7	116.2	103.3	119.5
乐山市金口河区	3131	12958	3692	3702	79.0	15.2	10.5	115.9	103.9	117.8
犍为县	889	12894	4924	7327	51.8	25.1	8.2	114.2	103.5	120.2
井研县	415	10640	4881	8404	43.7	24.0	4.4	114.1	103.1	123.8
夹江县	1466	13967	5523	14427	51.7	28.4	8.6	115.3	104.0	121.8
沐川县	831	9747	3885	5267	48.5	24.9	7.8	114.1	104.3	121.0
峨边县	2640	12477	2517	8427	58.4	26.4	20.8	111.5	102.0	114.9

22-7 续表 7

县市区名称	人均财政收入	城镇居民可支配收入	农民人均纯收入	城乡居民人均储蓄余额	第二产业占国内生产总值的比重	第三产业占国内生产总值的比重	财政收入占国内生产总值的比重	国内生产总值发展速度	第一产业增加值发展速度	工业增加值发展速度
	元	元	元	元	%	%	%	%	%	%
马边县	734	12444	2774	4263	39.4	31.2	9.6	110	103.0	117.4
峨眉山市	2989	14035	5971	17407	56.2	32.7	13.2	115.3	102.3	119.9
南充市顺庆区	2232	13853	5170	30851	48.4	42.8	10.7	115.1	106.7	123.5
南充市高坪区	1177	10033	3875	5377	56.8	23.0	12.3	115	103.6	122.2
南充市嘉陵区	706	9377	3801	4801	52.0	24.0	8.8	114.9	103.6	123.5
南部县	412	12523	4283	6521	49.2	23.1	4.4	114.5	101.5	123.2
营山县	230	8950	4237	7509	39.5	26.7	3.4	114.6	106.2	127.7
蓬安县	476	8800	4600	7210	47.2	25.5	5.5	115.5	102.7	129.6
仪陇县	380	11300	3905	5521	34.0	27.0	6.3	117.6	105.0	131.0
西充县	293	9058	3792	6505	33.8	31.1	4.4	114.3	103.5	126.0
阆中市	618	12160	4382	8538	43.1	28.8	6.8	114.8	105.8	124.0
眉山市东坡区	906	13942	5602	14226	52.5	30.7	5.1	114.3	104.5	117.6
仁寿县	934	12718	4857	8044	45.1	27.1	9.6	114.9	104.5	121.9
彭山县	2628	12780	5484	12629	57.3	28.5	15.1	115.1	104.6	121.3
洪雅县	3123	12555	5099	10560	55.8	24.7	22.3	114.5	104.4	120.3
丹棱县	757	11626	5182	9858	47.2	26.3	5.5	114.1	104.2	123.2
青神县	757	11548	5073	11123	54.8	27.5	5.0	114.5	104.3	120.6
宜宾市翠屏区	9323	15241	5512	17931	68.7	26.5	26.2	112.1	104.2	112.6
宜宾县	771	12784	5000	5646	43.1	29.6	8.6	114.9	103.8	130.6
南溪县	970	12793	4966	6604	44.0	29.3	9.0	117.9	104.5	135.2
江安县	610	13074	4785	5298	45.8	28.4	6.8	119.1	105.1	139.6
长宁县	573	12815	5235	5933	44.3	30.2	5.0	116.8	104.2	129.7
高县	833	13016	4960	4987	52.4	23.7	8.7	116.7	104.0	128.8
珙县	1279	12342	4828	6673	58.1	24.3	11.0	120.5	105.5	132.3
筠连县	1096	12884	4757	3626	60.1	20.8	9.1	120.1	104.6	133.0
兴文县	625	11578	4402	3696	38.9	33.6	7.9	115.9	104.0	134.1
屏山县	580	8374	3578	5313	26.2	30.6	10.1	115.8	105.8	133.7
广安市广安区	1307	13919	4435	11290	46.0	35.9	12.5	114.8	104.6	123.8
岳池县	318	12444	4688	7987	37.2	34.2	4.5	114.6	104.6	127.3
武胜县	519	12711	4803	8661	42.4	30.6	5.2	114.6	104.4	124.8
邻水县	414	12607	4562	6537	39.6	34.1	4.8	114.8	104.4	128.1
华蓥市	2787	12694	5274	13016	61.0	27.1	16.4	115	104.4	119.4
达州市通川区	1313	12366	5767	36072	57.3	34.7	5.4	113.7	101.6	118.7
达县	597	11932	4933	5237	48.0	24.9	6.2	114.4	102.8	124.8
宣汉县	735	9146	3008	6023	37.5	30.1	9.1	113.8	103.1	126.6

22-7 续表 8

县市区名称	人均财政收入	城镇居民可支配收入	农民人均纯收入	城乡居民人均储蓄余额	第二产业占国内生产总值的比重	第三产业占国内生产总值的比重	财政收入占国内生产总值的比重	国内生产总值发展速度	第一产业增加值发展速度	工业增加值发展速度
	元	元	元	元	%	%	%	%	%	%
开江县	577	10278	4579	7474	36.5	28.0	6.5	113.6	103.4	124.6
大竹县	630	11237	5100	8574	47.8	26.9	5.3	114.7	103.8	123.1
渠县	318	10929	4615	7210	29.3	4.3	4.3	114.2	103.7	124.9
万源市	642	10195	3098	5684	42.5	27.2	7.0	113.6	103.2	122.6
雅安市雨城区	2711	14504	5109	17868	45.3	41.2	13.9	114	104.3	118.4
名山县	422	13274	5322	6989	37.7	26.8	4.0	114.7	105.5	126.8
荥经县	1737	12827	4859	13658	59.3	26.6	8.9	118.7	104.1	129.4
汉源县	752	13476	3996	10683	38.9	31.4	8.7	111.8	98.9	120.8
石棉县	4026	12379	4397	14476	72.4	17.1	14.8	119.1	103.5	125.2
天全县	1526	11584	4480	9585	58.0	24.4	9.4	114	104.3	118.2
芦山县	492	11547	4224	9176	55.6	23.1	3.9	114.9	103.0	125.0
宝兴县	1611	12278	4726	12132	63.1	18.7	7.7	112.1	103.5	118.7
巴中市巴州区	1408	11862	3461	6082	26.6	45.5	21.7	132.3	105.5	159.7
通江县	2073	9363	3079	4001	26.9	38.0	35.6	114.2	104.8	138.0
南江县	3417	11558	3383	5830	34.5	33.1	52.2	114.5	104.4	128.6
平昌县	1593	9532	3279	3934	31.1	34.1	30.4	114.3	104.9	131.2
资阳市雁江区	571	13432	5004	9399	60.8	23.1	3.6	115.4	102.6	121.1
安岳县	453	12753	4689	6501	37.8	26.8	5.8	114	103.6	128.9
乐至县	518	12546	4483	7139	43.7	27.0	6.0	114.7	102.1	129.7
简阳市	1329	14533	5000	8600	52.1	26.5	11.6	115.4	102.1	121.9
汶川县	1543	12780	3335	16415	64.4	29.6	6.8	161.4	110.4	192.3
理县	1198	13285	2875	12147	61.1	26.5	7.4	178.1	108.4	327.5
茂县	1172	14367	3018	11136	55.9	25.4	10.5	161.9	107.7	274.3
松潘县	720	15059	3205	7516	22.7	52.9	7.5	126.6	101.7	128.8
九寨沟县	2070	13782	3082	12520	38.4	51.4	12.1	125.8	103.0	138.4
金川县	274	13480	2990	6017	22.2	44.9	4.5	110.9	102.3	121.4
小金县	408	12828	2790	7763	29.6	44.5	5.8	119.6	108.5	136.2
黑水县	818	14116	2505	9242	59.3	24.6	6.8	157.8	105.0	761.7
马尔康县	889	16078	3731	18733	14.4	72.3	4.8	113.8	102.5	120.2
壤塘县	191	14809	2398	4308	10.4	42.9	2.0	106.8	102.7	114.3
阿坝县	196	14310	3267	4841	9.7	43.5	3.0	113.6	103.7	103.2
若尔盖县	269	14292	3161	4349	8.9	33.5	2.7	113.3	112.1	116.0
红原县	264	14525	3705	4573	17.6	37.3	2.4	116	107.8	136.4
康定县	4433	14897	2761	16366	44.1	46.4	18.2	105	103.3	102.3
泸定县	2764	10913	2262	11885	33.1	45.7	29.4	112.6	103.0	131.6

22-7 续表 9

县市区名称	人均财政收入	城镇居民可支配收入	农民人均纯收入	城乡居民人均储蓄余额	第二产业占国内生产总值的比重	第三产业占国内生产总值的比重	财政收入占国内生产总值的比重	国内生产总值发展速度	第一产业增加值发展速度	工业增加值发展速度
	元	元	元	元	%	%	%	%	%	%
丹巴县	1366	13527	2604	6609	35.9	38.1	14.5	113.9	103.1	150.0
九龙县	5279	13931	3167	4643	72.3	18.0	24.1	108.8	108.0	106.3
雅江县	1025	13691	2111	4364	26.9	39.7	12.2	117.9	103.4	138.8
道孚县	605	11364	2074	2748	16.3	54.2	9.6	107.6	104.5	148.1
炉霍县	273	10751	2041	3645	10.1	48.9	4.5	107.1	102.5	110.5
甘孜县	237	14174	2047	4299	6.6	45.4	3.7	103	104.0	104.6
新龙县	182	10678	2029	2091	7.9	47.2	2.5	108.1	104.5	111.1
德格县	139	10770	1995	1527	12.3	45.3	3.4	108.7	105.2	107.1
白玉县	1594	11881	2071	2639	50.5	22.1	14.8	119.3	100.5	138.6
石渠县	121	14926	1995	1392	5.4	42.9	2.4	104.9	105.0	109.9
色达县	159	14964	1952	5841	7.9	46.7	2.8	107.9	103.5	101.9
理塘县	342	15222	2037	3819	13.4	45.7	4.5	109.0	106.8	120.4
巴塘县	761	11803	2066	4488	39.7	36.1	8.4	105.7	105.0	85.9
乡城县	1370	11507	2110	4371	32.2	42.2	11.0	115.7	106.4	165.6
稻城县	737	13784	2266	3642	15.2	49.2	8.8	110.3	103.6	117.4
得荣县	742	13180	2042	4611	24.7	44.0	7.5	111.5	105.4	119.0
西昌市	2472	15802	5288	21578	39.2	47.1	8.3	117.0	105.2	128.0
木里县	1101	12682	2588	4621	37.6	37.8	12.1	111.3	104.6	112.7
盐源县	1351	12950	3523	2716	50.3	23.4	12.8	118.6	105.0	136.2
德昌县	1421	13333	5426	7435	35.5	33.5	9.4	113.8	104.8	127.9
会理县	2352	12986	5486	7292	50.0	26.9	10.5	121.0	105.1	132.0
会东县	1584	12499	5213	3842	45.4	20.9	9.2	118.4	104.9	133.2
宁南县	1032	12359	4800	3862	27.3	34.7	8.9	116.0	104.9	132.8
普格县	667	13152	3313	2625	25.9	35.8	8.8	111.8	104.8	129.7
布拖县	379	12866	2621	2266	36.3	28.6	5.4	106.5	104.0	131.1
金阳县	487	12926	2752	1298	39.1	28.3	6.1	113.2	104.4	131.2
昭觉县	211	11754	2639	1941	18.6	37.2	4.6	110.6	104.4	128.0
喜德县	571	11230	2782	2362	31.9	34.1	10.0	110.0	104.7	115.2
冕宁县	972	12511	4536	5184	40.0	32.5	8.6	113.2	105.0	124.0
越西县	456	12017	2868	2944	32.3	32.8	7.3	113.0	104.7	134.1
甘洛县	1200	12350	2453	3817	49.6	30.0	13.9	101.6	104.4	100.2
美姑县	280	12463	2538	1390	23.4	34.2	5.8	107.4	104.0	119.1
雷波县	574	11963	2866	3140	43.4	27.7	6.4	113.6	104.5	138.9

22-7 续表 10

县市区名称	第三产业增加值发展速度	国内生产总值与人口增长速度比	社会消费品零售总额发展速度	财政收入发展速度	城乡居民储蓄余额发展速度	城镇居民可支配收入发展速度	农民人均纯收入发展速度	社会劳动生产率	第一产业每一从业人员创造的增加值	工业企业百元产值提供利税
	%	%	%	%	%	%	%	元/人	元/人	元
成都市龙泉驿区	112.1	116.4	116.5	126.9	122.8	116.4	108.9	74063	28412	26.3
成都市青白江区	112.2	116.3	116.5	134.9	120.4	112.3	108.5	66795	15029	2.8
金堂县	112.6	111.9	115.7	109.7	122.8	114.5	107.2	22929	14298	5.2
双流县	114.1	114.4	117.9	112.5	128.3	112.8	106.9	74002	16631	8.0
成都市温江区	113.0	112.7	117.6	85.5	127.2	113.0	108.6	77095	28345	9.1
郫县	114.3	116.5	117.6	75.4	110.1	112.7	108.5	69043	16083	4.4
成都市新都区	113.0	114.7	115.1	117.2	123.7	113.1	108.7	59036	15939	5.2
大邑县	112.0	112.7	131.8	183.9	120.9	114.6	107.3	25316	18536	14.1
蒲江县	112.0	112.4	113.0	128.0	115.8	114.6	107.5	30445	19226	3.4
新津县	112.8	115.3	117.6	175.0	124.1	116.8	108.5	52442	18329	5.3
都江堰市	126.9	125.0	168.9	233.1	133.8	125.0	108.0	39687	26451	16.4
彭州市	113.3	114.2	123.6	174.3	126.6	114.6	107.2	24271	11308	11.8
邛崃市	111.3	112.0	115.6	136.1	119.8	130.0	107.4	22349	14592	6.7
崇州市	111.8	112.3	115.6	190.3	120.7	114.1	107.4	20705	12321	6.0
自贡市贡井区	111.5	115.4	118.4	70.6	26.4	112.0	107.9	38205	15068	11.7
自贡市大安区	111.5	113.9	119.4	48.1	26.4	112.0	107.8	44837	9388	8.7
自贡市沿滩区	111.5	115.7	118.1	83.2	26.4	112.0	108.1	27079	12552	5.7
荣县	112.1	113.7	118.6	138.1	110.2	112.4	108.4	25211	13549	3.6
富顺县	112.1	113.3	118.5	118.5	113.1	112.0	108.2	21399	8940	5.0
攀枝花市仁和区	109.3	113.6	119.9	83.6	122.2	112.1	107.5	59463	9724	4.6
米易县	111.1	112.2	118.5	114.5	116.8	115.3	108.0	32473	9360	3.8
盐边县	111.5	101.2	124.7	100.8	118.0	113.4	108.9	40960	8196	21.8
泸州市江阳区	110.5	115.2	118.7	125.0	113.3	112.4	106.7	55059	11222	28.8
泸州市纳溪区	112.5	110.5	118.5	111.7	113.0	111.6	106.6	20902	7285	14.9
泸州市龙马潭区	112.6	116.9	118.8	129.5	147.3	116.5	109.4	40601	6940	15.4
泸县	110.1	116.2	118.4	123.0	115.0	117.3	108.7	18634	8380	10.7
合江县	112.6	110.8	118.3	79.1	117.9	112.8	106.2	13948	6172	8.5
叙永县	111.2	112.0	118.6	133.0	117.8	111.6	107.5	13150	6660	9.0
古蔺县	110.1	116.0	118.6	149.3	120.2	117.9	111.8	15572	5840	24.3
德阳市旌阳区	112.2	112.5	117.0	162.7	125.8	114.2	108.1	64676	22038	10.0
中江县	113.5	113.0	119.2	128.0	116.5	114.4	108.8	15671	9661	8.3
罗江县	110.6	113.9	121.7	119.6	122.3	115.1	108.8	22709	10670	6.3
广汉市	110.5	113.9	119.8	137.0	123.2	115.2	108.4	43510	13881	11.6
什邡市	113.5	118.5	134.7	126.6	119.4	121.8	108.2	42588	13535	28.1
绵竹市	114.6	118.2	139.1	119.3	118.7	121.3	108.3	42869	12181	7.5

22-7 续表 11

县市区名称	第三产业增加值发展速度	国内生产总值与人口增长速度比	社会消费品零售总额发展速度	财政收入发展速度	城乡居民储蓄余额发展速度	城镇居民可支配收入发展速度	农民人均纯收入发展速度	社会劳动生产率	第一产业每一从业人员创造的增加值	工业企业百元产值提供利税
	%	%	%	%	%	%	%	元/人	元/人	元
绵阳市涪城区	112.0	112.6	126.3	118.9	125.0	117.2	108.1	75833	31986	9.3
绵阳市游仙区	111.5	112.9	124.7	138.0	115.3	111.4	107.8	26876	18332	7.9
三台县	112.6	113.3	126.2	146.2	115.1	116.6	108.7	11428	10690	10.3
盐亭县	112.8	112.0	155.6	120.9	110.1	116.7	109.1	16942	10884	19.2
安县	112.3	123.2	109.0	128.4	102.2	118.0	107.7	16432	13534	8.0
梓潼县	111.6	113.1	124.7	186.1	111.5	116.7	108.8	21719	18101	7.5
北川县	114.1	94.1	369.0	202.1	217.9	162.5	108.0	15473	9294	18.9
平武县	111.7	115.3	130.7	130.4	130.2	118.8	109.2	14912	5735	20.1
江油市	113.5	115.7	133.6	137.5	113.6	117.7	108.0	25370	13422	8.0
利州区	113.0	115.5	121.8	158.2	129.8	114.5	108.4	34123	5583	11.5
广元市元坝区	112.8	113.3	120.0	169.2	126.3	110.6	90.9	14691	10987	7.2
广元市朝天区	112.9	113.1	120.2	178.5	126.1	114.9	110.3	11439	6617	8.4
旺苍县	112.7	115.2	122.8	130.4	116.1	119.0	110.6	16619	11661	5.2
青川县	112.6	116.1	145.5	263.7	146.6	111.6	110.1	11070	5208	4.4
剑阁县	113.4	112.5	126.5	326.0	105.2	115.1	110.7	12671	7624	2.3
苍溪县	113.2	112.6	123.9	185.3	113.5	116.7	109.7	12557	7408	2.6
遂宁市船山区	111.0	113.9	117.2	142.3	116.8	116.7	108.3	28725	13531	11.9
遂宁市安居区	116.0	114.3	120.0	148.8	125.7	115.9	108.8	13915	16438	5.4
蓬溪县	111.6	113.3	120.1	109.7	112.2	116.8	108.6	15163	14138	2.8
射洪县	110.1	113.6	119.3	117.0	118.8	117.9	108.4	27570	15822	11.4
大英县	111.1	116.4	120.0	117.0	115.0	116.8	108.6	22718	11977	14.6
内江市中区	111.3	115.7	115.0	104.3	120.3	111.4	107.9	40657	9130	12.1
内江市东兴区	111.2	114.5	115.3	118.1	124.0	112.8	108.2	21188	11006	11.9
威远县	110.8	115.5	115.2	105.2	113.1	113.1	107.9	39243	14428	6.7
资中县	110.9	115.2	115.3	111.9	117.2	112.0	108.4	18238	11667	26.0
隆昌县	111.0	115.2	115.2	120.0	115.8	113.0	108.3	23452	6806	10.3
乐山市中区	112.7	114.9	119.2	125.4	118.7	114.7	108.0	32322	7625	8.9
乐山市沙湾区	112.1	118.0	118.0	114.6	201.3	113.9	108.1	55201	10825	22.5
乐山市五通桥区	112.2	117.2	117.9	96.4	83.0	113.8	108.0	38500	11061	11.5
乐山市金口河区	112.3	116.6	118.3	102.4	136.7	113.9	109.7	53881	5728	21.2
犍为县	112.4	114.6	118.2	112.5	115.1	113.8	108.5	17894	10686	14.3
井研县	112.5	113.7	118.5	121.9	114.3	113.8	108.6	15575	10931	9.5
夹江县	112.6	115.0	118.6	117.9	121.8	113.9	108.0	26394	11728	8.0
沐川县	112.3	113.8	118.1	104.5	117.2	113.8	109.0	17960	8030	8.9
峨边县	109.4	110.8	115.0	123.3	114.9	111.0	67.7	22507	6014	7.4

22-7 续表 12

县市区名称	第三产业增加值发展速度	国内生产总值与人口增长速度比	社会消费品零售总额发展速度	财政收入发展速度	城乡居民储蓄余额发展速度	城镇居民可支配收入发展速度	农民人均纯收入发展速度	社会劳动生产率	第一产业每一从业人员创造的增加值	工业企业百元产值提供利税
	%	%	%	%	%	%	%	元/人	元/人	元
马边县	109.0	108.6	117.7	107.4	109.5	113.3	104.6	15902	8330	16.8
峨眉山市	112.7	115.3	118.9	105.7	120.6	112.1	108.0	36858	9414	9.0
南充市顺庆区	110.2	114.7	115.9	114.5	108.8	113.8	110.8	42441	9873	17.3
南充市高坪区	110.4	114.5	115.5	268.5	125.0	124.7	108.5	21037	10952	11.2
南充市嘉陵区	110.2	114.1	115.2	161.5	132.6	113.7	107.0	17985	7346	22.9
南部县	110.8	113.3	115.1	142.9	114.1	113.5	107.2	17009	9643	15.7
营山县	108.7	113.8	114.8	117.7	113.4	113.8	107.5	14038	8247	13.6
蓬安县	110.9	114.6	114.7	136.6	113.0	115.4	109.7	23612	10169	13.0
仪陇县	111.0	116.6	114.9	209.3	111.5	113.1	108.2	12832	8705	11.8
西充县	111.3	113.3	114.6	146.9	115.7	114.5	108.4	12917	6014	10.5
阆中市	111.3	114.0	115.7	167.9	114.2	113.7	109.0	20516	13566	11.4
眉山市东坡区	112.9	113.4	118.6	126.2	115.4	114.3	107.5	31359	10528	7.9
仁寿县	112.2	114.4	118.9	231.2	124.1	114.5	108.4	21069	9314	10.0
彭山县	112.7	114.3	118.7	179.6	122.4	113.6	107.6	30645	9203	15.1
洪雅县	112.4	114.1	118.6	142.7	118.4	113.3	108.0	24134	8071	10.6
丹棱县	112.3	113.7	118.5	108.6	120.8	113.4	108.0	25124	14520	5.5
青神县	112.2	114.5	118.4	104.7	121.1	113.0	108.1	22579	7598	6.1
宜宾市翠屏区	112.8	111.4	118.8	116.4	122.0	113.8	107.1	56474	7344	18.2
宜宾县	111.1	114.1	118.8	134.5	105.1	113.7	107.8	14511	8235	19.9
南溪县	111.3	116.9	118.8	117.1	117.2	113.5	107.8	18002	8597	17.0
江安县	110.2	118.5	118.8	97.9	115.4	114.7	108.1	15612	7177	13.5
长宁县	112.1	116.0	118.8	123.0	118.6	114.5	107.4	20118	9852	8.7
高县	110.3	115.8	118.8	124.1	117.6	113.8	107.8	15773	7260	17.8
珙县	110.7	120.2	118.7	118.6	113.3	115.6	108.0	16539	7085	18.6
筠连县	111.1	118.5	118.8	140.3	118.4	115.1	108.2	23122	7184	23.2
兴文县	111.2	114.3	118.8	122.7	111.0	114.7	108.2	12282	6057	17.0
屏山县	112.1	114.8	117.8	137.1	127.8	126.7	112.7	10495	7013	15.1
广安市广安区	110.5	114.4	118.8	128.2	117.9	113.8	108.4	15674	7389	8.3
岳池县	111.2	113.5	118.7	118.0	118.9	113.5	108.7	12055	6864	10.6
武胜县	110.9	113.6	118.6	128.3	116.2	113.5	108.4	18536	8972	
邻水县	110.7	113.4	118.7	184.6	116.5	113.6	108.7	18080	11623	9.7
华蓥市	110.4	114.3	118.6	161.7	114.1	113.6	107.7	23219	5136	7.3
达州市通川区	110.8	112.0	124.2	123.1	118.0	115.1	107.9	36788	13612	7.5
达县	111.6	112.7	119.0	116.1	117.1	114.8	108.7	19904	9617	5.2
宣汉县	111.9	111.4	118.5	83.9	121.4	108.1	105.6	19073	11628	6.7

22-7 续表 13

县市区名称	第三产业增加值发展速度	国内生产总值与人口增长速度比	社会消费品零售总额发展速度	财政收入发展速度	城乡居民储蓄余额发展速度	城镇居民可支配收入发展速度	农民人均纯收入发展速度	社会劳动生产率	第一产业每一从业人员创造的增加值	工业企业百元产值提供利税
	%	%	%	%	%	%	%	元/人	元/人	元
开江县	111.8	112.1	118.2	128.0	113.8	115.8	108.0	18176	13608	9.4
大竹县	112.0	113.2	119.0	117.6	119.2	116.8	108.7	24507	15828	7.5
渠县	112.0	112.3	118.8	111.6	113.6	114.7	108.2	17825	13195	5.7
万源市	111.1	112.3	118.1	88.4	117.9	113.5	105.0	18846	12991	6.8
雅安市雨城区	111.4	113.9	120.8	121.8	115.7	112.0	108.5	32142	13241	15.8
名山县	111.8	114.1	120.2	101.1	121.5	117.9	125.4	18610	11545	7.4
荥经县	110.0	117.8	120.3	133.0	116.8	112.7	108.0	31412	11037	8.5
汉源县	110.3	111.6	116.9	128.6	127.8	112.0	107.6	12748	6686	13.6
石棉县	110.2	117.7	120.1	120.4	115.2	112.0	112.9	49261	10786	28.0
天全县	112.0	113.3	119.4	142.9	116.7	112.0	107.8	27069	11290	10.5
芦山县	109.4	114.2	116.6	137.8	117.3	112.0	107.9	22041	8837	6.3
宝兴县	109.2	111.6	124.8	154.1	112.6	112.0	107.4	33712	12299	14.2
巴中市巴州区	134.1	127.1	164.8	107.5	118.6	116.7	109.6	14220	6393	3.1
通江县	110.5	109.6	118.6	135.6	115.8	115.7	110.6	9682	6770	1.7
南江县	110.9	112.0	120.3	137.7	117.2	113.9	109.4	14486	8092	10.7
平昌县	110.8	111.9	120.8	109.7	114.3	114.2	110.3	11070	6899	5.4
资阳市雁江区	111.9	114.7	119.0	125.1	115.6	107.1	108.2	39114	16349	11.2
安岳县	112.0	112.8	119.3	123.5	117.6	106.9	108.0	17474	9200	11.6
乐至县	111.3	114.2	118.8	127.3	114.1	106.4	108.3	25533	13508	11.4
简阳市	112.2	114.4	119.2	155.6	112.8	107.4	108.2	33915	13997	8.7
汶川县	118.8	163.0	124.4	138.7	145.5	118.7	121.5	35682	5110	7.4
理县	113.6	176.2	135.6	197.5	153.2	118.6	126.9	26302	4931	21.1
茂县	111.4	161.6	131.9	215.9	157.6	118.5	124.9	19512	5173	34.8
松潘县	117.3	124.7	129.3	126.4	145.6	117.4	121.6	16889	6265	-1.0
九寨沟县	116.9	124.1	124.9	193.4	125.3	117.4	123.7	25283	5142	34.1
金川县	114.3	109.0	126.3	161.1	141.7	117.9	123.6	11117	5422	-36.2
小金县	115.0	118.9	125.4	191.0	137.8	118.3	121.3	11958	5094	5.7
黑水县	114.8	155.8	126.3	186.4	133.7	118.3	125.4	21272	5768	39.0
马尔康县	115.8	112.7	127.3	139.4	123.9	116.6	117.7	29709	12241	14.2
壤塘县	110.3	105.3	125.6	114.6	127.6	100.0	115.2	14731	8939	
阿坝县	116.8	110.1	125.3	119.8	146.5	116.4	120.7	13451	7987	
若尔盖县	114.8	111.3	128.9	155.7	125.6	116.2	122.5	16567	11884	4.0
红原县	117.5	113.9	127.2	54.5	133.3	118.1	117.8	22312	12991	-3.1
康定县	105.8	103.0	120.3	120.6	119.9	116.2	115.7	37062	7970	32.1
泸定县	110.0	110.7	123.3	160.1	124.6	114.5	115.6	22508	6196	26.8

22-7 续表 14

县市区名称	第三产业增加值发展速度	国内生产总值与人口增长速度比	社会消费品零售总额发展速度	财政收入发展速度	城乡居民储蓄余额发展速度	城镇居民可支配收入发展速度	农民人均纯收入发展速度	社会劳动生产率	第一产业每一从业人员创造的增加值	工业企业百元产值提供利税
	%	%	%	%	%	%	%	元/人	元/人	元
丹巴县	106.5	112.9	128.8	114.4	132.6	112.8	116.7	12617	4407	-1.6
九龙县	115.1	105.6	130.1	96.0	114.2	111.9	117.8	32374	4406	46.7
雅江县	108.9	114.6	121.3	109.9	127.8	100.0	118.0	14127	5569	
道孚县	104.2	102.9	125.1	112.1	122.0	114.8	116.0	12371	4307	31.6
炉霍县	107.5	103.8	112.0	143.6	116.2	100.0	114.1	10412	5579	
甘孜县	100.4	100.8	116.6	137.2	129.9	100.0	115.1	9590	5435	
新龙县	109.7	105.3	125.5	183.1	125.3	100.0	114.8	15618	10766	
德格县	106.2	102.3	117.0	145.7	127.4	100.0	114.8	7010	3420	
白玉县	100.6	111.0	125.1	97.3	135.7	114.4	114.9	14941	5180	43.8
石渠县	104.3	101.9	120.3	136.2	146.1	100.0	115.2	9024	5212	
色达县	109.0	98.5	118.9	150.3	132.5	100.0	115.8	8294	4821	
理塘县	104.9	101.5	116.1	125.5	132.1	111.2	115.9	12899	6729	17.9
巴塘县	110.2	102.1	122.4	96.3	129.8	113.9	115.5	11214	4153	-23.5
乡城县	108.2	114.9	135.9	144.6	137.6	114.5	115.4	21334	7214	18.6
稻城县	111.1	108.0	114.1	78.1	123.1	100.0	115.1	14906	6388	
得荣县	107.2	110.0	124.3	134.0	135.5	100.0	115.5	20085	6839	
西昌市	113.5	116.1	119.9	124.7	118.6	118.5	107.9	44446	12477	13.7
木里县	107.5	110.3	115.7	160.1	141.7	112.4	110.8	14329	4263	39.7
盐源县	108.1	114.7	119.4	123.3	126.4	112.1	108.5	17708	5459	11.3
德昌县	110.3	112.6	119.0	119.9	123.5	114.4	107.3	25966	13065	15.2
会理县	113.5	120.4	129.4	117.3	118.7	114.4	107.2	30381	16366	19.7
会东县	110.0	116.1	119.5	111.5	116.0	115.2	107.6	26369	13653	17.2
宁南县	111.9	115.6	119.4	122.9	124.7	115.5	107.6	18658	9473	14.3
普格县	108.8	106.2	118.5	119.7	111.3	111.8	108.9	13805	6867	6.3
布拖县	108.2	100.7	118.2	116.9	105.8	112.6	110.6	12123	5038	37.9
金阳县	108.4	106.0	116.9	136.5	133.4	112.1	110.1	14420	5930	14.3
昭觉县	111.0	107.4	117.2	116.0	122.7	111.8	110.5	8838	4507	12.9
喜德县	107.8	103.2	118.3	106.2	107.7	111.7	110.2	11634	5088	9.0
冕宁县	110.0	111.2	118.9	135.6	113.7	112.2	107.6	17007	6543	26.0
越西县	106.7	109.1	117.2	118.2	124.9	112.7	109.6	11486	5663	19.8
甘洛县	101.4	98.4	110.4	90.6	105.7	112.6	111.4	15986	4391	25.4
美姑县	105.7	100.7	115.5	118.7	123.6	112.2	111.0	9606	4851	20.7
雷波县	109.7	110.6	117.6	122.5	121.5	111.7	109.6	14983	6016	26.2

22—8 西部主要城市经济指标

(2010 年)

城市名称	地区生产总值(亿元)				第一产业(亿元)			
	绝对数	位次	±%	位次	绝对数	位次	±%	位次
成都	5508.30	1	15.0	23	285.10	1	4.1	43
自贡	647.73	30	15.6	18	84.68	26	4.6	36
攀枝花	523.99	35	15.1	22	21.49	43	3.9	49
泸州	714.81	27	16.5	10	108.83	19	4.1	43
德阳	921.30	19	14.4	30	152.40	9	4.1	43
遂宁	495.23	38	15.3	20	109.39	17	4.5	40
绵阳	**960.22**	**17**	**15.3**	**20**	**166.49**	**8**	**4.0**	**47**
广元	321.87	41	15.9	14	76.52	28	4.6	36
宜宾	870.85	22	15.6	18	133.84	12	4.9	30
内江	690.28	29	16.2	11	112.39	16	4.6	36
贵阳	1121.82	12	14.3	32	57.10	34	8.0	3
遵义	908.76	20	14.7	27	140.23	10	6.6	16
六盘水	500.64	37	15.8	15	30.25	41	6.2	18
安顺	232.92	45	12.1	45	40.43	36	6.1	19
昆明	2120.37	5	14.0	34	120.30	15	4.8	31
曲靖								
玉溪	736.49	26	12.8	42	67.48	31	4.0	47
拉萨								
西安	3241.49	2	14.5	28	140.06	11	6.9	13
宝鸡	976.09	16	14.4	30	104.20	21	6.9	13
延安	885.42	21	13.6	38	71.19	29	7.0	11
咸阳	1098.68	15	14.5	28	203.29	3	7.8	4
榆林	1756.67	8	18.3	3	92.16	23	7.8	4
渭南	801.42	24	15.0	23	128.94	14	7.3	9
兰州	1100.39	14	12.8	42	33.79	39	5.0	28
天水	300.22	43	11.5	47	60.18	33	7.5	7

22-8 续表 1

城市名称	地区生产总值（亿元）				第一产业（亿元）			
	绝对数	位次	±%	位次	绝对数	位次	±%	位次
金昌	210.51	47	11.3	48	11.18	46	4.8	34
白银	311.18	42	13.9	36	37.64	38	6.0	21
银川	763.26	25	14.8	26	41.37	35	6.4	17
石嘴山	298.07	44	13.4	39	17.97	45	6.7	15
中卫	169.23	49	13.3	40	32.56	40	10.0	2
吴忠	217.00	46	12.0	46	37.90	37	7.2	10
西宁	628.28	31	18.2	4	24.46	42	5.8	22
格尔木	200.06	48	18.2	4	1.73	49	39.1	1
乌鲁木齐	1311.00	9	12.2	44	19.00	44	6.1	19
克拉玛依	710.00	28	17.4	9	3.50	48	4.6	36
呼和浩特	1865.71	6	13.0	41	91.33	24	4.7	35
包头	2460.80	4	16.0	12	66.48	32	7.4	8
乌海	391.12	40	19.7	1	3.71	47	7.0	11
赤峰								
通辽	1176.23	11	16.0	12	178.26	6	5.7	23
鄂尔多斯	2643.23	3	19.2	2	70.81	30	4.5	40
乌兰察布	567.60	33	11.0	49	94.00	22	7.6	6
呼伦贝尔	932.01	18	14.9	25	182.39	5	5.6	24
南宁	1800.43	7	14.2	33	244.41	2	5.6	24
柳州	1275.74	10	15.8	15	106.88	20	5.4	26
桂林	1108.63	13	13.8	37	202.60	4	4.8	31
梧州	573.73	32	17.7	7	79.68	27	4.8	31
玉林	835.82	23	15.7	17	171.30	7	5.3	27
钦州	504.18	36	18.0	6	132.35	13	5.0	29
北海	397.58	39	17.6	8	87.55	25	4.1	43
贵港	527.79	34	14.0	34	109.00	18	4.5	40

22-8 续表 2

城市名称	第二产业（亿元）				第三产业（亿元）			
	绝对数	位次	±%	位次	绝对数	位次	±%	位次
成都	2470.90	1	19.8	22	2752.30	1	11.8	18
自贡	370.84	30	21.1	16	192.21	28	11.0	25
攀枝花	386.63	27	17.5	35	115.86	40	9.0	44
泸州	403.71	24	26.6	4	202.27	27	7.3	49
德阳	532.70	16	18.3	29	236.20	24	11.3	24
遂宁	254.69	37	24.7	6	131.15	37	8.1	47
绵阳	**468.27**	**20**	**23.2**	**12**	**325.46**	**17**	**10.2**	**36**
广元	125.67	45	29.3	3	119.68	39	11.4	23
宜宾	519.21	18	21.7	14	217.80	26	8.9	45
内江	419.53	23	23.8	11	158.36	34	7.9	48
贵阳	456.95	21	15.1	39	607.76	9	14.3	5
遵义	367.82	31	19.1	23	400.70	13	13.5	8
六盘水	303.22	34	17.9	31	167.17	32	14.0	6
安顺	88.59	48	13.9	43	103.90	42	13.1	10
昆明	960.86	6	16.7	37	1039.21	5	12.6	11
曲靖								
玉溪	448.16	22	14.7	41	220.85	25	11.5	22
拉萨								
西安	1409.53	3	18.0	30	1691.90	2	12.5	13
宝鸡	614.42	13	17.2	36	257.47	23	10.3	35
延安	635.49	12	14.8	40	178.74	30	11.0	25
咸阳	573.27	15	18.7	27	322.12	18	11.7	21
榆林	1205.77	5	19.1	23	458.74	11	18.2	1
渭南	394.55	25	20.7	17	277.93	22	10.6	32
兰州	529.18	17	13.7	45	537.42	10	12.4	16
天水	113.27	46	13.8	44	126.77	38	11.0	25

22-8 续表 3

城市名称	第二产业（亿元）				第三产业（亿元）			
	绝对数	位次	±%	位次	绝对数	位次	±%	位次
金昌	166.91	43	12.1	48	32.43	49	8.4	46
白银	171.12	41	17.7	34	102.42	43	10.1	39
银川	379.25	28	19.0	26	342.63	16	11.0	25
石嘴山	186.55	40	15.2	38	93.56	44	10.8	29
中卫	68.88	49	17.9	31	67.79	47	10.1	39
吴忠	110.30	47	14.4	42	68.80	45	9.6	43
西宁	320.76	33	21.2	15	283.05	21	16.1	3
格尔木	154.37	44	20.2	21	43.96	48	11.8	18
乌鲁木齐	597.00	14	12.0	49	695.00	8	12.5	13
克拉玛依	638.70	11	18.4	28	68.00	46	10.0	41
呼和浩特	678.95	9	13.3	46	1095.43	3	13.3	9
包头	1331.45	4	19.1	23	1062.87	4	12.6	11
乌海	280.52	36	24.0	10	106.89	41	11.8	18
赤峰								
通辽	689.65	8	24.5	7	308.32	19	10.6	32
鄂尔多斯	1591.54	2	22.1	13	980.88	6	16.5	2
乌兰察布	296.70	35	12.6	47	176.90	31	10.4	34
呼伦贝尔	392.60	26	24.3	8	357.02	15	10.8	29
南宁	652.92	10	17.8	33	903.11	7	13.9	7
柳州	809.46	7	20.3	20	359.41	14	10.0	41
桂林	502.04	19	20.7	17	403.99	12	10.2	36
梧州	337.87	32	25.0	5	156.18	35	10.8	29
玉林	372.05	29	24.1	9	292.47	20	12.5	13
钦州	205.49	39	30.3	2	166.34	33	15.9	4
北海	167.88	42	31.9	1	142.14	36	10.2	36
贵港	237.32	38	20.5	19	181.46	29	12.0	17

22-8 续表 4

城市名称	规模以上工业增加值（亿元）		规模以上工业主营业务收入（亿元）		规模以上工业利税总额（亿元）	
	绝对数	位次	±%	位次	绝对数	位次
成都	1640.10	1	5512.61	1	666.81	1
自贡	331.24	22	1103.15	14	105.44	20
攀枝花	348.59	21	1060.41	16	85.81	22
泸州	357.00	20	1007.09	18	160.91	14
德阳	469.50	11	1519.80	7	188.60	11
遂宁	155.30	33	730.91	23	103.11	21
绵阳	**367.00**	**19**	**1323.51**	**8**	**141.75**	**16**
广元	89.10	39	317.40	34	22.78	36
宜宾	447.70	12	1313.57	9	229.67	7
内江	368.80	18	1205.75	12	122.38	19
贵阳			1146.15	13	209.67	9
遵义			522.28	29	137.90	17
六盘水			491.22	31	79.83	23
安顺			149.30	38	21.84	37
昆明	608.28	8				
曲靖						
玉溪	398.61	16	892.80	20	287.50	5
拉萨						
西安	865.09	5				
宝鸡	441.54	13	990.66	19	73.37	26
延安	602.48	9				
咸阳	422.18	14	1086.27	15	180.04	12
榆林	1151.00	2	1255.70	10	573.60	2
渭南	305.17	24	811.04	22	65.42	27
兰州	372.67	17	1561.25	6	194.25	10
天水	54.82	41	121.43	39	8.97	40

22-8 续表 5

城市名称	规模以上工业增加值（亿元）		规模以上工业主营业务收入（亿元）		规模以上工业利税总额（亿元）	
	绝对数	位次	±%	位次	绝对数	位次
金昌	150.11	34	1054.24	17	41.82	32
白银	128.31	37	387.13	33	29.10	35
银川	273.29	26	706.20	25	75.12	25
石嘴山	156.26	32	500.00	30	59.55	29
中卫	41.80	42	149.60	37	12.25	39
吴忠	77.00	40	290.90	35		
西宁	259.29	27	610.84	28		
格尔木	129.70	36	103.54	40	52.48	30
乌鲁木齐						
克拉玛依	619.90	7			429.80	4
呼和浩特					146.23	15
包头	952.37	4	2326.42	4	229.74	6
乌海						
赤峰						
通辽	543.01	10	1773.62	5	164.09	13
鄂尔多斯	1138.99	3	2422.49	2	539.71	3
乌兰察布	231.50	29				
呼伦贝尔	278.60	25	709.00	24	30.52	34
南宁	404.18	15	1209.20	11	131.23	18
柳州	646.50	6	2388.68	3	217.35	8
桂林	310.26	23	860.28	21	78.03	24
梧州	244.69	28	681.21	27	49.56	31
玉林	208.18	30	684.13	26	60.93	28
钦州	133.33	35				
北海	115.32	38	258.73	36	17.93	38
贵港	157.72	31	452.08	32	39.26	33

22-8 续表 6

城市名称	固定资产投资（亿元）		消费品零售总额（亿元）		进出口总额（万美元）		# 出口总额（万美元）	
	绝对数	±%	绝对数	±%	绝对数	±%	绝对数	±%
成都	4255.40	5.7	2417.56	18.8	2467760	38.7	1387409	32.1
自贡	320.09	31.6	243.84	18.7	54138	8.5	24869	33.3
攀枝花	330.69	24.9	140.17	17.7	24892	66.0	18348	116.9
泸州	460.40	31.1	259.82	18.8	13325	-1.9	10576	-10.7
德阳	601.30	-19.6	299.70	18.4				
遂宁	495.40	22.8	195.49	18.8	28150	68.2	22703	56.8
绵阳	**820.97**	**2.4**	**419.56**	**19.1**	**189800**	**20.1**	**112700**	**11.9**
广元	480.20	9.3	142.20	19.0				
宜宾	543.20	31.1	316.10	18.7				
内江	350.93	30.4	202.02	18.7	16845	31.0	16757	36.9
贵阳	1019.31	30.2	484.78	19.6	227537	25.7	144092	14.1
遵义	551.84	46.7	290.25	19.8	20111	5.8	14974	8.2
六盘水	335.50	34.5	131.34	18.7	31566	-15.8	50	148.3
安顺	111.34	32.2	70.08	19.0	13020	10.1	11790	27.7
昆明	2160.88	35.0	1060.19	22.6	1010929	79.4	532693	79.2
曲靖								
玉溪	324.62	35.1	141.53	22.6	28567	82.3	26503	90.1
拉萨								
西安	3250.56	30.0	1611.04	18.9	1038158	43.2	531680	59.5
宝鸡	835.20	30.7	304.60	18.4	59925	31.1	26444	51.6
延安	724.50	30.0	110.60	18.4				
咸阳	1050.54	31.2	293.56	18.5	34045	29.7	10195	70.2
榆林	1105.40	30.0	196.24	18.8				
渭南	742.25	45.7	231.83	18.6	16927	47.1	10110	19.6
兰州	660.69	30.5	545.11	18.5				
天水	245.56	39.2	125.55	19.6				

22-8 续表 7

城市名称	固定资产投资（亿元）		消费品零售总额（亿元）		进出口总额（万美元）		# 出口总额（万美元）	
	绝对数	±%	绝对数	±%	绝对数	±%	绝对数	±%
金昌	107.78	20.9	37.00	15.2	449347	95.0	22111	136.0
白银	189.11	31.7	85.97	19.3				
银川	648.69	31.8	225.14	19.8	99830	49.9	67520	43.7
石嘴山	270.04	30.9	61.50	19.0	59800	94.1	40500	66.6
中卫	181.71	73.9	32.75	18.3	5607	41.9	4382	109.8
吴忠	217.10	31.0	51.90	16.9				
西宁	403.02	29.2	231.76	17.0	66687	50.2	39632	84.6
格尔木	100.87	18.2	28.49	18.3				
乌鲁木齐	500.00	21.3	563.00	19.1	598533	60.2	443695	47.3
克拉玛依	173.90	-4.0	34.80	15.0				
呼和浩特			756.60	18.7	150604	113.2	75912	118.6
包头			720.71	18.7	195303	52.4	120403	80.1
乌海			71.69	19.6	555	-25.2	349	-21.9
赤峰								
通辽			242.65	19.3	17498	73.3	8719	110.5
鄂尔多斯			380.00	18.4	43068	-3.8	31668	42.0
乌兰察布			157.70	19.1	8220	51.5	2925	128.8
呼伦贝尔	615.45	21.8	294.60	19.1	232610	7.1	19914	-8.9
南宁	1483.02	42.1	905.93	20.0	221273	-20.6	159336	-33.1
柳州	1004.88	47.4	480.00	20.0	15434	54.2	3076	-17.0
桂林	908.56	37.8	391.53	18.9				
梧州	468.42	41.8	191.77	18.8	64277	15.1	44556	14.9
玉林	615.56	38.5	307.24	19.0	45146	27.4	31594	45.9
钦州	451.60	20.5	172.19	18.8	131368	48.3	98746	49.6
北海	485.26	50.8	108.00	18.9	131828	65.7	82186	74.0
贵港	385.29	32.8	209.54	18.9	17386	21.4	12090	8.6

22-8 续表 8

城市名称	全部财政收入（亿元）		# 地方财政收入（亿元）		# 一般预算收入（亿元）		财政支出（亿元）	
	绝对数	位次	绝对数	位次	绝对数	位次	绝对数	位次
成都	2022.30	1			526.94	1	777.34	1
自贡	78.41	22	51.85	23	21.84	29	108.29	31
攀枝花	107.10	20	56.49	21	38.78	22	94.14	33
泸州					47.59	18	126.39	27
德阳	187.40	11	106.90	11	45.80	19	292.90	6
遂宁			50.27	24	17.77	34	119.29	29
绵阳	**119.39**	**17**	**78.17**	**16**	**45.19**	**20**	**410.62**	**3**
广元					16.73	36		
宜宾					55.65	17		
内江					20.39	32	92.48	36
贵阳	304.64	5			136.30	8	204.49	11
遵义	141.30	12	57.59	20			192.70	12
六盘水	107.89	19	49.31	25			111.11	30
安顺	48.60	27			19.84	33	93.70	34
昆明			559.60	1	253.83	2	346.31	4
曲靖								
玉溪	304.39	6	83.55	15	64.73	14	128.19	26
拉萨								
西安	509.70	2	494.47	3	241.80	3	619.97	2
宝鸡	118.40	18	38.80	27			133.02	24
延安	336.00	4	105.20	12			192.70	12
咸阳	135.00	13			43.48	21	151.60	20
榆林	400.00	3	125.50	10				
渭南	74.90	23			34.00	25	154.30	19
兰州	303.00	7	127.66	9	72.05	11	136.77	23
天水	47.00	29	22.71	31	14.39	38	120.56	28

22-8 续表 9

城市名称	全部财政收入（亿元）		# 地方财政收入（亿元）		# 一般预算收入（亿元）		财政支出（亿元）	
	绝对数	位次	绝对数	位次	绝对数	位次	绝对数	位次
金昌	23.49	33	10.22	34			24.52	45
白银	33.81	31	11.84	33			72.15	40
银川			137.27	8	64.13	15	174.83	17
石嘴山	57.18	25	33.62	29	21.65	30	75.42	39
中卫			16.18	32	8.50	40	70.22	41
吴忠	32.40	32			15.70	37	98.30	32
西宁	99.22	21	66.47	18	34.52	24	140.43	21
格尔木			53.09	22	10.34	39	16.59	46
乌鲁木齐			197.57	7	148.00	6	208.23	8
克拉玛依	205.30	9	46.40	26			59.20	44
呼和浩特			241.50	6	126.80	9	177.20	16
包头	296.78	8	243.32	5	139.18	7	204.74	10
乌海			68.01	17	33.66	26	63.54	42
赤峰								
通辽	131.53	14	102.92	13	64.83	13	184.46	14
鄂尔多斯			538.19	2	239.08	4	318.85	5
乌兰察布			36.80	28	17.30	35	140.00	22
呼伦贝尔	124.68	15	93.22	14	55.98	16	207.90	9
南宁			300.88	4	156.10	5	249.58	7
柳州	201.18	10			74.63	10	154.41	18
桂林	121.08	16			67.08	12	182.25	15
梧州	56.13	26			32.42	27	90.96	37
玉林	68.96	24			36.84	23	129.61	25
钦州			58.37	19	22.36	28	80.43	38
北海	47.10	28	27.51	30			63.04	43
贵港	40.02	30			21.44	31	93.07	35

22-8 续表 10

城市名称	城乡居民储蓄存款余额（亿元）		城市居民消费价格指数（%）		城市居民人均可支配收入（元）		农（牧）民人均纯收入（元）	
	绝对数	位次	绝对数	位次	绝对数	位次	绝对数	位次
成都	5071.00	1	103.0	32	20835	5	8205	5
自贡	383.69	26	103.6	17	14538	35	5762	19
攀枝花	281.42	34	103.3	22	16882	21	6293	11
泸州	517.19	22	102.8	36	15505	30	5388	27
德阳	685.50	14			16202	26	6486	9
遂宁	358.61	28	103.3	22	13778	47	5390	26
绵阳	**803.22**	**9**	**103.4**	**21**	**15516**	**29**	**5940**	**17**
广元	323.90	31	103.0	32	12509	48	4036	44
宜宾	466.20	23	103.2	27	15261	33	5610	21
内江	437.78	25			14324	38	5504	23
贵阳	1088.70	7	102.9	35	16597	24	5976	15
遵义	601.10	18	103.3	22	15279	32	4207	43
六盘水	229.57	39	103.3	22	13919	45	3601	45
安顺	165.43	44	103.1	29	14504	36	3526	46
昆明	2341.54	3	104.2	7	18876	9	5810	18
曲靖								
玉溪	374.66	27	102.5	40	17335	18	5747	20
拉萨								
西安	3677.77	2	103.5	18	22244	4	7750	6
宝鸡	658.30	15	103.2	27	18978	7	5040	35
延安	357.67	29	103.8	11	17880	12	5173	31
咸阳	711.79	12			18914	8	5056	33
榆林	700.57	13			17545	16	5113	32
渭南			103.9	10	15918	27	4372	42
兰州	1295.95	5	103.8	11	14062	43	4587	39
天水	305.82	32	104.4	4	11507	49	2825	48

22-8 续表 11

城市名称	城乡居民储蓄存款余额（亿元）		城市居民消费价格指数（%）		城市居民人均可支配收入（元）		农（牧）民人均纯收入（元）	
	绝对数	位次	绝对数	位次	绝对数	位次	绝对数	位次
金昌	99.71	47	104.1	9	17679	14	5953	16
白银	191.61	43	104.4	4	14213	40	3386	47
银川	634.45	17	103.8	11	17073	20	6161	12
石嘴山	206.80	40	103.0	32	15466	31	6060	13
中卫	105.94	46	103.8	11	13980	44	4439	41
吴忠	269.70	35	104.4	4	13849	46	5041	34
西宁	576.11	20	104.5	2	14085	42	5521	22
格尔木	141.75	45	107.0	1	16852	22	7000	8
乌鲁木齐	1242.85	6	102.7	38	14382	37	7466	7
克拉玛依	195.60	41	104.5	2	17295	19		
呼和浩特	929.80	8	102.6	39	25174	3	8746	4
包头	750.75	11	102.8	36	25862	1	8766	2
乌海	191.98	42	103.7	16	19741	6	9245	1
赤峰								
通辽			102.5	40	14263	39	6002	14
鄂尔多斯	586.34	19			25205	2	8756	3
乌兰察布	268.60	36	104.2	7	14202	41	4451	40
呼伦贝尔	447.20	24	103.1	29	14857	34	6295	10
南宁	1367.29	4	102.5	40	18595	10	5005	36
柳州	654.96	16	103.5	18	17766	13	4935	37
桂林	772.39	10	102.2	43	17949	11	5487	24
梧州	290.83	33	103.5	18	16427	25	4879	38
玉林	544.83	21			17642	15	5302	29
钦州	261.48	38	103.3	22	17356	17	5340	28
北海	266.70	37	103.1	29	16798	23	5426	25
贵港	351.68	30	103.8	11	15531	28	5289	30